普通高等院校工商管理类信息化系列

物流与供应链管理

主　编　张　磊　张　雪
副主编　王立鹏　武梦笛　陈晓丽

北京理工大学出版社
BEIJING INSTITUTE OF TECHNOLOGY PRESS

内 容 简 介

本书重点介绍物流及供应链的基本概念和内涵,供应链环境下物流功能要素的理论知识及应用,包括运输管理、配送管理、仓储与库存管理、包装技术与管理、装卸搬运、流通加工、物流信息技术与信息系统、物流服务管理、物流成本管理、供应链环境下的采购管理、供应链的构建与绩效评价,以及物流与供应链管理的发展趋势。各章均列有经典案例,力求理论与实践相结合,立足于基本理论、基本知识和基本技能,满足应用型本科学生的培养要求。

本书可作为应用型本科院校经济管理类物流管理专业、电子商务专业、工商管理专业、国际经济与贸易专业的教学用书,也可作为物流从业人员的参考用书。

版权专有　侵权必究

图书在版编目(CIP)数据

物流与供应链管理 / 张磊, 张雪主编. —北京:北京理工大学出版社, 2021.2
ISBN 978-7-5682-9525-3

Ⅰ. ①物… Ⅱ. ①张… ②张… Ⅲ. ①物流管理-高等学校-教材 ②供应链管理-高等学校-教材 Ⅳ. ①F252.1

中国版本图书馆 CIP 数据核字(2021)第 021293 号

出版发行 / 北京理工大学出版社有限责任公司
社　　址 / 北京市海淀区中关村南大街 5 号
邮　　编 / 100081
电　　话 / (010)68914775(总编室)
　　　　　 (010)82562903(教材售后服务热线)
　　　　　 (010)68948351(其他图书服务热线)
网　　址 / http://www.bitpress.com.cn
经　　销 / 全国各地新华书店
印　　刷 / 涿州市新华印刷有限公司
开　　本 / 787 毫米×1092 毫米　1/16
印　　张 / 22　　　　　　　　　　　　　　　责任编辑 / 王晓莉
字　　数 / 477 千字　　　　　　　　　　　　 文案编辑 / 王晓莉
版　　次 / 2021 年 2 月第 1 版　2021 年 2 月第 1 次印刷　责任校对 / 刘亚男
定　　价 / 56.00 元　　　　　　　　　　　　 责任印制 / 李志强

图书出现印装质量问题,请拨打售后服务热线,本社负责调换

前　言

随着经济全球化和互联网经济的高速发展，供应链模式出现重大变革创新，特别是"一带一路"倡议的提出，为中国物流行业的发展带来了新的契机。为了迎合最新的物流业发展要求，解决物流人才的培养问题显得尤为重要。各高校为适应快速发展的人才需求，有必要加强和改进物流与供应链管理的教学工作，更好地培育物流和供应链管理人才。

本书共分为十三章，融合了物流和供应链两大方面的知识。一方面在供应链环境下，从物流系统的七大功能要素出发，包括运输、配送、仓储、包装、装卸搬运、流通加工及物流信息等主要内容，同时结合物流功能分析物流服务管理及物流成本相关内容，另一方面从供应链角度入手，介绍供应链概述、供应链环境下的采购管理和供应链的构建与绩效评价。全书的整体编排符合物流与供应链管理教学的特点，结构合理。

本书在每章开头设置"章前概述""学习目标""素养目标""本章导读"栏目，对每章内容进行简单的梳理和概括，使学生对知识有一个初步的认识。接下来的"开篇案例"栏目，以案例的方式激发学生兴趣，引导学生自主探究和学习。同时，本书还具有如下特点。

1. 内容新颖。本书结合国内外最新的理论研究成果和教学改革成果，对知识框架进行梳理，高度凝练知识点，去粗取精，同时删除不必要的陈旧内容，增加最新理论和方法。

2. 注重案例教学。本书融入国内外经典的或最新的物流案例，以及丰富的课外资料，拓展学生的知识面和视野。

3. 教学与思考同步。本书在知识点下设置"同步思考"栏目，让学生理论联系实践，提高学生分析问题、解决问题的能力。

本书由五位在物流与供应链管理理论研究与教学实践工作中积累了丰富经验的同人共同编写完成，由张磊副教授担任第一主编，负责全书内容的组织策划、构思设计和统编定稿。具体章节的分工为：张磊负责第一、六、十三章内容的编写；张雪负责第二、九、十二章内容的编写；王立鹏负责第三、十章内容的编写；武梦笛负责第四、八章内容的编写，陈晓丽负责第五、七、十一章内容的编写。本书的出版得到了北京理工大学出版社的大力支持，在此表示衷心的感谢。

  本书在编写过程中参考了许多国内外同行的著作和文献，引用了大量的企业案例、新闻报道及网上资料，在此对所有的原作者表示真诚的感谢！由于编者的水平有限，物流与供应链管理理论和实践也在不断更新，加之时间仓促，书中难免存在疏漏和差错，敬请专家、读者批评、指正。

编 者

2020 年 11 月

目 录

第一章 物流与供应链管理概述 (1)
 章前概述 (1)
 第一节 物流管理概述 (4)
 第二节 供应链管理概述 (18)
 第三节 物流与供应链管理基本理论 (28)
 本章测试 (29)

第二章 供应链中的物流运输管理 (33)
 章前概述 (33)
 第一节 运输概述 (35)
 第二节 运输方式及选择 (37)
 第三节 运输优化管理 (53)
 第四节 多式联运管理 (58)
 本章测试 (63)

第三章 供应链中的物流配送管理 (64)
 章前概述 (64)
 第一节 配送概述 (66)
 第二节 配送中心概述 (70)
 第三节 供应链中的配送合理化管理 (75)
 第四节 配送运输作业 (79)
 第五节 配送中心规划与设计 (89)
 本章测试 (96)

第四章 供应链中的仓储与库存管理 (98)
 章前概述 (98)

第一节　仓储与仓储管理概述 …………………………………………………（100）
　　第二节　库存与库存管理概述 …………………………………………………（111）
　　第三节　库存管理方法 …………………………………………………………（119）
　　本章测试 ……………………………………………………………………………（129）

第五章　包装技术与管理 …………………………………………………………（131）

　　章前概述 ……………………………………………………………………………（131）
　　第一节　包装概述 ………………………………………………………………（133）
　　第二节　包装材料与包装技术 …………………………………………………（136）
　　第三节　包装合理化 ……………………………………………………………（145）
　　本章测试 ……………………………………………………………………………（150）

第六章　装卸搬运 ……………………………………………………………………（153）

　　章前概述 ……………………………………………………………………………（153）
　　第一节　装卸搬运概述 …………………………………………………………（155）
　　第二节　装卸搬运设备 …………………………………………………………（160）
　　第三节　装卸搬运作业合理化 …………………………………………………（170）
　　本章测试 ……………………………………………………………………………（173）

第七章　流通加工 ……………………………………………………………………（176）

　　章前概述 ……………………………………………………………………………（176）
　　第一节　流通加工概述 …………………………………………………………（177）
　　第二节　流通加工的类型 ………………………………………………………（179）
　　第三节　流通加工的合理化 ……………………………………………………（184）
　　本章测试 ……………………………………………………………………………（186）

第八章　供应链中的物流信息技术与信息系统 …………………………………（188）

　　章前概述 ……………………………………………………………………………（188）
　　第一节　物流信息概述 …………………………………………………………（191）
　　第二节　物流信息技术 …………………………………………………………（194）
　　第三节　物流信息系统 …………………………………………………………（209）
　　本章测试 ……………………………………………………………………………（216）

第九章　供应链中的物流服务管理 ………………………………………………（219）

　　章前概述 ……………………………………………………………………………（219）
　　第一节　物流服务概述 …………………………………………………………（220）
　　第二节　物流服务管理 …………………………………………………………（225）
　　第三节　物流服务改善 …………………………………………………………（234）
　　第四节　第三方物流 ……………………………………………………………（239）
　　本章测试 ……………………………………………………………………………（244）

第十章　供应链中的物流成本管理 （247）

　　章前概述 (247)
　　第一节　物流成本管理概述 (249)
　　第二节　物流成本核算与分析 (251)
　　第三节　物流成本预测与决策 (258)
　　第四节　物流成本预算与控制 (262)
　　第五节　供应链物流成本管理 (268)
　　本章测试 (272)

第十一章　供应链环境下的采购管理 （274）

　　章前概述 (274)
　　第一节　采购概述 (276)
　　第二节　供应链环境下的采购需求分析 (283)
　　第三节　供应链环境下的供应商管理 (290)
　　第四节　供应链环境下的采购方式 (294)
　　本章测试 (303)

第十二章　供应链的构建与绩效评价 （305）

　　章前概述 (305)
　　第一节　供应链构建的体系框架 (306)
　　第二节　供应链的结构模型 (312)
　　第三节　供应链绩效评价概述 (315)
　　本章测试 (320)

第十三章　物流与供应链管理的发展趋势 （322）

　　章前概述 (322)
　　第一节　绿色物流 (324)
　　第二节　精益物流 (326)
　　第三节　智慧物流 (328)
　　第四节　敏捷供应链 (334)
　　第五节　全球供应链 (337)
　　本章测试 (340)

参考文献 (341)

第一章 物流与供应链管理概述

章前概述

- 物流与供应链管理概述
  - 物流管理概述
    - 物流的概念
    - 物流的特征
    - 物流的功能
    - 物流的分类
    - 物流管理的概念
    - 物流管理的内容
    - 物流管理的目标
  - 供应链管理概述
    - 供应链的概念
    - 供应链的构成要素
    - 供应链的特征
    - 供应链的类型
    - 供应链管理的概念
    - 供应链管理的特点
    - 供应链管理的内容与目标
    - 物流管理与供应链管理的联系和区别
  - 物流与供应链管理基本理论
    - 物流的"商物分离"说
    - 物流的"黑大陆"说
    - 物流的"冰山"说
    - 物流的"第三利润源"说
    - 物流的"效益背后"说

学习目标

通过本章的学习，了解物流的概念和特征，物流管理、供应链、供应链管理、物流与供应链管理的基本理论；理解物流管理的内容和目标，供应链管理的特点、内容与目标；掌握物流的功能、分类，供应链的构成要素、特征、类型，以及物流管理与供应链管理的联系和区别。

素养目标

激发学生对物流与供应链管理的学习兴趣，体验和感受物流在经济社会中的重要作用。

本章导读

本章主要介绍物流与供应链管理的基础知识和基本理论，第一节为物流管理概述，包括物流的概念、特征、功能、分类，物流管理的概念、内容和目标；第二节为供应链管理概述，包括供应链的概念、构成要素、特征、类型，供应链管理的概念、特点、内容与目标，以及物流管理与供应链管理的联系和区别；第三节为物流与供应链管理基本理论，包括物流的"商物分离"说、"黑大陆"说、"冰山"说、"第三利润源"说、"效益背反"说等理论。

开篇案例

2019年全国物流业总收入10.3万亿元！

2019年，全球经济增长持续放缓，经济下行压力加大。面对纷繁复杂的国际国内形势，物流运行保持总体平稳、稳中有进的态势，物流需求规模不断扩大，经济结构调整优化，物流运行效率有所改善。

1. 社会物流需求进入中高速发展阶段

社会物流需求总体保持平稳增长，但增速趋缓，进入中高速发展阶段。从规模总量看，2019年我国社会物流总额达到298.0万亿元，从增速看，全年社会物流总额同比增长5.9%，增速比上年回落0.5个百分点；从年内走势看，一季度、上半年增速仍维持在6%以上，前三季度回落至6%以内，年底两个月小幅回升。

从"十三五"时期来看，2016—2018年社会物流总额增速均高于6.0%，保持在6.1%~6.7%，2019年回落至6%以内。与同期GDP相比，"十三五"以来社会物流总额已连续多年低于GDP增长额，显示当前经济增长方式已从以物化劳动为主向以服务化活劳动为主转变。

2. 物流需求结构优化调整，消费物流新动能不断壮大

从2019年变化趋势看，工业物流需求贡献率进一步趋缓，内需对物流需求增长的拉动继续增强，进口、消费相关等新物流需求贡献率继续提升，转型升级态势持续发展。以新产业、新业态、新模式为主要内容的新动能正在快速集聚，持续发展壮大，成为支撑物流需求结构调整的重要力量。

单位与居民物流总额保持较快增长，新业态、新模式仍是重要引擎。2019年消费相关物流需求仍保持平稳较快增长，单位与居民物品物流总额同比增长16.1%，增速比社会物流总额高出10.2个百分点。其中，新业态、新模式仍是拉动增长的重要引擎。2019年，直播电商、社交电商、生鲜电商等新业态快速壮大，相关物流需求继续保持快速增长。全国实物商品网上零售额比上年增长19.5%，增速比社会消费品零售总额增速高11.5个百分点，实物商品网上零售额的贡献率超过45%。快递业务量完成630亿件，同比增长24%。

全球产业链地位继续巩固，进口物流量质齐升。2019年我国货物贸易规模迈上新台阶，全年货物进出口总额达31.5万亿元，增长3.4%；出口占国际市场份额稳步提升，根据世界贸易组织统计，2019年前三季度我国出口增速比全球高2.8个百分点，国际市场份额比2018年提高0.3%，至13.1%。

工业品物流总额增速放缓，但仍是物流需求的主要力量。全年工业物流需求基本平稳，但增速比上年同期均有所回落；从年内走势看，二、三季度下行压力较大，四季度明显回升，全年工业品物流总额比上年增长5.7%。从需求结构看，战略性新兴产业、高技术制造业继续保持较快增长，支撑作用进一步增强，结构调整优化态势进一步显现。

3. 物流市场主体规模扩大，吸纳就业能力不断增强

物流单位数快速增长，企业规模持续扩大。第四次全国经济普查数据显示，2018年年末全国交通运输、仓储和邮政快递企业法人单位54.0万个，比2013年年末增长126.2%，增速比第二产业和第三产业活动的法人单位增速高26个百分点。物流市场规模持续增长，2019年物流业总收入达10.3万亿元，同比增长9.0%。

物流业吸纳就业能力不断增强，从业人员快速增长。物流相关行业从业人员数由2016年的1 000万人增至2018年的1 100万人。其中，快递业从业人员数达310万人，占全国就业人员的0.7%，年均增长12%，比同期城镇就业人员增长高10个百分点。2019年上半年物流从业人员水平有所趋缓，但三季度以来指数持续回升，行业吸纳就业能力持续回暖。12月，物流业景气指数中的从业人员指数为50.4%，中国仓储指数中的企业员工指数为52.0%，均保持在扩张区间，显示物流从业人员保持增长，行业吸纳就业力度依然较强。

4. 物流景气保持活跃，企业盈利能力增强

2019年中国物流业景气指数平均为53.5%，与上年同期基本持平；中国仓储指数平均为52.5%，同比提高1.2个百分点，两指数均处于扩张区间。显示物流活动总体较为活跃，企业业务量水平均保持较好增长。

物流供需趋于平衡，物流服务价格企稳。2019年物流业景气指数中的物流服务价格指数平均为50%，比上年略有回升。从年内走势看，价格指数呈现逐步回暖趋势，年末逐步回升至年内最高水平。

物流企业经营状况向好，效益稳中趋升。2019年12月物流业景气指数中的主营业务利润指数回升0.8个百分点，至52.6%；仓储指数中的业务利润指数回升3.1个百分点，至54.5%。

5. 物流成本增势趋缓，物流效率有所改善

2019年社会物流总费用比上年增长7.3%，增速比上年回落2.5个百分点，比年初回落1.2个百分点。社会物流总费用与GDP的比率为14.7%，比上年同期下降0.1个百分点。其中，运输物流效率持续改善。物流运输系统更为高效，铁路、管道运输费用占比均有提高，相对费率较高的道路运输比率有所下降，显示当前运输费用结构更趋合理。各种交通方式向一体化融合发展转变，运输结构进一步优化，铁水、公铁、公水、空陆等联运发展迅速，多式联运及运输代理等高效连接方式占比提高1.1个百分点。

6. 物流政策更趋完善，营商环境趋好

2019年物流业政策引领行业发展，顺应行业需求，政策前瞻性、针对性和有效性持续提升，政策体系更趋完善。从政策数量看，2019年物流相关政策近60条，相关政策密集出台对物流高质量发展起到了良好的促进作用；从政策分布看，政策聚焦物流领域降本增效、现代供应链创新应用、农村农业物流等一系列重点问题，既与往年相比有较好的延续性，又突出了高质量发展的重点，有助于行业更好地实现转型升级，帮助物流企业健康、良性发展。

与此同时，"放管服"改革不断深化，物流运行的营商环境区域改善。世界银行《2020年全球营商环境报告》显示，我国营商环境排名跃升至第31位，上升15位。

（资料来源：中国物流与采购网，2020-4-20）

问题：物流如何影响国家的经济发展？

第一节　物流管理概述

物流作为一个现代概念，其本质体现的是一种新的思维模式和管理方式，准确地把握物流的产生和发展过程，有助于理解物流的基本概念和重要性，以便更好地学习物流管理的理论和方法。

一、物流的概念

（一）美国的物流概念

1963年，美国物流管理协会（Council of Logistics Management，CLM）对物流下的定

义是：物流是为了计划、执行和控制原材料、在制品及制成品从供应地到消费地的有效率的流动而进行的两种或多种活动的集成。这些活动可能包括客户服务、需求预测、库存控制、物料搬运、订货处理、服务支持、工厂及仓库选址、采购、包装、退货处理、废弃物回收、运输、仓储管理。

美国后勤管理协会于1980年对物流做出如下定义：物流是有计划地对原材料、半成品和成品由其生产地到消费地的高效流通活动。这种流通活动的内容包括为用户服务、需求预测、情报信息联络、物料搬运、订单处理、选址、采购、包装、运输、装卸、废料处理及仓库管理等。

1985年，美国物流管理协会将物流的定义更新为：物流是对货物、服务及相关信息从供应地到消费地的有效率、有效益的流动和储存进行计划、执行与控制，以满足客户需求的过程。该过程包括进向和去向、内部和外部的移动。这一更新的定义，突出了管理效益，强调"有效率、有效益的流动"，适应的领域更广。

美国物流学家查尔斯·塔夫将物流定义为：物流是对到达的及离开生产线的原料、在制品和产成品的运动、存储和保护活动的管理，它包括运输、物料搬运、包装、仓储、库存控制、订货销售、选址分析和有效管理所必需的通信网络等。

1998年，美国物流管理协会给出了最为完整、简要，并为全世界企业及协会所参考和引用的物流定义："现代物流是供应链程序的一部分，针对物品、服务及相关信息的流通与储存，从起源点到消费点进行有效率及有效果的规划、执行与控管（即管理），以达成客户的要求。"

（二）日本的物流概念

在日本，"物流"是20世纪50年代后期从美国引进的流通经济新概念。但是到了20世纪70年代，日本已经成为世界上物流业最发达的国家之一。20世纪五六十年代，日本的企业界和政府为了提高产业劳动率，组织了各种专业考察团到国外考察学习，公开发表了详细的考察报告，全面推动了日本生产经营管理的发展。

具体来看，日本自1956年组织流通技术考察团考察美国引入物流观念后，1958年6月又组织了流通技术国内考察团对日本国内的物流状况进行了调查，大大推动了日本物流的研究。从1961年至1963年上半年，日本将物流活动和管理称为"Physical Distribution"，简称"PD"。到1963年下半年，日通综合研究所在1964年6月的《输送展望》杂志中刊登了日通综合研究所时任所长金谷漳的"物的流通的新动向"演讲稿，正式运用"物的流通"概念来取代原来直接从英语中引用过来的PD。在物流概念导入日本的过程中，物流被认为是一种综合行为，即商品从生产到消费的流通过程。因此，"物的流通"一词包含了运输、配送、装卸、保管、在库管理、包装、流通加工和信息传送等各种活动。

日本日通综合研究所1981年在《物流手册》上对物流所下的定义十分简明，认为物流就是物质资料从供给者向需要者的物理性移动，是创造时间性、场所性价值的经济活动。从物流的范畴来看，它包括包装、装卸、保管、库存管理、流通加工、运输、配送等活动。

(三) 我国的物流概念

2001年由中国物资流通协会（现名为中国物流与采购联合会）组织中国物资流通技术开发协会、北京工商大学、北京物资学院、北方交通大学（现名北京交通大学）、华中科技大学等单位的专家学者编写的《中华人民共和国国家标准·物流术语》（简称《物流术语》）对物流下的定义为：物流是指物品从供应地向接收地的实体流动中，根据实际需要，将运输、储存、装卸、搬运、包装、流通加工、配送、信息处理等功能有机结合来实现用户要求的过程。

本书采用2006年修订的《物流术语》（GB/T 18354—2006）中对物流概念的表述：物品从供应地到接收地的实体流动过程，根据实际需要，将运输、储存、装卸、搬运、包装、流通加工、配送、信息处理等基本功能实施有机结合。

从上面的这些定义来看，物流的实质是通过产品与服务及其相关信息在供给点与消费点之间的加工、运输与交换，以低成本提供用户满意的服务，从而实现价值。它主要涵盖以下方面的内容。

第一，物流的对象既包括有形的"物"，即传统上认知的一般性物品，如农副产品、原材料、在制品、零部件、产成品、邮件、包裹、废弃物等，也包括无形的信息和服务等传统上不能被认知的特殊性物品，如电力、信用卡、物流服务和废弃物清理服务等。

第二，物流过程是一个由许多物流作业环节组成的复杂系统。它包括运输、储存、包装、装卸、流通加工、信息处理等环节。其中，运输环节包括组配、装车、驾驶、卸货等具体作业，每一项作业还可以划分为若干具体的动作。要使物流过程的结果符合要求，必须对物流过程进行系统化的设计与管理。

第三，物流功能并不是物流各组成要素功能的简单叠加。物流作为一个系统，不能等同于这个系统中的某个部分。物流除了包含储存、运输等纵向的具体活动外，更强调各环节活动之间的横向协调、配合与集成。

第四，物流活动大多采用商品贸易、服务贸易和物流服务等方式，通过许多的人员、地点、行为和信息的组合搭配及协调才能完成。这个过程涉及顾客服务、运输、仓储、信息处理等多项作业，还涉及公司的策略选择与企业具体作业的联系，但最终的目标都是利用供应链中的资源，使物流活动在成本和收益的约束条件下使顾客满意。

二、物流的特征

现代物流是指具有现代特征的物流，它是与现代化社会大生产紧密联系的，体现了现代企业经营和社会经济发展的需要。现代物流管理和运作，广泛采用了代表当今生产力发展水平的管理技术、工程技术及信息技术等；随着时代的进步，物流管理和物流活动的现代化程度也会不断提高。现代化是一个不断朝先进水平靠近的过程，从这个意义上讲，"现代物流"在不同的时期也会有不同的内涵。现代物流的特征可以概括为以下几方面。

1. 物流系统化

物流不是运输、保管等活动的简单叠加，而是通过彼此的内在联系，在共同目的下形成的一个系统，构成系统的功能要素之间存在着相互作用的关系。在考虑物流最优化时，必须从系统的角度出发，通过物流功能的最佳组合实现物流整体的最优化目标。局部的最优化并不代表物流系统整体的最优化，树立系统化观念是搞好物流管理、开展现代物流活动的重要基础。

2. 物流管理专业化

物流管理专业化包括两方面的内容。一方面，在企业中，物流管理作为企业一个专业部门独立存在并承担专门的职能。随着企业的发展和企业内部物流需求的增加，企业内部的物流部门可能从企业中脱离出去而成为社会化的、专业化的物流企业。另一方面，在社会经济领域中，出现了专业化的物流企业，提供各种不同的物流服务，并进一步演变成服务专业化的物流企业。

3. 物流快速反应化

在现代物流信息系统、作业系统和物流网络的支持下，物流适应需求的反应速度加快，物流前置时间缩短，及时配送、快速补充订货及迅速调整库存结构的能力变强。

4. 物流智能化

随着科学技术的发展与应用，物流管理经历了从手工作业到半自动化、自动化，直至智能化的发展过程。从这个意义上说，智能化是自动化的继续和提升。因此，可以说自动化过程中包含了更多的机械化成分，而智能化中包含了更多的电子化成分，如集成电路、计算机硬件或软件等。智能化能在更大范围和更高层次上实现物流管理的自动化，不仅能用于作业，而且能用于管理。与自动化相比，智能化能在更大程度上减少人的体力劳动和脑力劳动。

5. 物流标准化

在物流管理发展过程中，无论是企业物流管理还是社会物流管理都在不断制定和采用新的标准。从物流的社会角度来看，物流标准可分为企业物流标准、社会物流标准（物流行业标准、物流国家标准、物流国际标准）；从物流技术角度来看，物流标准可分为物流产品标准（物流设施、设备标准）、物流技术标准（条码标准、电子数据交换标准）、物流管理标准（ISO9000、ISO14000等）。

三、物流的功能

物流过程包括运输、保管、装卸搬运、包装、流通加工、配送、物流信息等活动。这些物流活动在社会再生产过程中所处的中介地位以及促进生产的作用，随着生产社会化程度的发展，将愈加显著和重要。

1. 运输

在社会分工和商品生产条件下，企业生产的产品作为商品销售给其他企业使用，但商品生产者与其消费者在空间距离上常是相互分离的。运输的功能就在于完成商品在空间的实体转移，克服商品生产者（或供给者）与消费者（或需求者）之间的空间距离，创造商品的空间效用。

2. 保管

产品的生产完成时间与其消费时间总有一段间隔，季节性生产和季节性消费的产品尤为显著。此外，为了保证再生产过程的顺利进行，也需要在供、产、销各个环节中保持一定的储备。保管的功能就是将商品的使用价值和价值保存起来，克服商品生产与消费在时间上的差距，创造商品的时间效用。

3. 装卸搬运

装卸搬运是随运输和保管而产生的必要物流活动，是对运输、保管、包装、流通加工等物流活动进行衔接的中间环节，包括装车（船）、卸车（船）、堆垛、入库、出库以及连接以上各项活动的短程搬运。对装卸搬运活动的管理，主要是对装卸搬运方式的选择，对装卸搬运机械的选择、合理配置与使用，以及装卸搬运合理化，尽可能保证商品在装卸搬运过程中完整无损，避免造成损失。

4. 包装

为保证商品完好地送达消费者手中，大多数商品需要进行不同方式、不同程度的包装。因此，包装形式和包装方法的选择，包装单位的确定，包装形态、大小、材料、重量等的设计以及包装物的改制保管等，都是物流的功能。

5. 流通加工

流通加工是在物品从生产者向消费者流动的过程中，为了促进销售，满足用户需要，维护产品质量和实现物流效率化，对物品进行的辅助性的加工，使物品发生物理或化学变化的功能。这种流通加工活动，不仅存在于社会流通过程中，也存在于工厂内部的物流过程中，以便使流通过程更加合理化。这是现代物流发展的一个重要趋势。

6. 配送

配送是物流进入最终阶段，以配货、送货形式最终完成社会物流，并最终实现资源配置的活动。配送活动过去一直被看作运输活动的一个组成部分或运输形式，所以未将其独立出来作为物流系统实现的功能，而是将其作为运输中的末端运输。但是，配送作为一种现代流通方式，特别是在现代物流中的作用非常突出，它集经营、服务、集中库存、分拣和装卸搬运于一体，已不是简单的送货运输，所以，在现代物流中已将其作为独立的功能来看待。

7. 物流信息

在物流过程中，伴随着物流的进行，大量反映物流过程的关于输入、输出物流的结构、流向与流量、库存动态、物流费用、市场情报等信息产生并不断传输和反馈，形成物流信息。同时，应用电子计算机进行加工处理，获得实用的物流信息，将有利于及时了解和掌握物流动态，协调各物流环节，有效地组织物流活动。为了实现物流合理化，必须对物流进行整体系统管理，这对改进服务质量、促进生产和销售、降低库存和物流费用水平、提高社会效益和企业经济效益等，都具有重要的作用。

四、物流的分类

（一）按照物流所涉及的领域分类

1. 军事领域的物流

军事物流指用于满足军队平时与战时需要的物流活动。军事领域的物流概念是现代物流概念的来源。在军事上，物流是支持战争的一种后勤保障手段，是伴随战争和战场的转移而发生的军事物资的运动。最初，这种活动本身完全不是经济活动。所以，它具有和一般经济活动的物流不同的特点。近年来，随着军事科学的发展，军事物流已被纳入军事经济系统。尤其是在和平时期，军事物流经济性的比重正在加重。因而军事领域的物流又出现了新特点，使其外延不但涉及政治、军事，而且涉及分配、调度及各种购销活动。

2. 生产领域的物流

对于物流的研究并非始于流通领域，而是始于生产领域，是以生产企业为中心，形成对物流系统的认识。无论是在传统的贸易方式下，还是在电子商务下，生产都是商品流通之本，而生产的顺利进行需要各类物流活动支持。生产的全过程从原材料的采购开始，便要求有相应的供应物流活动，将所采购的材料组织到位，否则，生产就难以进行；在生产的各工艺流程之间，也需要原材料、半成品的物流过程，即所谓的生产物流，以实现生产的流动性；部分余料、可重复利用的物资的回收，就需要所谓的回收物流；废弃物的处理则需要废弃物物流。可见，整个生产过程实际上就是系列化的物流活动。合理化、现代化的物流，通过降低费用来降低成本、优化库存结构、减少资金占压、缩短生产周期，保障了现代化生产的高效进行。

3. 流通领域的物流

物流与流通领域有天然不解之缘，流通领域的物流是典型的经济活动，这个经济活动的重要特点是：购销活动、商业交易、管理与控制等活动与物流活动密不可分。在网络化时代，电子商务发展迅速，由此产生的企业对企业（B2B）、企业对消费者（B2C）的电子交易行为必然产生大量的商品实体的物理性的位移，使物流主体更趋向于流通领域。

> **课外资料1-1**
>
> **电子商务**
>
> 电子商务（Electronic Commerce，EC）通常是指在全球各地广泛的商业贸易活动中，在互联网开放的网络环境下，基于浏览器/服务器应用方式，买卖双方不谋面地进行各种商贸活动，实现消费者的网上购物、商户之间的网上交易和在线电子支付以及各种商务活动、交易活动、金融活动以及相关的综合服务活动的一种新型商业运营模式。电子商务分为B2B、B2C、C2C、B2G、C2G等七类交易模式。

4. 生活领域的物流

在生活消费领域也存在着物流活动，这种物流活动对于日常生活而言是不可少的，也使生活更为科学化，并创造出一个更为良好的生活环境，是保证现代化生活节奏必不可少的组成部分。生活领域的物流现在研究较少，但是随着企业对消费者（B2C）的电子商务的开展，物流进入个人生活领域将成为现代物流越来越重要的组成部分。

> **同步思考 1-1**
>
> 你会在每年的"双十一"进行网上购物吗？你一般选择哪个平台进行购物呢？你认为"双十一"的物流服务怎么样？

（二）按照物流系统性质分类

1. 社会物流（大物流）

社会物流是企业外部的物流活动的总称。社会物流是社会再生产总体的物流活动，是从社会再生产总体角度认识和研究的物流活动，是超越一家一户的以一个社会为范畴、以面向社会为目的的物流。这种社会性很强的物流往往是由专门的物流承担人承担的，范畴是社会经济大领域。社会物流示意如图 1-1 所示。

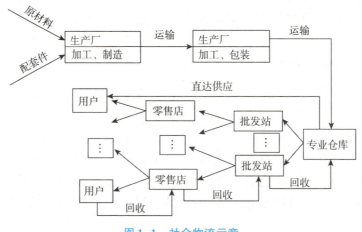

图 1-1　社会物流示意

2. 行业物流

在一个行业内部发生的物流活动称为行业物流。按照这种分类方法，物流可划分为铁路物流、公路物流、航空物流、水运物流、邮政物流等。行业物流系统化的结果是使行业内的各个企业都得到相应的利益。

3. 企业物流

企业物流是指企业内部的物品实体流动。从企业角度研究与之有关的物流活动是具体的、微观的物流活动的典型领域。企业内部物流流程如图 1-2 所示。

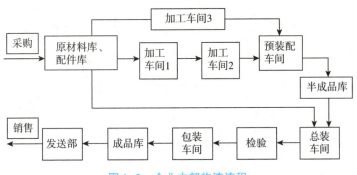

图 1-2　企业内部物流流程

> **同步思考 1-2**
>
> 表 1-1 是国内外知名物流企业名称及标识，这些企业标识你了解哪几个？除了这些企业你还知道哪些物流企业呢？请从企业名称、Logo、规模、主营业务等方面谈谈你所了解的物流企业。

表 1-1　国内外知名物流企业名称及标识

企业名称	企业标识	企业名称	企业标识
美国联合包裹速递服务公司	UPS	中国远洋运输（集团）总公司	COSCO
联邦快递公司	FedEx Express	中国国际海运集装箱（集团）股份有限公司	CIMC
敦豪航空货运公司	DHL	顺丰速运	SF

（三）按物流业务活动的性质分类

按照生产过程的纵向顺序及伴随生产产生的产品，企业物流要经过供应物流、生产物流、销售物流、回收物流、废弃物物流等，如图 1-3 所示。

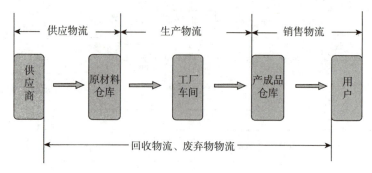

图 1-3 按物流业务活动的性质划分物流类别

1. 供应物流

供应物流是指为生产企业提供原材料、零部件或其他物品时，物品在提供者与需求者之间的实体流动。这种物流活动对企业生产的正常、高效进行起重要作用。供应物流不仅要求能及时保证所供应的数量与质量，而且要求以最低成本、最少消耗、最大保证来组织供应物流活动。

2. 生产物流

生产物流是指在生产过程中，原材料、在制品、半成品、产成品等在企业内部的实体流动。这种物流活动伴随着整个生产工艺过程，实际上已构成生产工艺过程的一部分。企业生产物流的过程一般是：原材料、零部件、燃料从企业仓库或企业的"门口"开始，进入生产线的开始端，再随生产加工过程的每个环节流动；在流动的过程中，原料本身被加工，同时产生一些废料、余料；直到生产加工终结，再流至产成品仓库，便完成了企业生产物流过程。生产物流研究的核心问题是如何对生产过程的物料流和信息流进行科学的规划、管理与控制。

3. 销售物流

销售物流是指生产企业、流通企业在出售商品时，物品在供方与需方之间的实体流动。在当今的市场经济条件下，销售物流活动必须从满足买方的需求出发，实现最终的商品销售。

4. 回收物流

回收物流是指不合格物品的返修、退货以及周转使用的包装容器从需方返回供方所形成的物品实体流动。任何企业都会或多或少地存在不合格物品的返修和退货问题，在生产消费和生活消费过程中总会产生各种可再利用的包装物品，这些物品从需方返回供方是需要伴随物流活动的。

5. 废弃物物流

废弃物物流是指将经济活动中失去原有使用价值的物品，根据实际需要进行收集、分类、加工、包装、搬运、储存等，并分送到专门处理场所时所形成的物品实体流动。在生产消费和生活消费过程中都会产生一定数量的废弃物，在对这部分废弃物处理的过程中所产生的物流活动,形成了废弃物物流。无论是在生产过程中还是在生活过程中产生的废弃物,如果处理不当,往往都会影响整个生产环境和生活环境,甚至影响产品质量,也会因占用很大空间而造成浪费并污染环境。

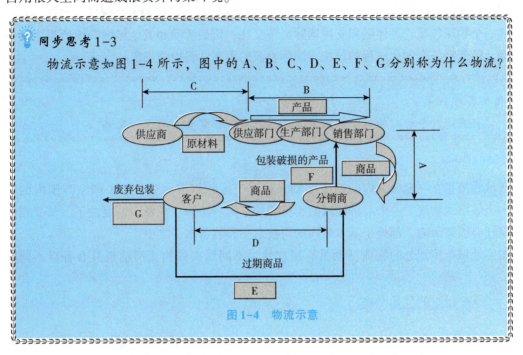

图1-4 物流示意

(四) 按物流研究范围的大小分类

1. 宏观物流

宏观物流是指社会再生产总体的物流活动,是从社会再生产总体角度认识和研究的物流活动。宏观物流还可以从空间范畴来理解,在很大空间范畴的物流活动往往带有宏观性,在很小空间范畴的物流活动则往往带有微观性。宏观物流的主要特点是综观性和全局性。宏观物流研究的主要内容是:物流总体构成、物流与社会的关系、物流在社会中的地位、物流与经济发展的关系、社会物流系统和国际物流系统的建立和运作等。

2. 中观物流

中观物流是指社会再生产过程中的区域性物流,它是从区域上的经济社会来认识和研究物流的。从空间位置来看,一般是较大的空间。例如,一个国家的经济区的物流,称为特定经济区物流;一个国家的城市经济社会的物流,称为城市物流。

3. 微观物流

微观物流带有局部性。企业所从事的实际的、具体的物流活动就属于微观物流,在整个物流活动中的一个局部、一个环节的具体物流活动也属于微观物流,在一个较小地域空间发生的具体的物流活动还是属于微观物流。微观物流的主要特点是具体性和局部性。

（五）按照物流活动的地域范围分类

1. 国际物流

国际物流指不同国家（地区）之间的物流。国际物流是现代物流系统发展很快、规模很大的一个物流领域，是伴随和支撑国际经济交往、贸易活动和其他国际交流所发生的物流活动。随着经济全球化进程的加快，国际物流的重要性将更为突出。

> **同步思考1-4**
> 你会在海外平台购物吗？你认为国际物流需要在哪些方面进行改进？

2. 区域物流

区域物流指在一定区域内的物流活动。相对于国际物流而言，一个国家范围内的物流、一个城市的物流、一个经济区域的物流都处于同一法律、规章、制度之下，都受相同文化及社会因素影响，都处于基本相同的科技水平和装备水平之中。

按照地域范围划分的物流活动具有层次性，不同层次的物流活动也具有各自不同的特点。

（六）按物流的性质分类

1. 一般物流

一般物流是指适应社会经济需要的具有普遍性的物流活动及其系统。物流活动的一个重要特点，是涉及全社会、各领域、各企业。因此，物流系统的建立、物流活动的开展必须有普遍的适用性。

2. 特殊物流

特殊物流是指在专门范围、专门领域、特殊行业的物流活动。在遵循一般物流规律基础上，带有特殊制约因素、特殊应用领域、特殊管理方式、特殊劳动对象、特殊机械装备特点的物流，皆属于特殊物流。

五、物流管理的概念

物流管理是管理科学的新的重要分支。随着生产技术和管理技术的提高，企业之间的竞争日趋激烈，人们逐渐发现，企业在降低生产成本方面的竞争似乎已经走到了尽头，竞争的焦点开始从生产领域转向非生产领域，转向过去那些分散的、孤立的、被视为辅助环节而不被重视的领域，如运输、存储、包装、装卸、流通加工等物流活动。人们开始研究如何在这些领域降低物流成本，提高服务质量，创造"第三个利润源泉"。物流管理从此从企业传统的生产和销售活动中分离出来，成为独立的研究领域和学科范围。

物流管理是指在社会再生产过程中，根据物质资料实体流动的规律，应用管理的基本原理和科学方法，对物流活动进行计划、组织、指挥、协调、控制和监督，使各项物流活动实现最佳的协调与配合，以降低物流成本，提高物流效率和经济效益。

六、物流管理的内容

(一) 物流功能的管理

1. 运输管理

运输管理包括选择运输方式及服务方式、确定车队规模、设定行车路线、车辆调度与组织等。

2. 仓储管理

仓储管理包括原材料、半成品的储存方式、储存统计、库存控制、养护等。

3. 配送管理

配送管理包括配送中心的选址及优化布局、配送机械的合理配置与调度、配送作业的制订与优化。

4. 包装管理

包装管理包括包装容器和包装材料的选择与设计，包装技术和方法的改进，包装系列化、标准化、现代化等。

5. 装卸搬运管理

装卸搬运管理主要是指设备规划与配置，装卸搬运作业。它包括装卸搬运系统的设计与组织等。

6. 流通加工管理

流通加工管理包括加工场所的选定，加工机械的配置研究和改进，加工作业流程的制订与优化。

7. 物流信息管理

物流信息管理是指对反映物流活动、物流要求、物流作用和物流特点的信息进行搜集、加工、处理、存储和传输等。

8. 顾客服务管理

顾客服务管理是指对与物流活动相关服务的组织和监督。例如，调查分析顾客对物流活动的反映，决定顾客所需要的服务水平和服务项目等。

(二) 对物流系统中资源要素的管理

1. 对人的管理

人是物流系统和物流活动中最活跃的因素。对人的管理包括对物流从业人员的选拔和录用，对物流专业人才的培训与提高，对物流教育和物流人才培养规划与措施的制定等。

2. 对财的管理

财是指物流企业的资金。对财的管理主要包括物流成本的核算与控制，物流经济指标体系的建立，所需资金的筹措、使用，提高经济效益的方法等。

3. 对物的管理

物是物流活动的客体，即物质资料实体。对物的管理贯穿物流活动的始终，涉及物流活动各环节，即物品的包装、装卸搬运、储存、运输、流通加工、配送等。

4. 对设备的管理

对设备的管理包括对各种物流设备的选型与优化配置，对各种设备的合理使用和更新改造，对各种设备的研制、开发与引进等。

（三）对物流层次的管理

1. 物流战略管理

物流战略管理就是站在企业长远发展的立场上，对企业物流的发展目标、物流在企业经营中的战略定位、物流服务水平及物流服务内容等问题做出整体规划。

2. 物流系统的设计与运营管理

企业物流战略确定以后，为了实施战略必须有得力的实施手段，即物流运作系统。作为物流战略制定后的下一个实施阶段，物流管理的任务是设计物流系统和物流网络，规划物流设施，确定物流运作方式和程序等，形成一定的物流能力，并对系统运营进行监控，及时根据需要调整系统。

3. 物流作业管理

物流作业管理包括在物流系统框架内，根据业务需求，制订物流作业计划，按照计划要求对物流作业活动进行现场监督和指导，对物流作业的质量进行监控。除此之外，还有对物流活动中具体职能的管理，包括对物流计划、质量、技术、成本等职能的管理。

七、物流管理的目标

（一）物流管理的总体目标

物流管理的总体目标可以概括为"5Right"：以最少的成本，在正确的时间（Right Time）、正确的地点（Right Location）、正确的条件（Right Condition）下，将正确的商品（Right Goods）送到正确的顾客（Right Customer）手中，即在平衡服务要求和成本要求的基础上实现既定的服务水平。

物流管理的核心在于创造价值，良好的物流管理要求工作中的每一项活动均能实现增值，在为顾客创造价值的同时，也为企业自身及其伙伴创造价值。物流管理所创造的价值体现在商品的时间和地点效用，以及保证顾客在需要的时候能方便地获取商品上。物流活动各环节的管理分别有各自的要求，而这些环节又分别属于不同的管理领域，往往互不协调，影响经济效果。比如，从包装的角度看，经济效果较好的是单薄包装，但在装卸搬运和运输过程中易大量损坏，也就降低了装卸、运输环节的经济效果。因此要选择对包装、装卸搬运和运输都比较合理的包装方案。现代物流管理的基本任务，就是针对以上几项原本独立的、分属不同部门管理的活动，根据它们之间客观存在的有机联系，进行综合、系统的管理，以取得全面的经济效益。

（二）物流管理的功能目标

物流管理在本质上要实现下列功能目标：快速响应、最小变异、最低库存、整合资源、质量保证等。

1. 快速响应

快速响应关系一个厂商是否能及时满足客户的服务需求的能力。信息技术提高了在最近的可能时间内完成物流作业和尽快交付所需存货的能力，这样就可减少传统上按预期的客户需求过度储备存货的情况。快速响应的能力把作业的重点从根据预测和对存货储备的预期，转移到以从装运到装运的方式对客户需求做出反应上来。

2. 最小变异

变异是指破坏系统表现的任何意想不到的事件，它可以产生于任何一个领域的物流作业，诸如客户收到订货的期望时间被延迟、制造中发生意想不到的损坏、货物到达客户所在地发现受损，或者把货物交付到不正确的地点，所有这一切都将使物流作业时间遭到破坏，必须予以解决。物流系统的所有作业领域都容易遭受潜在的变异，减少变异的可能性关系内部作业和外部作业。传统的解决变异的办法是建立安全储备存货或使用高成本的溢价运输。当前，考虑到这类实践的费用和相关风险，它已被信息技术的利用取代，以实现积极的物流控制。在某种程度上，变异已减少至最低限度，经济上的作业结果是提高了物流生产率。因此，整个物流表现的基本目标是要使变异减少到最低限度。

3. 最低库存

最低库存的目标涉及资产负担和相关的周转速度。在企业物流系统设计中，由于存货所占用的资金是企业物流作业的最大经济负担，在保证供应的前提下提高周转率，意味着存货占用的资金得到了有效的利用。因此，保持最低库存的目标是要把存货配置减少到与客户服务目标一致的最低水平，以实现最低的物流总成本。零库存是企业物流管理的理想目标，但是伴随着零库存目标的接近与实现，物流作业的其他缺陷会显露出来。所以，企业物流系统设计必须将库存占用和库存周转速度作为重点来控制。

4. 整合资源

最重要的物流成本之一是运输。运输成本与产品的种类、装运的规模及距离直接相关。许多具有溢价服务特征的物流系统所依赖的高速度、小批量装运的运输，是典型的高成本运输。要减少运输成本，就需要实现整合运输。一般说来，整个装运规模越大，需要运输的距离越长，则每单位运输成本越低。这就需要有创新的规划，把小批量的装运聚集成集中的、具有较大批量的整合运输。这种规划必须得到适合整个供应链的工作安排的帮助。

5. 质量保证

第五个物流目标是要寻求持续的质量改善。如果一个产品变得有缺陷或者服务承诺没有得到履行，那么，物流并没有增加什么价值。物流本身必须履行所需的质量标准。管理上所面临的实现零缺陷的物流表现的挑战被这样的事实强化了,即物流作业必须在24小时的任何时间、跨越广阔的地域来履行。而质量上的挑战被这样的事实强化了,即绝大多数的物流工作是在监督者的视线外完成的。由于不正确装运或运输中的损坏导致重做客户订货所花的费用,远比第一次就正确地履行所花费的费用多。因此,物流是促使全面质量管理不断改善的重要因素。

第二节 供应链管理概述

案例导入

区块链技术助力小米供应链生态圈升级

云计算、大数据、物联网、区块链以及人工智能等新技术的普及,让大型互联网企业实现了从消费级到企业级更高效的资源整合,并直接推动了与之业务相关企业的数字化转型进程。以这些互联网企业为中心,一个个富有活力的生态系统正在日益成熟,在抓住数字化转型机遇的同时,也让这些企业成为数字化变革的推手。

小米集团就是一个非常典型的例子。小米既是一家互联网公司,同时也是手机和智能硬件公司,它的供应链覆盖了手机行业的各大核心企业,甚至很多是细分领域的龙头公司。与供应商合作共赢,提升供应链整体效率才是王道。因此,如何更紧密地服务于链条中的合作伙伴,是涉足产业互联网的企业必须思考的问题。

以智能手机为核心,小米近几年大力提升供应链业务,让小米生态圈合作伙伴形成了一个紧密的联盟链条,从纵向的链变成了强大的矩阵,让整个联盟业态走向数字化,进而让供应链体系跨越了传统公司与核心企业之间供应关系的范畴,成就了一种全新的业态。

小米生态圈的健康发展,让小米不断地拉近与用户的距离,努力成为用户心中最"酷"的公司。在小米集团信息技术部副总裁的带领下,小米大力拥抱数字化,不断利用新技术提升供应链能力,为合作伙伴赋能。

1. 从供应链关系走向矩阵型生态系统

庞大的生态圈,也意味着庞大的资金流。而作为一家流程严谨的企业,在采购方面,小米也严格遵守着公司的要求:从采购下单到供应商发货,到小米收货、供应商结算对账开具发票,再到财务付款,这个流程往往长达数周。"对于供应商来说,资金流的稳定是生命线,但是小米本身的量级摆在这里,涉及的资金量是十分庞大的,能够持续缩短这个周期对供应商来说都是非常急迫的。"

构建健康的生态圈,维系与合作伙伴的良好合作关系,"纸上谈兵"是不够的,需要从切实提升合作伙伴的收益入手。最首要的就是保证与合作伙伴的互联性,以及采购流程的透明性。与此同时,传统的保理流程需要验证许多硬拷贝业务文档,如订单、发票等，以进行信用检查，尽管小米将 ERP（Enterprise Resource Planning，企业资源计划）和 SRM（Supplier Relationship Management，供应商关系管理）作为供应链的主要应用平台，但仍存在连接性、透明度和信任方面的挑战。此外，为了增强生态系统的能力，还需要考虑安全性和效率，以便与生态系统参与者环境中存在的业务线应用程序集成。

2. 高效、安全、快捷的矩阵式服务

区块链，是小米领导者和团队在不断摸索尝试中找到的可行方案。借助区块链技术有效地将小米生态圈的合作伙伴连接在一起，从而构建一个真正健康的矩阵型生态系统，解决了供货商融资、供货、信息处理等问题，真正意义上实现了快速增长。

利用 Azure 区块链服务以及分散及共享实体和交易，小米开发了一个参考体系结构，使供货商能够将 ERP 系统与联盟区块链集成，从而真正将业务文件打造为数字化信用。Azure 区块链服务、Azure 应用服务和 Azure SQL 数据库还提供了部署灵活性，可为生态系统构建打包的交钥匙解决方案。这使上下游企业承受的压力大大减小，大家更快拿到货、更快收到钱，这是实实在在的收益。而如果深入探究的话，借助区块链技术，小米在生态圈中的信任和流程透明度都大幅度提升，与上下游企业的黏性更强了。生态圈的稳固，对于小米整体发展的积极作用是不可估量的。

未来的供应链一定是矩阵式的生态系统，生态系统中的合作关系是双向的，如友似亲。从传统供应链管理到矩阵式生态系统，这就是真正的与合作伙伴建立紧密关系的纽带。作为生态系统的发起者和核心参与者的小米，就是希望与合作伙伴、供货商共同成长，以信任、透明和高效的方式构建现代商业网络，实现小米的雄心。

（资料来源：数字化企业网，2019-5-10）

问题： 区块链技术对供应链管理变革有哪些影响？请结合案例，谈谈你的想法。

以互联网为核心的计算机网络技术的发展与应用，使社会步入了全新的网络经济时代。信息技术向供应链的渗透，极大地提高了信息的透明度和决策的科学性，从而大大缩短了产品进入市场的时间，降低了生产成本，提高了企业经营效益。

一、供应链的概念

供应链最早来源于彼得·德鲁克提出的"经济链"，而后经由迈克尔·波特发展成"价值链"，最终日渐演变为"供应链"。

美国供应链协会将供应链定义为：供应链是指涵盖着从原材料的供应商经过开发、加工、生产、批发、零售等过程到达用户的有关最终产品或服务的形成和交付的每一项业务活动。

供应链概念经历了一个发展的过程。早期的观点认为，供应链是制造企业中的内部过程，它是指将采购的原材料和零部件，通过生产转换和销售等活动传递给用户的过程。传统的供应链概念局限于企业的内部操作，注重企业自身的资源利用。随着企业经营的进一步发展，供应链的概念范围扩大到了与其他企业的联系，注意到了供应链的外部环境。

一般而言，某一商品从生产地到达消费者手中，有如下厂商及相关人员依次参与：供货商、制造商、批发商、零售商、消费者。从商品的价值在业务连锁中逐渐增值的角度看，这一过程可称为价值链；从满足消费者需求的业务连锁角度看，可称为需求链；从与供货密切相关的企业连锁角度看，可称为供应链。

《物流术语》（GB/T 18354—2006）对供应链的定义是：生产及流通过程中，涉及将产品或服务提供给最终用户活动的上游与下游组织所形成的网链结构。

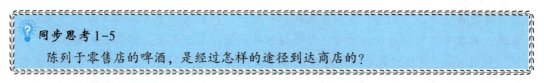

同步思考1-5
陈列于零售店的啤酒，是经过怎样的途径到达商店的？

二、供应链的构成要素

供应链涵盖从原材料供应开始，经过工厂的开发、加工、生产至批发、零售等过程，最后到达客户之间有关最终产品或服务的形成和交付的每一项业务活动。一般来说，构成供应链的基本要素包括：

（1）供应商，指给生产厂家提供原材料或零部件的企业；

（2）制造商，即厂家，主要负责产品开发、生产和售后服务等；

（3）分销商，指为实现将产品送到经营地范围每一角落而设的产品流通代理；

（4）零售商，是将产品销售给消费者的企业；

（5）客户，即用户，是最终的消费者。

供应链的主要活动伴随着物流、资金流、信息流、商流四种表现形态，如图1-5所示。供应链是由供应商组成的网链结构，而供应商是产品或服务的提供商，如原材料供应商、产品供应商、物流供应商（如第三方、第四方等）、信息供应商（如网站、媒体等）、资金供应商（如银行、金融机构等）。供应商双方之间接受订货、签订合同等形成商流，它们各自的用户处在供应链的不同位置，供应商对于各自不同位置的用户来说提供的是产品或服务；对于终端需求（最终用户）来说，不同位置的供应商提供的是半成品或中间服务。

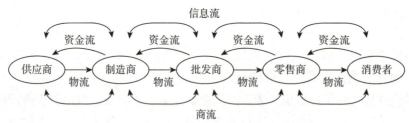

图1-5 供应链主要活动

三、供应链的特征

供应链是一个网链结构，由顾客需求拉动，能高度一体化地提供产品和服务，每个节点代表一个经济实体及供需的两个方面。供应链的特征主要有以下几点。

1. 增值性

所有的生产运营系统都将一些资源进行转换和组合，增加适当的价值，然后把产品"分送"到在产品的各传送阶段可能考虑到也可能被忽视的顾客手中。

2. 整合性

供应链本身是一个整体合作、协调一致的系统，它有多个为了一个共同的目的或目标，协调运作，紧密配合的合作者。

3. 复杂性

因为供应链节点企业组成的跨度（层次）不同，不少供应链是跨国、跨地区和跨行业的组合，所以供应链结构模式相较于一般单个企业的结构模式更为复杂。

4. 虚拟性

供应链的虚拟性主要表现在供应链是一个协作组织。这种组织以协作的方式组合在一起，依靠信息网络的支撑和相对信任关系，为了共同的利益，强强联合，优势互补，协调运转。供应链犹如一个虚拟的强势企业群体，在不断地优化组合。

5. 动态性

现代供应链的出现是为了满足企业战略适应市场需求变化的需要。供应链中的企业都是在众多企业中筛选出来的合作伙伴，合作关系是非固定性的，需要随目标的转变而转变，随服务方式的变化而变化。无论是供应链结构，还是其中的节点企业，都需要动态地更新，这就使供应链具有明显的动态性。

6. 交叉性

交叉性是指供应链中的企业既可以是这个供应链的成员，也可以同时是那个供应链的成员。众多的供应链形成交叉结构，增加了协调管理的难度。

四、供应链的类型

根据不同的划分标准，可以将供应链分为不同类型。

1. 稳定的供应链和动态的供应链

根据供应链存在的稳定性，可以将供应链分为稳定的供应链和动态的供应链。基于相对稳定、单一的市场要求而组成的供应链，稳定性较强；而基于变化相对频繁、复杂的需求而组成的供应链，动态性较强。在实际管理运作中，需要根据不断变化的需求，相应地改变供应链的组成。

2. 平衡的供应链和倾斜的供应链

根据供应链容量与用户需求的关系，可以将供应链分为平衡的供应链和倾斜的供应链。一个供应链具有一定的、相对稳定的设备容量和生产能力（所有节点企业能力的综合，包括供应商、制造商、运输商、分销商、零售商等），但用户需求处于不断变化的过程中。当供应链的容量能满足用户需求时，供应链处于平衡状态；而当市场变化加剧，造成供应链成本增加、库存增加、浪费增加等现象时，企业不是在最优状态下运作，供应链则处于倾斜状态。平衡的供应链可以实现各主要职能（包括采购、生产、分销、市场和财务）之间的均衡：采购方面实现低采购成本，生产方面实现规模效益，分销方面实现低运输成本，市场方面实现产品多样化，财务方面实现资金快速运转。

牛鞭效应

牛鞭效应是营销活动中普遍存在的现象，因为当供应链上的各级供应商只根据来自与其相邻的下级销售商的需求信息进行供应决策时，需求信息的不真实性会沿着供应链逆流而上，产生逐级放大的现象，到达最源头的供应商（如总销售商，或该产品的生产商）时，其获得的需求信息和实际消费市场中的顾客需求信息产生了很大的偏差，需求变异系数比分销商和零售商的需求变异系数大得多。由于这种需求放大变异效应的影响，上游供应商往往维持比其下游需求更高的库存水平，以应付销售商订货的不确定性，从而人为地增大了供应链中的上游供应商的生产、供应、库存管理和市场营销风险，甚至导致生产、供应、营销的混乱。

（资料来源：360百科）

3. 有效性供应链和反应性供应链

根据供应链的功能模式，可以把供应链分为有效性供应链和反应性供应链。有效性供应链主要体现供应链的物理功能，即以最低的成本将原材料转化成零部件、半成品、成品进行的采购、生产、存储和运输等；反应性供应链主要体现供应链的市场中介功能，即把产品分配到满足用户需求的市场，对未预知的需求做出快速反应等。

4. 内部供应链和外部供应链

根据活动范围，可以将供应链分为内部供应链和外部供应链。内部供应链是指由企业内部产品生产和流通过程中所涉及的采购部门、生产部门、仓储部门、销售部门等组成的供需网络；而外部供应链则是指由企业外部的，与企业相关的产品生产和流通过程中涉及的原材料供应商、生产厂商、储运商、零售商及最终消费者组成的供需网络。

五、供应链管理的概念

供应链管理的业务流程包括两个相向的流程组合：一是从最终用户到初始供应商的市场需求信息逆流而上的传导过程；二是从初始供应商向最终用户的顺流而下且不断增值的产品和服务的传递过程。供应链管理即是对这两个核心业务流程实施一体化运作，包括统筹的安排、协同的运行和统一的协调。对于供应链管理，不同国家的专家或机构给出了不同的描述。

全球供应链论坛将供应链管理定义为：供应链管理是从最终用户到最初供应商的所有

为客户及其他投资人提供价值增值的产品、服务和信息的关键业务流程的一体化。

中国国家物流协会对供应链管理的定义是：以提高企业个体和供应链整体的长期绩效为目标，对特定企业内部跨职能部门边界的运作和在供应链成员中跨企业边界的运作进行战术控制即供应链管理。

《物流术语》（GB/T 18354—2006）对供应链管理的定义是：对供应链涉及的全部活动进行计划、组织、协调与控制。

虽然目前对供应链管理的概念表述不一，但有一点却可以达成共识：供应链管理代表的不仅仅是某种管理方法，而是一整套管理理念。供应链管理能够帮助企业获得在全球市场上的成功。分享信息和共同计划可以使整体物流效率得到提高。

六、供应链管理的特点

1. 供应链管理是一种基于流程的集成化管理

传统的管理以职能部门为基础，往往因职能矛盾、利益目标冲突、信息分散等，各职能部门无法完全发挥其潜在效能，因而很难实现整体目标最优。供应链管理则是一种纵横的、一体化经营的管理模式，它以流程为基础，以价值链的优化为核心，强调供应链整体的集成与协调，通过信息共享、技术扩散、资源优化配置和有效的价值链激励机制等方法实现经营一体化，要求采用系统的、集成化的管理方法来统筹整个供应链的各个功能。

2. 供应链管理是全过程的战略管理

供应链中各环节不是彼此分割的，而是环环相扣的一个有机整体，因而不能将供应链看成是由采购、制造、分销与销售等构成的一些分离的功能块。由于供应链上的供应、制造、分销等职能目标之间在利益分配中存在冲突，只有最高管理层才能充分认识到供应链管理的重要性与整体性，只有运用战略管理思想才能有效实现供应链的管理目标。

3. 供应链管理提出了全新的库存观

传统思想认为，库存是维系生产与销售的必要措施，其基于"保护"的原则来保护生产、流通或市场，能避免受到上游或下游在供需方面的影响，因而企业与其上下游企业在不同的市场环境下只是实现了库存的转移，整个社会库存总量并未减少。在买方市场的今天，供应链的实施可以加快产品流向市场的速度，尽量缩短从供应商到消费者的通道的长度。另外，供应链管理把供应商看作伙伴，而不是对手，从而使企业对市场需求的变化反应更快、更经济，总体库存大幅度降低。从供应链角度来看，库存不一定是必需的，它只是起平衡作用的最后的工具。

4. 供应链管理以最终客户为中心

不管供应链中的企业有多少类型，也无论供应链是长还是短，供应链都是由客户需求驱动的，企业创造的价值只有通过客户的满意和生产的利润来衡量。供应链管理以最终客户为中心，将客户服务、客户满意与客户成功作为管理的出发点，并贯穿供应链管理的全过程。

5. 供应链管理采取新的管理方法

例如，用总体综合方法代替接口的方法，用解除最薄弱链寻求总体平衡，用简化供应链方法防止信号的堆积放大，用经济控制论方法实现控制，要求并最终依靠对整个供应链进行战略决策。

七、供应链管理的内容与目标

（一）供应链管理的内容

1. 信息管理

随着知识经济时代的到来，信息取代劳动和资本，成为影响劳动生产率的主要因素。在供应链中，信息是供应链各方的沟通载体，供应链中各阶段的企业通过信息这条纽带集成起来。可靠、准确的信息是企业决策的有力支持和依据，能有效降低企业中的不确定性，提高供应链的反应速度。因此，供应链管理的主线是信息管理，信息管理的基础是构建信息平台，实现信息共享。供应链已结成一张覆盖全区域乃至全球的网络，从技术上实现与供应链其他成员的集成化和一体化。

2. 客户管理

在供应链管理中，客户管理是供应链管理的起点，供应链源于客户需求，也终于客户需求，因此供应链管理是以满足客户需求为核心运作的。然而客户需求千变万化，而且存在个性差异，企业对客户需求的预测往往不准确，一旦预测需求与实际需求差别较大，就很有可能造成企业库存的积压，引起经营成本的大幅度增加，甚至造成巨大的经济损失。因此，真实、准确的客户管理是企业供应链管理的重点。

3. 库存管理

一方面，为了避免缺货给销售带来的损失，企业不得不持有一定量的库存，以备不时之需；另一方面，库存占用了大量资金，既影响了企业的扩大再生产，又增加了成本，在库存出现积压时还会造成巨大的浪费。因此，一直以来，企业都在寻找确定适当库存量的方法，传统的方式是通过需求预测来解决，然而需求预测与实际情况往往并不一致，直接影响了库存决策的制订。如果能够实时掌握客户需求变化的信息，做到在客户需要时再组织生产，那就不需要持有库存，即以信息代替库存，实现库存的"虚拟化"。因此，供应链管理的一个重要任务是利用先进的信息技术，搜集供应链各方及市场需求方面的信息，用实时、准确的信息取代实物库存，减少需求预测的误差，从而降低库存的持有风险。

4. 关系管理

传统的供应链成员之间是纯粹的交易关系，各方遵循的都是"单向有利"的原则，所考虑的主要是眼前的既得利益，并不考虑其他成员的利益。这是因为每个企业都有自己相对独立的目标，这些目标与其在供应链中的上下游企业往往存在一些冲突。如，制造商要求供应商能够根据自己的生产要求灵活并且充分地保证它的物流需求；供应商则希望制造商能够以相对稳定的周期大批订购，即稳定的大量需求，这就在两者之间产生了目标冲突。这种目标的冲突无疑会大大增加交易成本。同时，社会分工的日益深化使企业之间的相互依赖关系不断加深，交易关系也日益频繁。因此，降低交易成本对于企业来讲非常必要。而现代供应链管理理论提供了提高竞争优势、降低交易成本的有效途径，这种途径就是通过协调供应链各成员之间的关系，加强与合作伙伴的联系，在协调的合作关系的基础上进行交易，为供应链的全局最优化而努力，从而有效地降低供应链整体的交易成本，使供应链各方的利益获得同步的增加。

> **课外资料 1-3**
>
> **西门子供应商管理 15 条基本原则**
>
> 西门子是一家世界级的百年老店，在供应链管理方面突出的特点是固化、成熟的合作价值观及运作方法。西门子确定了供应商关系的 15 条基本原则，具体如下。
>
> （1）寻求业内最佳的供应商，要求在技术和规模上遥遥领先于同行。
>
> （2）选定的供应商必须把西门子列为最重要的顾客之一，这样才能保证服务水平和原料的可得性。
>
> （3）供应商必须有足够的资金能力保持快速增长。
>
> （4）每个产品至少由 2 个供应商供货，避免供货风险，保持良性竞争。
>
> （5）每个原材料的供应商数目不宜超过 3 个，避免过度竞争、关系恶化。
>
> （6）供应商的经营成本每年必须有一定幅度的降低并为此制度化。
>
> （7）供应商的订货份额取决于总成本分析（＝价格＋质量＋物流等服务），成本越高，订单份额就越少。
>
> （8）新供应商可以在平等条件下加入西门子的 E-Biding 系统，以得到成为合格供应商的机会。
>
> （9）当需要寻找新的供应商时，西门子会进行市场研究以找到合适的备选供应商。
>
> （10）对潜在供应商要考察其财务能力、技术背景、质量体系、生产流程、生产能力等综合因素。
>
> （11）合格的供应商将参与研发或加入高级采购工程部门的设计。
>
> （12）先通过试生产流程的审核，来证明供应商能按西门子的流程要求生产符合西门子质量要求的产品。
>
> （13）然后再通过较大规模的试生产，确保供应商达到 6 个西格玛质量标准，以及质量和生产流程的稳定性。
>
> （14）如果大规模生产非常顺利，就进一步设立衡量系统（包括质量水平和服务表现）；如果不能达到关键服务指标，西门子就会对供应商进行"再教育"。
>
> （15）当西门子的采购策略有变化时，供应商的总成本或服务水平低于西门子要求的时候，供应商的供应资格就可能被取消。
>
> （资料来源：搜狐网，"苏州采购与物流考试服务中心"搜狐号，2017-8-1）

5. 风险管理

供应链上企业之间的合作会因为信息不对称、信息扭曲、市场的不确定性，以及政治、经济、法律等方面因素的变化，导致各种风险的存在。为了使供应链上的企业都能从合作中获得满意的结果，必须采取一定的措施规避风险，如提高信息透明度和共享性、优化合同模式、建立监督控制机制等，尤其是必须在企业合作的各个阶段采用各种手段实施激励，以使供应链企业之间的合作更加有效。

（二）供应链管理的目标

供应链管理通过调和总成本最低化、客户服务最优化、总库存量最小化、总周期时间最短化及物流质量最优化等目标之间的冲突，实现供应链绩效最大化。供应链管理的目标可理解为：

（1）持续不断地提高企业在市场上的领先地位；

（2）不断对供应链中的资源及各种活动进行集成；

（3）根据市场需求，不断地满足顾客需求；

（4）根据市场的不断变化，缩短从产品的生产到达消费者手中的时间；

（5）根据物流在整个供应链中的重要性，消除各种不合理损耗，降低整个物流成本和物流费用，使物、货在供应链中的库存下降；

（6）提高整个供应链中所有活动的运作效率，降低供应链的总成本，并赋予经营者更大的能力来适应市场变化并及时做出反应。

八、物流管理与供应链管理的联系和区别

（一）物流管理与供应链管理的联系

供应链管理理论源于物流管理研究，经历了一个由传统物流管理到供应链管理的演化过程。事实上，供应链管理的概念与物流管理的概念密切相关，人们最初提出"供应链管理"一词，是用来强调在物流管理过程中，在减少企业内部库存的同时也应该考虑减少企业之间的库存。随着供应链管理思想越来越受到欢迎和重视，其视角早已拓宽，不仅着眼于降低库存，其管理触角已延伸到企业内外的各个环节、各个角落。从某些场合下人们对供应链管理的描述来看，供应链管理类似于穿越不同组织界限的、一体化的物流管理。

实质上，供应链管理战略的成功实施必然以成功的企业内部物流管理为基础。能够真正认识并率先提出供应链管理概念的，也是一些具有丰富物流管理经验和先进物流管理水平的世界级顶尖企业。这些企业在研究企业发展战略的过程中发现，面临日益激化的市场竞争，仅靠一个企业和一种产品的力量已不足以占有优势，企业必须与它的原料供应商、产品分销商、第三方物流服务者等结成持久、紧密的联盟，共同建设高效率、低成本的供应链，才可以从容面对市场竞争，并取得最终胜利。

（二）物流管理与供应链管理的区别

1. 范围不同

物流管理为供应链管理的一个子集，两者并非同义词。物流管理在恰当的实施下，总

是以点到点为目的，而供应链管理将许多物流以外的功能与企业之间的界限整合起来，其功能超越了企业物流管理的范畴。如企业的新产品开发，强大的产品开发能力可以成为企业有别于其对手的竞争优势，乃至成为促使其长期发展的核心竞争能力，而产品开发过程涉及方方面面的业务关系，包括营销理念、研发组织形式、制造能力、物流能力、筹资能力等。这些业务关系不仅仅涉及一个企业内部，往往还涉及企业的众多供应商或经销商，以便缩短新产品进入市场的周期，这些都是供应链管理要整合的内容。显然，单从一个企业的物流管理的角度来考虑，很难想象它会将这么多的业务关系联系在一起。

2. 对一体化的理解不同

从学科发展角度来看，供应链管理也不能简单地理解为一体化的物流管理。一体化的物流管理分为内部一体化和外部一体化两个阶段。目前，即使是在物流管理发展较早的国家，许多企业也仅仅处于内部一体化的阶段，或者刚刚认识到结合企业外部力量的重要性。正是因为这样，一些学者才提出"供应链管理"这一概念，以使那些领导管理方法潮流的企业率先实施的外部一体化战略区别于传统企业内部的物流管理。正如供应链管理的定义所指出的那样，供应链管理所包含的内容比传统物流管理要广得多。在考察同样的问题时，从供应链管理来看，视角更宽泛，立场更高。

3. 研究者的范围不同

供应链管理的研究者范围比物流管理更广。除了物流管理领域的研究者外，还有许多制造与运作管理的研究者也研究和使用供应链管理。

4. 学科体系的基础不同

供应链管理思想的形成和发展，是建立在多个学科体系基础上的，其理论根基远远超越了传统物流管理的范围。正因如此，供应链管理还涉及许多管理的理论和内容。它的内涵比传统的物流管理更丰富，覆盖面更宽泛，而对企业内部单个物流环节的注意就不如传统物流管理那么集中、考虑那么细致了。

5. 优化的范围不同

供应链管理把对成本有影响和在产品满足顾客需求的过程中起作用的每一方都考虑在内，包括从供应商和制造工厂经过仓库和配送中心到零售商和顾客；而物流管理则只考虑自己路径范围内的业务。

首先，物流管理主要从一个企业的角度考虑供应、存储和分销，把其他企业当作一种接口关系处理，没有深层次理解其他企业内的操作，企业之间是单纯的业务合作关系；而供应链管理的节点企业之间是一种战略合作伙伴关系，要求对供应链所有节点企业的活动进行紧密的协作控制，它们形成了一个动态联盟，具有"双赢"关系。

其次，物流管理强调一个企业的局部性能优先，并且采用运筹学的方法分别独立研究相关的问题。通常，这些问题被独立地从它们的环境中分离出来，不考虑与其他企业功能的关系。而供应链管理将每个企业当作供应网络中的节点，在信息技术支持下，采用综合的方法研究相关的问题，通过紧密的功能协调追求多个企业的全局性能优化。

供应链管理

最后，物流管理经常是面向操作层次的，而供应链管理更关心战略性的问题，侧重于全局模型、信息集成、组织结构和战略联盟等方面的问题。

第三节　物流与供应链管理基本理论

一、物流的"商物分离"说

商物分离是物流科学赖以存在的先决条件。所谓商物分离，是指流通中的两个组成部分——商业流通和实物流通各自按照自己的规律和渠道独立运动。任何物品的流通都是由商流、物流、信息流、资金流四个方面构成的有机整体，物流和商流是从商品流通过程中引申和分离出来的两个职能。商流是指物品在流通中发生的买卖关系所引起的所有权转移的关系；物流是指物品在时间上或空间上发生的物理的移动过程。两者在同一个流通过程中同时发生，如同一个事物的两个方面，既相互依存，又相辅相成。商流与物流最大的区别是两者的运动方式不同。商流是必须经过一定的经营环节进行的业务活动，体现的是不同所有者之间的利益关系；而物流不受经营环节的限制，体现的是物品如何按照交通运输条件、储存或保管的方式，以最快的速度、最短的距离、最节省的费用到达消费地或客户手里。物流、商物分离前后对比如图1-6所示。

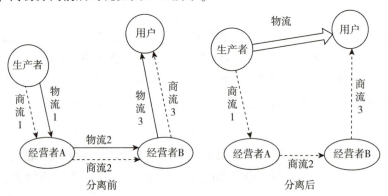

图1-6　物流、商物分离前后对比

二、物流的"黑大陆"说

1962年，管理大师德鲁克在《财富》杂志发表的《经济的黑暗大陆》一文中指出，消费者在支付的商品价格中，约50%是与商品流通有关的费用，所以物流是降低成本的最后领域。但是，由于流通领域中物流活动的模糊性尤其突出，是流通领域中人们认识不清的领域，所以"黑大陆"说法现在主要是针对物流而言的。

三、物流的"冰山"说

物流的"冰山"说是由日本早稻田大学西泽修教授提出的,他在专门研究物流成本时发现,现行的财务会计制度和会计核算方法都不可能掌握物流费用的实际情况,因而人们对物流费用的了解是一片空白,甚至有很大的虚假性。就像沉在水面下的冰山一样,露出水面的仅是冰山的一部分,大部分沉在水面以下的是看不到却有很大挖掘潜力的部分。

四、物流的"第三利润源"说

物流的"第三利润源"说也是由西泽修教授在1970年提出的。从历史发展来看,人类历史上曾经有过两个大量提供利润的领域。第一利润源是资源领域(劳动对象),第二利润源是人力领域(劳动者)。在前两个利润源潜力越来越小、利润开拓越来越困难的情况下,物流领域的潜力逐渐被人们重视,按时间顺序排为第三利润源。

五、物流的"效益背反"说

"效益背反"是指在物流的若干功能要素之间,存在着损益的矛盾,即某一功能要素的优化和利润产生的同时,必然会存在另一个或另几个功能要素利益的损失;反之也如此。效益背反是物流领域中经常发生的现象,是这一领域内部矛盾的反映和表现。例如,在包装上节约一分钱,这一分钱就必然转到收益上来。也就是说,包装越省,则利润越高。但是,如果节省的包装在进入流通之后降低了产品的防护效果,就会造成大量损失,降低储存、装卸、运输等方面的效益。

本章测试

一、简答题

1. 简述物流的类型。
2. 简述物流的功能。
3. 简述供应链的特征。
4. 简述供应链的类型。

二、论述题

1. 论述物流管理与供应链管理的联系和区别。
2. 论述物流与供应链管理的基本理论。

三、案例分析题

华为的供应链是如何走上全球化之路的?

为了实现"供应链能够支撑公司海外业务发展"的目标,顺利完成对全球客户的合同履行和交付,华为提出以简单化、标准化和IT自动化为原则,以提高海外业务的处理效率和运作效率、满足全球客户的订单要求为任务,以建设一个响应速度快、运作成本低、质量水平高、具有竞争优势的全球化供应链体系为战略目标的全球供应链变革方案。

1. 解决"两难"问题

在海外供应链管理的实际工作中，变革团队面临"全球供应链到底是标准化还是个性化"的两难问题。

由于各个国家和地区之间存在差异，比如不同的消费习惯、不同的政策法规、不同的经济发展水平等，原先在国内市场相对成熟的流程和运作体系，无法简单复制到全球各个特定的市场，针对各市场的策略必须具备灵活性，才能适应各区域的特点。一方面，全球供应链需要利用国内总部的优势资源；另一方面，由于各个国家的市场需求不一样，在产品、销售模式、服务模式等方面均有不同的要求，这样一来，全球配置资源、全球一体化的成本优势就被抵消了，产品和服务的成本上升。所以，华为 GSC 变革项目组需要在总部集中管理和本地化管理之间取得平衡。集中管理有规模优势，资源共享，成本较低；本地化管理贴近客户，响应快速，客户满意度高。

由华为总部派出的先遣部队和变革项目组根据本地业务的特点，选择合适的策略，以实现成本、效率、客户服务水平之间的平衡，包括组织结构的设计，全球供应网络的布局，产品模式、销售和服务模式的设计等。

GSC 变革项目组认识到，任何管理系统的设计都应以帮助公司实现最终的财务目标为目的，即增加销售收入、降低交易和运作成本、快速响应客户。要实现这一目的，具体的解决方案应该是灵活的、变通的，而不是一成不变的。对于供应链流程的共性部分，需要利用总部平台的规模优势，进行集中化管理；对于个性化需求，则需要定制服务，从总部平台调取资源为各地区部服务。总部扮演好平台支持和服务的角色，地区部则扮演好内部客户的角色，向总部拿资源，贡献市场收益。有了解决新问题的思路和方法，华为采取了一系列 GSC 变革的行动，从硬件到软件，变革项目组制订了一系列变革方案。

2. 建设全球化的供应能力

在硬实力上，华为开始对全球资源进行整合，建设全球化的供应能力。

（1）着手解决标准化问题，对 IT 管理系统进行改造，将公司的集成供应链功能扩展到全球。

2005 年，华为启动了海外子公司 ERP 系统实施项目，开始在海外几十个国家的办事处实施 ERP 系统，以提高海外业务的处理效率和运作效率。通过总部专家组的支持，整合地区部、子公司的运作流程，贯彻落实集团会计政策。华为开始在有条件的子公司，如在尼日利亚、埃及、沙特阿拉伯、南非、英国、巴基斯坦等国家的子公司优先试点实施 ERP 系统，支持地区部和子公司的供应链运作及财务管理。为了确保项目成功，华为特地从公司总部的财务、采购、流程、IT 等部门抽调出 20 多名精兵强将，采用"细胞分裂式"方法和"蜂群战术"将国内成功实施 ERP 系统的经验扩散到海外。

在项目实施过程中，华为团队遇到的最大挑战就是：不同的国家有不同的税务、财务、商业政策及法规要求，客户需求差异也很大，ERP 系统实施中遇到的困难比预期的要多，于是公司将原来的海外子公司 ERP 系统实施项目升级为公司级变革项目，成立了重量级的跨部门团队，将项目成员扩充到 200 人以上。到 2007 年年底，华为在全球的 80 多家子公司（除了设在巴西和俄罗斯的子公司外）已经全部实施 ERP 系统，基本实现全球业务的标准化和信息化管理,实现了订单管理、财务报表、采购、付款等运作流程的IT系统化。

(2) 对全球供应网络进行规划和布局。

所谓供应网络规划,是解决从以产品为起点到以市场需求为终点的整个流通渠道中,以什么样的供应网络结构服务客户需求的问题。根据供应网络节点所服务的客户群体、产品类别,决定供应网络节点的类型、数量与位置,以及产品在节点之间的物流方式。

供应网络规划还需要解决空间和时间问题,以及二者与成本之间的平衡问题。空间问题是指对各类设施如工厂、仓库、零售点的平面地理布局,要在考量设施选址、数量和规模的同时兼顾客户服务水平与成本之间的平衡;时间问题是指客户花多少时间获得产品,要寻求客户服务时效与库存、物流运输等之间的平衡。

2005年以前,华为只在深圳设有一个生产基地,由一个中央仓库集中管理库存,当华为的客户遍布东南亚、非洲、中东、北美、欧洲、拉丁美洲等地区时,有限的生产能力、不健全的物流配送体系,使华为在为全球客户提供服务时显得力不从心。为了有效支持公司拓展全球市场,除中国区以外,华为在墨西哥、印度、巴西和匈牙利四国建立了四个供应中心,在迪拜、荷兰等国建立了区域配送中心,既快速响应了市场需求,又降低了物流运作成本,基本完成了全球供应网络的布局。以欧洲地区为例,匈牙利供应中心能够保证欧洲和北非大部分国家的订单需求得到满足,保证两周内交货。此外,除中国大陆外,华为还分别在美国、日本、德国和中国台湾地区建立了四个采购中心,以集中认证、分散采购为原则,统一管理全球范围内的元器件供应商。

(3) 建立全球化的集成供应链。

首先,要解决海外销量预测的问题。

随着海外市场的井喷式发展,华为产品的海外销量已经超过国内,海外销量预测的必要性越来越大,过去那种以国内销量衡量海外供应量的模式已不再可行,海外预测销量的缺失及不准确会导致全线产品的供应问题:预测的量多了,会造成库存及流动资产的大量浪费;预测的量少了,供应又无法得到保障。

为了有效管理全球的需求和订单,华为开始深入全球市场的前端,推动高级计划和排程系统在全球范围内的执行,沿袭国内的销售和运营计划,要求全球的销售部门、国内的生产部门和采购部门每月举行一次例会,以检视需求和供应之间的差距,并据此调整采购计划、生产计划和交付计划,保证各个部门及时获取和更新信息,并将可承诺的交货信息发布给全球的销售部门和销售人员。

其次,要解决全球化的订单管理和交付问题。

2005年,华为向海外地区部同步推行国内的合同订单集成配置器,实现前后方数据共享,提升海外合同配置的准确率,提高订单处理的市场响应速度,减少各类错货,并为各类预测、计划及统计提供准确的数据源。

此外,华为投入了大量精力,研究交付的逻辑和算法,研究贸易结算方法,根据每个供应中心的供货能力来平衡各地区的订单。当客户下单到供应链系统后,系统能够自动运行拆分逻辑,将订单拆分到最近、最便捷、成本最优化的地区供应中心进行备货,在确保遵从相关法规的前提下，既缩短了交货期，又节省了运输成本。通过这一订单管理和交付方案，华为的全球供应网络有了明显改善，订单履行和产品交付变得更及时有效。

再次，还要解决全球化物流的问题。

以前，华为的业务主要在国内，物流由华为自己掌握；而在海外，华为需要将物流服务外包给大量的第三方、第四方物流公司。一方面，华为与全球化的大型物流公司建立战略合作伙伴关系，以保证产品及时从深圳的工厂运送到全球各地的地区供应中心，再从各个地区供应中心交付到世界的各个角落；另一方面，华为将本地物流外包给一些本地的物流公司，由它们负责从本地海关送货到客户基站或站点，这些本地的物流公司由本地办事处负责认证、考核和管理，物流成本相对较低，服务也能够得到保证。

（资料来源：辛童. 华为供应链管理［M］. 杭州：浙江大学出版社，2020.）

问题：

（1）什么是供应链管理？供应链管理对企业发展具有什么作用？

（2）华为全球供应链管理变革的成果有哪些？对你有什么启示？请结合案例，谈谈你的想法。

第二章 供应链中的物流运输管理

章前概述

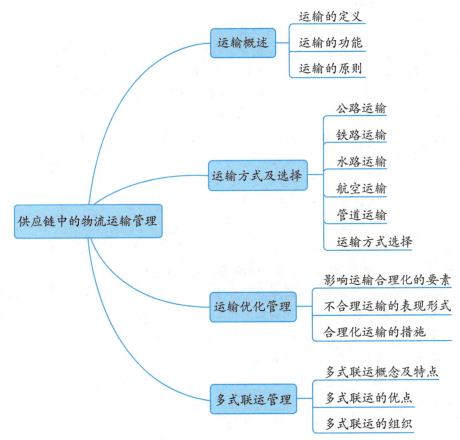

学习目标

通过本章的学习，了解运输的概念、多式联运的概念及组织；理解运输方式的特点及分类、不合理运输的表现形式；掌握运输的功能及原则、影响运输方式选择的因素、合理化运输的主要手段。

素养目标

培养在运输管理业务情境下分析问题和决策设计的能力,培养责任感和风险意识。

本章导读

运输是物流中非常重要的活动要素,直接影响物流成本及效率。本章针对运输的相关知识进行介绍,主要包括运输的概念、功能及原则,运输方式的特点及选择,不合理运输的表现及合理化措施,多式联运的概念、优点及组织。

开篇案例

一带一路"五通"发展

2019年4月18日,商务部召开的例行发布会上,新闻发言人表示,自2013年"一带一路"倡议提出以来,中国始终秉持共商共建共享原则,与有关国家一道积极推进"一带一路"建设。当前,中国与有关国家经贸合作水平不断提高,体现为贸易往来不断扩大、贸易方式创新加快、投资合作持续深化、重大项目落地见效等方面。"'一带一路'已经成为相关国家合作共赢、共同发展的重要平台。"

数据显示,2013—2018年,中国与"一带一路"沿线国家货物贸易总额超过6万亿美元,年均增长4%,高于同期中国对外贸易增速,占中国货物贸易总额的比重达27.4%。同期,中企对"一带一路"沿线国家直接投资超过900亿美元,年均增长5.2%;在沿线国家新签对外承包工程合同额超过6 000亿美元,年均增长11.9%。截至目前,中企在"一带一路"沿线国家建设了一批境外经贸合作区,累计投资超过300亿美元,成为推动当地经济增长、产业集聚的重要平台,带动东道国就业近30万人。

与此同时,一批铁路、公路、港口等重大基础设施项目建成,受到当地人民的普遍欢迎。值得注意的是,"丝路电商"正成为国家间经贸合作的新渠道。

实际上,不仅是贸易畅通,近6年"一带一路"建设在"五通"领域均取得了令世人瞩目的成果。在同日举行的国家发改委新闻发布会上,发言人介绍称,截至目前,中国已与125个国家和29个国际组织签署了173份"一带一路"合作文件,推动"一带一路"建设取得重要进展和显著成效。

在政策沟通方面,与中国签署合作文件的既有发展中国家,也有发达国家,还有不少发达国家的企业、金融机构与中国合作开拓第三方市场。

在设施联通方面,中老铁路、中泰铁路、雅万高铁、匈塞铁路等项目扎实推进,瓜达尔港、汉班托塔港、比雷埃夫斯港等建设进展顺利。到2019年3月底,中欧班列累计开行数量超过1.4万列,通达15个国家、50个城市。

在资金融通方面,中国先后与20多个沿线国家建立了双边本币互换安排,与7个国家建立了人民币清算安排。与国际货币基金组织联合建立了能力建设中心。截至2018年年底,中国出口信用保险公司在沿线国家累计实现保额6 000多亿美元。

民心相通方面，在科技交流、教育合作、文化旅游、绿色发展、对外援助等方面取得一系列成果。

（资料来源：中国经济网，2019-4-19）

问题：结合本章所学，分析物流运输在供应链中的地位，以及对"一带一路"的发展有何影响？

第一节　运输概述

一、运输的定义

《物流术语》（修订版）对运输（Transportation）所下的定义为："用专用运输设备将物品从一个地点向另一地点运送。其中包括集货、分配、搬运、中转、装入、卸下、分散等一系列操作。"

运输虽然是一项非常广泛的经济活动，但并不是说国民经济与社会生活中所有人员与物品的空间位移都属于运输。运输的时间长、距离远，运输活动消耗的能源和动力较多，我国运输费用一般占社会物流总费用的50%以上，所以合理化运输节约物流成本的潜力是巨大的。

二、运输的功能

运输是物流作业中最直观的要素之一。运输提供两大功能：产品转移和产品储存。

1. 产品转移

运输的主要功能就是使产品按照客户的要求在价值链中移动，即通过改变产品的地点与位置，消除产品的生产与消费在空间位置上的背离，创造出产品的"空间效用"。同时，运输能以最少的时间完成产品从原产地到规定地点的转移，使产品在需要的时间内到达目的地，创造出产品的"时间效用"。不是所有的运输都是合理的，因为在运输过程中会利用很多时间资源、财务资源和环境资源，只有当它确实满足顾客有关交付履行和装运信息等方面的要求，提高了产品的价值时，该产品的移动才是有意义的。

2. 产品储存

产品储存功能在很多企业被忽视，主要是因为运输车辆临时储存成本较高。应用到产品储存功能一般有三种情况：第一种是转移中的产品需要储存，且又将在短时间内重新转移，而卸货和装货的费用也许会超过储存在运输工具中的费用，这时可将运输工具作为暂时的储存场所；第二种是仓库储存能力有限，将货物装在运输工具内临时储存起来，可以实现运输的"时间效用"；第三种是将运输中的货物作为移动库存，合理安排生产或销售，能降低企业总成本，但这对企业的预测能力要求较高。

三、运输的原则

运输是实现物品空间位移的手段，也是物流活动的核心环节。为加速商品流通，降低商品流通费用，提高货运质量，多快好省地完成商品运输任务，无论是物流企业还是企业物流，对运输组织管理都应贯彻以下基本原则。

1. 及时

及时就是按照货主规定的时间把商品运往目的地。缩短运输时间的主要手段是实现运输现代化。除选择现代化运输工具外，关键是做好商品在不同运输工具之间的衔接工作。如果衔接不好，就会发生有货而没有运输工具、有运输工具却没有货的现象，也容易由于短途运输和长途运输没有衔接好而产生运输工具等候商品的现象。这些都将延长商品运输时间，影响商品的及时发运。

2. 准确

准确就是要防止商品短缺、错放等意外事故，保证把商品准确无误地运抵目的地。商业部门经营的特点是品种繁多、规格不一。一件商品从企业交货到到达消费者手中，要经过不少环节，稍有疏忽就容易发生偏差。

3. 经济

以物流系统或供应链的总成本最低、综合效益最好为原则来选择运输方式、运输路线及运输工具，节约人力、物力、财力，降低物流费用，提高总体效益，关键问题在于如何权衡运输服务的速度和成本。由于运输费用在物流费用中占相当大的比重，节省运输费用的支出是降低运输总成本、减少物流费用的最主要方法。

4. 安全

安全就是在运输过程中要保证商品的完整和安全，不发生霉烂、残损、丢失、污染、渗漏、爆炸、燃烧等事故，保证人身、物品、设备安全。在市场经济活动中，商品都有其使用价值。如果在运输中使商品失去了使用价值，那么商品就会成为无用之物。

运输概述

> **同步思考2-1**
>
> 结合生活，列举不遵循运输原则会产生的损失及危害。

第二节 运输方式及选择

一、公路运输

（一）公路运输的概念

公路运输是指使用汽车或者用其他车辆在公路上运送旅客和货物的运输方式。

公路运输是交通运输系统中的重要组成部分，主要承担短途客、货运输任务。现代公路运输所用运输工具主要是汽车。因此，公路运输一般是指汽车运输。特别是在地势崎岖、人烟稀少、铁路和水运不发达的边远和经济落后地区，公路运输作为主要的运输方式，起着运输干线的作用。

（二）公路运输的特点

1. 机动灵活，适应性强

公路运输网的密度比铁路、水路运输网的密度大，并且分布面广，一般不受高原山区、严寒酷暑等地理和气候条件变化的影响。同时，汽车的载重吨位有小有大，既可以单个车辆独立运输，也可以由若干车辆组成车队同时运输，满足不同批量的运输任务。汽车运输的商品类型较多，可以根据商品类型选择不同的车型及配套设备。同时，公路运输的车辆调度、装运等环节的衔接时间短，机动性强，可以作为其他运输方式的衔接手段。

2. 可以实现"门到门"直达运输

公路运输可以把货物从始发地门口直接运送到目的地门口，方便实现"门到门"的直达运输，避免了反复装卸搬运所造成的物品损耗。

3. 运送速度较快

在中、短途运输中，公路运输与其他运输方式相比，货物在途时间较短，运送速度较快，从而能够加速资金周转，保证货物质量，提高货物的周转效率，为制造企业和流通企业实现"零库存"提供保障。

4. 原始投资少，资金回收快

公路运输与铁路、水路、航空运输方式相比，固定设施简单，车辆购置费用较低，投资置业容易，投资回收期短。有关资料显示，在正常经营情况下，公路运输的投资每年可周转 1~3 次，而铁路运输则需要 3~4 年才能周转一次。

5. 掌握车辆驾驶技术较容易

相对于火车驾驶和飞机驾驶，汽车驾驶技术比较容易掌握，对驾驶员各方面素质的要求也比较低。

6. 单位运量较小，运输成本较高

汽车的单位运量要比火车、轮船少得多；同时，由于汽车的单位载重量小，行驶阻力比较大，所消耗的燃料又是价格较高的液体汽油或柴油，因此汽车的运输成本仅次于航空运输。

7. 运行的持续性较差

相关统计资料表明，受经济运距的影响，公路运输的平均运距是所有运输方式中最短的，运行持续性较差。

8. 能源消耗大，环境污染严重

机动车排放的污染物占空气污染物总数的一半以上，是城市环境的最大污染源。同时，汽车产生的噪声也严重威胁着人类的健康。

（三）公路运输的分类

1. 按货运营运方式分类

按货运营运方式，公路运输可分为整车运输、零担运输、集装箱运输、联合运输、包车运输。

整车运输是指一批托运的货物在 3 吨及以上，或虽不足 3 吨，但其性质、体积、形状需要一辆 3 吨及以上汽车运输的货物运输，如需要大型汽车或挂车（核定载货吨位 4 吨及以上）以及罐车、冷藏车、保温车等车辆运输的货物运输。

零担运输是指托运人托运的一批货物不足整车的货物运输。

集装箱运输是将适箱货物集中装入标准化集装箱，采用现代化手段进行的货物运输。在我国又把集装箱运输分为国内集装箱运输及国际集装箱运输。

联合运输，是指一批托运的货物需要两种或两种以上运输工具的运输。目前，我国联合运输有公铁（路）联运、公水（路）联运、公公联运、公铁水联运等。联合运输实行一次托运、一次收费、一票到底、全程负责。

包车运输是指根据托运人的要求，经双方协议，把车辆包给托运人安排使用，按时间或里程计算运费的运输。

2. 按货物种类分类

根据货物种类，公路运输可分为普通货物运输和特种货物运输。

普通货物运输是指对普通货物的运输，普通货物可分为一等、二等、三等几个等级。

特种货物运输是指对特种货物的运输，特种货物包括超限货物、危险货物、贵重货物和鲜活货物。

3. 按运送速度分类

按运送速度，公路运输可分为一般货物运输、快件货物运输和特快专运。

一般货物运输即普通速度运输或称慢运。

快件货物运输要求货物位移的各个环节快，运输部门要在最短的时间内将货物安全、及时、完好无损地运送到目的地。

特快专运是指应托运人要求即托即运，在约定时间内送达。

（四）公路运输的设施设备

1. 公路

根据我国现行的《公路工程技术标准》（JTG B01—2014），公路可分为高速公路、一级公路、二级公路、三级公路、四级公路五个技术等级，不同公路的交通量和出入口控制情况如表2-1所示。

表2-1 我国不同等级公路的交通量和出入口控制情况

等级	高速公路	一级公路	二级公路	三级公路	四级公路
年平均日设计交通量	25 000辆小客车以上	15 000辆小客车以上	5 000~15 000辆小客车	2 000~6 000辆小客车	双车道：2 000辆小客车以下；单车道：400辆小客车以下
出入口的控制	完全控制	部分控制	无控制	无控制	无控制

2. 载货汽车

载货汽车也叫载重汽车，是专门用于运送货物的汽车，根据用途可分为普通载货汽车、专用载货汽车、牵引车和挂车，如图2-1所示。

(a)

(b)

(c)

(d)

图2-1 常见载货汽车

(a) 普通载货汽车；(b) 专用载货汽车；(c) 牵引车；(d) 挂车

普通载货汽车是指专门运送货物的通用车辆。根据载货重量的不同，普通载货汽车可分为微型载货汽车、轻型载货汽车、中型载货汽车、重型载货汽车四种。

专用载货汽车是指专门运送特定种类货物的车辆，如冷藏车、罐车等。

牵引车是一种有动力而无装载空间的车辆，是专门用来牵引挂车的运输工具；挂车是无动力而有装载空间的车辆，分为全挂车和半挂车两种。

3. 公路站场

公路站场是办理公路货运业务、仓储保管、车辆保养修理以及为用户提供相关服务的场所，一般包括货运站、停车场（库）、保修厂（站）、加油站和食宿楼等设施。下面重点介绍货运站和停车场（库）。

货运站的主要功能包括货源的组织与承运，中转货物的保管，货物的交付、装卸，以及运输车辆的停放、保修等。

停车场（库）的主要功能是停放和保管车辆。现代化的大型停车场还具有车辆维修、加油等功能。停车场可以分为暖式车库、冷式车库、车棚和露天停车场等。停车场的平面布置要方便运输车辆的进出和进行各类维护作业，多层车库或地下车库还应设坡道或升降机，以方便车辆出入。

二、铁路运输

（一）铁路运输的概念

铁路运输是指利用铁路设施、设备运送货物的一种陆上运输方式。铁路运输是国家交通运输网中起骨干作用的交通大动脉，铁路货物运输在国际货运中的地位仅次于海洋运输，在全社会大宗货物运输和中长距离运输中一直保持着优势地位。

（二）铁路运输的特点

1. 运载量大

铁路运输可以实现大批量运输。因为铁路运输的机车有强大的牵引力，各种车辆的连接器有强大的挽力，适合于组成车群运转。根据车流理论，若有 N 辆车组成车群，则路线容量可以提高两倍，故虽编组费时，但其有较大的运输能量。

2. 运输成本低

铁路运输适于中长途运输，因为相对于公路运输，铁路运费仅为汽车运费的几分之一，运输耗油约为公路运输的 1/20。

3. 速度快

随着铁路技术的发展，铁路时速也越来越快，货运列车时速可达到 160 千米。2019 年《交通强国建设纲要》新闻发布会上提出，到 2050 年，我国铁路将实现时速 250 千米级轮轨高速货运列车。

4. 受气候影响小，稳定安全

铁路运输有固定的轨道，几乎不受气候影响，一年四季可以不分昼夜定期地、有规律地、准确地运转货物。而且铁路运输的机车车辆运用导向原理在轨道上行驶，自动控制行车，具有极高的安全性能。

5. 投资大，建设周期长

铁路运输需要购置机车、车辆，铺设轨道、建设桥梁和隧道，建立通信系统，建设轨道站场的建筑，取得建筑用地，这些均需要巨额资金，期初投资较大，建设时间较长。

6. 运营缺乏弹性

铁路运输受线路、货站限制，不够灵活机动；同时，因为铁路运输受运行时刻、配车、中途编组等因素的影响，不能适应用户的紧急需求。

7. 货损较高

铁路运输因为列车行驶时的震动及货物装卸不当，容易造成所承载货物的损失，而且运输过程要多次中转，也容易导致货物损坏、遗失。

> **同步思考 2-2**
> 大家应该非常熟悉《天路》这首歌，"天路"是指什么？歌词里的"盼望铁路修到我家乡"，"我家乡"是指哪个地区？为什么那么"盼望铁路修到我家乡"？

（三）铁路运输的分类

铁路运输种类即铁路货物运输方式。按我国铁路技术条件，现行的铁路货物运输种类分为整车、零担、集装箱三种，整车适于运输大宗货物，零担适于运输小批量的零星货物，集装箱适于运输精密、贵重、易损的货物。

1. 铁路整车货物运输

铁路整车货物运输是指一批货物的重量、体积、状态需要一辆或一辆以上铁路货车装运（用集装箱装运的货物除外）的货物运输。

有些货物由于性质特殊，或在运输途中需要特殊照料，或受铁路设备条件限制，即使数量不够整车运输，也不能按零担托运（特准者除外）。

> **同步思考 2-3**
> 为什么上述货物适合整车运输？你认为还有哪些货物可能需要整车运输？

2. 铁路零担货物运输

铁路零担货物运输是指除可使用集装箱运输外，货物的重量、体积、状态不够整车运输条件，而且允许和其他货物配装的货物运输。

3. 铁路集装箱货物运输

铁路集装箱货物运输是指使用集装器具或采用捆扎方法，把裸装货物、散粒货物、有商业包装的货物等适宜集装箱运输的货物，组成一定规格的集装货件，经由铁路进行的货物运输。

中欧班列

中欧班列是指按照固定车次、线路等条件开行,往来于中国与欧洲及"一带一路"沿线各国的集装箱国际铁路联运班列。现铺划了西、中、东三条运行线:西部通道由我国中西部经阿拉山口(霍尔果斯)出境,中部通道由我国华北地区经二连浩特出境,东部通道由我国东南部沿海地区经满洲里(绥芬河)出境。

2018年6月,国内已开行城市48个,运输网络覆盖了亚欧大陆的主要区域。截至2019年4月,运行线路达到65条,通达欧洲15个国家的44个城市,累计运送货物92万标箱。2019年10月26日,中欧班列义乌—列日段首趟列车抵达比利时列日物流多式联运货运场站,成为首个贯通中国长三角区域、中亚和欧洲的跨境电子商务专列。截至2019年10月底,中欧班列累计开行数量已近2万列。

2020年1月至4月,中欧班列共开行2 920列、发送货物26.2万标箱,同比分别增长24%、27%,综合重箱率98%。其中,去程1 638列、14.8万标箱,同比分别增长36%、40%,重箱率99.9%;回程1 282列、11.4万标箱,同比分别增长11%、14%,重箱率95.5%。

(资料来源:360百科)

(四)铁路运输的设施设备

1. 铁路线路

铁路线路(简称"线路")是铁路列车运行的基础,起着承受列车巨大质量、引导列车前行方向的作用。铁路线路是由路基、桥隧建筑物和轨道三大部分组成的一个整体工程结构。

2. 运载工具

(1)铁路机车。铁路机车是牵引客、货列车和在车站进行调车作业的基本动力,其本身不载货物。

(2)铁路车辆。铁路车辆是运送货物的工具,它本身没有动力装置,只有把铁路车辆连接在一起由机车牵引,才能在线路上运行。铁路车辆可分为客车和货车两大类。

3. 货运站

专门办理货物装卸作业的车站,以及专门办理货物联运或换装的车站,均称为货运站。货运站的主要作业有运转作业和货运作业。

4. 铁路运输货物

按照运输条件的不同,铁路运输货物可分为普通货物和特殊货物。普通货物是指在铁路运送过程中,按一般条件办理的货物,如煤、粮食、木材、钢材、矿产等。特殊货物是指超长、集重、超限货物以及危险货物和鲜活货物等需要特殊运输条件的货物。

5. 信号设备

信号设备主要是指信号和通信设备。信号设备的主要作用是保证列车运行与调车工作的安全，提高铁路的通过能力。铁路信号设备是一个总称，按具体的用途又可分为铁路信号、连锁设备和闭塞设备。铁路信号用于向有关行车和调车工作人员发出指示和命令。连锁设备用于保证站内行车和调车工作的安全，提高车站的通过能力。闭塞设备用于保证列车在区间内运行的安全，提高车站的通过能力。

三、水路运输

(一) 水路运输的概念

水路运输是指利用船舶等水运工具，在江、河、湖、海及人工运河等水道上运输人或物的一种运输方式。水路运输主要承载大数量、长距离的运输，是干线中起主力作用的运输形式。在内河及沿海，水运也常作为小型运输工具使用，担任补充及衔接干线运输的任务。

(二) 水路运输的特点

1. 运输能力大

在海洋运输中，超巨型油船的载重为 55 万吨，矿石船载重量达 35 万吨，集装箱船达 7 万吨。海上运输利用天然航道，不像内河运输受航道限制较大，如果条件许可，可随时改造为最有利的航线，因此，海上运输的运输能力比较大。

在内河运输中，美国最大的顶推船队运输能力超过 6 万吨。我国大型顶推船队的运载能力也达 3 万吨，相当于铁路列车的 10 倍。在运输条件良好的航道，运输能力几乎不受限制。

2. 运输成本低

水运的站场费用极高，这是因为港口建设项目多、费用大，向港口送取货物都较不方便。水运成本之所以能低于其他运输方式，主要是因为其船舶的运载量大，运输里程远。

3. 建设投资省

水上运输利用天然航道，投资省。海上运输航道的开发几乎不需要支付费用。内河运输虽然有时要花费一定的开支疏浚河道，但比修铁路的费用小得多。

4. 劳动生产率高

水路因运载量大，其劳动生产率较高。一艘 20 万吨的油船只需配备 40 名船员，人均运送货物 5 000 吨。在内河运输中，采用顶推分节船队运输，也提高了劳动生产率。

5. 航速较低

船舶体积较大，水流阻力大，所以航速较低。低速航行所需克服的阻力小，能够节约燃料；如果航速提高，所需克服的阻力则直线上升。

> **课外资料2-2**
>
> "节"的单位符号为 kn，是一个专用于航海的速率单位，后延伸至航空方面，相当于船只或飞机每小时所航行的海里数。而陆上的车辆，以及江河船舶，其速度计量单位一般不用"节"，而多用"公里每小时"。1 节＝1 海里/小时＝1.852 千米/小时。

6. 受港口、水位、季节、气候影响较大，一年中中断运输的时间较长

受海洋与河流的地理分布及地质、地貌、水文与气候等条件的明显制约与影响，如江河断流、海洋风暴、台风等，水运航线无法完成"门到门"运输，需要借助公路运输完成运输任务。

（三）水路运输的形式

水路运输主要有四种形式，分别是内河运输、沿海运输、近海运输和远洋运输。

1. 内河运输

内河运输是使用船舶在陆地内的江、河、湖等天然水道或人工水道进行运送客、货的一种运输形式，主要使用中、小型船舶。

2. 沿海运输

沿海运输是往来于国内各沿海港口之间，负责运送客、货的一种运输形式，一般使用中、小型船舶。

沿海运输有两种形式：一是国内贸易货物在一国港口之间的运输，如货物在大连港、青岛港和上海港之间的运输；二是国际贸易货物在一国港口之间发生的二次运输，如从烟台港出口欧洲的货物，在烟台港装船，运到香港卸船，再装上其他船舶运往欧洲。

3. 近海运输

近海运输是利用船舶与大陆邻近国家通过海上航道运送客、货的一种运输形式。近海运输和沿海运输有一定的区别，沿海运输主要是指国内的两个港口之间的运输；而近海运输包括不同国家的两个港口之间的运输，如东南亚国家与中国港口之间的运输。

4. 远洋运输

远洋运输是使用船舶从事跨越大洋运送货物和旅客的运输，即国与国之间的海洋运输，或者称为国际航运。

（四）水路运输设施与设备

水路运输设施与设备主要包括航道、港口、船舶及附属设施等。下文主要讲航道、港口、船舶。

1. 航道

航道是指在江、河、湖泊、人工水道及海洋等水域中，供一定标准尺寸的船舶航行的通道，是水运赖以发展的基础。现代的水上航道不仅指天然航道，而且包括人工航道、进出港航道、保证航行安全的航行导标系统和现代通信导航系统。

2. 港口

港口是指位于海洋、江河、湖泊沿岸,具有一定设备和条件,供船舶避风维修、补给和转换客货运输方式的场所,是水陆交通的集结点和枢纽。

3. 船舶

船舶是能航行或停泊于水域内,用以执行作战、运输、作业等各类船、舰、筏及水上作业平台等的总称。

船舶可分为普通货船、散货货船、集装箱船、滚装船、载驳船、冷藏船、油船、液化气船和木材船等。

四、航空运输

(一) 航空运输的概念

航空运输是使用飞机、直升机及其他航空器运送人员、货物、邮件的一种运输方式。航空运输具有快速、机动的特点,是现代旅客运输,尤其是远程旅客运输的重要方式,为国际贸易中的贵重物品、鲜活货物和精密仪器运输所不可或缺的运输方式。

(二) 航空运输的特点

1. 具有较高的运送速度

由于在空中较少受自然地理条件的限制,航线一般取两点间最短的距离,能够实现两点间的高速、直达运输,运输距离越远,优势越明显,在国际运输中地位较高。

2. 适于运送鲜活、季节性商品

鲜活商品对时间的要求很高,运输延迟会使商品失去原有价值。采取航空运输可以保证商品鲜活,有利于开辟远距离的市场。对于季节性商品,航空运输能保证在销售季节到来前应市,避免由于错过季节导致商品无法销售而带来的损失。

3. 破损率低,安全性好

采用航空运输的货物本身价值较高,航空运输的地面操作流程环节比较严格,管理制度比较完善,货物破损率很低,安全性较好。

4. 降低库存水平,加速资金周转

航空运输速度快,商品在途时间短,交货速度快,可以降低商品的库存数量,减少仓储费、保险费和利息支出等。产品流通速度加快,也加快了资金周转速度。

5. 载重小,运输费用高

由于飞机舱容有限,相对于铁路和水路来说,承载货物重量较小,而飞机本身飞行所消耗的油料相对于其他交通运输方式来说,昂贵很多,分摊到货物上的成本较高,所以航空运输费用比其他运输方式高,不适合运输低价值大批量货物。

6. 易受天气的影响

虽然航空技术已经能适应绝大多数气象条件,但是风、雨、雪、雾等气象条件仍然会

影响飞机的安全起降。

（三）航空运输的分类

航空运输方式主要有班机运输、包机运输、集中托运和航空快递。

1. 班机运输

班机运输是在固定航线上定期航行航班的运输方式。班机有固定航线和停靠港，定期开航，定点到达，使收货人和发货人确切掌握货物起运和到达时间，保证货物安全、准时地运往目的地。班机运输适于急用物品、行李、鲜活物、贵重物、电子器件等货物的运输。

2. 包机运输

包机运输是由租机人租用整架飞机或若干租机人联合包租一架飞机进行货物运输的方式。包机如往返使用，则价格较班机低；如单程使用，则价格较班机高。包机适合专运高价值货物，运输方式分为整架包机和部分包机两类。

3. 集中托运

集中托运指航空代理公司把若干批单独发运的货物组成一整批货物，向航空公司办理托运，用一份总运单整批发运到同一目的港，由指定的代理人收货，然后按照航空分运单分拨给各实际收货人的运输方式。

4. 航空快递

航空快递是由专门经营快递业务的代理公司组织货源和联络用户，并办理空运手续，或委托到达地的速递公司，或在到达地设立速递公司，或派专人随机将货送达收货人的一种快速运货方式。

（四）航空运输的设施设备

航空运输设备主要包括航线、航空港、飞机和通信导航设备等。

1. 航线

航线是指飞机飞行的路线，即飞机从某一机场飞往另一机场所遵循的空中路线。飞机的航线不仅确定了飞机飞行的具体方向、起落点和经停点，而且根据空中交通管制的需要，规定了航线宽度和飞行高度。

2. 航空港

航空港又称机场或航空站，是保证飞机安全起降的基地和旅客、货物的集散地，是空中交通网的基地。机场主要由飞行区、航站区、进出机场的地面交通系统和其他设施组成。

飞行区是机场内用于飞机起飞、着陆和滑行的区域，由跑道系统、滑行道系统、指挥塔台、停机坪、无线电通信导航系统、目视助航设施、空中交通管制设施及航空气象设施等组成。

航站区是飞行区与机场其他部分的交接部位，是旅客、货物、邮件运输服务设施所在区域。航站区的设施包括客机坪、航站楼、停车场等,其主要建筑是航站楼。

进出机场的地面交通系统通常是公路,也包括铁路、地铁或轻轨和水运码头等。其功能是把机场和附近城市连接起来,将旅客、货物和邮件及时运进或运出航站楼。进出机场的地面交通系统的状况直接影响空运业务。

其他设施包括供油设施、维修厂、维修机库、维修机坪设施、应急救援设施、动力与电信系统、环保设施、旅客服务设施、保安设施、货运区及航空公司区等。

3. 飞机

飞机是指具有机翼和一具或多具发动机,靠自身动力在大气中飞行的航空器,是航空运输的主要运载工具。民用飞机分为客机和货机两种,货机是指用于载运货物的运输飞机,通常专指用于商业飞行的民用货运飞机,一般以包机或定期航班的形式专门运输货物。

4. 通信导航设备

通信导航设备是飞机场所需的各项通信、导航、监视设备的统称。

(1) 通信设备。民航客机用于和地面电台或其他飞机进行联系的通信设备包括高频通信系统、甚高频通信系统和选择呼叫系统。

(2) 导航设备。民航客机的导航依赖于无线电导航系统,其设备有甚高频全向无线电信标/测距仪系统、无方向性无线电信标系统、仪表着陆系统等。

(3) 监视设备。目前实施空中交通监视的主要设备,是利用无线电波发现目标并测定其位置的雷达。

课外资料2-3

"一带一路"环境下的国际运输方式选择与分析

我国加强构建"一带一路"现代综合交通运输体系,以"六廊一路"总体战略布局为指引,统筹铁路、公路、水运、民航、邮政等多种运输方式,加快构建联通内外、安全通畅的陆海空国际战略通道网络。

1. 海洋运输

海洋运输是国际间商品交换中最重要的运输方式之一,具有运输量大、运费低廉的特点,海运货量约占全部国际货物运输量的70%。海运航道四通八达,通过能力强,对装箱没有特别要求(实际操作中的装箱要求,主要来自目的港到门的公路运输);虽然对装箱要求低,但是对产品本身的包装要求很高,主要是因为运输路线长、时间跨度大,经历不同天气,船上温度和湿度变化大,而且颠簸强度也较大。我国海岸线长,纬度跨度广,沿海有许多不冻港口,有利于我国企业选择海洋运输方式。海运最明显的缺点就是速度慢,中国到欧美航线,大约需要40天;出于海上航行安全的考虑,运输时间受气候、天气影响较大,并且受始发和到达港口水深及结冰情况的影响,航行时间不准确,计划性较差;需要地面运输系统的配合才能完成运输全程,尤其对于内陆国家而言,路面运输还需经过转关才能到达;海运时间长,影响企业资金回笼速度。

2. 铁路运输

"一带一路"对铁路运输发展添的最浓重的一笔，可以说是中欧班列。据中国铁路总公司网上发布数字，截至2018年年底，中欧班列累计开行1.3万列，国内开行城市59个，运行线已达65条，具有运输距离长、途经城市多、运输量大且稳定的特点。中欧班列是中国开往欧洲的快速货物班列，固定车次，固定线路，从西、中、东三条通道驶出，铁路网络覆盖亚欧大陆大部分经济活跃区域，基本实现每周往返三班。

3. 航空运输

航空运输因快速且价格昂贵的特点，多用于紧急情况的运输，但对于致力于全球业务的企业来说，考虑到顾客服务和解决问题的时效性，空运在紧急时刻也是最为保险且节约成本的运输方式。采用航空运输时，应注意两方面问题：一是产品外观尺寸，二是特殊产品的空运证明。关于货物尺寸的要求，要根据所选航线上的机型来看，不同飞机的容积、应用板箱尺寸、舱门尺寸不同，比如体积大、单件过重的物品要安排宽体飞机。

航空运输中还有一类是国际快递，费用比航空运输高50%～100%。除了价格以外，二者还有一些区别：一是适用对象不同，一般情况下，小于45千克的小批量货物走国际快递，大于45千克的大批量货物用国际空运；二是服务范围不同，国际快递实现"门到门"运输，并由快递公司负责报关和清关（注意：关税不在快递代理服务费内），而国际空运由发货人送货到机场，收货人到机场清关、提货；三是单据文件要求不同，国际快递走快件报关通道，仅需一份发票即可，国际空运需要提供代理报关委托书、出口报关单据、发票、箱单和产地证等。

4. 公路运输

"一带一路"沿线上有很多东南亚和中亚内陆国家，大部分处于高速发展过程中，结合其地理条件和路况因素，跨境卡车运输将是我国对中亚和东南亚物流发展的重点方向之一，具有时效快、费用低、受政策影响小、装卸环节少进而货损小、货源组合方便的特点，可以满足"门到门"的运输要求。

公路运输中有一种形式为跨境卡班，即指卡车航班，是定时、定点出发，准点到达的一种运输方式，具有全天候、多站点的优势。比如东盟跨境卡班，打通综合保税区的南下大通道，有效解决了湖南、广西、江西、湖北等省份与越南、柬埔寨、老挝、泰国、缅甸等国家之间的贸易物流需求。

（资料来源：参考网，2019-5-13）

五、管道运输

（一）管道运输的概念

管道运输是将管道作为运输工具的一种长距离输送液体、气体和粉状固体物资的运输方式。管道运输是靠物体在管道内顺着压力方向循序移动实现的，管道基础设备是不动的。

(二) 管道运输的优点与缺点

1. 优点

在五大运输方式中，管道运输有着独特的优势。与其他运输方式相比，管道运输特别是长距离管道运输，具有下述优点。

(1) 运量大。管道运输不受时间限制，可以不分昼夜地输送物质。根据管径大小的不同，其每年的运输量可达数百万吨到几千万吨，甚至超过亿吨。例如，一条管径为 1 200 毫米的原油管道年运输量可达 1 亿吨。

(2) 占地少。运输管道一般埋于地下，只有输油站等设施占用土地，所以占用的土地很少，仅为公路的 3%、铁路的 10% 左右。

(3) 基建投资少，建设速度快，施工周期短。由于管道运输的输送系统简单，因此基建投资少。且输送管道多为埋设，主要是土方施工，采用分段施工方式，因此建设速度快、施工周期短。

(4) 安全可靠，连续性强。由于石油、天然气等资源易燃、易爆、易挥发、易泄漏，因此采用管道运输方式既安全，又可以减少挥发损耗，还可以大大减少泄漏对空气、水和土壤造成的污染。此外，管道基本埋藏于地下，运输过程中受气候条件的影响较小，可以确保运输系统长期稳定运行。

(5) 耗能少，成本低，效益好。管道口径越大，运输距离越远，运输量越大，均摊的运输成本就越低。比如发达国家采用管道运输石油，每吨公里的能耗不足铁路能耗的1/7，在大量运输时的运输成本与水运接近。如果将几种运输方式进行比较，会发现管道运输、水路运输、铁路运输的运输成本之比为 1∶1∶1.7。同时，管道运输可以连续输送物质，不存在空载行程，运输效率在几种运输方式中是最高的。

2. 缺点

管道运输也有一些局限性，具体如下。

(1) 运输对象单一。管道运输系统只能输送特定的物料，如特定的石油、天然气、粉状或粒状物料，而不能像其他运输方式那样，进行大多数物资的运输。

(2) 灵活性差。管道运输路线固定，很难实现"门到门"服务，需要其他运输方式配合完成全程输送。而且管道运输系统的敏感性强、应变能力低，因此要求严格控制物料的特性，如浆体管道运输的物料，只能是与水混合后不会产生物理变化和化学变化的颗粒状物料。

(3) 输送能力不易改变。每个管道运输系统的输送能力受输送系统的设备和管道影响，一经建成是不能改变的。如果要提高输送能力，就必须提高管道的承压力，设备的输送压力也必须随之提高，而原有的管道和设备在技术上很难达到这一要求。

(4) 占用部分货物资源。管道运输自投产之日起，管道内即充满所输的介质，直到停止运行之日止，因此有一部分介质会长期积存在管道中，占用了部分货物资源。

(三) 管道运输的形式

运输管道常按所输送物品的不同，分为输油管道运输、输气管道运输和固体料浆管道运输。

1. 输油管道运输

输油管道运输主要输送原油和成品油。

原油一般具有比重大、黏稠和易于凝固等特性。原油运输主要是自油田输给炼油厂，或转运到原油的港口或铁路车站。原油输送的数量大、运距长、收油点和交油点少，故特别适宜管道输送。世界上原油有85%以上是管道输送的。

成品油管道输送汽油、煤油、柴油、航空煤油和燃料油，以及从油气中分离出来的液化石油气等成品油。每种成品油在商业上有多种牌号，常采用在同一条管道中按固定顺序输送多种油品的工艺，这种工艺能保证油品的质量和准确地分批运到交油点。成品油管道的任务是将炼油厂生产的大宗成品油输送到各个城镇的加油站或用户。成品油管道运输的特点是批量多、交油点多，因此，管道的起点段管径大，输油量大，经多处交油分输以后，输油量减少，管径亦随之变小，从而形成成品油管道多级变径的特点。

2. 输气管道运输

输气管道运输主要输送天然气，是少数能够实现"门到门"输送的管道运输方式。输气管道运输从气田或油田的井口装置开始，经矿场机器、净化及干线输运，再经配气网送到用户家中，形成了一个统一的、密闭的输气系统。

3. 固体料浆管道运输

固体料浆管道主要用于输送煤、铁矿石、磷矿石、铜矿石、铝矾石和石灰石等矿物，配置浆液主要用水，少数以燃料油或甲醇等液体为载体，在泵的驱动下用管道送往目的地，到达目的地后，将固体与液体分离再送给用户。

(四) 管道运输的设施设备

管道运输中最有代表性的是长距离输油管道，以其为例，介绍管道运输的设施设备。长距离输油管道由输油站和管线两大部分组成。输油站是指沿输油管道干线为输送油品而建立的各种作业站场，按其所处的位置和作用，可以分为首站、中间和末站泵站。管线包括管道，沿线阀室，穿越江河、山谷等的设施和管道阴极防腐保护设施等。为保证长距离输油管道的正常运营，还设有供电和通信设施。

1. 首站

首站是输油管道的起点，收集准备用于管道输送的原油和成品油，进行分类、计量、增压后向下一站输油，主要由油罐区、计量系统和输油泵组成；对于加热输送管道，还需设置加热炉等加热设备。首站还必须完成发送清管器、油品化验、收集和处理污油等作业。

2. 中间站

中间站是接受前一站来油，并对所输送的油品加压、升温后输往下一站，所以中间站的主要设备有输油泵、加热炉、阀门等设备。

3. 末站

末站是接受输油管道送来的全部油品，供给用户或以其他方式转运，故末站有较多储油罐和准确的计量装置。

> **课外资料2-4**
>
> **西气东输**
>
> "西气东输"自新疆轮台县塔里木轮南油气田，向东经过库尔勒、吐鲁番、鄯善、哈密、柳园、酒泉、张掖、武威、兰州、定西、宝鸡、西安、洛阳、信阳、合肥、南京、常州、上海等地。东西横贯新疆、甘肃、宁夏、陕西、山西、河南、安徽、江苏、上海9个省市，全长4 200千米，全线采用自动化控制，是中国距离最长、管径最大、投资最多、输气量最大、施工条件最复杂的天然气管道。
>
> （资料来源：360百科）

六、运输方式选择

企业对运输方式的选择，不是单纯进行运输方式优缺点的比较，而需要对各种运输工具的运载能力、速度、频率、可靠性、可用性和成本等因素进行分析和合理筛选。同时，要考虑企业自身需求，结合自身货物运输的实际情况，包括企业自身的经营特点和要求、货物特点、市场需求缓急程度等，进行综合考量。一般来讲，在运输方式的选择中起决定性作用的主要有以下方面：运输物品的种类和数量、运输路程、运输时间和运输成本。

1. 运输物品的种类和数量

运输物品的种类和数量是由货物自身的性质及合同订单需求量决定的，是影响企业选择运输工具的重要因素。针对不同的商品、不同的运输量，应有不同的运输安排。一般来讲，粮食、煤炭等大宗货物适宜选择水路运输；水果、蔬菜、鲜花等鲜活商品，电子产品，宝石以及节令性商品等适宜选择公路运输或航空运输；石油、天然气、碎煤浆等适宜选择管道运输。

2. 运输路程

运输路程是由运输的终始位置及路线选择决定的。运输路线包括起点、途经站点及终点。同样的运输终始位置，可能会有不同的运输路径或路线选择，相应也就有不同的运输工具选择和运输里程。因此，在运输终始位置既定的情况下，选择正确的运输路线，其实质就是选择适用的运输工具，进行安全、迅速运输，从而最大限度减少商品运输里程或缩短商品在途时间，降低运输费用。

3. 运输时间和运输成本

运输时间和运输成本是不同运输方式相互竞争的重要内容，运输时间与运输成本的变化必然带来所选择的运输方式的改变。目前，企业对缩短运输时间和降低运输成本的要求越来越强烈，但是二者之间存在二律背反现象，缩短运输时间可能会增加运输成本，而运输成本的降低往往会延长运输时间。如何有效地协调这两者的关系，使其在符合企业发展战略要求的前提下保持均衡，是企业在选择运输方式时必须考虑的重要事情。

除了上述因素外，企业在选择运输方式时，从发展的角度来看，还要考虑以下几方面的因素。

（1）运输的一致性。运输的一致性是指在若干次运输中，履行某一特定运输所需要的时间与原定时间或与前几次运输所需要的时间是一致的。运输的一致性会影响买卖双方承担的存货义务和有关风险，如果运输缺乏一致性，就需要安全储备存货，以防预料不到的服务故障。

（2）企业经营活动的变化。在不断变化的市场环境下，企业经营活动受到更多因素的影响。企业要想壮大，物流作为企业重要的支撑环节是至关重要的，因此，运输方式或第三方物流服务商的选择，已不仅仅是基于成本分析的对策问题，还要与企业发展战略、分销策略、服务策略等相协调。

（3）现代物流发展趋势的变化。随着现代物流理论和实践的不断发展，新的管理思想和技术手段不断诞生并推广应用，使企业在选择运输方式时应考虑的因素越来越多，例如，对于物流中心建设的运输与配送的协调组织与发展问题，面向下游市场的小批量、多品种的配送问题，对运输或配送准确性要求不断提高的问题，新的运输工具和技术手段的使用问题等，都对企业运输方式的选择提出了新的要求。

（4）物流制约条件的增加。经济与社会环境的变化，给包括运输在内的物流活动带来了新的发展制约，如能源短缺、劳动力成本上升、环境保护等。由于运输会带来噪声、空气污染、交通堵塞等问题，一些国家开始对配送中心的选址、建设及配送车辆使用加以严格限制。同样，为了树立良好的外部形象，一些企业选择了绿色发展战略，并开始在物流领域加以实施。这些主动或被动因素，都会或多或少地影响到企业运输方式的选择。

> **同步思考2-4**
>
> 以下几种货物，分别选用哪种运输工具能满足客户需要且比较经济合理？
>
> 1. 连云港某化工集团现急需从上海购进1 000吨化工用品（固体）。
> 2. 连云港市是我国重要的海盐产地，每年有大量的海盐销售到其他地区。上海现需要从连云港运进10万吨海盐。
> 3. 把2万吨煤炭从山西运到秦皇岛。
> 4. 把2 000吨钢材从重庆运到武汉。
> 5. 上海某珠宝专卖店从连云港批发了一批水晶饰品。
> 6. 把一批新鲜蔬菜从寿光蔬菜批发市场运到北京蔬菜批发市场。
> 7. 云南是我国的鲜花大省，北京某鲜花批发市场从云南订购了一批鲜花。

第三节　运输优化管理

> **案例导入**
>
> **沃尔玛公司物流运输合理化**
>
> 沃尔玛公司是世界上最大的商业零售企业,在物流运营过程中,尽可能地降低成本是其经营哲学。
>
> 沃尔玛有时采用空运,有时采用船运,还有一些货物采用卡车公路运输。在中国,沃尔玛百分之百地采用公路运输,所以如何降低卡车运输成本,是沃尔玛物流管理面临的一个重要问题。为此,他们主要采取了以下措施。
>
> (1) 沃尔玛使用一种尽可能大的卡车,大约有 16 米长的货柜,比集装箱运输卡车更长或更高。沃尔玛把卡车装得非常满,产品从车厢的底部一直装到最高,这样有助于节约成本。
>
> (2) 沃尔玛的车辆都是自有的,司机也是沃尔玛员工。沃尔玛的车队大约有 5 000 名非司机员工,有 3 700 多名司机,车队每周一次运输,运程可以达 7 000~8 000 千米。
>
> 沃尔玛知道,卡车运输是比较危险的,有可能会出交通事故。因此,对于运输车队来说,保证安全是节约成本最重要的环节。沃尔玛的口号是"安全第一,礼貌第一",而不是"速度第一"。在运输过程中,卡车司机们认真遵守交通规则。沃尔玛定期在公路上对运输车队进行调查,卡车上都带有公司的号码,如果看到司机违章驾驶,调查人员就可以根据车上的号码报告,以便进行惩处。沃尔玛认为,卡车不出事故,就是节省公司的费用,就是最大限度地降低物流成本。由于狠抓安全驾驶,运输车队已经创造了 300 万千米无事故的纪录。
>
> (3) 沃尔玛采用全球定位系统对车辆进行定位,在任何时候,调度中心都可以知道这些车辆在什么地方、离商店有多远、还需要多长时间才能到商店,这种估算可以精确到小时。沃尔玛知道卡车在哪里、产品在哪里,就可以提高整个物流系统的效率,有助于降低成本。
>
> (4) 沃尔玛的连锁商场的物流部门,24 小时工作,无论白天还是晚上,都能及时卸货。另外,沃尔玛的运输车队还利用夜间进行运输,从而做到了当日下午集货、夜间异地运输、翌日上午送货上门,保证在 15~18 个小时内完成整个运输过程,这是沃尔玛在速度上取得优势的重要措施。
>
> (5) 沃尔玛的卡车把产品运到商场后,商场可以把它整个卸下来,而不用对每个产品逐个检查,这样就可以节省很多时间和精力,加快了沃尔玛物流的循环过程,从而降低了成本。这里有一个非常重要的先决条件,就是沃尔玛的物流系统能够确保商场所得到的产品是与发货单完全一致的。

(6) 沃尔玛的运输成本比供货厂商自己运输产品要低，所以厂商也使用沃尔玛的卡车运输货物，从而做到了把产品从工厂直接运送到商场，大大节省了产品流通过程中的仓储成本和转运成本。

沃尔玛的集中配送中心把上述措施有机地组合在一起，做出了一个最经济合理的安排，从而使运输车队能以最低的成本高效率地运行。

（资料来源：豆丁网）

思考：上述措施是如何降低沃尔玛的运输成本，提高运输效率的？

一、影响运输合理化的要素

运输是物流中最重要的功能要素，物流合理化在很大程度上依赖于运输合理化。因此，推进运输合理化，是强化运输管理的一个重要方面。运输合理化的影响因素很多，起决定性作用的有五个方面的因素，这五个因素通常被称作"合理运输的五要素"。

1. 运输距离

在运输时，运输时间、运输货损、运费、车辆或船舶周转等若干技术经济指标与运输距离有一定的关系，运距长短是运输合理与否的一个最基本因素。

2. 运输环节

每增加一次运输，不但会增加起运的费用，还会增加诸如装卸、包装等运输的附属活动，这会导致运输的各项技术经济指标下降。所以，减少运输环节，尤其是同类运输工具之间的转换，对合理运输有十分重要的作用。

3. 运输工具

各种运输工具都有其使用的优势，对运输工具进行优化选择和合理搭配，最大限度地发挥所有运输工具的优势，是运输合理化的一个重要环节。

4. 运输时间

运输是物流过程中需要花费较多时间的环节，尤其是远程运输，在全部物流时间中，运输时间往往占绝大部分。所以，运输时间的缩短对整个流通时间的缩短有着决定性作用。同时，运输时间的缩短还有利于运输工具的快速周转，充分发挥运力，也有利于运输线路通过能力的提高，对运输合理化有很大作用。

5. 运输费用

运输费用在物流费用中占很大的比例，运费在很大程度上决定了整个物流系统的竞争能力。因此，运输费用的降低，无论是对货主企业来讲，还是对物流经营企业来讲，都是运输合理化的一个重要目标。

二、不合理运输的表现形式

不合理运输主要有以下几种类型。

1. 返程或起程空驶

空车或无货载行驶是最不合理的运输方式。在实际运输组织中，有时候必须调运空车，从管理上不能将其看成不合理运输。但如果因为车辆过度专用、企业调运不当、货源计划不周或为充分利用社会化运输系统造成的车辆空驶，则是不合理运输的表现。

2. 对流运输

对流运输亦称相向运输、交错运输，是指凡属同一货物或彼此间可以相互代用而又不影响管理、技术及效益的货物，在同一路线上或平行线路上进行相对方向的运送，同时与对方运程的全部或一部分发生重叠交错的运输。对流运输有两种，一种是明显对流运输，即在同一路线上的对流运输；另一种是隐蔽对流运输，即同一种货物在违反近产近销的情况下，沿着两条平行线路朝相对的方向运输，这种对流运输不易被发现。对流运输示意如图 2-2 所示。

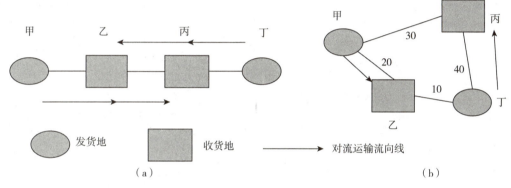

图 2-2　对流运输示意
（a）明显对流运输；（b）隐蔽对流运输

3. 迂回运输

迂回运输是指舍近求远、货物绕道而行的一种运输现象。一般在计划不周、地理不熟、组织不当时会出现选择错误，忽略路程较短的线路，选择路程较长的路线运输，此即迂回运输；但当出现交通堵塞、路况不好或有其他规定限制发生的迂回时，则不属于不合理运输。迂回运输示意如图 2-3 所示。

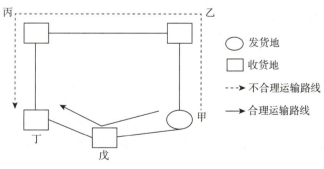

图 2-3　迂回运输示意

4. 重复运输

重复运输是指一种货物本可直接到达目的地，但由于某种原因而在中途停卸后再次装运的不合理现象。重复运输增加了不必要的中间环节，延缓了流通速度，增加了运输费用和货损。重复运输示意如图2-4所示。

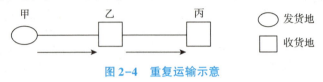

图2-4 重复运输示意

5. 倒流运输

倒流运输是指同一批货物或同批中的一部分货物，由发运站至目的站后，又从目的站往发运站方向运输。它是对流运输的一种派生形式，其实也可以看成隐蔽对流运输的一种特殊形式。倒流运输是对运力的严重浪费，但如果是退货或返厂重修出现的倒流运输，不可算作不合理运输。倒流运输示意如图2-5所示。

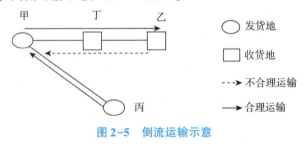

图2-5 倒流运输示意

6. 过远运输

过远运输是指在调运货物时，可采取近程运输而不采取，出现舍近求远的运输现象。过远运输会拉长运输距离，增加运输成本，可能是由供应商选择过于单一、厂商信息不对称造成的。过远运输示意如图2-6所示。

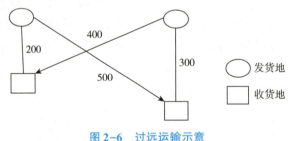

图2-6 过远运输示意

7. 运力选择不当

运力选择不当指未能充分了解各种运输工具的优势，而不正确地利用运输工具所造成的不合理现象，如弃水走陆的运输、铁路或大型船舶短途运输、运输工具承载能力选择不当等。

8. 托运方式选择不当

托运方式选择不当指本来可以选择整车运输却选择了零担运输，应该直达却选择了中转运输，应当中转却选择了直达运输等，造成运力浪费及费用支出加大的一种不合理运输。

上述各种不合理运输形式都是在特定条件下表现出来的，在进行判断时必须注意不合理运输的前提条件，否则就容易出现判断失误。企业在进行分析时，要结合我国国情，从系统的角度综合判断，避免出现"效益背反"现象。

不合理运输的表现形式

三、合理化运输的措施

为了避免不合理运输，在物流运输管理过程中需要采取措施来组织合理的运输。

1. 提高运输工具实载率

提高实载率就是充分利用运输工具的额定能力，减少车船空驶和不满载行驶时间，减少浪费，从而求得合理化运输。

2. 减少动力投入，增加运输能力

运输投入主要是能耗和基础设施的建设，在运输设施固定的情况下，尽量减少能源动力投入，从而节约运费，降低运输成本。如在铁路运输中，在机车能力允许的情况下，多加挂车皮；在公路运输中，实行汽车挂车运输，以增加运输能力。

3. 尽量发展直达运输

直达运输是追求运输合理化的重要形式，其核心是通过减少中转次数，提高运输速度，节省装卸费用，降低频繁装卸所造成的货物损失。

4. 配载运输

配载运输一般是指将轻重不同的货物混合配载，在以重货运输为主的情况下，同时搭载一些轻泡货物，合理利用运力，降低运输成本。这也是提高运输工具实载率的一种有效形式。

5. "四就"直拨运输

"四就"直拨运输是指就厂直拨、就站直拨、就库直拨和就船过载，从而减少中转运输环节，实现以最少的中转次数完成运输任务的目标。

6. 通过流通加工，实现合理化运输

有不少产品，由于产品本身形态及特性问题，很难实现满载运输。但如果进行适当的加工，就可以解决不能满载运输的问题，从而实现合理化运输。

7. 开展中短距离"公铁分流"

"公铁分流"主要是指"以公代铁"的运输，是在公路货物运输经济里程范围内，或者经过论证超出通常平均经济里程范围，也尽量利用公路。这种运输合理化的表现主要有

两点：一是对于比较紧张的铁路运输，用公路外流后，可以得到一定程度的缓解，从而加大这一区段的运输通过能力；二是充分利用公路从门到门和在中途运输中速度快且灵活机动的优势，达到铁路运输服务难以达到的水平。

8. 发展社会化的运输体系

发展社会化的运输体系是通过各种联运体系的构建，发展能够提供"一条龙"式专业化运输服务的队伍，发展运输的大生产优势，防止一家一户自行运营常出现的空驶、运力选择不当、实载率低等不合理现象，不但可以追求组织效益，而且可以追求规模效益，是运输合理化非常重要的措施。

第四节 多式联运管理

> **案例导入**
>
> **阿拉米达货运走廊**
>
> 阿拉米达货运走廊是一条长为32千米的铁路重载运输通道，是连接长滩港、洛杉矶港与美国国家铁路网的快速货运通道，在洛杉矶雷东多联轨站并入铁路网，其中有16千米的沟堑式通道（地下10米深的沟槽，可通行双层集装箱列车）和大量立体交叉。总投资24亿美元，采取公私合营形式。2002年，项目竣工并投入运营，极大地提升了洛杉矶港的集疏运能力和运转效率。
>
> 如今，洛杉矶港的港区内铺设了大约180千米的铁路线，直接通到各个码头。平均每天运行60列货运列车和全年约500万TEU集装箱通过这个货运走廊。集装箱从船上卸下后，无须经集卡中转，即可直接装上货运列车，然后通过著名的阿拉米达货运走廊运到市区的铁路货运中转站，再从那里连接到全美和北美大陆的铁路网中，实现海铁联运的无缝衔接、海运与美国内陆运输的紧密连接以及美国经济与亚洲经济的紧密连接。
>
> 据美国专家给出的测算，阿拉米达货运走廊不仅有效解决了货运铁路分割市区的现象，以往的200余个平交道口不复存在，避免市区拥堵，且列车运行速度提高了一倍；而且大量卡车运输引起的尾气污染、噪声污染等不复存在，减少废气排放80%以上，降低噪声90%；创造就业岗位26 000个以上，带动了阿拉米达县的经济发展。从经济效益上看，列车运行时间减少30%，等待时间减少75%，港口交通延误减少90%；减少了23%的集装箱卡车转运量，节省了巨额的卡车短驳费用；港口的铁水联运比例超过1/3，尤其是作为全美最繁忙商港的洛杉矶港，有60%的货物经由阿拉米达走廊运往全美。
>
> （资料来源：大陆桥物流联盟平台，2017-7-5）

> **问题**：阿拉米达货运走廊如何缓解日益尖锐的港城矛盾？如何将港口的腹地通过铁路线向内陆发展？如何解决大陆桥运输和国际海运通道衔接的"中间一公里"问题？

一、多式联运的概念及特点

（一）多式联运的概念

多式联运是指由两种或两种以上的交通工具相互衔接、转运而共同完成的运输过程。

多式联运在国际上没有通用的定义。欧洲交通部长会议规定，多式联运的定义有广义和狭义之分。狭义的多式联运是指使用连续的运输方式进行的货物移动，并且在运输方式转换时不对货物本身进行单独处理（使用同一装载单位或工具）。广义的多式联运是指使用至少两种不同的运输方式进行的货物移动。《联合国国际货物多式联运公约》把多式联运定义为按照多式联运合同，以至少两种不同的运输方式，由多式联运经营人将货物从一国境内接管货物的地点运到另一国境内指定交付货物的地点。

（二）多式联运的特点

在多式联运工作中，不仅要考虑各种运输方式的特点和优势，合理选择各区段的运输方式，还要考虑各种运输方式组成的运输线路的整体功能，以充分发挥各种运输方式的优势。多式联运有以下几个基本特征。

1. 全程性

多式联运是由多式联运经营人完成和组织的全程运输。无论运输中包含几个运输段、包含几种运输方式、有多少个中转环节，多式联运经营人均要对运输的全程负责，完成或组织完成全程运输中所有的运输及相关的服务业务。

2. 简单性

多式联运实行一次托运、一份合同、一张单证、一次保险、一次结算费用、一票到底的方式。多式联运比传统分段运输的手续简便，不仅大大方便了货主，还可以提前结汇，从而缩短了货主资金占用的时间，提高了社会效益和经济效益。

3. 通用性

多式联运涉及两种或两种以上运输方式的衔接和配合，不能仅按一种运输方式的货运法规来办理业务。所使用的运输单证、商务法规、货运合同、协议等必须能够适用两种或两种以上的运输方式。

4. 多式联运经营人具有双重身份

多式联运经营人在完成或组织完成全程运输的过程中，首先要以本人身份与托运人订立联运合同，在该合同中，多式联运经营人是承运人；然后要与各区段不同方式的承运人分别订立各区段的分运合同，在这些合同中，多式联运经营人是托运人和收货人。

二、多式联运的优点

多式联运是货物运输的一种较高的组织形式，它集中了各种运输方式的优点，实现了连贯运输，达到了简化货运环节、加速货运周转、减少货损货差、实现合理运输的目的。多式联运与传统的单一运输方式相比，具有无可比拟的优越性，主要表现在以下方面。

1. 责任统一，手续简便

在多式联运方式下，不论全程运输距离多么遥远，也不论途中需要使用多少种不同的运输工具，更不论途中要经过多少次转换，一切运输事宜统一由多式联运经营人负责办理，而货主只需要办理一次托运，订立一份运输合同，办理一次保险。在运输过程中，一旦发生货物损害，由多式联运经营人全程负责，与单一运输方式的分段托运相比，多式联运不仅手续简便，而且责任更加明确。

2. 减少中间环节，提高货运质量

多式联运通常以集装箱为运输单元，实现"门到门"运输。货物从发货人仓库装箱，验关铅封后直接运至收货人仓库交货，中途不需要拆箱，减少了很多中间环节。即使经过多次换装，也是使用机械装卸，丝毫不触及箱内货物。货损货差和偷窃丢失事故大为减少，从而较好地保证了货物安全和货运质量。此外，由于多式联运是连贯运输，因此，各个运输环节和各种运输工具之间配合密切，衔接紧凑。

3. 降低运输成本，节省运输费用

多式联运是实现"门到门"运输的有效方法。对于货方来说，货物装箱或装上第一程运输工具后就可取得联运单据进行结汇，结汇时间提早，有利于加速货物资金周转，减少利息支出。采用集装箱运输，还可以节省货物的包装费用和保险费用。此外，多式联运全程使用一份联运单据和单一运费，大大简化了制单和结算手续，节省了大量人力和物力，便于货方事先核算运输成本，选择合理的运输路线，为开展贸易提供了有利条件。

4. 扩大业务范围，实现合理运输

在开展多式联运以前，各种运输方式的经营人都是自成体系、各自为政的，只经营自己的运输工具能够涉及的运输业务。因此，其经营业务范围受到很大制约，货运量也受到了限制。在多式联运方式下，多式联运经营人或多式联运参加者的经营业务范围大大扩展，各种运输方式的优势得到充分发挥，其他与运输有关的行业及机构，如仓储、代理、保险等，都可以通过参加多式联运扩大业务。

三、多式联运的组织

（一）多式联运经营人及相关人员

1. 多式联运经营人

《中华人民共和国海商法》（简称《海商法》）规定，多式联运经营人是指本人或者委托他人以本人名义与托运人订立多式联运合同的人。根据是否参加海上运输，多式联运

经营人可分为以下两种类型。

（1）以船舶运输经营为主的多式联运经营人，或称有船多式联运经营人。

（2）无船多式联运经营人。无船多式联运经营人可以是除海上承运人以外的运输经营人，也可以是没有任何运输工具的货运代理人、报关经纪人或装卸公司。

有船多式联运经营人和无船多式联运经营人的法律地位并无差异。

2. 区段承运人

区段承运人是指与多式联运经营人签订合同，进行多式联运某一区段运输的人。其与托运人并无直接的合同关系，只是参与多式联运合同的履行。

3. 履行辅助人

多式联运规则和公约提及的代理人、受雇人、经营人，以及为履行多式联运合同而提供服务的任何其他人都属于履行辅助人，具体包括多式联运经营人的受雇人、代理人和独立订约人（包括区段承运人、港站经营人、货运代理人等）。

（二）多式联运的组织

多式联运为货主提供了最大限度的方便，实现了理想的"门到门"服务。多式联运经营人在履行多式联运合同所规定的运输责任的同时，可将全部或部分运输委托区段承运人完成，并与之订立分运合同。

1. 多式联运的组织方式

多式联运根据工作性质的不同，可将全过程分为实际运输过程和全程运输组织业务过程两部分。实际运输过程由参加多式联运的各种运输方式的实际承运人完成，其运输组织工作属于各运输企业内部的技术、业务组织。全程运输组织业务过程由多式联运的组织者——多式联运经营人完成，主要包括全程运输涉及的所有商务性事务和衔接服务性工作的组织实施。

多式联运就其组织方式来说，基本上可分为协作式多式联运和衔接式多式联运两大类。

（1）协作式多式联运。协作式多式联运的组织者是在各级政府主管部门的协调下，由参加多式联运的各运输企业和中转港站共同组成的联运办公室（或其他名称），货物的全程运输计划由该机构制订。

（2）衔接式多式联运。衔接式多式联运的全程运输组织业务是由多式联运经营人完成的。这种组织方式下，需要使用多式联运方式运输成批或零星货物的发货人首先应向多式联运经营人提出托运申请，多式联运经营人根据自己的条件考虑是否接受申请。如果多式联运经营人接受申请，则双方订立货物全程运输的多式联运合同，并在合同指定的地点办理货物的交接，由多式联运经营人签发多式联运单据。接受托运后，多式联运经营人首先要选择货物的运输路线，划分运输区段，确定中转、换装地点，选择各区段的实际承运人，确定零星货物集运方案，制订货物全程运输计划，并把计划转发给各中转衔接地点的分支机构或委托的代理人，然后根据计划与第一程、第二程、第N程的实际承运人分别订立各区段的运输合同，通过这些实际承运人来完成货物的全程位移。

2. 多式联运的组织业务

多式联运的组织业务主要包括以下几个方面。

(1) 组织货源。组织货源主要包括搜集和掌握货源信息，加强市场调查和预测，建立与货主的联系机制，组织货物按期发运、均衡发运及合理发运。

(2) 制订运输计划。制订运输计划主要包括选择各批货物的运输路线及运输方式、各区段的实际承运人及代理人，确定运输批量，编制订舱计划、集装箱调运计划、装箱及接货计划、各批货物的运输日程计划等。

(3) 组织各项计划的实施。组织各项计划的实施主要包括与各区段的实际承运人签订分运合同，将计划下达给有关人员或机构，并监督其按计划进行工作，组织相关信息的传递工作。

(4) 检查计划执行情况及调整计划。根据计划执行的反馈信息，检查各区段、各转接点的工作情况。如果出现问题，应对计划及时进行调整，并把相关信息及时传递给有关人员与机构，以便执行新的指令。

(5) 组织货物交付、事故处理及集装箱回运工作。

课外资料2-5

我国多式联运正在进入全面发展时期

2018年6月，国务院印发《打赢蓝天保卫战三年行动计划》，把推进运输结构调整和发展公铁联运、海铁联运作为国家战略部署。

2018年9月，《国务院办公厅关于印发推进运输结构调整三年行动计划（2018—2020年）的通知》发布，明确全国多式联运货运量年均增长20%，重点港口集装箱铁水联运货运量年均增长10%以上。

近年来，一系列突破性的政策和举措以空前力度推动多式联运快速发展。从政府到企业，从沿海到内陆，从航运到铁路，从硬件到软件，破局之举措、破题之探索，正在逐步打破物流和运输领域多年来的僵局。在众多利好政策、示范工程和技术创新合力作用下，多式联运正在进入全面发展时期。

随着运贸一体化和仓贸一体化模式的应用，物流服务模式不断创新，多式联运服务延展更广，多式联运在存量市场基础上，带动增量需求的效应也将开始显现。

根据《关于进一步鼓励开展多式联运工作的通知》等文件要求，2020年多式联运货运量将超过30亿吨，运量规模占全社会货运量的6%左右。据有关预测，到2020年，多式联运市场规模可达3 000亿~4 000亿元。

随着"公转铁"、运输结构调整、环保等政策引导，大宗物资"散改集"和"适箱适铁"货物将进一步由公路运输向铁路运输转移。2019年，按照铁路实现增量2.5亿吨任务目标，中国铁路总公司分线、分区域、分品类细化完善运输组织方案，多式联运保增量2 000万吨。

（资料来源：中国港口网，2019-12-24）

本章测试

一、选择题

1. 下列（　　）可以提供"门对门"的运输服务。
   A. 公路运输　　　　　　　　B. 铁路运输
   C. 水路运输　　　　　　　　D. 航空运输

2. 能利用社会的运输体系而不利用，却依靠自备车送货，易出现（　　）。
   A. 单程空驶　　　　　　　　B. 对流运输
   C. 迂回运输　　　　　　　　D. 重复运输

3. "大马拉小车"的现象说明了（　　）的选择不当。
   A. 运载工具承载能力　　　　B. 托运方式
   C. 运载路线　　　　　　　　D. 运输路程

4. 不适合航空运输的货物是（　　）。
   A. 高附加值产品　　　　　　B. 紧急救援物资
   C. 生鲜食品　　　　　　　　D. 大宗低质物品

二、简答题

1. 如何进行运输方式的选择？
2. 简述运输合理化的措施。
3. 简述多式联运的优点。

三、案例分析题

有一批商品共计350吨，从甲地运往乙地，有公路和水路两种运输方式可供选择。汽车运输按每辆车标重30吨计。

从公路走，甲乙两地相距220千米。汽车运价不分整件、零件，吨公里运价均为0.6元，其他杂费（包装、装卸费）每吨2元/次（按汽车标重计算）。

从水路走，甲乙两地相距320千米，吨公里运价为0.10元。甲地距离码头8千米，乙地码头离目的地10千米，仍需用汽车运输，其他杂费与公路运输相同。由于该商品中途要转运，需在码头停留一天，每天每吨堆存费1.00元、港务费0.30元。

公路运输震动较大，商品损耗为每吨2元，当天就能到达目的地。水路运输应中转一次，比公路运输的损耗多，每吨损耗10元。

（资料来源：跨考研招网，2018-9-7）

分析：究竟采用水路运输还是公路运输好？如何选择？请做出选择，并说明理由。

第三章 供应链中的物流配送管理

章前概述

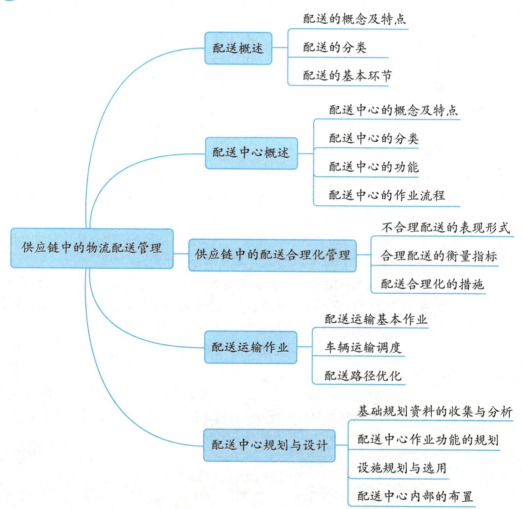

第三章 供应链中的物流配送管理

🎯 学习目标

通过本章的学习，理解配送的概念和分类，以及配送中心的概念及分类；掌握配送的基本环节、配送中心的功能和基本流程，了解配送运输基本作业、车辆调度及路径规划，理解配送中心规划与设计。

🎯 素养目标

培养和提高配送作业业务情境下分析问题与决策设计的能力。

🎯 本章导读

本章主要介绍供应链环境下物流配送的基础知识，主要介绍配送和配送中心。第一节介绍配送的概念、特点、分类及基本环节；第二节介绍配送中心的概念、特点、分类、功能及作业流程；第三节介绍不合理配送的表现形式，合理配送的衡量指标及配送合理化的措施；第四节介绍配送运输基本作业，车辆运输调度和配送路径优化；第五节介绍配送中心规划与设计的具体过程，包括基础规划资料的收集与分析，配送中心作业功能的规划，设施规划与选用。

开篇案例

苏宁超级云仓

据了解，苏宁超级云仓是国内首个规模化使用 SCS 货到人拣选的物流仓库，效率是传统人工拣选的 10 倍以上，日处理量高达 181 万件。这些先进的物流设备能完成从入库、补货、拣选、分拨到出库全流程的智能化作业。"基本上实现了从包装完成到分拣的自动化，不需要人工去做识别，也在最大限度上降低了对人的依赖。"苏宁物流研究院一名副院长说，越是忙的时候，这个系统越能体现优势。

苏宁物流运营公司冷链物流管理中心副总经理介绍，生鲜商品基本上是同城仓库配送，半日送达消费者手中，最快的半小时就能送达。"接受客户的订单是 24 小时的，只要接到订单，就可以进行生产、加工的作业。"

研究报告预计，未来将有更多的大数据平台、智能机器人、无人仓等进入物流产业链。面对日益扩大的快递市场，能够抢占智慧物流先机的企业更能引领行业。更重要的是，智慧物流改变的不仅是物流行业，也将改变电商行业的发展格局，有高效物流支撑的电商平台才能走得更好、更远。所以除了苏宁，阿里巴巴、京东也早早开始布局，阿里巴巴通过入股龙头物流企业，让"全国 24 小时、全球 72 小时必达"的智慧物流网络布局不断迈进；而京东则不断在供应链一体化、无人技术等领域发力。

（资料来源：央广网，2019-5-18）

问题：结合本章所学，分析苏宁如何提高物流配送效率。

第一节　配送概述

一、配送的概念及特点

（一）配送的定义

我国国家标准《物流术语》（GB/T 18354—2006）对配送的定义是："在经济合理区域范围内，根据客户要求，对物品进行拣选、加工、包装、分割、组配等作业，并按时送达指定地点的物流活动。"

配送是物流中一种特殊的、综合的活动形式，包含了物流中若干功能要素，是商流与物流的结合。

（二）配送的特点

一般来说，配送直接面对客户，能最直观地反映供应链的服务水平，所以"配送在恰当的时间、地点，将恰当的商品提供给恰当的客户"的同时，也应将优质的服务传递给客户。配送作为供应链的末端环节和市场营销的辅助手段，日益受到重视。

配送的特点有如下几个。

1. 配送是面向终端用户的服务

配送作为最终配置，是对客户完成最终交付的一种活动，是从最后一个物流节点到用户之间的物品的空间移动过程。物流过程中的最后一个物流节点设施一般是配送中心或零售店铺。

2. 配送是末端运输

配送是相对于干线运输而言的，从狭义上讲，货物运输分为干线部分的运输和支线部分的配送。与长距离运输相比，配送承担的是支线的、末端的运输，是面对客户的一种短距离的送达服务。从工厂仓库到配送中心之间的批量货物的空间位移称为运输，从配送中心向最终用户之间的多品种小批量货物的空间位移称为配送。配送与运输的具体区别如表 3-1 所示。

表 3-1　配送与运输的区别

项目	运输	配送
运输性质	干线运输	支线运输、区域间运输、末端运输
货物性质	少品种、大批量	多品种、小批量
运输工具	大型货车或铁路运输、水路运输	小型货车
管理重点	效率优先	服务优先
附属功能	装卸、捆包	装卸、保管、包装、分拣、流通加工、订单处理等

3. 配送强调时效性

配送不是简单的"配货"加"送货",它有着特定含义,更强调特定的时间、地点完成交付活动,充分体现时效性。

4. 配送强调满足用户需求

配送是从用户利益出发、按用户要求进行的一种活动,因此,在观念上必须明确"用户第一""质量第一",配送承运人所处的是服务地位而不是主导地位,因此必须从用户的利益出发,在满足用户利益的基础上获取本企业的利益。

5. 配送强调合理化

配送应当在时间、速度、服务水平、成本、数量等方面寻求最优。过分强调"按用户要求"是不妥的,由于用户本身的局限,其要求有时候存在不合理性,过分强调"按用户要求"会损失单方或双方的利益。

6. 配送使企业实现"零库存"成为可能

企业为保证生产持续进行,依靠库存(经常库存和安全库存)向企业内部的各生产工位供应物品。如果社会供应系统既能提供企业的外部供应业务,又能实现上述的内部物资供应,那么企业的"零库存"就成为可能。理想的配送恰恰具有这种功能,由配送企业进行集中库存,取代原来分散在各个企业的库存,就是配送的最佳模式。

> **同步思考3-1**
> 送货和配送有哪些区别?

二、配送的分类

(一) 按配送组织者分类

按实施配送的组织者不同,配送可以分为配送中心配送、商店配送、仓库配送和生产企业配送。

1. 配送中心配送

配送中心配送的组织者是专职配送中心。配送中心具有经营规模较大、覆盖面较宽、货物配送能力强等特点,其设施和工艺结构是根据配送活动的特点和要求专门设计的,故专业化、现代化程度很高,并配备了大规模配送的设施。

2. 商店配送

商店配送的组织者是商业或物资的门市网点。这些网点主要承担商品的零售业务,一般规模不大,但经营品种比较齐全。除日常经营的零售业务外,这种配送方式还可根据用户的要求,将商店经营的品种配齐,或代用户外订外购一部分本商店平时不经营的商品,与商店经营的品种一起配齐运送给用户。

3. 仓库配送

仓库配送是直接以仓库为据点进行配送的配送形式。它可以是把仓库完全改造成配送中心，也可以是在保持仓库原有功能的前提下，再增加一部分配送职能。

4. 生产企业配送

生产企业配送的组织者是生产企业，尤其是进行多品种生产的企业。这种配送形式越过了配送中心，不经过中间环节，直接从商品的起点开始进行配送。

（二）按配送时间和数量分类

1. 定时配送

定时配送是指按规定的时间间隔进行配送，比如数天或数小时一次等，而且每次配送的品种及数量可以根据计划执行，也可以在配送之前以商定的联络方式（比如电话、计算机终端输入等）确定。

2. 定量配送

定量配送是指按照规定的批量，在一个指定的时间范围内进行配送。这种配送方式数量固定，备货工作较为简单，可以根据托盘、集装箱及车辆的装载能力规定配送的定量，能够有效利用托盘、集装箱等集装方式，也可做到整车配送，配送效率较高。

3. 定时定量配送

定时定量配送是指按照规定的配送时间和配送数量进行配送，兼有定时、定量两种配送方式的优点，是一种精密的配送服务方式。这种方式要求有较高的服务水平，组织工作难度很大，通常针对固定客户提供配送服务。

4. 定时定路线配送

定时定路线配送是指在确定的运行路线上制订到达时间表，按时间表进行配送，用户可在规定地点和时间接货，可按规定路线及时间提出配送要求。这种方式特别适合对小商业集中区的商业企业的配送。

5. 即时配送

即时配送是指完全按照用户提出的时间、数量方面的配送要求，随即进行配送的方式。采用这种方式，客户可以将安全储备降为零，以即时配送代替安全储备，实现零库存经营。

（三）按配送商品的种类和数量分类

1. 单（少）品种大批量配送

一般来讲，工业企业需要大量的商品，单个品种或几个品种就可达到较大输送量，实行整车运输，这样就可以由专业性很强的配送中心配送，往往不需要再与其他商品进行搭配。该配送形式适应需要量大、品种较少或单一的生产企业和批发商配送。

2. 多品种少批量配送

多品种少批量配送是根据用户的要求，将所需的各种物品（每种物品的需要量不大）

配备齐全，凑整装车后由配送据点送达用户。这种配送方式作业水平要求高，配送中心设备要求复杂，配货送货计划难度大，因此需要有高水平的组织工作予以保证和配合。而且，在实际中，多品种少批量配送往往伴随多用户、多批次的特点，配送频度较高。

3. 配套成套配送

配套成套配送是指根据企业的生产需要，尤其是装配型企业的生产需要，把生产每一台件设备所需要的全部零部件配齐，按照生产节奏定时送达生产企业，生产企业随即可将此成套零部件送入生产线以装配产品。在这种配送方式中，配送企业承担了生产企业大部分的供应工作，使生产企业可以专注于生产，与多品种少批量配送的效果相同。

三、配送的基本环节

配送作业是按照用户的要求，把货物分拣出来，按时按量发送到指定地点的过程。从总体上讲，配送是由备货、理货和送货三个基本环节组成的，每个环节又包含若干项具体活动，有时配送也包括流通加工。

（一）备货

备货指准备货物的系列活动，它是配送的基础环节。严格来说，备货包括两项具体活动：筹集货物和储存货物。

1. 筹集货物

在不同的经济体制下，筹集货物（或者说组织货源）是由不同的行为主体去完成的。就总体活动而言，筹集货物是由订货（或购货）、进货、集货及相关的验货、结算等一系列活动组成的。

2. 储存货物

储存货物是购货、进货活动的延续。在配送活动中，货物储存有两种表现形态：一种是暂存形态，另一种是储备（包括保险储备和周转储备）形态。暂存形态的储存是按照分拣、配货工序要求，在理货场地储存少量货物。这种形态的货物储存是为了适应"日配""即时配送"的需要而设置的。储备形态的货物是按照一定时期配送活动的要求和货源的到货情况（到货周期）有计划地确定的，它是配送持续运作的资源保证。

备货是决定配送成败与规模的最基础环节，也是决定配送效益的关键环节。如果备货不及时或不合理，成本高，就会大大降低配送的整体效益。

（二）理货

理货是配送的一项重要内容，也是配送区别于一般送货的重要标志。理货包括分拣、配货和包装等经济活动，其中，分拣是指采用适当的方式和手段，从储存的货物中选出用户所需货物的活动。分拣货物一般采取两种方式来操作，其一是摘取式，其二是播种式。

摘取式分拣就像在果园中摘果子那样去拣货物。其具体做法是：作业人员拉着集货箱（或分箱）在排列整齐的仓库货架间来回走动，按照配送单上所列的品种规格、数量等客户所需的货物拣出及装入集货箱内。摘取式分拣如图 3-1 所示。

播种式分拣货物类似于田野中的播种操作。其具体做法是：将数量多的同种货物集中运到发货场，然后根据每个货位货物的发送量分别取出货物，并分别投放到每个代表用户的货位上，直至配货完毕。播种式分拣如图3-2所示。

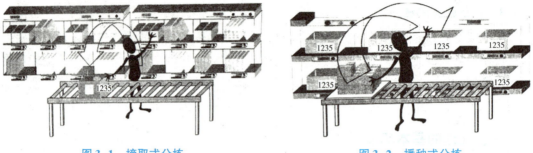

图 3-1　摘取式分拣　　　　　　　　　图 3-2　播种式分拣

目前，自动化分拣技术得到了推广和应用。由于装配了自动化分拣设施等，配送中心大大提高了分拣作业的劳动效率。

> **同步思考 3-2**
> 摘取式分拣和播种式分拣哪种更适合大型电商类仓库？

（三）送货

送货是配送活动的核心，也是备货和理货工序的延伸。在物流活动中，送货的现实形态实际上就是货物的运输（或运送），因此常常以运输代表送货。由于送货（或运输）需要面对众多客户，并且要多方向运动，因此在送货过程中，常常在全面计划的基础上制订科学的、距离较短的货运路线，选择就近、迅速、安全的运输工具和运输方式。

（四）流通加工

在配送过程中，根据用户要求或配送对象（产品）的特点，有时需要在配货之前先对货物进行加工（如钢材剪切、木材截锯等），以提高配送质量，更好地满足用户需要。融合在配送中的货物加工是流通加工的一种特殊形式，其主要目的是使配送的货物更满足用户的需要和提高资源的利用率。

第二节　配送中心概述

一、配送中心的概念及特点

《物流术语》（GB/T 18354—2006）对配送中心的定义是："从事配送业务且具有完善信息网络的场所或组织，应基本符合下列要求：①主要为特定的用户服务；②配送功能健全；③辐射范围小；④多品种、小批量、多批次、短周期；⑤主要为末端客户提供配送服务。"

配送中心是以组织配送性销售或供应、执行实物配送为主要职能的流通型节点。在配送中心，为了做好送货的编组准备，需要采取零星集货、批量进货等作业和对商品的分拣、配备等工作，从这个意义上讲，配送中心实际上是将集货中心、分货中心和流通加工中心合为一体的现代化物流基地，也是能够发挥多种功能的物流组织。

配送中心与传统的仓库和批发、储运企业相比，具有质的不同。仓库仅仅是储存商品，而配送中心不是被动地储存商品，而是具有集、配、送等多样化功能和作用。和传统的批发、储运企业相比，配送中心在服务内容上由商流、物流分离发展到商流、物流和信息流有机结合，在流通环节上由多个流通环节发展到由一个中心完成流通全过程。

二、配送中心的分类

（一）按配送中心的经济功能分类

1. 供应型配送中心

供应型配送中心是指专门为某个或某些用户组织（例如联营商店、联合公司）提供服务的配送中心。供应型配送中心担负着向多家用户供应商品的作用，因此大多占地面积比较大，一般建有大型的现代化仓库并储存一定数量的商品。

2. 销售型配送中心

销售型配送中心是以销售商品为目的，借助配送这一服务手段来开展经营活动的配送中心。在激烈的市场竞争环境下，商品生产者和经营者为促进商品的销售，通过为客户提供代办货、加工和送货等服务来降低成本，提高服务质量。这类配送中心主要有三种类型。

（1）生产企业自身为将产品直接销售给用户建立的配送中心。

（2）流通企业建立的配送中心。作为一种经营方式，流通企业建立配送中心以扩大销售。国内已建或拟建的生产资料配送中心多属于这种类型。

（3）流通企业和生产企业联合建立的销售型配送中心。

3. 储存型配送中心

储存型配送中心是以储存功能为主，在充分发挥储存作用的基础上开展配送活动的配送中心。从商品销售的角度来看，在买方市场条件下，企业销售商品需要有较大的库存支持；在卖方市场条件下，生产企业需要储存一定数量的生产资料，以保证生产连续运转，其配送中心需要有较强的储存功能。大范围配送的配送中心，需要强大的库存支持，也是储存型配送中心。

4. 加工型配送中心

加工型配送中心的主要功能是对商品进行流通加工，在配送中心对商品进行清洗、组装、分解、集装等加工活动。

(二) 按配送中心的归属分类

1. 自有型配送中心

自有型配送中心是指隶属于某一个企业或企业集团，通常只为本企业提供配送服务的配送中心。连锁经营的企业常常建有这类配送中心，如沃尔玛公司所属的配送中心。

2. 共用型配送中心

共用型配送中心是以营利为目的、面向社会开展后勤服务的配送组织。其特点是服务范围不限于某一个企业。

(三) 按配送中心的服务范围分类

1. 城市配送中心

城市配送中心是以城市为配送范围的配送中心。由于城市一般处于汽车运输的经济里程，城市配送中心可直接配送到最终用户。所以，这种配送中心往往和零售经营相结合，由于运距短、反应能力强，因而从事多品种、少批量、多用户的配送较有优势。

2. 区域配送中心

区域配送中心是以较强的辐射能力和库存准备，向省（州）际、全国乃至国际范围的用户配送的配送中心。这种配送中心配送规模较大，一般而言，用户也较多，配送批量也较大。而且，往往是给下一级的城市进行配送，也配送给营业场所、商店、批发商和企业用户。虽然也从事零星的配送，但不是主体形式。

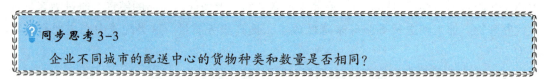

同步思考3-3

企业不同城市的配送中心的货物种类和数量是否相同？

三、配送中心的功能

配送中心与传统的仓库、运输处是不一样的，一般的仓库只重视商品的储存保管，传统的运输处只提供商品的运输服务，而配送中心是以组织和实施配送性供应或销售为主要职能的流通型节点，是集货中心、分货中心、理货中心、加工中心的综合体，具有多种功能。

1. 储存功能

配送中心的服务对象是为数众多的企业和商业网点（如超级市场和连锁店），配送中心的职能和作用是：按照用户的要求及时将各种配装好的货物送交到用户手中，满足生产需要和消费需要。为了顺利而有序地完成向用户配送商品（货物）的任务，更好地发挥保障生产和消费需要的作用，通常，配送中心都要兴建现代化的仓库并配备一定数量的仓储设备，储存一定数量的商品。

2. 分拣功能

作为物流节点的配送中心，其服务对象（即客户）是为数众多的企业（在国外，配送中心的服务对象少则几十家，多则数百家）。这些客户彼此之间存在很多区别，不仅各自的性质不尽相同，经营规模也不一样。因此，在订货或进货的时候，为了有效地进行配送，配送中心必须采取适当的方式对组织进来（或接收到）的货物进行拣选，并在此基础上，按照配送计划分装和配装货物。

3. 集散功能

在物流实践中，配送中心凭借其特殊的地位和拥有的各种先进设施和设备，能够将分散在各个生产企业的产品（即货物）集中到一起，经过分拣、配装，向多家用户发运。与此同时，配送中心也可以把各个用户所需要的多种货物有效地组合（或配装）在一起，形成经济、合理的货载批量。配送中心在流通实践中所发挥的这种功能即集散功能，可以提高卡车的满载率，降低物流成本。

4. 衔接功能

通过开展货物配送活动，配送中心能把各种工业品和农产品直接运送到用户手中，客观上可以起到衔接生产和消费的媒介作用。这是配送中心衔接功能的重要表现。此外，通过集货和储存货物，配送中心又有平衡供求的作用，由此能有效地解决季节性货物的产需衔接问题。

5. 流通加工功能

配送中心的流通加工作业包含分类、磅秤、大包装拆箱改包装、产品组合包装、商标和标签粘贴等。这些作业是提升配送中心服务品质的重要手段。为了扩大经营范围和提高配送水平，目前，国内外许多配送中心配备了各种加工设备，由此形成了一定的加工能力。这些配送中心能够按照用户提出的要求和合理配送商品的原则，将组织进来的货物加工成一定的规格、尺寸和形状，由此发挥加工功能。配送中心积极开展加工业务，不但大大方便了用户，也有利于提高物质资源的利用效率和配送效率。

6. 信息处理功能

配送中心不仅能实现物的流通，而且能通过信息处理来协调各个环节的作业，协调生产与消费。信息化、网络化、自动化是配送中心的发展趋势，信息系统逐渐成为配送中心的重要组成部分。

四、配送中心的作业流程

配送中心基本作业流程主要包括进货（采购集货、收货验货、入库）、储存（普通货物仓储、特殊商品仓储）、分拣、流通加工、分类集中、配装、出货、配送运输等，这些流程以统一的信息管理中心集成、管理、调度。配送中心的基本作业流程如图3-3所示。

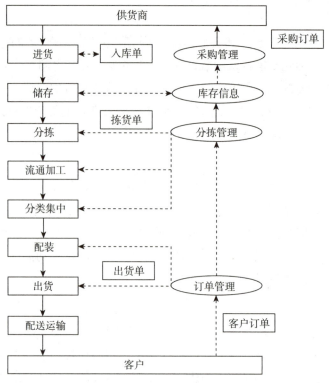

图 3-3 配送中心基本作业流程

1. 订单处理

配送中心与其他经营实体一样，有明确的经营目标和服务对象。因此，配送中心在开展配送活动之前，必须根据订单信息，对顾客分布情况、商品特性、商品项数、顾客对配送时间的要求等进行分析，以确定所要配送的商品品种、规格、数量和时间等，并把信息传递给业务部门。

2. 进货

配送中心的进货主要包括订货、接货、验收和理货四个环节。

（1）订货。配送中心收到和汇总用户的订单之后，首先要确定商品的种类和数量，然后通过信息系统查询商品库存情况，如有现货，则转入分拣作业；如果没有现货或库存不能满足配送需要以及库存低于安全库存，则要及时向供应商发出订单。对于商流和物流相分离的配送中心，客户直接向供应商下达采购订单，配送中心的进货工作从负责接收商品开始。

（2）接货。供应商接到配送中心或用户发出的订单之后，会根据订单的要求组织供货，配送中心则需要进行相应的人力、物力准备工作。

（3）验收。商品到达配送中心后，由配送中心组织检验人员对到货商品进行验收，验收的内容包括数量、质量，验收依据可参照仓储作业管理。

（4）理货。对经过验收的商品，按照商品特性、储存单位、拣货单位等要求，进行拆箱、组合等理货作业。

3. 储存

为保证配送活动的正常进行，配送中心具有储存功能，不同类型的配送中心的库存量相差很大。采取配销模式的配送中心需要储存大量的商品，以获得价格或数量方面的折扣。

4. 分拣

为了保证商品准时送达客户手中，满足客户的需要，配送中心要根据客户的订单要求对储存的商品进行拣取归类作业。从地位和作用上来说，分拣是配送中心整个作业流程的关键环节，是配送活动的实质所在。

5. 流通加工

配送中心的流通加工主要是根据客户的要求对产品进行初加工。加工作业属于增值性经济活动，能够完善配送中心的服务功能。

6. 配装、出货

为了充分利用载货车辆的容积和载重能力，提高运输效率，降低运输成本，配送中心按照配送线路、客户分布情况等因素对配送商品进行合理的配装、配载作业。

7. 配送运输

配送运输是根据客户的要求，在准确的时间和准确的地点把商品送到客户手中。配送运输是配送中心的最后一个作业环节，直接面对最终客户，因此必须提高送货人员的服务质量。

> **同步思考3-4**
> 配送中心与传统仓库的哪些功能不同？

第三节　供应链中的配送合理化管理

案例导入

菜鸟在川启动首个省级农村物流全域共配项目

2020年1月14日消息，菜鸟乡村宣布与四川15个市州交通局、4个试点县政府签署战略合作协议，开展农村数字物流网络建设。数字显示，2019年菜鸟乡村已经服务了四川地区4亿快递下乡、1.6亿农产品进城。

菜鸟将通过大数据、云计算、物联网等升级乡镇末端配送网络，并利用自动化分拣、人脸识别、智能路由调度等技术提高配送效率。双方还将打造"物流+特色农业"创新模式，加大电商直播、基地直采等合作，加速生鲜农产品进城。

未来，菜鸟乡村将在四川省及各地政府给予的场地、资金、政策等支持下，联手快递公司推进建设县级共同配送中心，打造"统一分拨处理、统一运输配送、统一末端站点、统一服务标准、统一信息系统"的共配模式，建设城乡电子商务、快递配送、交通商贸数字化物流基础设施，建立集约高效、智慧协同、开放共享、绿色环保的物流信息应用平台和农村物流评测体系。

（资料来源：电商报，2020-1-14）

问题：为什么要开展全域共配项目？

一、不合理配送的表现形式

对于配送决策的优劣，不能简单判断，也很难有绝对的标准。配送决策是全面、综合的决策，在决策时要避免出现不合理配送，以免造成损失。但有时，某些不合理现象是伴生的，要追求大的合理，就可能派生小的不合理，所以这里只单独论述不合理配送的表现形式，但要防止绝对化。

（一）资源筹措不合理

配送是通过筹措资源的规模效益来降低资源筹措成本，使配送的资源筹措成本低于用户自己的资源筹措成本，从而取得优势。如果不是集中多个用户的需要进行资源的批量筹措，而仅仅是为某用户代购代筹，对用户来讲，不仅不能降低资源筹措费，反而要多付一笔配送企业的代筹代办费，因而是不合理的。资源筹措不合理还有其他表现形式，如配送批量计划不准确，资源筹措过多或过少，在筹措资源时不与资源供应者建立长期稳定的供需关系等。

（二）库存决策不合理

配送应充分利用集中库存总量低于各用户分散库存总量的优势，大大节约社会财富，同时降低用户实际平均分摊的库存负担。因此，配送企业必须依靠科学管理来实现一个总量低的库存，否则就会出现仅有库存转移而未降低库存总量的不合理现象。配送企业的库存决策不合理还表现为储存量不足，不能保证随机需求，失去了应有的市场。

（三）价格不合理

配送的价格应低于不实行配送时用户自己进货的产品购买价格加上自己提货、运输、进货成本的总和，这样才会使用户有利可图。如果配送价格普遍高于用户自己进货的价格，损害了用户的利益，就是一种不合理的表现。如果配送价格定得过低，使配送企业在无利或亏损状态下运行，也是不合理的。

（四）配送与直达的决策不合理

一般的配送虽然会增加环节，但可以降低用户的平均库存水平，如此，不但可以抵消增加环节的支出，还能取得剩余效益。但如果用户使用批量大，可以直接通过社会物流系统均衡批量进货，较之通过配送中心中转送货则可能更加节约费用。在这种情况下，不直接进货而通过配送中心送货就属于不合理范畴。

(五) 送货方式不合理

配送与用户自提相比,可以集中配装一车送几家,不必一家一户自提,大大节省运力和运费。如果不能利用这一优势,仍然是一户一送,车辆也达不到满载,即时配送过多、过频,就是不合理的。

(六) 经营观念不合理

在配送实施中,有些配送中心的经营观念不合理,使配送优势无从发挥,破坏了自身的形象。这是在开展配送时尤其需要注意的不合理现象。例如,配送企业利用配送手段向用户转嫁资金,在库存过大时,强迫用户接货,以缓解自己的库存压力;在资金紧张时,长期占用用户资金;在资源紧张时,将用户委托资源挪作他用等。

二、合理配送的衡量指标

对配送合理与否的判断,是配送决策系统的重要内容,目前国内外尚无一定的技术经济指标体系和判断方法。按一般认识,以下若干指标是应当纳入的。

1. 库存指标

库存是判断配送合理与否的重要标志。具体指标有以下两方面。

(1) 库存总量。在一个配送系统中,配送中心的库存数量与各用户在实行配送后的库存量之和应低于实行配送前各用户库存量之和。

(2) 库存周转。由于配送企业具有调剂作用,以较低的库存保持较高的供应能力,库存周转速度总是快于实施配送前原来各用户的库存周转速度。

2. 资金指标

实行配送应有利于资金占用率的降低及资金运用的科学化。具体判断指标如下。

(1) 资金总量。用于资源筹措的流动资金总量,随储备总量的下降及供应方式的改变必然有显著的降低。

(2) 资金周转。从资金运用角度来讲,由于配送的整个节奏加快,资金充分发挥作用,同样数量的资金,在过去要花费较长时间才能满足一定的供应要求,实行配送之后,在较短时期内就能达到目的。所以,资金周转是否加快,是衡量配送合理与否的标志。

(3) 资金投向。资金分散投入还是集中投入,是资金调控能力的重要反映。实行配送后,资金必然应当从分散投入改为集中投入,以便增强调控作用。

3. 成本和效益指标

总效益、宏观效益、微观效益、成本等的高低都是判断配送是否合理的重要标志。对于不同的配送方式,可以有不同的判断侧重点,例如,如果配送企业、用户都是各自独立的以利润为中心的企业,则不但要看配送的总效益,还要看对社会的宏观效益及两个企业的微观效益,不顾及任何一方都是不合理的。对于用户企业而言,在保证供应水平不变或提高供应水平(产出一定)的前提下,供应成本的降低反映了配送的合理化程度。

4. 供应保证指标

供应保证能力可以从以下三方面判断。

（1）缺货次数。实行配送后，对各用户来讲，该到货而未到货以致影响用户生产及经营，即缺货的次数必须减少。

（2）配送企业集中库存量。对每一个用户来讲，配送后其库存数量所形成的供应保证能力应高于配送前的供应保证能力。

（3）配送的能力及速度。即时配送的能力及速度是用户出现特殊情况时的特殊供应保障，这一能力应高于未实行配送前用户的紧急进货能力及速度。

5. 社会运力节约指标

末端运输是目前运能、运力使用不合理，浪费较大的领域，因而人们寄希望于用配送来解决这个问题。这也成了配送合理化的重要标志。运力使用的合理化是依靠送货运力的规划和整个配送系统的合理流程及与社会运输系统的合理衔接实现的。送货运力的规划是任何配送中心都需要花力气解决的问题，而其他问题有赖于配送及物流系统的合理化，判断起来比较复杂。

6. 用户仓储、供应、进货方面人力物力节约指标

配送的重要观念是为用户代劳，因此，实行配送后，各用户的库存量、仓库面积、仓库管理人员应减少，负责订货、接货、供货的人员应减少，真正解除用户的后顾之忧。

7. 物流合理化指标

配送必须有利于物流的合理化。这可以从以下几个方面判断：①是否降低了物流费用；②是否减少了物流损失；③是否加快了物流速度；④是否发挥了各种物流方式的最优效果；⑤是否有效衔接了干线运输和末端运输；⑥是否不增加实际的物流中转次数；⑦是否采用了先进的管理方法及技术手段。物流合理化的问题是配送要解决的大问题，也是衡量配送本身是否合理的重要指标。

三、配送合理化的措施

1. 推行一定综合程度的专业化配送

通过采用专业设备、设施及操作程序，取得较好的配送效果，并降低使配送过分综合化的复杂程度及难度，从而追求配送合理化。

2. 推行加工配送

通过使加工和配送相结合，充分利用现有的中转次数，而不增加新的中转次数，求得配送合理化。同时，借助于配送，加工的目的更明确，和用户联系更紧密，避免了盲目性。这两者有机结合，在投入增加不多的情况下可追求企业优势与效益，是配送合理化的重要经验。

3. 推行共同配送

共同配送也称共享第三方物流服务，指多个客户联合起来共同由一个第三方物流服务

公司来提供配送服务。它是在配送中心的统一计划、统一调度下展开的。通过共同配送，可以以最近的路程、最低的成本完成配送，从而追求合理化。

4. 实行送取结合

配送企业与用户建立稳定、密切的协作关系，不仅成为用户的供应代理人，而且充当用户的储存据点，甚至成为其产品代销人。在配送时，将用户所需的物资送到，再将该用户生产的产品用同一车运送，使这种产品也成为配送中心的配送产品之一，或者为用户代存代储，免去了用户的库存包袱。这种送取结合的方式，使配送企业的运力得到充分利用，也使配送企业的功能得到更大的发挥，从而追求合理化。

5. 推行准时配送系统

准时配送是配送合理化的重要内容。配送做到了准时，用户才能放心地实施低库存或零库存，可以有效地安排接货的人力、物力，以追求最高效率的工作。

另外，保证供应能力也取决于准时供应。从国外的经验看，推行准时配送系统是追求配送合理化的重要手段。

6. 推行即时配送

作为计划配送的应急手段，即时配送是最终解决用户断供之忧、大幅度提高供应保证能力的重要手段。即时配送是配送企业快速反应能力的具体化，是配送企业能力的体现。即时配送成本较高，但它是实现整个配送合理化的重要手段。此外，如果用户实行零库存，即时配送也是重要保证。

> **同步思考3-5**
>
> 无人机配送有哪些优势？是否能够取代人力配送？

第四节　配送运输作业

> **案例导入**
>
> **百胜物流降低物流成本之道**
>
> 作为肯德基、必胜客等业内巨头指定的物流提供商，百胜物流公司抓住运输环节大做文章，通过合理地安排运输、降低配送频率、实施歇业时间送货等优化管理方法，有效地实现了物流成本的"缩水"。
>
> （1）合理进行运输排程。
>
> 餐饮业的进货时间是事先约定好的，这就需要配送中心就餐厅制作一个类似列车时刻表的主班表。餐厅的销售存在季节性波动，因此，主班表至少有旺季、淡季两套

方案。在主班表确定以后，进入每日运输排程，也就是每天审视各条路线的实际货量，根据实际货量对配送路线进行调整。通过对所有路线逐一进行安排，可以去除几条送货路线，减少某些路线的行驶里程，最终达到提高车辆利用率、提高司机工作效率和降低总行驶里程的目的。

（2）减少不必要的配送。

对于对产品保鲜要求很高的连锁餐饮业来说，尽力和餐厅沟通，降低不必要的配送频率，可以有效地降低物流配送成本。

（3）提高车辆的利用率。

车辆时间利用率也是值得关注的，提高卡车的时间利用率可以从增加卡车尺寸、改变作业班次、二次出车和增加每周运行天数等方面着手。

1）增加卡车尺寸。由于大型卡车每次可以装载更多的货物，一次出车可以配送至更多的餐厅，因此应增加其有效作业的时间。

2）改变作业班次。改变仓库和其他环节作业时间，适应实际的运输需求，提高运输资产的利用率。

3）二次出车和增加每周运行天数。如果配送中心实行 24 小时作业，卡车就可以利用晚间二次出车配送，大大提高车辆的时间利用率。在实际物流作业中，一般会将餐厅分成可以在上午、下午、上半夜、下半夜四个时间段收货，据此制订仓储作业的配套时间表，从而将卡车利用率最大化。

（4）尝试歇业时间送货。

歇业时间送货避开了城市交通高峰时间，既没有顾客的打扰，也没有餐厅运营的打扰。由于餐厅一般处在繁华路段，夜间停车也不用像白天那样有许多顾忌，有充裕的时间进行配送。

（资料来源：锦程物流网，2013-5-29）

问题：百胜物流公司是如何降低配送成本的？

一、配送运输基本作业

1. 划分基本配送区域

为使整个配送活动有可遵循的基本依据，应首先将客户所在地的具体位置进行系统统计，并对其进行区域上的整体划分，将每一个客户设置在不同的基本配送区域之中，以作为下一步决策的基本参考。

2. 车辆配载

由于配送货物品种的特性各异，为提高配送效率，确保货物质量，必须首先对特性差异大的货物进行分类。在接到订单后将货物依照特性进行分类，以分别采取不同的配送方式和运输工具，如按冷冻食品、速冻食品、散装货物、箱装货物等分类配载。另外，配送货物也有轻重缓急之分，必须初步确定哪些货物可配于同一辆车、哪些货物不能配于同一辆车，以做好车辆的初步配装工作。

3. 暂定配送先后顺序

在考虑了其他影响因素，制订出最终的配送方案前，应根据客户订单要求的送货时间对配送的先后作业次序进行估计，为后面的车辆积载做好准备工作。计划工作的目的，是保证达到既定的目标。所以，预先确定基本配送顺序既可以有效地保证送货时间，又可以尽可能提高运作效率。

4. 车辆安排

车辆安排要解决的问题是安排什么类型、吨位的配送车辆进行送货。一般企业拥有的车型有限，车辆数量也有限，当本公司车辆无法满足要求时，可使用外雇车辆。在保证配送运输质量的前提下，是组建自营车队，还是以外雇车为主，则须视经营成本而定，具体如图3-4所示。曲线1表示外雇车辆的运送费用随运输量的变化情况，曲线2表示自有车辆的运送费用随运输量的变化情况。当运量小于A时，外雇车辆费用小于自有车辆费用，所以应选用外雇车辆；当运输量大于A时，外雇车辆费用大于自有车辆费用，所以应选用自有车辆。但无论自有车辆还是外雇车辆，都必须首先掌握有哪些车辆可供调派并符合要求，即这些车辆的容量和额定载重是否满足要求；其次，在安排车辆之前，还必须分析订单上货物的信息，如体积、重量、数量等对装卸的特别要求等，综合考虑各方面因素的影响，进行最合适的车辆安排。

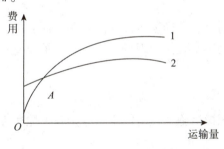

图3-4 外雇车辆与自有车辆运输曲线

5. 选择配送线路

知道每辆车负责配送的具体客户后，如何以最快的速度完成对这些货物的配送，即如何选择配送距离短、配送时间短、配送成本低的线路，就需要根据客户的具体位置、沿途的交通情况等进行优先选择和判断。

6. 确定最终的配送顺序

做好车辆安排及选择好最佳配送线路后，依据各车负责配送的具体客户的先后安排，最终确定明确合理的配送顺序。

7. 完成车辆积载

明确了客户的配送顺序后，接下来就要考虑，如何将货物装车、以什么次序装车的问题，即车辆的积载问题。原则上，知道客户的配送顺序后，只要将货物依"后送先装"的原则装车即可。但有时为了有效利用空间，可能还要考虑货物的性质（怕震、怕压、怕撞、怕湿)、形状、体积及重量等，以做出弹性调整。此外，货物的装卸方法也必须依照货物的性质、形状、重量、体积等来具体决定。

二、车辆运输调度

(一) 车辆运输调度概述

车辆运输调度是配送运输管理的一项重要职能，是指挥、监控配送车辆正常运行，协调配送生产过程，以实现车辆运行作业计划的重要手段。它能够起到保证运输任务按期完成、及时了解运输任务的执行情况、促进运输及相关工作有序进行及实现最小运力投入的作用。其工作特点如下。

(1) 计划性。坚持合同运输与临时运输相结合。
(2) 预防性。经常进行系统预防性检查。
(3) 机动性。机动灵活地处理有关部门的问题，准确及时地发布调度命令。

(二) 车辆运输调度的内容

1. 编制配送车辆运行作业计划

该作业计划包括配送方案、配送计划、车辆运行计划总表、分日配送计划表、单车运行作业计划等。

2. 现场调度

根据货物分日配送计划表、车辆运行计划总表和车辆动态分派配送任务，即按计划调派车辆，签发行车路单；勘察配载作业现场，做好装卸车准备；督促驾驶员按时出车；督促车辆按计划送修进保。

3. 随时掌握车辆运行信息，进行有效监督

如发现问题，应采取积极措施，及时解决，尽量减少配送生产中断时间，使车辆按计划正常运行。

4. 检查计划执行情况

检查配送计划和车辆运行作业计划的执行情况。

(三) 车辆运行调度工作原则

车辆运行计划在组织执行过程中常常会遇到一些难以预料的问题，如客户需求发生变化、装卸机械发生故障、车辆运行途中发生技术障碍、临时性路桥阻塞等。针对以上情况，调度部门要有针对性地加以分析和解决，随时掌握货物状况、车况、路况、气候变化、驾驶员状况、行车安全等，确保运行作业计划顺利进行。车辆运行调度工作应贯彻以下原则。

1. 坚持从全局出发，局部服从全局的原则

在编制和实施运行作业计划的过程中，要从全局出发，保证重点，统筹兼顾，运力安排应贯彻"先重点、后一般"的原则。

2. 安全第一、质量第一原则

在配送运输生产过程中，要始终把安全工作和质量管理放在首要位置。

3. 计划性原则

调度工作要根据客户订单要求认真编制车辆运行作业计划，并以运行计划为依据，监督和检查运行作业计划的执行情况，按计划配送货物，按计划送修送保车辆。

4. 合理性原则

要根据货物性能、体积、重量、车辆技术状况、道路桥梁通行条件、气候变化、驾驶员技术水平等因素合理调派车辆。在编制运行作业计划时，应科学合理地安排车辆的运行路线，有效降低运输成本。

（四）车辆调度方法

车辆调度的方法有多种，可根据客户所需货物、配送中心站点及交通线路的布局选用不同的方法。这里介绍两种简单的车辆调度方法，即经验调度法和运输定额比法。

1. 经验调度法

在有多种车辆时，车辆使用的经验原则为尽可能使用能满载运输的车辆进行运输。如运输5吨的货物，安排一辆5吨载重量的车辆运输。在能够保证满载的情况下，优先使用大型车辆，且先载运大批量的货物。一般而言，大型车辆能够保证较高的运输效率和较低的运输成本。

> **同步计算3-1**
>
> 某建材配送中心某日需运送水泥580吨、盘条400吨和不定量的平板玻璃。该中心有大型车20辆、中型车20辆、小型车30辆，各种车每日只运送一种货物，车辆运输定额如表3-2所示。
>
> 表3-2 车辆运输定额　　　　　　　　　　　　　　　　　　　　吨
>
> | 车辆种类 | 运送水泥 | 运送盘条 | 运送玻璃 |
> |---|---|---|---|
> | 大型车 | 20 | 17 | 14 |
> | 中型车 | 18 | 15 | 12 |
> | 小型车 | 16 | 13 | 10 |
>
> 根据经验调度法，确定车辆安排的顺序为大型车、中型车、小型车，货载安排的顺序为水泥、盘条、玻璃，得出派车方案，如表3-3所示，共完成货运量1 080吨。
>
> 表3-3 经验调度法得出的派车方案
>
> | 车辆种类 | 运送水泥 | 运送盘条 | 运送玻璃 | 车辆总数 |
> |---|---|---|---|---|
> | 大型车/辆 | 20 | | | 20 |
> | 中型车/辆 | 10 | 10 | | 20 |
> | 小型车/辆 | | 20 | 10 | 30 |
> | 货运量/吨 | 580 | 400 | 100 | |

2. 运输定额比法

同一个车厢在装载不同类型的货物时,由于货物的形状或者包装尺寸不同,能够容纳的最大吨位数也会有所不同,因此,对于车辆来说,都会存在运输某种类型货物的最合适吨位数,即运输某种货物的运输定额。将运输不同类型货物的运输定额相比就会得到该车运输不同货物的运输定额比。为了让车辆的运力得到充分利用,车辆应该优先运送运输定额比大的货物,这就是运输定额比法的基本思想。

车辆运输调度

> **同步计算 3-2**
>
> 根据【同步计算 3-1】和表 3-2,采用运输定额比法设计车辆调度方案并计算能够完成的货运量。
>
> 计算每种车运送不同货物的运输定额比,计算结果如表 3-4 所示。
>
> 表 3-4　计算不同车辆的运输定额比
>
> | 车辆种类 | 运水泥/运盘条 | 运盘条/运玻璃 | 运水泥/运玻璃 |
> | --- | --- | --- | --- |
> | 大型车 | 1.18 | 1.21 | 1.43 |
> | 中型车 | 1.20 | 1.25 | 1.50 |
> | 小型车 | 1.23 | 1.30 | 1.60 |
>
> 其他种类的定额比都小于 1,不予考虑。在表 3-4 中,小型车运送水泥的定额比最高,因而要首先安排小型车运送水泥,其次由中型车运送盘条,最后由大型车完成,得到如表 3-5 所示的派车方案,共完成运量 1 106 吨。
>
> 表 3-5　运输定额比法得出的派车方案
>
> | 车辆种类 | 运送水泥 | 运送盘条 | 运送玻璃 | 车辆总数 |
> | --- | --- | --- | --- | --- |
> | 大型车/辆 | 5 | 6 | 9 | 20 |
> | 中型车/辆 | | 20 | | 20 |
> | 小型车/辆 | 30 | | | 30 |
> | 货运量/吨 | 580 | 400 | 126 | |

三、配送路径优化

(一)传统配送路线设计方法

1. 经验判断法

经验判断法是指利用司机人员的经验来选择配送线路的一种主观判断方法。一般是以司机习惯行驶路线和道路行驶规定为基本标准,拟订几个不同的方案,通过倾听有经验的司机和送货人员的意见后加以判断,或者直接由配送管理人员凭经验加以判断。这种方法的质量取决于决策者对运输车辆、客户地理位置与交通路线情况的掌握程度和决策者的分析判断能力及经验。该方法尽管缺乏科学性，易受掌握信息的详尽程度限制，但运作方式简单、快速、方便。该方法通常在配送路线的影响因素较多、难以用某种确定的关系表达时，或难以根据某种单项依据评定时采用。

2. 综合评分法

综合评分法是指能够拟订出多种配送路线方案，并且评价指标明确，只是部分指标难以量化，或对某一项指标有突出的强调与要求，通过采用加权评分的方式来确定配送路线。

综合评分法的步骤为：①拟订配送路线方案；②确定评价指标；③对方案进行综合评分。

> **同步计算3-3**
>
> 荣华配送中心在优化与选择配送路线时，采用综合评分法。该方案的评价指标共有10项，分别是：①配送全过程的距离；②行车时间；③配送准时性；④行车难易；⑤动用车辆台次数；⑥油耗；⑦车辆状况；⑧运送量；⑨配送客户数；⑩配送总费用。
>
> 每个评分标准为5个档次并有不同的分值，即极差（0分）、差（1分）、较好（2分）、良好（3分）、最优（4分），满分为40分，然后为配送路线方案评分，根据最后的评分情况比较各个方案，最后确定配送路线。
>
> 表3-6为某个配送线路方案的评分表，表中的路线方案得分为32分（4+4+2+3+3+3+4+4+3+2），为满分（理想方案）的80%，各项平均得分为3.2分。
>
> 表3-6 某个配送线路方案评分表
>
> | 序号 | 评价指标 | 极差 0分 | 差 1分 | 较好 2分 | 良好 3分 | 最优 4分 |
> |---|---|---|---|---|---|---|
> | 1 | 配送全过程的距离 | | | | | ○ |
> | 2 | 行车时间 | | | | | ○ |
> | 3 | 配送准时性 | | | ○ | | |
> | 4 | 行车难易 | | | | ○ | |
> | 5 | 动用车辆台次数 | | | | ○ | |
> | 6 | 油耗 | | | | ○ | |
> | 7 | 车辆状况 | | | | | ○ |
> | 8 | 运输量 | | | | | ○ |
> | 9 | 配送客户数 | | | | ○ | |
> | 10 | 配送总费用 | | | ○ | | |

（二）节约里程法配送路线优化

节约里程法的基本思想如图 3-5 所示，设 P_0 为配送中心，分别向用户 P_i 和 P_j 送货。P_0 到 P_i 和 P_j 的距离分别为 d_{oi} 和 d_{oj}，两个用户 P_i 和 P_j 之间的距离为 d_{ij}，送货方案只有两种，即配送中心 P_0 向用户 P_i、P_j 分别送货（方案 a）和配送中心 P_0 向用户 P_i、P_j 同时送货（方案 b），比较两种配送方案如下。

方案 a 的配送路线为 $P_0 \rightarrow P_i \rightarrow P_0 \rightarrow P_j \rightarrow P_0$，配送距离 $d_a = 2(d_{oi}+d_{oj})$。

方案 b 的配送路线为 $P_0 \rightarrow P_i \rightarrow P_j$，配送距离 $d_b = d_{oi} + d_{oj} + d_{ij}$。

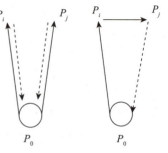

显然，d_a 不等于 d_b，我们用 s_{ij} 表示里程节约量，即方案 b 比方案 a 节约的配送里程 $s_{ij} = d_{oi} + d_{oj} - d_{ij}$。

根据节约里程法的基本思想，如果一个配送中心 P_0 分别向 N 个客户 P_j 配送货物，在汽车载重量允许的前提下，每辆汽车在配送线路上经过的客户数越多，里程节约量就越大，配送线路就越合理。

图 3-5 节约里程法基本思想

> **同步计算 3-4**
>
> 位于牡丹江市内的百家姓配送中心（P_0）向它所服务的 10 家百家姓连锁超市 P_i（$i=1, 2, \cdots, 10$）配送商品。配送交通如图 3-6 所示。现行方案为从 P_0 向各门店分别派车送货，配送网络如图 3-7 所示。配送中心现有 2 吨车（6 辆）和 4 吨车（4 辆）可供使用，并且每辆车配送距离不得超过 30 千米。
>
>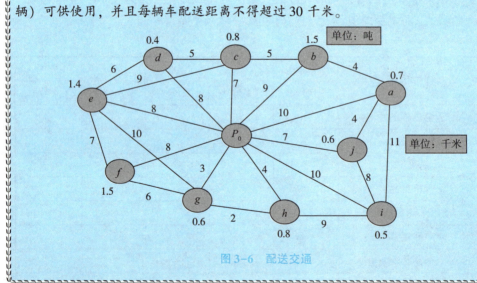
>
> 图 3-6 配送交通

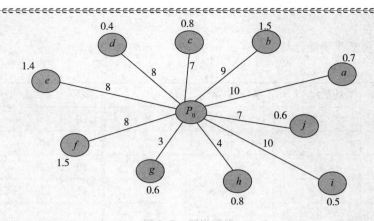

图3-7 配送网络

目前面临的问题:①配送车辆有时不够用;②配送成本过高,利润下降。优化过程如下。

(1) 绘制初始数据表,如表3-7所示。

表3-7 初始数据表

需求量	p									
0.7	10	a								
1.5	9	4	b							
0.8	7	9	5	c						
0.4	8	14	10	5	d					
1.4	8	18	14	9	6	e				
1.5	8	18	17	15	13	7	f			
0.6	3	13	12	10	11	10	6	g		
0.8	4	14	13	11	12	12	8	2	h	
0.5	10	11	15	17	18	19	17	9	9	i
0.6	7	4	8	14	15	15	15	10	11	8	j

(2) 计算节约里程 s_{ij}。

利用公式 $s_{ij}=d_{oi}+d_{oj}-d_{ij}$,计算节约里程,如表3-8所示。

表3-8 节约里程

a									
15	b								
8	11	c							
4	7	10	d						
0	3	6	10	e					
0	0	0	3	9	f				
0	0	0	0	1	5	g			
0	0	0	0	0	4	5	h		
9	4	0	0	−1	1	4	5	i	
13	8	0	0	0	0	0	0	9	j

(3) 排序。

按照节约里程量进行排序，得出如表3-9所示的排序结果。

表3-9 节约里程量排序

序号	路线	节约里程/千米	序号	路线	节约里程/千米	序号	路线	节约里程/千米
1	ab	15	6	ac	8	10	bi	4
2	aj	13	6	bj	8	10	fh	4
3	bc	11	7	bd	7	10	gi	4
4	cd	10	8	ce	6	11	be	3
4	de	10	9	fg	5	11	df	3
5	ai	9	9	gh	5	12	eg	1
5	ef	9	9	hi	5	12	fi	1
5	ij	9	10	ad	4			

(4) 路径优化结果。

按照约束条件进行优化，得到如图3-8所示的最终配送网络。

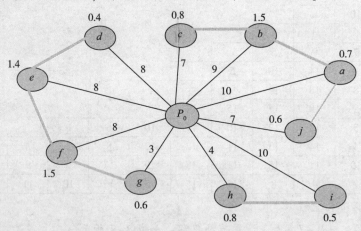

图3-8 最终配送网络

路线一：P_0-j-a-b-c-P_0，总运载量为3.6吨，使用4吨车辆，行驶距离为27千米。

路线二：P_0-d-e-f-g-P_0，总运载量为3.9吨，使用4吨车辆，行驶距离为30千米。

路线三：P_0-h-i-P_0，总运载量为1.3吨，使用2吨车辆，行驶距离为19千米。

第五节　配送中心规划与设计

一、基础规划资料的收集与分析

根据不同行业的需要而设计的配送中心，其作业内容、内部结构布置、设备型号、营业范围有很大差异。根据欲建（或调整、改造）配送中心的类型，在进行配送中心设计与确定布置目标之前，首先应进行基本资料的收集和调查工作。调查的方法包括现场访问、记录和收集厂商实际使用的表单。配送中心规划基本资料的收集与分析流程如图3-9所示。在这一过程中，主要应进行以下资料的收集与分析。

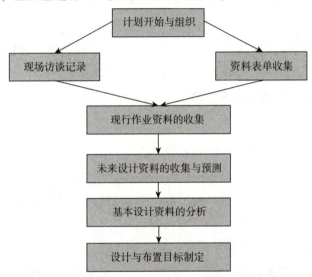

图3-9　配送中心规划基本资料的收集与分析流程

（一）现行作业资料的收集

1. 基本运行资料

基本运行资料包括业务类型、营业范围、营业额、人员数、车辆数、供应厂商和用户数量等。

2. 商品资料

商品资料包括商品类型、分类、品项数、供应来源、保管形式等。

3. 订单资料

订单资料包括商品种类、名称、数量、单位、订货日期、交货日期、生产厂家等。

4. 商品特性

商品特性包括商品物态、气味、温湿度要求、腐蚀变质特性、装填性质，还包括商品的重量、体积、尺寸、包装规格、储存特性等。

5. 包装规格

包装规格按商品实际包装情况分为单品、内包装、外包装等包装规格。

6. 供应商销售资料

按地区、商品、客户及时间分别统计销售资料。

7. 作业流程

配送中心作业流程包括进货、储存、拣选、加工、发货等。

8. 商品搬运资料

商品搬运资料包括进货、发货、在库搬运、进货与发货频率、数量、车辆类型等。

9. 供应商资料

供应商资料包括供应商类型、规模、数量、送货时间、分布情况。

10. 配送网点分布

配送网点分布包括配送道路类型、交通状况、配送点规模、收货时段、特殊配送要求等。

（二）未来设计资料的收集与预测

1. 商品未来需求预测

分析商品现在销售增长率，估计未来增长趋势。

2. 商品品种变化趋势

采用定性及定量的方法对商品品种方面的变化情况进行科学预测，进而判断品种变化趋势。

3. 预测未来可能发展的选址和面积

结合商品需求预测及品种变化情况，对配送中心未来发展进行预测，判断现有规模是否满足需求。

（三）基本设计资料的分析

基本设计资料的分析主要是对现行调查资料进行分析整理，并结合欲建配送中心的实际情况加以修订，作为配送中心规划与布置的重要参考。

1. 订单变化趋势分析

根据调查的基本资料，诸如发货资料和用户资料等情况，采用科学的分析方法，如时间序列分析法、回归分析法和统计分析法等，求出订单变化趋势或周期性变化，有利于后续资料的分析。

2. 订单品项和数量分析

对于配送中心来说，其区域规划、运作流程、设备设施布置等都和订单有直接关系，掌握了订单，就能了解配送中心的重要特征。

在对订单品项和数量进行分析时，可以采用 EIQ 规划法进行设计分析。所谓 EIQ，是指物流特征的关键因素,包括订单件数、商品种类和数量。EIQ 规划是根据配送中心的目的,掌握物流特征,从物流特征判断配送中心的物流状态、运作方式,从而规划配送中心的总体框架结构。

二、配送中心作业功能的规划

(一)作业流程的规划

经过基本资料分析和基本条件假设之后,针对配送中心的特性进行进一步分析,并制订合理的作业程序,以便选用设备和规划设计空间。通过对各项作业流程的合理化分析,找出不合理和不必要的作业,力求简化配送中心可能出现的不必要的计算和处理环节。这样规划出的配送中心减少了重复堆放的搬运、翻堆和暂存等工作,提高了配送中心的效率,降低了作业成本。

(二)作业区域的功能规划

在作业流程规划后,可根据配送中心的运营特性进行区域及周边辅助活动区的规划。物流作业区指装卸货、入库、订单拣取、出库、发货等基本配送中心作业环节;周边辅助活动区指办公室、计算机中心等。通过归类整理,可把配送中心分成如下作业区域。

1. 配送中心基本物流作业区

配送中心基本物流作业区是配送中心的核心区域,在此进行基本的物流作业,如卸货、进货点收、理货、入库、储存、流通加工、发货、配载、配送等。

2. 退货物流作业区

退货物流作业区的设置可根据配送中心的规模及与供应商的协议等实际需要而定。在此区域进行的作业有退货卸货、退货点收、退货责任确认、退货良品处理、退货瑕疵品处理、退货废品处理等。

3. 换货补货作业区

换货补货作业区可安排在基本物流作业区内,主要的作业有退货后换货作业、零星补货拣取作业、零星补货包装、零星补货运送等。

4. 流通加工作业区

流通加工作业区根据实际需要设置,如果流通加工业务量很小,可在配装区进行。流通加工区的主要作业有拆箱、裹包、多种物品集包、外包装、发货商品称重、印贴标签等。

5. 物流配合作业区

物流配合作业区进行配合物流基本作业的作业,如容器回收、空容器暂存、废料回收处理等。具体设置时可根据实际需要,如设置容器暂存区或容器储存区、废料暂存区或废料处理区等。

6. 厂房使用配合作业区

厂房使用配合作业区主要是保证配送中心业务正常进行的配合区域,主要的作业项目有电气设备使用、动力及空调设备使用、安全消防设备使用、设备维修工具器材存放、人员车辆通行、机械搬运设备停放等。

7. 办公事务区

办公事务是配送中心正常运转及高效率运行的基础，主要的事务活动有配送中心各项事务性的办公活动、一般公文文件与资料档案的管理、配送中心电脑系统的使用及管理等。

8. 劳务活动区

劳务活动区是配送中心员工及供应商休息、膳食、盥洗的场所。

(三) 作业区的能力规划

在确定了配送中心的作业区之后，根据配送中心服务的对象、商品的特性、自动化水平、信息系统建设情况等因素进一步确定各作业区的具体安排。在对作业区域进行规划时，应以物流作业区域为主，再延伸到相关周边区域。

三、设施规划与选用

配送中心的设施与设备是保证配送中心正常运作的必要条件，设施与设备规划是配送中心规划中的重要工作，涉及建筑模式、空间布局、设备安置等多方面问题。一个完整的配送中心包含的设施可分为三类：物流作业区域设施、辅助作业区域设施和厂房建筑周边设施。

(一) 物流作业区域设施

配送中心的主要物流作业活动，均与仓库、搬运和拣取作业有关，为此，规划的重点是对物流设备的规划设计和选用。不同功能的物流设备要求与之相适应的厂房布置与面积。在系统规划阶段，由于厂房布置尚未定型，物流设备规划主要以要求的功能、数量和选用的型号等内容为主。物流作业区的主要物流设备包括以下几种。

1. 容器设施

在配送中心作业流程及储运单位规划结束后，则可进行容器设施的规划，以利于商品在各作业流程中的流通。容器设施主要包括搬运、储存、拣取和配送用的容器，如纸箱、托盘、铁箱、塑料箱等。

2. 储存设备

储存设备包括自动仓储设备、重型货架、轻型货架等。

3. 订单拣取设备

订单拣取设备包括一般型订单拣取设备和自动化订单拣取设备等。

4. 物料搬运设备

物料搬运设备包括自动化搬运设备、机械化搬运设备、输送带设备、分类输送设备、堆卸托盘设备和垂直搬运设备等。

5. 流通加工设备

流通加工设备包括裹包设备、集包设备、外包装配合设备、印贴条码标签设备、拆箱设备和称重设备等。

(二) 辅助作业区域设施

辅助作业是保证配送中心正常运转的辅助性设施，如文件保管等办公设备，信息系统设施、网络设施，员工休息、膳食等劳务设施。

(三) 厂房建筑周边设施

厂房建筑周边设施主要是水力、电力、动力、土建、空调、消防等设施。

四、配送中心内部的布置

配送中心功能、作业流程、设施设备选用及信息系统等规划后，下一步的工作就是进行空间区域的布置规划和区块布置工作。区域布置规划的主要内容有作业区活动关系的分析和作业空间规划与布置。

(一) 作业区活动关系的分析

配送中心的各作业区域之间存在相关关系，有些是程序上的关系，有些是组织上的关系，有些是功能上的关系。有些作业区域之间的相关性很强，有些则相关性较弱。因此，在进行区域布置规划时，必须对各区域之间的关系加以分析，明确各区域之间的相关程度，作为区域布置规划的重要参考。确定各区域之间的相关程度可采用作业相关图法。

作业相关图法是由穆德提出的，它是根据企业各部门之间的活动关系密切程度布置其相互位置的方法。在运用作业相关图法时，将各区域关系密切程度划分为 A、E、I、O、U、X 六个等级，然后列出导致不同关系密切程度的原因，根据相互关系重要程度，按重要等级高的部门相邻布置的原则，安排最合理的布置方案。

区域（设施）的关系密切程度一般分为六级，如表 3-10 所示。

表 3-10 区域（设施）的关系密切程度等级

代号	密切程度	评定分值/分	代号	密切程度	评定分值/分
A	绝对重要	6	O	一般	3
E	特别重要	5	U	不重要	2
I	重要	4	X	不予考虑	1

分析区域（设施）之间关系密切的原因，不同的配送中心有不同的原因，如表 3-11 所示。

表 3-11 关系密切原因举例

序	关系密切的原因	序	关系密切的原因
1	共用场地	6	工作流程连续
2	共用人员	7	做类似的工作
3	使用共同记录	8	共用设备
4	人员接触	9	其他
5	文件接触		

下面用6个部门的关系来说明该方法的具体过程，图3-10是6个部门的关系密切图。

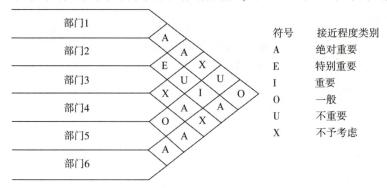

图3-10　6个部门的关系密切图

（1）编制A类和X类的部门关系表，如表3-12所示，然后进行分析。

表3-12　A类和X类的部门关系表

接近程度为A的两个部门	接近程度为X的两个部门
1、2	1、4
1、3	3、6
2、6	3、4
3、5	
4、6	
5、6	

（2）从A类最多的部门开始，如图3-11（a）所示。
（3）按次序选取A类的剩余部门，如图3-11（b）所示。
（4）标示X类部门，如图3-11（c）所示。

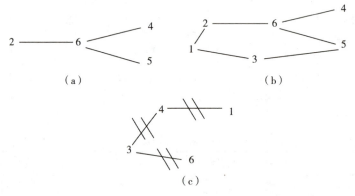

图3-11　绘制关系过程图
（a）A类最多部门；（b）A类剩余部门；（c）X类部门

（5）根据以上分析，进行位置分配，如表 3-13 所示。

表 3-13 部门关系位置

关系位置		
1	2	6
3	5	4

（二）作业空间规划与布置

作业空间规划与布置在整个配送中心规划中占有重要地位。在规划作业区域时，应对作业流量、作业活动特性、设备型号、建筑物特性、成本和运行效率等因素进行综合考虑，确定满足作业要求的长度、宽度、高度。

1. 通道空间的布置规划

通道的合理安排和宽度设计将直接影响物流效率。在规划布置仓库时，首先应对通道的位置和宽度进行规划设计。在进行通道规划布置时，要考虑影响通道布置的因素，结合拟布置的通道类型合理制定规划。

2. 进出货区的作业空间规划与布置

物品在进出货时需要拆装、理货、检查或暂存以待入库存储或待车装载配送，为此，在进出货平台上应留空间作为缓冲区。为了保证平台与车辆高度能使装卸货顺利进行，进出货平台需要连接设备，这种设备需要 1~2.5 米的空间。在使用固定式连接设备时需要 1.5~3.5 米的空间。为使车辆及人员畅通进出，在暂存区和连接设备之间应有出入通道。出入货平台所需的空间如图 3-12 所示。

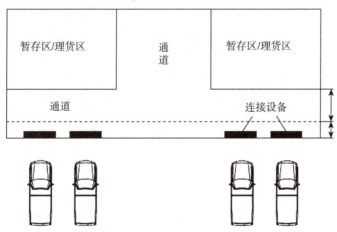

图 3-12 出入库平台所需的空间

（1）进出货共用站台示意如图 3-13 所示，可以有效提高空间和设备的使用率，但管理较困难，容易出现"进"与"出"相互影响的情况，特别是在进出货高峰时间。

图 3-13　进出货共用站台示意

（2）进出货相邻、分开使用站台示意如图 3-14 所示。这种形式不会使进出货相互影响，可以共用设备，但空间利用率低。

图 3-14　进出货相邻、分开使用站台示意

（3）进出货站台完全独立，两者不相邻，如图 3-15 所示。这种形式是进出货作业完全独立的站台设计，不但空间分开，而且设备也独立。

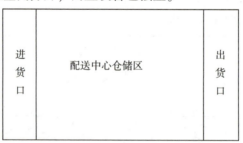

图 3-15　进出货站台独立示意

本章测试

一、简答题

1. 简述配送与运输的区别。
2. 简述配送合理化的措施。
3. 简述配送中心的流程。

二、案例分析题

戴尔计算机公司的高效物流配送

在不到 20 年的时间内，戴尔计算机公司的创始人迈克尔·戴尔从白手起家到把公司

发展成具有 250 亿美元的规模。即使面对美国经济低迷的状况，在惠普等超大型竞争对手纷纷裁员减产的情况下，戴尔仍以两位数的发展速度飞快前进。

"戴尔"现象，令世人为之迷惑。戴尔计算机公司分管物流配送的副总裁迪克·亨特一语道破天机："我们只保存可供 5 天生产的存货，而我们的竞争对手则保存 30~45 天，甚至 90 天的存货。这就是区别。"

物流配送专家詹姆斯·阿尔里德在其专著《无声的革命》中写道："主要通过提高物流配送效率打竞争战的时代已经悄悄来临。"看清这一点的企业和管理人员才是未来竞争激流中的弄潮者，否则，一个企业将可能在新的物流配送环境下苦苦挣扎，甚至被淘汰。

亨特在分析戴尔成功的诀窍时说："戴尔总支出的 74% 用在材料配件购买力方面，2000 年，这方面的总开支高达 210 亿美元，如果能在物流配送方面降低 0.1%，就等于生产效率提高了 10%。"物流配送对企业的影响之大，由此可见一斑。在信息时代，特别是在高科技领域，材料配件成本随着日趋激烈的竞争而迅速下降。以计算机工业为例，材料配件成本的下降速度为每周 1%，从戴尔公司的经验来看，其材料库存量只有 5 天，当其竞争对手维持 4 周的库存时，就等于戴尔的材料配件开支与对手相比保持着 3% 的优势。当产品最终投放市场时，物流配送优势就可转变成 2%~3% 的产品优势，竞争力的强弱不言而喻。

在提高物流配送效率方面，戴尔和 50 家材料配件供应商保持着密切的联系，戴尔所需材料配件的 95% 由这 50 家供应商提供。戴尔与这些供应商每天都要通过网络进行协调沟通：戴尔监控每个零部件的发展情况，并把自己新的要求随时发布在网络上，供所有的供应商参考，提高透明度和信息流通效率，并刺激供应商之间的相互竞争；供应商则随时向戴尔通报自己的产品发展、价格变化、存量等方面的信息。

几乎所有工厂都会出现过期、过剩的零部件，而高效率的物流配送使戴尔的过期零部件比例保持在材料配件开支总额的 0.05%~0.1%，2000 年，戴尔在这方面的损失为 2 100 万美元。而这一比例在戴尔的对手企业达 2%~3%，在其他工业部门更是达 4%~5%。

即使面对如此高效的物流配送，亨特仍不满意："有人问 5 天的库存量是否为戴尔的最佳物流配送极限，我的回答是：当然不是，我们能把它缩短到 2 天。"

（资料来源：爱问共享资料，2017-11-13）

问题：

（1）根据上述案例分析戴尔公司在物流配送方面的做法；

（2）选择学校附近某大型超市，剖析其配送系统的优缺点，结合所学配送理论为其提出促使配送合理化的建议。

第四章 供应链中的仓储与库存管理

章前概述

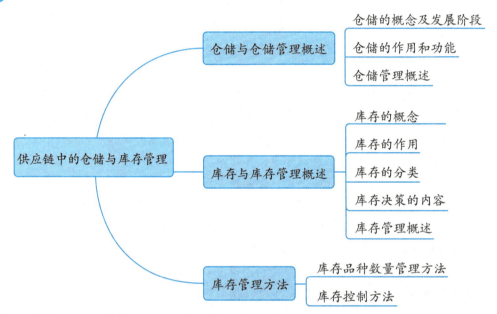

学习目标

通过本章的学习，了解仓储的概念、发展阶段、作用、功能，库存与库存管理的概念，库存的作用；理解仓储管理的概念和内容，库存决策的内容；掌握仓储管理的业务流程，仓储布局管理，库存的分类，库存品种数量管理方法，库存控制方法。

素养目标

培养学生的人身和货物安全意识，强化货物管理的工作责任心和社会责任心。

本章导读

本章主要介绍供应链中仓储与库存管理的基础知识和基本方法，第一节为仓储与仓储管理概述，包括仓储的概念、发展阶段、作用和功能，仓储管理的概念、内容、业务流程和布局；第二节为库存与库存管理概述，包括库存的概念、作用及分类，库存决策的内容、库存管理概述；第三节为库存管理方法，包括库存品种数量管理方法，如物资编码、ABC分类法、CVA分析法，以及定量订货法和定期订货法两种基本库存控制方法。

> **开篇案例**

黎巴嫩首都大爆炸，30万人无家可归

黎巴嫩当地时间2020年8月4日下午6时左右，黎巴嫩首都贝鲁特港口区发生大爆炸，摧毁了贝鲁特大片地区，并在黎巴嫩首都市内各地造成广泛破坏。据路透社报道，截至当地时间8月30日，8月份贝鲁特港口爆炸事件中的死亡人数已上升至190人，超过6 500人受伤，30万人无家可归，损失高达150亿美元。

据当地媒体2020年8月16日报道，黎巴嫩司法部门表示，贝鲁特爆炸案的初步调查结果显示，不存在传言中的导弹或飞机，也不存在袭击导致这场灾难的可能性，但港口12号仓库存在严重疏忽，除了2 750吨硝酸铵，仓库也存放了大量的烟花和爆竹。监控录像显示，有3名工人在4日下午5点从该仓库收工离开，大约一小时之后爆炸发生。黎巴嫩公诉部门已对前海关关长沙菲克（Shafik Merhi）和现海关关长达希尔（Badri Daher）、港口安全负责人等25人提出指控，并以存放爆竹和硝酸铵的罪名将案件提交法官审理，上述3名工人已被逮捕。

这次爆炸破坏力惊人，该国政要证实爆炸起因与硝酸铵储存不当有关。那么，硝酸铵是何种化学物质？应该如何储存呢？

据了解，硝酸铵是一种化合物，呈白色结晶固体，可用作化肥和化工原料，用于农业、工业等领域，与明火或其他的引火装置接触会发生剧烈爆炸。如果硝酸铵储存时间过长，且通风不佳，其自身会发生反应产生热量，进而导致温度升高并燃烧，甚至引发爆炸。因而，硝酸铵应储存在通风良好、避光的地方，堆放必须符合规定，做到不超高、不过量、无倾斜、平整堆放。储存仓库杜绝明火，照明设备符合防火防爆要求，接触硝酸铵人员要按规定穿戴好工作服、手套、防护用品等。

（资料来源：中央纪委国家监委网站，2020-8-6）

问题：

（1）你认为仓储管理重要吗？为什么？请结合案例，谈谈你的看法。

（2）我国是化工大国，黎巴嫩首都大爆炸事件给我国敲响了哪些警钟？

第一节 仓储与仓储管理概述

一、仓储的概念及发展阶段

(一) 仓储的概念

"仓"也称仓库,为存放物品的建筑物和场地,可以是房屋建筑、大型容器、洞穴或特定的场地等,具有存放和保护物品的功能。"储"表示收存以备使用,具有收存、保管、交付使用的意思。"仓储"则为利用仓库存放、储存未即时使用的物品的行为。简而言之,仓储就是在特定的场所储存物品的行为。

从物流管理的角度看,可以将仓储定义为:根据市场和客户的要求,为了确保货物没有损耗、变质和丢失,为了调节生产、销售和消费活动,以及确保社会生产、生活的连续性,而对原材料等货物进行储存、保管、管理、供给的作业活动。

对仓储概念的理解要抓住以下要点:第一,满足客户的需求,保证储存货物的质量,确保生产、生活的连续性是仓储的使命之一;第二,当物品不能被即时消耗,需要专门的场所存放时,便形成了静态仓储,而对仓库里的物品进行保管、控制、存取等作业活动,便产生了动态仓储;第三,储存的对象必须是实物产品,包括生产资料、生活资料等;第四,储存和保管货物时要根据货物的性质选择相应的储存方式,不同性质的货物应该选择不同的储存方式。

> **同步思考4-1**
> 仓储、仓库、库存、储备、储存是同一个概念吗?这些词汇有什么不同吗?

(二) 仓储的发展阶段

仓储经历了以下发展阶段。

1. 人工和机械化的仓储阶段

在人工和机械化的仓储阶段,物资输送、仓储、管理、控制主要依靠人工及辅助机械来实现。可以使用传送带、工业输送车、机械手、吊车、堆垛机和升降机来移动和搬运物料,用货架托盘和可移动货架存储物料,可通过人工操作机械存取设备,用限位开关、螺旋机械制动和机械监视器等控制设备运行。机械化满足了人们对速度、精度、高度、重量、重复存取和搬运等方面的要求,实时性和直观性的优点较明显。

2. 自动化仓储阶段

自动化技术对仓储技术的发展起到了重要的促进作用。从20世纪50年代末开始,相继研制和采用了自动导引小车、自动货架、自动存取机器人、自动识别和自动分拣等系统。到了 20 世纪 70 年代，旋转体式货架、移动式货架、巷道式堆垛机和其他搬运设备加入自动控制行列，但只限于各个设备的局部自动化并各自独立应用，被称为"自动化孤岛"。20 世纪 70 年代末，自动化技术被越来越多地应用到生产和分配领域。"自动化孤岛"需要集成化，于是便产生了"集成系统"的概念。在集成化系统中，整个系统的有机协作使总体效益大大超过各部分独立效益的总和，生产的应变能力也大大提高。集成化仓库技术作为计算机集成制造系统中物资存储的中心，受到人们的重视。

3. 智能化仓储阶段

在自动化仓储的基础上，实现与其他信息决策系统的集成，朝着智能和模糊控制的方向发展，人工智能推动了仓储技术的发展，即智能化仓储。现在，智能化仓储技术还处于初级发展阶段，21 世纪仓储技术的智能化将具有广阔的应用前景。

二、仓储的作用和功能

（一）仓储的作用

1. 仓储是物流的主要功能要素之一

在物流中，运输承担了改变"物"的空间状态的重任，而另一个重任，即改变"物"的时间状态，是由仓储来承担的。所以，在物流系统中，运输和仓储是并列的两大主要功能要素。物流的另一根支柱为配送，而配送活动一般说来，必须把仓库作为配送平台的重要支撑。

2. 仓储是社会物质生产的必要条件之一

仓储作为社会再生产各环节之中及社会再生产各环节之间的"物"的停滞，构成了上一步活动和下一步活动衔接的必要条件。例如，在生产过程中，上一道工序生产与下一道工序生产之间免不了有一定时间间隔，上一道工序的零件总是要达到一定批量之后，才能经济合理地送到下一道工序加工，而下一道工序为了保持生产的连续性，也总是要有必备的最低的半成品储备保证，于是，仓储无论对哪一道工序来说，都是保证顺利生产的必要条件。

3. 仓储可以创造时间效用

时间效用的含义是同种物品由于使用时间不同，物品的效用即使用价值也不同。在物品的使用最佳时间内，其使用价值可发挥到最佳水平，从而最大限度地提高产出投入比。通过仓储，物品在效用最大的时候发挥作用，就能充分发挥物品的潜力，实现时间上的优化配置。从这个意义上来讲，也就相当于通过仓储提高了物的使用价值。

4. 仓储是"第三利润源"的重要源泉之一

仓储是"第三利润源"的主要部分之一，这是因为对于任何一个企业来讲，仓储作为一种停滞，必然会冲减企业经营利润，但是很多企业经营业务又离不开仓储。因此，哪个企业能将库存成本控制得当，哪个企业就能大大地节约物流成本，仓储成本的降低便成为物流的一个重要利润来源。另外，现代化大生产不需要每个企业均设立仓库，其仓储业务可交给第三方物流管理，或者采用供应链管理环境下的供应商管理库存等方式，而这些合作方式的普及，必然会极大地体现出仓储是"第三利润源"中的主要部分之一。

(二) 仓储的功能

1. 基本功能

基本功能指为了满足市场的基本储存需求，仓库所具有的基本操作或行为，包括储存、保管、分类等基础作业。其中，储存和保管是仓储最基础的功能。通过基础作业，货物得到了有效的、符合市场和客户需求的仓储处理。通过基本功能的实现而获得的利益体现了仓储的基本价值。

2. 增值功能

增值功能是指通过仓储高质量的作业和服务，使经营方或供需方获取除这一部分以外的利益，这个过程称为附加增值。这是物流中心与传统仓库的重要区别之一。增值功能的典型表现形式包括：一是提高客户的满意度，当客户下达订单时，物流中心能够迅速组织货物，并按要求及时送达，提高了客户对服务的满意度，从而增加了潜在的销售量；二是信息的传递，在仓库管理的各项事务中，经营方和供需方都需要及时而准确的仓库信息，这些信息为用户或经营方进行正确的商业决策提供了可靠的依据，提高了用户对市场的响应速度，提高了经营效率，降低了经营成本，从而带来了额外的经济利益。

3. 社会功能

仓储的基础作业和增值作业会给整个社会物流过程的运转带来不同的影响，其功能主要包括：第一，时间调整功能，一般情况下，生产与消费之间会产生时间差，通过仓储可以克服货物产销在时间上的隔离；第二，价格调整功能，生产和消费之间会产生价格差，供过于求、供不应求都会对价格产生影响，通过仓储可以克服货物在产销量上的不平衡，达到调控价格的效果；第三，衔接商品流通的功能，商品仓储是商品流通的必要条件，为保证商品流通过程连续进行，就必须有仓储活动。通过仓储，可以防范突发事件（如运输被延误、卖主缺货），保证商品顺利流通。对供货仓库而言，这项功能是非常重要的，因为原材料供应的延迟将导致产品生产流程的延迟。

> **💡 同步思考4-2**
>
> 我国目前粮食仓储量为多少？为什么要对粮食进行仓储？请结合仓储的功能谈谈你的看法。

三、仓储管理概述

(一) 仓储管理的概念

仓储管理就是对仓库及仓库内的物资进行的管理，是仓储机构为了充分利用所具有的仓储资源、提供高效的仓储服务所进行的计划、组织、控制和协调活动。仓储管理的内涵随着其在社会经济领域中的作用不断扩大而变化。

（二）仓储管理的内容

1. 仓库的选址与建筑问题

仓库的选址与建筑问题是首先需要考虑的问题，例如，仓库选址的原则、仓库建筑面积的确定、库内运输道路与作业的布置等。

2. 仓库机械作业的选择与配置

仓库机械作业的选择与配置对整个仓库的运行效率有直接的影响，例如，如何根据仓库作业特点和所储存物资的种类及其理化特性，选择机械装备及应配备的数量，如何对这些机械装备进行管理等。

3. 仓库的库存管理问题

库存管理是仓库管理的重中之重。企业应根据自身需求状况，存储合理数量的货物，既保证不因储存过少而造成销售中断，又保证不因存储过多而占用大量的流动资金。

4. 仓库的业务管理问题

仓库的业务管理问题主要包括如何组织货物入库前的验收，如何存放入库物资，如何对在库物资进行保管、保养，如何出库等。

（三）仓储管理的业务流程

仓储管理是指从商品入库到商品发送的整个仓储管理过程，其业务主要包括入库业务、保管业务、出库业务等。

1. 入库业务

货物入库业务是仓储业务的开始，它包括货物的接运、卸货、搬运、清点数量、货品验收、整理、堆码、办理入库手续等一系列操作，是根据货主提供的货物储存计划和入库凭证来安排的，仓库按照规定的程序进行收货的业务。

（1）货物入库前的准备。

货物入库前的准备工作主要包括：编制仓储计划，做好入库准备；安排仓容，确定堆放位置；合理组织人力、装卸机具；准备验收设备，保证货物验收；备齐需要的其他相关用品。

（2）货物的接运。

货物的接运包括以下几种方式：铁路专用线接车；存货人送货到库；到车站码头提运；仓储人自提入库。

（3）货物的验收。

货物的验收主要包括对货物数量、质量和包装的验收，即复核货物数量是否与入库凭证相符，规格、牌号等有无差错，货物的质量是否符合规定的要求，货物包装能否保证在储存和运输过程中的安全等。

（4）货物的入库。

收货保管人员把经过验收合格的产品进行分类搬运，即按每批入库单开制的数量将同一品种集中，分批送到预定的货位，做到进一批清一批，严格防止品种互串和数量短溢。对于货物的堆垛，要考虑未来送货的情况，尽可能一次搬运到位，避免重复劳动。

(5) 办理入库手续。

入库手续主要是指交货单位与库管员之间所办理的交接工作，其中包括：商品的检查核对，事故的分析、判定，双方认定，在交库单上签字。仓库一面给交货单位签发接收入库凭证，并将凭证交给会计统计入账、登记；一面安排仓位，提出保管要求。

2. 保管业务

保管业务主要包括货物的储存规划，货物的堆码与垫盖，货物的检查、盘点与保管损耗等。

(1) 货物的储存规划。

货物的储存规划主要指储存区域的合理布局，也即将各种产品合理地布置到仓库的平面和空间，以利于提高仓库的利用率。对储存区域合理布局的要求包括：尽量扩大存放货物的储存面积，同时合理安排作业通道、货垛间距、收发货场等非保管面积；库内平面布局要保证仓库作业的连续性，使货物的收、发、保管作业互不干扰；要合理利用仓库地坪承载能力；要注意保证货物的存放安全。

在对货物进行储存规划时，还要对商品存放进行分区分类，也就是对储存商品在性能一致、养护措施一致、消防方法一致的前提下，把库房、货棚、货场划分为若干保管区域，根据货物大类和性能等划分为若干类别，以便分类集中保管。不同类型的仓库，分区分类方法各不相同，主要包括以下三种分法。

一是按商品种类和性质进行分区分类。这是大多数仓库普遍采用的方法，它按照商品的自然属性，对怕热、怕潮、怕光、怕冻、怕风等各种不同性质的商品进行分类，集中起来分区存放，安排在适宜储存的场所。

二是按不同货主的商品经营分工进行分区分类。这种通常是承接不同存货人储存业务的综合性仓库采用的方法，目的是与货主对口衔接，防止不同货主的货物相混淆，也便于联系、核对。在具体存放时，也要按照商品的性能划分为若干货区，以保证商品储存的安全。

三是按商品流转方式或发往地区进行分区分类。这种分区分类方法主要适用于商品存放时间较短的中转仓库或口岸仓库，尤其是集装箱货运站的仓库。它的具体做法是先按不同的运输方式分为铁路、水运、公路区域，再按货物到达港、站的路线划分。这种方法虽然不分商品种类，但危险品、性能相互抵触以及运价相差悬殊的商品，仍应分别堆放。

> **课外资料 4-1**
>
> **夏季危险化学品储存的安全措施有哪些？**
>
> 受温度、湿度等环境因素的影响，许多危险化学品受热后容易分解，释放出氧气甚至氧原子，使其他物质氧化，同时放出大量的热。如果通风不良，热量积聚不散，使温度升高，又会加快氧化速度，产生更多的热量，使温度继续升高，当温度达到物质的自燃点时物质就会自燃。夏季危险化学品储存应注意以下几点：

1. 储存仓库要合格

危险化学品仓库应采用不导热的耐火材料做屋顶和墙壁的隔热层，屋檐要适当加长，以防止阳光射入仓库；库墙要适当加厚，常开窗，采用间接通风洞，设置双层门、双层屋顶；窗玻璃漆成蓝色或选用磨砂玻璃。

2. 危险化学品要分类存放

危险化学品要分类、分库、分件、分架存放，严禁把各种性质互相抵触、灭火方法不同、容易引起自燃的物品混放在一处。储存物品时，堆垛不可过高、过大、过密，垛与垛之间，垛与墙、柱、屋梁、电灯之间应保持一定的距离，并留有消防通道，不得超量储存。

3. 要严格控制温度

为仓库设贮水屋面或在仓库屋面上设置冷却水管，气温在30℃以上时喷水降温，使仓库内的温度保持在28℃以下。在仓库屋顶铺石麻袋，能增加屋顶的隔热性能，也可将库房屋顶、外墙和窗户玻璃涂成白色，减少辐射热的吸收，达到降温的作用。根据物品性质和包装情况，还可以在仓库地面上浇井水、放冰块，有条件的安装空调进行降温。有的仓库可在早晚和夜间开窗通风，放进冷空气，中午关闭门窗，防止热空气进入。

4. 对露天堆场和贮罐采取降温措施

桶装的易燃液体，应放在建筑物内，以防太阳直接照射。在特殊情况下需要临时露天存放的，应采用不燃材料搭建遮阳棚，有时要用皮管定时喷水降温。贮罐顶部应设置降温装置，在气温超过30℃时，开启冷却水泵进行喷淋降温。贮罐也不能装得太满，需留出5%～10%的容积空间，这样能防止桶内危险化学品受热膨胀而发生燃烧或爆炸事故。

5. 要有防雷设施

危险化学品仓库一般设在本单位或城市的边缘地区，与周围的其他建筑物保持一定的距离，这样，仓库周围就形成了空旷地带，容易遭受雷击。因此，仓库要安装避雷装置，以防止雷击而引起火灾。

6. 加强人员管理

管理危险化学品仓库的人员必须经过安全培训并考核合格，持证上岗。库管人员要定时对仓库进行巡查，发现问题及时解决，确保安全。

(资料来源：搜狐网"光明网"搜狐号，2020-8-20)

(2) 货物的堆码与垫盖。

货物堆码必须满足合理、安全、定量、整齐、低耗和方便的要求。货物堆码方式主要由货物的性能、形状、包装、仓储设备、存放场所和季节、气候等条件决定。常用的堆码方式主要有散堆、货架、成组和垛堆。

散堆是指将无包装的散货在仓库或露天货场上堆成货堆的存放方式。这种方法适用于不用包装的颗粒状、块状大宗散货，如煤炭、矿砂、散粮、海盐等。这种堆码方式简便，便于采用机械设备装卸、堆垛，节省包装费用及仓容和运费。

货架是使用通用和专用的货架进行货物堆码的方式，主要适用于存放不宜堆高、需特殊保管存放的小件包装的货物，如小百货、小五金、绸缎、医药品等。这种堆垛方式能够提高仓库的利用率，减少差错，加快存取速度，但其适用范围较狭窄。

成组是指采用成组工具先将货物组成一组，使其堆存单元扩大，再用机械成组搬运、装卸、堆码。这种堆码方式可以提高仓库、货场的利用率，实现货物机械化操作，保证货物的安全，也有利于提高货物进出库的劳动效率，加速货物的流转。

垛堆是指直接利用货物或其包装外形进行堆码。该种方式适用于有外包装和不需要包装的长、大件货物，如箱、桶、筐、袋装的货物，以及木材、钢材等。这种堆码方式能够增加货垛高度、提高仓库利用率，能够根据货物形状和特性的需要和货位的实际情况，把货垛堆码成各种样式，以利于保护货物的质量。

（3）货物的检查、盘点与保管损耗。

货物的检查包括数量检查、质量检查、安全检查、保管条件检查等。

货物的盘点是指定期或临时对库存商品进行清点的操作，其业务流程如图4-1所示。

货物的保管损耗是指在一定的期间内，保管这种货物所允许发生的自然损耗，一般以货物保管损耗率来表示。

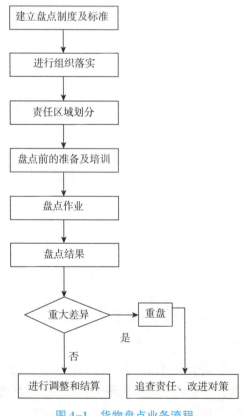

图4-1　货物盘点业务流程

(资料来源：库管易论坛，2013-7-17)

3. 出库业务

货物出库业务，是仓库根据业务部门或存货单位开出的货物出库凭证（提货单等），按其所列商品编号、名称、规格、型号、数量等组织货物出库系列工作的总称。货物出库是仓储业务的最后一个环节，出库程序主要包括核单备料、复核、包装、点交、登账、现场和档案的清理。其中，复核和点交是两个最为关键的环节。复核是防止差错的重要和必不可少的措施，而点交则是分清仓库和提货方两者责任的必要手段。

（1）核单备料。

发放货物必须有正式的出库凭证，严禁无单或白条发料。保管员接到出库凭证后，应仔细核对，这就是出库业务的核单（验单）工作。首先，要审核出库凭证的合法性和真实性；其次，核对货物品名、型号、规格、单价、数量、收货单位、到站，以及银行账号；最后，审核出库凭证的有效期等。如属自提货物，还须检查有无财务部门准许发货的签章。

在对货物调拨通知单所列项目进行核查之后，才能开始备料工作。出库货物应附有质量证明书或抄件、磅码单、装箱单等。机电设备等配件产品，其说明书及合格证应随货同到。备料时应本着"先进先出、易霉易坏先出、接近失效期先出"的原则，根据领料数量下堆备料或整堆发料。备料的计量实行"以收代发"，即利用入库检验时的一次清点数，不再重新过磅。备料后要及时变动料卡余额、数量，填写实发数量和日期等。

（2）复核。

为防止差错，备料后应立即进行复核。出库的复核形式主要有专职复核、交叉复核和环环复核三种。除此之外，在发货作业的各环节上，都贯穿着复核工作，例如，理货员核对货单，守护员（门卫）凭票放行，账务员（保管会计）核对账单（票）等。这些分散的复核形式，起到分头把关的作用，有助于提高仓库发货业务的工作质量。复核的主要内容包括品种数量是否准确，货物质量是否完好，配套是否齐全，技术证件是否齐备，外观质量和包装是否完好等。复核后，保管员和复核员应在货物调拨通知单上签名。

> **同步思考4-3**
>
> **仓库账、物、卡不相符该怎么办？**
>
> 项目组进驻虹铭公司调研时，顾问老师对仓库账、物进行了抽查，一共抽查了5种物料，就有3种物料不相符。顾问老师在仓库现场调研时了解到，仓库物料摆放零乱，非常不整齐，有的物料随便用一张废纸作为标识卡，更多的是无物料卡。如果你是顾问老师，针对虹铭公司存在的问题，你会提出哪些建议呢？

（3）包装。

出库的货物如果不符合运输方式所要求的包装，应重新进行包装。根据货物外形特点，选用适宜的包装材料，其重量和尺寸应便于装卸和搬运。出库货物包装要求干燥、牢固，如有破损、潮湿、捆扎松散等不能保障货物在运输途中安全的，应加固整理，做到破包破箱不出库。此外，各类包装容器，若外包装上有水渍、油迹、污损，均不许出库。另外，在包装中严禁将互相影响或性能互相抵触的货物混合包装；包装后，要写明收货单位、到站、发货号、本批总件数、发货单位等。

（4）点交。

货物经复核后，如果是本单位内部领料，则将货物和单据当面点交给提货人，办清交接手续；如系送料或将货物调出本单位办理托运的，则与送料人员或运输部门办理交接手续，当面将货物交点清楚。交清后，提货人员应在出库凭证上签章。

（5）登账。

点交后，保管员应在出库单上填写实发数、发货日期等内容，并签名。然后将出库单连同有关证件资料及时交给货主，以使货主办理货款结算。保管员把留存的一联出库凭证交给实物明细账登记人员，以便登记做账。

（6）现场和档案的清理。

现场清理包括清理库存货物、库房、场地、设备和工具等；档案清理是指对收发、保养、盈亏数量和垛位安排等情况进行分析。

（四）仓储布局管理

1. 仓库选址

（1）仓库的数量决策。

确定仓库的数量一般要考虑三个因素：存货成本、仓库成本及运输成本。库存成本随着设施数目的增加而增加，更多的仓库意味着拥有、租赁或租用更多空间，仓库成本也增加，但仓库数达到一定数量后，其增加趋势将放缓；如果仓库数太多，将会导致进出运输成本的综合增加。

（2）仓库的规模和选址。

与仓库数量决策密切相关的是仓库的规模与选址。仓库的规模通常是用仓库面积来衡量的，但它忽略了现代仓库的垂直存储能力，因此现在提倡使用较为科学的立体空间（仓库设施可用的空间容积）来衡量。企业在确定仓库的规模时，一般根据其存货速度（用周转率来衡量）特征来计算仓库所需的面积，再在基本储存空间基础上增加通道、站台以及垂直和水平存储提供的场地面积。通过计算计划销售量、存货周转率，可精确计算出所需的仓库空间。

仓库选址是指在一个具有若干供应点及若干需求点的经济区域内，选一个地址设置仓库的规划过程。合理的选址方案应该使商品通过仓库的汇集、中转、分发，达到需求点的全过程的效益最好。因为仓库的建筑物及设备投资太大，要对成本进行权衡分析，所以选址时应根据仓库在分销渠道中的作用来确定仓库的具体位置。如果选址不当，损失不可弥补。

> **课外资料4-2**
>
> **重心法**
>
> 重心法是一种设置单个厂房或仓库的方法，这种方法主要考虑的因素是现有设施之间的距离和要运输的货物量，经常用于中间仓库或分销仓库的选择。商品运输量是

> 影响商品运输费用的主要因素,仓库应尽可能接近运量较大的网点,从而使较大的商品运量走相对较短的路程,就是求出本地区实际商品运量的重心所在的位置。

仓库的选址主要应考虑以下因素。

1）自然环境因素。

（a）气象条件。仓库选址过程中,主要考虑的气象条件有温度、风力、降水量、无霜期、冻土深度、年平均蒸发量等指标。如选址时要避开风口,因为在风口建设会加速露天堆放商品的老化。

（b）地形地质条件。仓库应选择地势较高、地形平坦之处,且应具有适当的面积与外形。选在完全平坦的地形上是最理想的,其次选择稍有坡度或起伏的地方。仓库的建筑材料及商品堆码会对地面造成很大压力,如果存在淤泥层、流沙层、松土层等不良地质条件,会在受压地段造成沉陷、翻浆等严重后果,为此,仓库选址要求土壤承载力要高。

（c）水文条件。仓库选址须远离容易泛滥的河川流域与上溢的地下水区域。要认真考察近年的水文资料,地下水位不能过高,洪泛区、内涝区、古河道、干河滩等区域绝对不能选择。

2）经营环境因素。

（a）政策环境背景。选择建设仓库的地方是否有优惠的物流产业政策对物流产业进行扶持,会对物流业的效益产生直接影响。另外,当地的劳动力素质也是需要考虑的因素之一。

（b）商品特性。经营不同类型商品的仓库最好能分别布局在不同地域,如生产型仓库的选址应与产业结构、产品结构、工业布局紧密结合进行考虑。

（c）物流费用。物流费用是仓库选址的重要考虑因素之一。大多数仓库选择接近物流服务需求地,例如接近大型工业、商业区,以便缩短运距,降低运费等物流费用。

（d）服务水平。服务水平是仓库选址的考虑因素。在现代物流过程中,能否实现准时运送是仓库服务水平高低的重要指标,因此,在仓库选址时,应保证客户无论在何时向仓库提出物流需求,都能获得快速、满意的服务。

> **同步思考4-4**
> 你知道哪些大型仓库?这些仓库在什么位置呢?请总结大型仓库选址的特点。

3）基础设施状况。

（a）交通条件。仓库必须具备方便的交通条件,最好靠近交通枢纽,如紧临港口、交通主干道、铁路编组或机场,方便两种以上运输方式相连接。

（b）公共设施状况。仓库的所在地,要求城市的道路、通信等公共设施齐备,有充足的供电、水、热、燃气的能力,且场区周围要具备污水、固体废物处理能力。

2. 仓库内部区域布局

现代仓库总平面规划一般可以划分为生产作业区、辅助作业区和行政生活区三大部分。现代仓库为适应商品快速周转的需要，在总体规划布置时应注意适当增大生产作业区中收发货作业区面积和检验区面积。

（1）生产作业区。

生产作业区是现代仓库的主体部分，是商品仓储的主要活动场所。储货区是储存保管、收发整理商品的场所，是生产作业区的主体区域。储货区主要由保管区和非保管区两大部分组成。其中，保管区是主要用于储存商品的区域，非保管区主要包括各种装卸设备通道、待检区、收发作业区、集结区等。现代仓库组成部分的构成比例通常为：合格品储存区面积占总面积的40%～50%；通道占总面积的8%～12%；待检区及出入库收发作业区占总面积的20%～30%；集结区占总面积的10%～15%；待处理区和不合格品隔离区占总面积的5%～10%。

（2）辅助作业区。

辅助作业区是为仓储业务提供各项服务的设备维修车间、车库、工具设备库、油库、变电室等。值得注意的是，油库的设置应远离维修车间、宿舍等易出现明火的场所，周围须设置相应的消防设施。

（3）行政生活区。

行政生活区是行政管理机构办公和职工生活的区域，具体包括办公楼、警卫室、化验室、宿舍和食堂等。

> **同步思考4-5**
>
> 图4-2所示的仓库布局合理吗？请谈谈你的看法。
>
>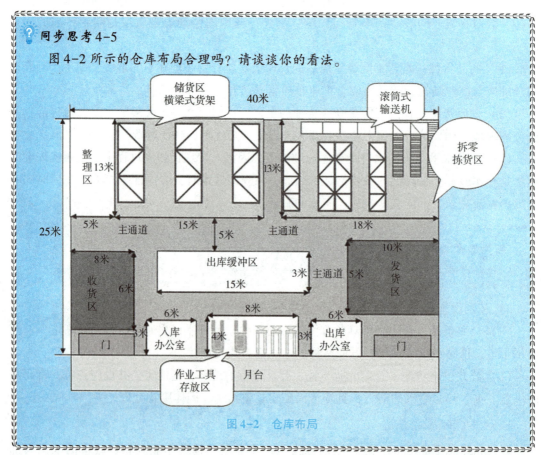
>
> 图4-2 仓库布局

第二节　库存与库存管理概述

> **案例导入**

美的集团如何做库存管理？

1. 美的概况

美的集团的前身是创办于1968年的一家乡镇企业，1980年正式进入家电业，1981年开始使用美的品牌。目前，美的集团以家电业为主，涉足房产、物流等领域的大型综合性现代化企业集团，是中国最具规模的白色家电生产基地和出口基地。

2. 事件要点

（1）夹缝中的生存之道："成本领先"战略。

白色家电营销战打响以来，一边是钢材等上游原材料价格上涨，一边是渠道库存压力逐年递增，再加上价格大战、产能过剩、利润滑坡，过度竞争压力之下，除进行产品和市场创新外，挤压成本成为众多同类企业的存活之道。

面对行业内价格战，美的高管指出，美的前些年对价格挑战一直没有展开全面反击，不是没有能力，而是在积极备战。"我们采取的并不是低价策略，而是整体成本领先战略。价格策略其实只是表象，企业整体成本优势才是根源。如果简单地将价格策略理解成降价，那么没有整体成本优势支持的降价就是无源之水，没有可持续的竞争能力。"

近年来，在降低市场费用、裁员、压低采购价格等方面，美的始终围绕成本与效率，在供应链这条维系着空调企业的生死线上，实行"业务链前移"策略，力求用"供应商管理库存"（Vendor Managed Inventory，VMI）和"管理经销商库存"形成整合竞争优势。

（2）控制供应链前端：供应商管理库存。

长期以来，美的在减少库存成本方面一直成绩不错，但依然有最少5天的零部件库存和几十万台的成品库存。这一存货水准相对于其他产业的优秀标杆仍稍逊一筹。在此压力下，美的在2002年开始尝试VMI。

美的作为供应链里的"链主"，即核心企业，居于产业链上游且较为稳定的供应商共有300多家。其中60%的供应商是在美的总部顺德周围，还有部分供应商在3天以内车程，只有15%的供应商距离较远。在这个现有供应链之上，美的实现VMI的难度并不大。

对于剩下15%的远程供应商，美的在顺德总部建立了很多仓库，然后把仓库分成很多片。外地供应商可以在仓库里租赁一个片区，并把零配件放到片区里储备。美的需要用到这些零配件的时候，就会通知供应商，然后进行资金划拨、取货等工作。此时，零配件的产权才由供应商转移到美的手上，而在此之前，所有的库存成本都由供应商承担。也就是说，在零配件的交易之前，美的一直把库存转嫁给供应商。

(3) 理顺供应链后端：管理经销商库存。

在对业务链后端的供应体系进行优化的同时，美的也在加紧对前端销售体系的管理渗透。在空调、风扇这样季节性强的行业，断货或压货是经常的事。各事业部上千个型号的产品，分散在全国各地的100多个仓库里，光是调来调去就是一笔巨大的开支。而因为信息传导渠道不畅，传导链条过长，市场信息又常常误导工厂的生产，造成生产过量或紧缺。

因此，在经销商环节上，美的近年来公开了与经销商的部分电子化往来，由以前半年一次的手工性的繁杂对账，改为业务往来的实时对账和审核，运用这些信息，通过合理预测，制订其生产计划和安排配送计划以便补货。也就是说，美的作为经销商的供应商，为经销商管理库存。理想的模式是：经销商基本不用备货，缺货时，美的立刻自动送过去，而无须经销商提醒。这种存货管理上的前移，可以有效地削减和精准地控制销售渠道上昂贵的存货，而不是任其堵塞渠道，让其占用经销商的大量资金。

(4) 双向挤压成本。

全国数千家的经销商，要做到基本覆盖要花费一年半到两年的时间，费用相当大。但这样的方案的确能提高供应链的配套能力和协同能力。库存周转率提高一次，直接为美的空调节省超过两千万元人民币的费用。

VMI实施后，美的在库存管理方面成效显著，零部件库存周转率上升到70~80次，零部件库存也由原来的平均5~7天存货水平，大幅降低为3天左右，而且这3天的库存也是由供应商管理并承担相应成本。库存周转率提高后，一系列相关的财务"风向标"也随之"由阴转晴"：资金占用降低，资金利用效率提高，资金风险下降，库存成本直线下降。

（资料来源：搜狐网"企业智能制造"搜狐号，2018-9-4）

问题：请结合案例分析美的集团库存管理的优势。

一、库存的概念

库存问题是企业运作中的重要问题，越来越受到企业经营者特别是物流经营管理者的关注。它既涉及满足用户存取商品的各种需要，又与增加企业收入、扩大市场等问题密切相关。但因为库存商品会占用大量的人、财、物等资源，因此，减少库存量、降低库存成本是库存管理追求的目标。

库存是指用于满足未来外部需求而目前处于闲置状态的一切有经济价值的资源。它包括两层含义。其一，库存的是资源，并且是有价值的资源。库存资源既可以是人、财、物等有形实物，也可以是无形物质。其二，资源的闲置就是库存，与这种资源是否存放在仓库中没有关系，与资源是否处于运动状态也没有关系。比如，存储在仓库中的物质资源无论存储时间长短，都是库存，而在超市货架上未销售完的少量存货也可称为库存。

二、库存的作用

1. 有助于企业获得规模经济效益

如果一个企业想实现生产、采购、运输等物流过程各方面的规模经济，建立并拥有一个合适的库存是必要的基础。大批量的订货能够使企业在一些方面获得竞争优势，比如，能够降低原材料的采购价格和总运输费用，由于原材料单价降低而减少单位产品的制造成本，减少因缺货而可能产生的订单损失、客户流失和信誉下降等问题。

2. 保持生产经营活动的连续性和稳定性

商品从生产到消费一般要经历这样几个环节：制订生产计划，列出产品生产所需要的物料申请单，由供应商发送货物，物料运输、接收检验、进行生产，把物资运输到销售商或消费者处等。每个环节及各环节之间都需要一定的时间。为了使这些环节不脱节，就需要建立合理的库存制度。如果备有存货，就能满足在购买期间的物料供应，减少时间约束给生产环节造成的压力。此外，某些产品的生产和需求具有很强的季节性，使物资的供应和需求不同步，如果没有一定的库存保障，企业就无法保证生产经营活动的连续进行。企业拥有了库存，就可以降低时滞给生产经营活动带来的波动性，保证生产经营活动的连续性和稳定性。

3. 帮助企业减缓可能出现的具有不确定性的、随机的需求变动以及意外事件造成的消极影响

由于市场需求情况变化很快，企业需要及时把握市场变化，保持竞争优势。另外，订货周期也存在变动因素，具有一定的不确定性。这些变化和不确定性可能会使企业原材料或产品供应不足，从而导致缺货损失，这就需要库存发挥重要作用。存储生产过程所需要的原材料不仅能保持正常生产的连续性和稳定性，而且可能在未来原材料价格上涨或原材料短缺时通过价格"投机"，赚取差价获得利润。此外，出现自然灾害等突发事件时，库存也能帮助企业降低生产、销售受到的冲击。

4. 降低生产成本，提高作业效率

通过在生产作业各环节之间建立起相应的在制品库存，使原本顺序固定、相互关联的工序相对独立，可以达到提高生产效率的目的。此外，通过设置产成品库存，企业可以按大于当时市场需求的经济批量进行生产和配送，不同时间生产出的产品可以按一个类别进行出售。这样建立和利用相应库存带来的是制造成本的降低和作业效率的提高。

5. 帮助企业实现分区域、低成本、专业化生产

由于产品生产涉及众多资源，如原材料、能源、劳动力资源、水资源等，企业往往为了节约生产成本而选择在产品生产所需资源价格相对较低的区域进行生产。然后利用库存存储分散在不同地区的生产好的零部件，利用企业内部的存货转移进行最终的整合组装。

三、库存的分类

从不同角度出发，可以将库存分为不同的类型。

(一）按库存物资在生产加工过程中所处的状态分类

1. 原材料库存

原材料库存是指未经过加工的、直接用于企业生产产品的材料的库存，如木材、布料等。

2. 零部件库存

零部件库存是指已经过一定的加工、被用于企业生产产品的材料的库存。

3. 在制品库存

在制品库存是指在完成最终加工成为成品前的物品的库存。

4. 产成品库存

产成品库存是指已完成最终加工的物品的库存。

(二）按库存所处状态分类

1. 静态库存

静态库存也称在库库存，是指存储在固定仓库中的库存，是人们传统认识意义上的库存。存储在仓库中的库存，既可以是长期存储，也可以是短期存储，是存货的主要形式。

2. 动态库存

动态库存也称在途库存或途中库存，是指库存的物资正处于运输的状态，或者在中途的临时存储库、中转站处于待运状态。随着企业现代物流管理水平的不断提高，越来越多的企业用动态库存的方法来减少或替代部分在库库存。

(三）按库存目的分类

1. 储备库存

储备库存也称备用库存。储备库存主要是基于未雨绸缪的思想，为防意外情况的发生而储存相应的物资以备用。平时组织运营所涉及的物流不动用这部分库存，只有在出现意外事故时才动用。对于储备库存中的物资，要长期确保其数量和质量。因此，这种库存不存在控制库存量，对储备库存的管理可看作一种仓储管理问题。

2. 周转库存

企业在生产和产品流通过程中往往存在很多环节，在产品的不断生产和销售过程中，需要不断地补充相应的物资，产品生产和流通过程可以说是一个物资不断周转流动的过程。周转库存是为了保证生产和流通顺利进行的重要库存，它必须是适量的、适时的。如果周转库存出现时间或数量上的偏差，就会占用相应的流动资金，增加库存成本和相应的库存风险及损耗，因此，对这种库存特别要进行合理的控制管理。

3. 安全库存

安全库存也称缓冲库存，是指由于生产需求存在着不确定性（如大量突发性订货、供应商延期交货等情况），企业需要持有周期库存以外的安全库存或缓冲库存。

4. 投资库存

投资库存不是为了满足目前的需求，它是考虑其他原因，如价格上涨、物料短缺或罢工等而囤积的库存。

（四）按用户对库存的需求特性分类

1. 独立需求库存

独立需求是指需求变化不受人们的主观控制能力的约束，而与市场状况有关。用户对某种库存物品的需求与其他种类的库存无关，表现出对这种库存需求的独立性。独立需求库存具有不确定性，是随机的，企业自身无法控制，因此需要对它进行预测。

2. 相关需求库存

相关需求是指企业对某项物品的需求与对深层物品的需求有一定的内在关联。相关需求的需求数量和需求时间与其他变量存在一定的关系，可以通过一定的数学关系推算出。如自行车厂生产的车轮和轮胎的需求就是相关需求，轮胎的需求量由自行车的需求量决定，自行车的需求则是独立需求。为满足相关需求而建立的库存，即为相关需求库存。

（五）按对物品需求的重复程度分类

根据对物品需求的重复次数，可将物品需求分为单周期需求与多周期需求，相应的库存分别为单周期需求库存和多周期需求库存。

1. 单周期需求库存

单周期需求库存，也称一次性订货。所谓单周期需求，是指仅仅发生在比较短的一段时间内或库存时间不可能太长的需求。单周期需求出现在两种情况中：一是偶尔发生的对某种物品的需求；二是经常发生的对某种生命周期短的物品的不定量需求。对单周期需求物品的库存控制问题称为单周期需求库存问题。

2. 多周期需求库存

多周期需求库存也称重复性订货，是指在足够长的时间内对某种物品的重复的、连续的需求，其库存需要不断地补充。与单周期需求相比，多周期需求问题普遍得多。对多周期需求物品的库存控制问题称为多周期需求库存问题。

> **同步思考4-6**
>
> 什么是不良库存？不良库存产生的原因有哪些？不良库存会对企业造成哪些影响？

四、库存决策的内容

（一）库存控制的基本决策

库存管理的核心是库存控制。根据库存管理的宗旨，库存决策的目标主要包括以下几个方面。

1. 库存成本最小化

库存成本主要包括订货成本、进货成本、保管成本和缺货成本等。从经济角度来看，企业需要降低库存成本，以降低生产总成本，创造增加利润的空间，增强企业的竞争力。

2. 库存保证程度最高

当企业有很多销售机会需要一定量的存货为之提供供应保证时，往往需要强调库存对生产和销售活动的保证程度，而不强调库存本身的成本因素。

3. 改善或杜绝缺货现象的发生

当因生产技术、工艺流程和合同的重要性等要求不允许企业停产时，企业必须以不缺货为首要库存控制条件，以保证生产正常进行，保证或提高企业信誉度。

4. 充分考虑时效性问题

有时，库存控制不能只根据经济或库存数量指标来进行衡量，还应该考虑企业所处的激烈的外部竞争环境。在外部环境变化快速的背景之下，企业希望以最快的速度实现进出货的目标来管理库存，以应对快速多变的市场环境，在竞争中占据有利位置。

（二）影响库存控制决策的因素

影响库存控制决策的因素主要有以下几个方面。

1. 客户需求

在许多因素影响下，客户需求可能体现季节性、周期性或不确定性，比如突然发生的流行使产品的需求猛增等，会使库存的控制受到一定影响。因此，接近客户需求的库存控制可以使企业的产品或服务保持一定的供应率，加快反应速度，缩短反应时间，从而提高客户的满意度。

2. 订货周期

由于考虑通信、差旅或其他自然因素，订货周期往往具有较强的不确定性，这样会制约库存控制的效率和有效性，比如，产品从订货到交货的时间将直接影响产品的库存量。

3. 运输过程的不确定性

在实际的物资采购过程中，无论何时都可以买到的情况是不多见的。运输过程受诸多因素影响，这些因素都可能造成运输的不稳定性和不确定性。而运输的不确定性会直接影响物资从采购到进入企业仓库的时间，从而对库存控制产生影响。

4. 资金制约

企业整个库存过程都不可避免地需要资金的支出。而资金暂缺、周转时间过长、运转不畅等情况，往往会使计划好的控制方法失效。

5. 管理水平

企业的任何活动都离不开相应的管理人员，而管理人员的管理水平影响着企业活动的成效。因此，库存管理人员管理水平的高低直接关系到控制目标能否实现、实现效果如何。

6. 产品价格和库存成本

产品价格和库存成本因素直接影响库存控制的经济效果。例如，建立并拥有库存可使企业生产批量加大、批次减少、运营成本降低；拥有库存可加大采购量，作为购买方可向供应方争取更大的折扣。另外，拥有库存可以规避价格波动及其他突发事件或不确定因素对企业生产销售可能造成的负面影响。

五、库存管理概述

（一）库存管理的概念

库存管理是指对库存资源进行管理。它主要是指在保障供应的前提下，通过预测和计划，选择并采用合适的库存管理模式和方法，确定合理的库存量标准并掌握库存的变化动态，适时对库存进行调整，以期达到库存量最优化、库存成本最小化的目标。

库存管理的宗旨或目标主要是保障供应、降低成本、满足企业快捷性需求。保障供应就是要做到不缺货，使市场上的产品满足需求者的需求，这是仓储的根本任务。无论是生产、流通还是消费，都离不开库存物资。若要顺利地进行生产工作，就要确保有足够材料的供应。当企业在销售机会较多的时期，有足够的产品存货进行供应，就能增加销售的数量，从而降低因缺货带来的不必要的损失。

若单纯为了保证供给而保持大量库存，必然会占用很多库存资金，并且需要对所在仓库进行管理和维护，对库存物资进行保管，这会增加企业的运营成本，反而会使企业的利润空间下降。因此，库存管理就是针对这一现象进行科学的统筹，将库存成本控制到最低。只有降低成本、增加盈利空间，才能增强企业在行业中的竞争力。

（二）库存管理的发展趋势

库存管理对于企业而言，其重要性和积极作用很显著，但目前的库存管理中仍然存在一定的缺陷和问题。库存管理应与现代企业的管理模式和管理方法的变化相结合、相适应。随着计算机技术和网络通信技术的发展、经济全球化的推进，库存管理呈现出向信息化、整合化和零库存方向发展的趋势。

1. 信息化管理

随着信息技术的不断发展、应用，企业信息化成为不可逆转的潮流。库存管理是为了支持企业的运营发展。因此，基于企业信息化的趋势，库存管理也逐步推广应用计算机技术和网络通信技术。随着网络的覆盖范围不断扩展，网络技术迅速发展，库存管理信息化的又一重要体现——网络化成为一种新的趋势。充分利用网络通信技术，可以大量节省通信和管理费用，方便、快捷地及时查询公司分布在各地的库存信息。基于全局思想，可以建立覆盖整个供应链的库存管理系统，充分发挥网络化的优势。网络化的库存管理还可以做到库存管理的联机实时处理。

2. 整合化管理

库存费用是企业物流管理的主要费用。库存管理的主要目标是在保证供应的前提下确定合理的库存量，有效减少库存成本。因此，库存管理必须实行整合化，即把供应链上各相关的供应商、零售商、批发商、客户等的库存管理设施整合起来，实现企业库存管理的优化，提高供应链的整体效益。

3. 零库存管理

库存管理的终极目标是实现零库存，当然这种零库存不是整个供应链上的零库存，而只是某个单位的零库存。该单位实现零库存，就是将自己的库存转移给上游的供应商或下游的零售商，从而实现自己的零库存。对于零库存的理解，应当包含两层意义：一是库存物资的数量趋于零或等于零，即近乎零库存物资；二是库存物资所需要的设施、设备的数量及相关的库存劳动耗费同时趋于零或等于零，即不存在库存活动。而后一种意义上的零库存，实际上是社会库存结构的合理调整和库存集中化的表现，就其经济意义而言，它并不是通常意义上的仓库物资数量的合理减少。通过以下途径可以实现零库存的库存管理。

（1）委托保管。

委托保管是指委托方把所有权属于委托者的货物存放在专业化的仓库中，由后者代理用户存储和保管货物，委托方则按一定的标准向受托方支付相应的服务费用。这种方式在一定范围内可以实现零库存和进行无库存式生产。

采用委托保管方式来实现零库存，对委托双方都有利。对于受托方而言，有利于其充分利用专业化水平高的优势，开展一定规模的集成库存经营活动，从而实现以较低费用提供较高水平的库存管理。同时，也有利于委托方减少大量的库存管理工作和人员，减少相应的支出，从而集中精力从事生产经营活动。以该方式实现的零库存，实质上是库存位置的移动变化，但它并没有减少总库存和库存物资总量。

（2）协作分包。

协作分包主要是制造业企业实现零库存的方式，包括生产协作和分包销售两方面。在协作、配套的生产方式下，供应链上的企业与企业之间的经济关系更加密切，从而在供应链的上游、下游企业之间能够自然地建立起稳定、及时的供销货渠道，促使生产企业减少物资库存总量，甚至取消供应量库存，实现零库存。在分包销售体制下，由于实行"统一组织产品销售，集中设库储存产品"的制度，并且是通过配额供货的形式将产品分包给经销商的，因此，在各个分包点即销售点上是没有库存的。

（3）准时制方式。

准时制方式是一种典型的零库存管理。这种供货制度就是在企业内部各工序之间或者在建立供求关系的企业之间，采用固定格式的卡片或标签，由下一个环节根据自己的生产情况按工序的逆方向向上一个环节提出供货要求，上一个环节则根据卡片或标签上指定的供应数量、品种、交货时间等及时组织送货。很明显，实行这样的供货办法，可以做到准时、同步向需求者供应货物。在这种方式下，后者自然不会另设库存。

实施企业零库存管理应注意以下问题。

第一，企业必须转变观念。现代市场的主流趋势强调"共赢"，因此要注意与供应链中各方建立相互信任、相互合作、相互协调的战略伙伴关系。

第二，加快企业信息系统建设，最大限度地将销售信息、库存信息、生产信息、客户信息、成本信息等与合作伙伴交流分享,做到信息共享,增加信息透明度。

第三,采用先进的供应链库存管理技术与方法,努力提高管理水平,包括采用供应商管理用户库存(VMI)管理系统,联合库存管理,多级库存优化,以及按订单采购、制造、配送等。同时,对原材料采购管理、生产管理、销售管理、信息管理、人力资源管理等都必须有供应链管理全局的思想。

第四,充分利用第三方物流资源。坚决走专门化、集约化的道路,集中人力、财力、物力努力发展本企业具有核心竞争力的产品,把非核心竞争力的物流交由第三方物流企业代理、配送,只保留少量的安全库存,增强企业的市场竞争力。

第五,加快企业内部物流设施设备的更新,推广高新技术在物流设备中的应用。要想实现零库存,只有很好的"软件"是不行的,还必须有与之配套的"硬件"才行。目前国内大部分企业的物流设施设备阻碍了零库存的实现,提高物流设备的技术含量,加快物流设施设备的更新已刻不容缓。

第六,加速企业电子商务的发展,尤其注意电子商务与物流领域的结合。虽然我国电子商务在实施过程中,条件还不配套、不成熟,但是随着电子计算机技术的发展,实施电子商务是必然趋势。

第三节 库存管理方法

> **案例导入**
>
> **PICTRONIC公司库存控制**
>
> PICTRONIC是一家已有110年历史的、中等规模的,调味品、提取物、蛋糕材料、沙司材料以及色拉调料生产商,其产品销售渠道有超级市场、杂货店、食品外卖店等。公司在印第安纳波利斯有一个工厂,专事制造,产品经过印第安纳波利斯和丹佛的两个库房中转销往10个州。公司雇员有200人,其中30名为销售代表,负责所有的销售和服务事务。
>
> **1. 改善库存控制的原因**
>
> PICTRONIC之所以要对库存控制进行改善,是基于以下考虑。
>
> (1)采购费用的增长是其进行改善库存的直接原因。过去10个月中,PICTRONIC耐用品的采购费用增长了200 000美元。无论是在采购人员的观念里,还是出于公司保持库存最小的目标,这个数字都太大了,必须对其进行削减。
>
> (2)销售与营销部门的提前期与供应商的提前期之间的矛盾是其进行库存控制改善的内在因素。在PICTRONIC公司中,销售与营销部门给采购部门下达新耐用品订单时,提前期通常是2周,这当然与供应商所需的4~8周的提前期不符。于是,供应

商往往会被要求加紧供货，而采购、销售和营销部门之间也会增加冲突。尽管采购人员每周都检查耐用品的库存水平，但分销仓库不予通知的缺货现象仍然经常发生。

（3）陈列库存量太多与有效库存不足的矛盾是其改善库存控制的重要原因。PICTRONIC 的采购人员还发现，无论何时，持有库存差不多都价值 200 000 美元，而理想的库存价值应该比较接近 80 000 美元。同时，即使库存水平很高，采购人员也会因为各种经常性的缺货而受到销售代表的质问。已是 4 月底了，PICTRONIC 的采购经理面临着备用陈列品库存总量增加 25% 的问题。尽管如此，销售代表还一直在抱怨经常出现缺货现象。

2. 改善库存控制的措施

基于对以上几个方面的认识，面对严峻的形势，PICTRONIC 公司采取了以下措施改善库存控制。

（1）提高耐用品库存的再订货点水平。提高耐用品库存的再订货点水平虽然增加了总库存，但同时也消除了缺货。

（2）尽量了解销售代表向分销部门发出的陈列品订单信息。由于度量单位不标准，订单数目往往被表示成箱、个或其他单位，极易引起混淆。因此，必须首先更正错误的数字表示，然后着重了解销售代表向分销部门发出的陈列品订单信息。

（3）最后，采购经理决定视丹佛和明尼阿波利斯的仓库为"外部顾客"，只对印第安纳波利斯的库存水平进行集中管理。这意味着采购经理无法得知可获得的库存总量，以及存货的具体位置等。

所有的这些措施还只是初步改善措施，因为仅在耐用品库存等的较少方面进行了控制，其他例如处理销售代表抱怨的缺货等问题，还有待进行进一步解决，以便真正做到对库存控制的改善。

（资料来源：搜狐网"采购与供应链专栏"搜狐号，2020-4-15）

问题：PICTRONIC 公司采取的库存控制方法合理吗？你认为接下来 PICTRONIC 公司应如何进一步改善库存控制？

库存业务是企业经营业务的重要组成部分，是企业保持正常经营的重要基础。对库存业务进行管理，首先要厘清库存物资的品种数量，这是最基本的库存管理工作。如果对库存物资的品种、类别、规格、性能、数量都弄不清楚，就不知道库存管理的对象是什么，也就更无法得知怎样进行管理。鉴于库存品种数量管理的重要作用，本节首先介绍物资编码、ABC 分类法及 CVA 分析法三种库存品种数量管理方法，然后介绍定量订货法和定期订货法两种库存控制方法。

一、库存品种数量管理方法

（一）物资编码

物资编码是物流信息化的基础，是库存业务能够顺利进行的重要依据。所谓物资编码,就是在对库存物资的品种、类别、规格、性能等基本情况进行实际调查、统计整理后,形成物资类别品种体系,并采用系统化的统一编码表示其基本属性和特殊属性的工作。物资编码具有唯一性和统一性。每一件库存物资应有且只有一个与之对应的物资编码。对于整个库存管理工作来说,物资编码的标准应统一设立。

1. 组合序列码

最基本的物资编码是组合序列码,用 0、1、2、…、9 共 10 个数字,也可加上 A、B、C、…、Z 26 个英文字母来表示。利用这些数字和字母首先表示库存物资的大类、小类、品种、规格等层次结构,然后每一层次按照顺序依次对该层次内的每件物资进行编号,形成最终的物资编码。这种编码方法的优点是简单方便,具有可扩充性,便于一般的计算机管理信息系统查询和统计。其缺点是编码并不具有特定的含义,因此不方便记忆,只能通过计算机存储记忆,最终形成完整的库存物资品种类别体系。管理人员可使用计算机查询、显示相应的库存物资属性。

2. 条形码

条形码实际上仍然是一种组合序列码,它由不同宽度的线条组合而成。一般来说,要将按照一定规则编译出来的条形码转换成有意义的信息,需要经历扫描和译码两个过程。不能用肉眼识别的线条宽度,用专门的光电条码扫描器就能很方便地识别出。光电条形码扫描器先将扫描到的信号转换成相应的电信号,再送到整形电路将模拟信号转换成数字信号,然后译码器通过测量脉冲数字电信号 0、1 的数目来判别条和空的数目,通过测量 0、1 信号持续的时间来判别条和空的宽度。此时所得到的数据仍然是杂乱无章的,还需根据对应的编码规则,将条形符号转换成相应的数字、字符信息。最后,由计算机系统进行数据处理与管理,物品的详细信息就能够被方便地识别出来。这种物资编码方法节省了大量人工输入的工作,现在被广泛使用。

(二) ABC 分类法

ABC 分类法是由意大利经济学家维尔弗雷多·帕累托首创的。1879 年,帕累托在研究个人收入的分布状态时,发现少数人的收入占全部人收入的大部分,而多数人的收入却只占一小部分。他将这一关系用图表示出来,就形成了著名的帕累托图。该分析方法的核心思想是,在决定一个事物的众多因素中分清主次,识别出少数的但对事物起决定性作用的关键因素和多数的但对事物影响较小的次要因素。后来,帕累托法被不断应用于管理的各个方面。1951 年,管理学家戴克将其应用于库存管理,命名为 ABC 分类法。

在企业的生产过程中,库存资源的种类繁多,且数量庞大,但是其价值和重要性不完全相等。如果对所有物资进行同等程度的管理,则需要企业付出大量的人力、物力和财力。因此,应当对物资品种进行不同程度的区分管理。ABC 分类法是指将库存物品按品种和占用资金的多少,分为特别重要的库存(A 类)、一般重要的库存(B 类)和不重要的库存(C 类)三个等级,然后对不同等级分别进行管理与控制。这样的分类管理法有利于压缩库存总量,释放占压资金,使库存合理化,节约管理投入等。

课外资料4-3

20-80原则

20-80原则是ABC分类法的指导思想。所谓20-80原则，简单地说，就是20%的因素带来了80%的结果，如20%的客户提供了80%的订单，20%的产品赢得了80%的利润，20%的员工创造了80%的财富。当然，这里的20%和80%并不是绝对的，还可能是25%和75%等。总之，20-80原则作为统计规律，是指少量的因素带来了大量的结果。不同的因素在同一活动中起着不同的作用，在资源有限的情况下，注意力显然应该放在起关键作用的因素上。ABC分类法正是在这种原则指导下，企图对库存物品进行分类，以找出占用大量资金的少数库存货物并加强对它们的控制与管理，对那些占用少量资金的大多数货物，则实行较简单的控制与管理。

一般来说，A类物资占物资总类的10%左右，销售金额占总金额的70%~75%；B类物资占物资总类的15%~25%，销售金额占总金额的20%~25%；C类物资占物资总类的65%~75%，销售金额占总金额的5%~10%。值得注意的是，ABC分类法的标准是基于统计数字的，所谓20%或70%等并不是一个绝对值。企业在实施ABC分类法时，需要结合自身的情况，依据适当原则选择自己的标准，确定合理的划分界线。

ABC分类法的具体步骤如下。

(1) 确定统计期。对库存情况的统计调查，应该有一个时间区间，即统计期。该期间应该能反映当前和今后一段时间的供应、销售和储存形势，对于生产、经营情况较稳定的企业，可采用稍长的统计期，如一个季度、一年；对于变动幅度较大、频率较高的企业，尤其是零售业，可采用较短的统计期，如10天、一个月，并可针对部分销售情况较稳定的商品来进行统计分析。

(2) 对统计期中的每种存货的供应、销售、库存数量、单价和金额，出入库频度和平均库存时间等加以统计。在条件允许的情况下，可以结合原来的库存卡片，对每一种存货制作一张ABC分析卡，如表4-1所示。把卡填好，但存货顺序号可暂不填写。

表4-1 ABC分析卡

(编号)		(名称)		(规格)		(顺序号)	
单价	数量	单位	金额	在库天数	周转次数	估计货损率	

(3) 将每种存货的ABC分析卡按金额大小排列，并将顺序号作为物料编号填在分析卡上。

(4) 制作包括各种存货的库存物品ABC分析表，如表4-2所示。

表4-2 库存物品 ABC 分析表

编号	品种/%	品种数累计/%	单价/(元·件$^{-1}$)	库存量/件	使用资金累计/元	资金占用额累计/%	分类结果
001	1	1	40	1	40	20.0	A
002	2	3	38	2	78	39.0	A
003	1	4	16	1	94	47.0	A
004	2	6	15	2	109	54.5	A
005	2	8	14	2	123	61.5	A
006	3	11	12	3	135	67.5	A
007	2	13	9	2	144	72.0	B
008	4	17	8	4	152	76.0	B
009	4	21	8	4	160	80.0	B
010	2	23	7	2	167	83.5	B
011	1	24	6	1	173	86.5	B
012	4	28	4	4	177	88.5	B
013	3	31	3	3	180	90.0	C
…	…	…	…	…	…	…	C
041	1	98	1	1	199	99.5	C
042	2	100	1	2	200	100.0	C

（5）绘制 ABC 分析图。首先以品种数累计为横坐标，以资金占用额累计为纵坐标，按库存物品 ABC 分析表中的数据在坐标图上取点，并连接成曲线，绘制成 ABC 分析图，如图4-3所示。再按照企业自身规定的 ABC 分类比例把曲线分成三段。按每段中包括哪些品目来确定各种存货的分类归属。

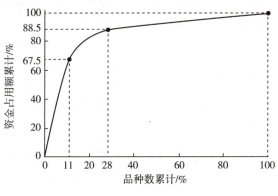

图4-3 ABC 分析图

（三）CVA 分析法

ABC 分类法固然有其科学合理之处，也为许多企业所应用，但是它也有缺陷，有些公司发现，ABC 分类法中的 C 类物资往往得不到应有的重视。因此，就采用关键因素分析法（简称 CVA 分析法）弥补 ABC 分类法的不足。CVA 分析法比 ABC 分类法有更强的目的性。

CVA 分析法的基本思想是：把库存物资按照其关键性分为最高优先级、较高优先级、中等优先级和较低优先级等四个级别，按照不同的级别分别制定不同的库存管理策略。

1. 最高优先级

处于最高优先级的库存物资是企业经营的关键性物资，不允许缺货情况发生，否则将导致企业经营停顿或中止。

2. 较高优先级

处于较高优先级的库存物资是指生产经营活动中的基础物资，该等级物资允许偶尔缺货。

3. 中等优先级

处于中等优先级的库存物资多属于生产经营中比较重要的物资，允许在合理范围内缺货。

4. 较低优先级

处于较低优先级的库存物资是指经营中需要用到但可替代性高的物资，这部分物资允许缺货。

二、库存控制方法

库存控制是库存管理的核心，其主要任务是根据库存计划，采用库存控制方法监测库存情况，使实际库存情况与计划相一致，实现库存管理的目标。库存控制方法主要解决三个问题：一是什么时候订货；二是订多少货；三是如何订货。一般来说，库存控制方法有两种最基本方法：定量订货法和定期订货法。

（一）定量订货法

定量订货法是指预先确定一个订货点和订货批量，随时检测库存，当库存量下降到预先确定的最低库存量（订货点）时，按规定数量进行订货补充的一种库存控制方法。

1. 定量订货法的基本原理

当库存量下降到订货点时，即按预先确定的订购量发出订货单，经过交纳周期（订货至到货的间隔时间），库存量继续下降，到达安全库存量时，收到订货，库存水平上升。该方法主要靠控制订货点和订货批量两个参数来控制订货，既能最好地满足库存需求，又能达到总费用最低的目的。其中，需求量和订货提前期可以是确定的，也可以是不确定的。在需求量和订货提前期都确定的情况下，不需要设置安全库存；在需求量和订货提前期都不确定的情况下,设置安全库存则是非常必要的。由于控制了订货点和订货批量,整个系统的库存水平得到了控制,从而使库存费用得到有效控制。定量订货模型如图4-4所示。

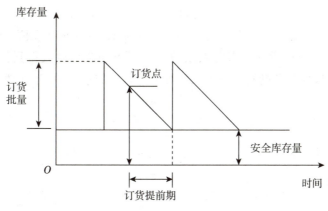

图4-4　定量订货模型

2. 定量订货法的适用范围

定量订货法并不是适用于所有情况的,它有一定的适用范围。

(1) 定量订货法只适用于订货不受限制的情况。这种方法假设订货不受时间和地点的条件限制,适用于物资供应充足,供过于求,且不存在贸易壁垒的自由市场。

(2) 定量订货法的直接运用只适用于单一品种物资订购的情况。如果要实现多品种联合订购,则要更灵活地进行计算和处理。

(3) 定量订货法不但适用于确定性需求,也适用于随机性需求。对于不同需求类型,在基于相同应用原理的基础上,可以形成具体的运用模式。

(4) 定量订货法主要用于品种数量少、平均占用资金大、需重点管理的A类商品。

定量订货法的优点是:订货时间和订货量不受人们随机判断的影响,客观性较强;按照经济订货批量订货,有利于节约总成本;每次订货量固定,便于企业安排库存场地。

定量订货法的缺点是:按照经济订货批量实施订货,虽然尽力实现订货费用和存储费用总和的最小化,但是存储费用只考虑资金占用费用、保管费用、货物损耗,而忽略了货物贬值造成的损失,因此,必然影响科学制订存货量,容易造成存货量过多的现象;并且难以严格管理,难以预先做出较精确的人员、资金、工作等的安排计划。

3. 定量订货法控制参数的确定

定量订货法的实施主要取决于两个控制参数:订货点和订货批量。

(1) 订货点的确定。

在定量订货法中,发出订货时仓库里该品种保有的实际库存量叫作订货点。订货点的选择非常重要,不能太高也不能太低,它是直接控制库存水平的关键。

1) 不需要设置安全库存的情况。在需求量和订货提前期都确定的情况下,不需要设置安全库存,可直接求出订货点。订货点计算公式为:

$$订货点=订货提前期的平均需求量=每个订货提前期的需求量$$

= 每天需求量×订货提前期（天）= 全年需求量÷360×订货提前期（天）

2）需要设置安全库存的情况。此时，订货点和安全库存的计算公式为：

订货点 = 订货提前期的平均需求量+安全库存

= 单位时间的平均需求量×最大订货提前期+安全库存

安全库存 = 安全系数×最大订货提前期×需求变动值

其中，安全系数取决于缺货率，需要根据缺货概率查安全系数表得到，安全系数表如表4-3所示；最大订货提前期则需要根据以往数据得到；需求变动值的计算方法为：

$$需求变动值 = \sqrt{\frac{\sum(y_i - y_a)^2}{3}}$$

在需求变动值公式中，y_i 表示实际需求量；y_a 表示平均需求量。

表4-3 安全系数表

缺货概率/%	安全系数值	缺货概率/%	安全系数值	缺货概率/%	安全系数值
30.00	0.54	11.50	1.20	3.60	1.80
27.40	0.60	10.00	1.28	2.90	1.90
25.00	0.68	8.10	1.40	2.30	2.00
20.00	0.84	6.70	1.50	2.00	2.05
16.00	1.00	5.50	1.60	1.40	2.20
15.00	1.04	5.00	1.65	1.00	2.33
13.60	1.10	4.00	1.75		

> **同步计算4-1**
>
> 某商品在过去三个月中的实际需求量分别为：一月份126箱，二月份110箱，三月份127箱。最大订货提前期为2个月，缺货概率根据经验统计为5%，求该商品的订货点。
>
> **解**：平均月需求量 =（126+110+127）/3 = 121（箱）。
>
> 缺货概率为5%，查表得安全系数为1.65，需求变动值为：
>
> $$需求变动值 = \sqrt{\frac{(126-121)^2 + (110-121)^2 + (127-121)^2}{3}} = 7.79(箱)$$
>
> 安全库存 = 1.65×2×7.79 ≈ 26（箱）。
>
> 订货点 = 121×2+26 = 268（箱）。

(2) 订货批量的确定。

订货批量就是一次订货的数量。订货批量直接影响库存量的高低，同时也直接影响物资供应的满足程度。在定量订货中，对于每一个具体的品种而言，每次订货批量都是相同的，通常是将经济订货批量（EOQ）作为订货批量。

决定订货批量的大小，主要考虑两方面的因素：需求速率和经营费用。需求速率越高，说明用户的需求量越大，那么企业为满足供应，订货批量也相应会增加。企业在决定订货批量时，要考虑到整个库存过程可能发生的各种费用，最终实现库存费用最小化。

基于以上两方面因素的考虑，经济订货批量的计算公式为：

$$Q^* = \sqrt{\frac{2DS}{C_i}}$$

式中，Q^* 表示经济订货批量；D 表示商品年需求量；S 表示每次订货成本；C_i 表示单位商品年保管费。

> **同步计算 4-2**
>
> 某仓库某种商品年需求量为 16 000 箱，单位商品年保管费为 2 元/箱，每次订货成本为 40 元，求经济订货批量 Q^*。
>
> $$Q^* = \sqrt{\frac{2 \times 16\,000 \times 40}{2}} = 800(箱)$$

（二）定期订货法

定期订货法是按预先确定的订货时间间隔进行补充订货的库存管理方法。

1. 定期订货法的基本原理

定期订货法的基本原理是：预先确定一个订货周期 T 和最高库存量 Q_{max}，周期性地检查库存，根据最高库存量、实际库存、在途订货量和待出库商品数量，计算每次订货批量，发出订货指令，组织订货。定期订货模型如图 4-5 所示。

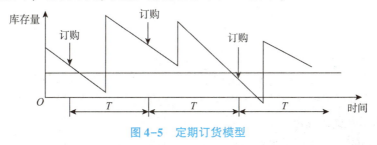

图 4-5 定期订货模型

定期订货法在整个运行过程中的实际最高库存量不会超过 Q_{max}。实际上，刚刚订货时，包括订货量在内的理论库存量最高就是 Q_{max}，经过一个订货提前期销售后，所订购的货物才到达企业手中，实际最高库存量比 Q_{max} 还少一个提前期平均需求量。所以 Q_{max} 实际上是一道最高库存量的控制线，是定期订货法用来控制库存量的一个关键性控制参数。

定期订货法在原理上与定量订货法有所不同。定量订货法是以提前期用户需求量为依据来进行订货的，它主要是保证满足提前期内用户的需求量。定期订货法不是为满足提前期内用户需求量的，它的主要目的是满足订货周期内的需求量及提前期内用户需求量，目标范围更广泛。定期订货法根据 $T+T_k$（T_k 为订货提前期）期间的用户需求总量为依据来确定 Q_{max}。而该期间的需求总量是随机变化的，是一个随机变量，它由两部分组成：$T+T_k$ 期间的平均需求量及为预防随机延误而设置的安全库存量。其中，安全库存量也是根据一定的库存满足率而设置的。

2. 定期订货法的适用范围

定期订货法的主要适用范围如下。

（1）定期订货法既适用于单一品种订购的情况，也适用于几个品种联合订购的情况。

（2）定期订货法不但适用于随机型需求，也适用于确定型需求。基于相同的应用原理，对不同需求类型可形成具体的运用模式。

（3）定期订货法一般适用于品种数量大、平均占用资金少、只需一般管理的 B 类、C 类商品。

定期订货法的优点是：在订货间隔期确定之后，可以同时订购多种货物，降低单位进货费用和运输费用；管理人员不必每天检查库存，到了订货周期才检查库存，发出订货指令；周期盘存比较彻底、精确，能预先制订订货计划和工作计划。

定期订货法的缺点是：遇到预料之外的大批量需求时，容易造成缺货损失；不能发挥经济订货批量比较经济的优越性。

3. 定期订货法控制参数的确定

定期订货法的实施主要取决于三个控制参数：订货周期、最高库存量及订货批量。

（1）订货周期的确定。

在定期订货法中，订货点实际上就是订货周期，其间隔时间总是相等的。它直接决定最高库存量的大小，即库存水平的高低，进而也决定了库存成本的多少。从费用角度出发，要使总费用达到最小，可以采用经济订货周期方法。假设以 1 年为单位时间，S 为单次订货成本，C_i 为单位商品年保管费，R 为单位时间内库存商品需求量，T^* 为经济订货周期，则：

$$T^* = \sqrt{\frac{2S}{C_i R}}$$

实际上，订货周期可以根据实际情况进行相应的调整，既可以按照自然时间习惯，如年、季、月等，也可根据企业的生产周期或供应周期等实际情况进行具体操作。

（2）最高库存量的确定。

定期订货法的最高库存量是用以满足 $T+T_k$ 期间内的库存需求的，所以可以用 $T+T_k$ 期间的库存需求量来作为最高库存量。考虑到该期间的库存需求为随机发生的、不确定的，需要再设置一定的安全库存。因此，设 $\overline{R}$ 为 $T+\overline{T}_k$ 期间的库存需求量的平均值（T 为订货周期，$\overline{T}_k$ 为平均订货提前期），Q_s 为安全库存量，则最高库存量 $Q_{\max}$ 的计算公式为：

$$Q_{\max} = \overline{R}(T + \overline{T}_k) + Q_s$$

（3）订货批量的确定。

定期订货法每次的订货数量是不固定的，订货批量的多少是由实际库存量的大小决定的，应考虑订货点时的在途到货量和已发出出货指令尚未出货的待出货数量。假设 Q_i 为第 i 次订货的订货量，Q_{Ni} 为第 i 次订货点的在途到货量，Q_{Ki} 为第 i 次订货点的实际库存量，Q_{Mi} 为第 i 次订货点的

库存控制方法

待出库货物数量，Q_{max} 为最高库存量，则每次订货的订货量的计算公式为：

$$Q_i = Q_{max} - Q_{Ni} - Q_{Ki} + Q_{Mi}$$

> **同步计算4-3**
>
> 某仓库 A 商品订货周期为 18 天，平均订货提前期为 3 天，平均库存需求量为每天 120 箱，安全库存量为 360 箱。某次订货时在途到货量为 600 箱，实际库存量为 1 500 箱，待出库货物数量为 500 箱。试计算该仓库 A 商品最高库存量和该次订货时的订货批量。
>
> $Q_{max} = \overline{R}(T + \overline{T_k}) + Q_s = 120(18 + 3) + 360 = 2\,880（箱）。$
>
> $Q_i = Q_{max} - Q_{Ni} - Q_{Ki} + Q_{Mi} = 2\,880 - 600 - 1\,500 + 500 = 1\,280（箱）。$

本章测试

一、简答题
1. 简述仓储管理的业务流程。
2. 简述库存管理方法。

二、案例分析题
GKL 连锁超市集团租用了 XY 公司的库房放方便面、饼干等纸箱装干货。货物存储现状如下：货物外包装箱上有灰尘；温度控制表记录的温度最高为 45℃，最低为 -7℃；湿度计显示记录为 75% 左右；仓库日常检查中发现一些小虫子，并发现老鼠痕迹；仓库的窗户很多，阳光能够直接照射到存储的货物上。

问题：
（1）请根据以上描述，说出该仓库中影响产品质量的因素；
（2）针对这些现象提出解决方法。

三、计算题
经统计，某仓库库存货物的数量与价值如表 4-4 所示，试对库存货物进行 ABC 分类。

表 4-4　某仓库库存货物的数量与价值

商品编号	单价 /(元·件$^{-1}$)	库存量 /件	数量比例/%	占全部品种的累计比例/%	金额 /万元	金额比例/%	占全部金额的累计比例/%
1	10 000 以上	10.0	5.0	5.0	12.0	23.1	23.1
2	5 001 ~ 10 000	17.0	8.5	13.5	13.0	25.0	48.1
3	4 001 ~ 5 000	15.0	7.5	21.0	6.5	12.5	60.6
4	3 001 ~ 4 000	22.0	11.0	32.0	7.0	13.5	74.1
5	2 001 ~ 3 000	27.0	13.5	45.5	6.5	12.5	86.6

续表

商品编号	单价/(元·件$^{-1}$)	库存量/件	数量比例/%	占全部品种的累计比例/%	金额/万元	金额比例/%	占全部金额的累计比例/%
6	1 001~2 000	45.0	22.5	68.0	5.0	9.6	96.2
7	0~1 000	64.0	32.0	100.0	2.0	3.8	100.0
合计	—	200.0	100.0	—	52.0	100.0	—

第五章 包装技术与管理

📍 章前概述

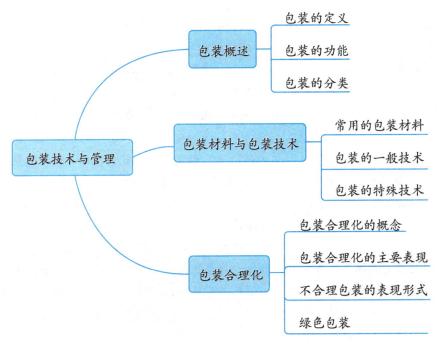

🎯 学习目标

通过本章的学习，了解包装的概念、绿色包装；理解不合理包装的表现形式；掌握包装的功能和分类，包装合理化，常用的包装材料及包装技术。

🎯 素养目标

培养学生严谨务实的作风。

本章导读

包装是人类生产活动及生活消费对物资提出的客观要求,是为了完成物资的运输、保管等活动所采取的必然活动。本章对包装的相关知识进行介绍,主要包括包装的概念、功能;包装的分类;包装的材料、包装的技术;包装合理化。

开篇案例

虚胖的快递包裹该瘦身了

编织袋约32亿条、塑料袋约68亿个、包装箱37亿个、胶带3.3亿卷……这是2016年全国快件包装所用的材料,数量惊人。

随着电子商务的崛起,快递业正呈井喷式增长。快递业粗放式发展,包装材料消耗了海量资源,由此造成的环境污染也越来越大。屡受诟病的快递过度包装,为何仍屡见不鲜?

这背后有着买家、卖家、快递公司对物品损毁的共同担忧。卖家为了物品完美无缺,希望包得结实些;买家为了顾客不给差评,在包装上做足文章;快递公司宁可多包一层,也不愿冒赔偿顾客损失的风险。在野蛮分拣、抛扔快件等现象一时难以根本扭转的情况下,只能让它穿上厚厚的"马甲"。

一头是节省时间、降低人力成本的野蛮分拣,另一头是不怕费事、粗放的过度包装。

过度包装留下的"后遗症"该如何解决?既不能因噎废食,停滞快递业发展,更不能抱着"萝卜快了不洗泥"的心态,任其疯狂生长。让"虚胖"的快递包装"瘦身",需要整个快递产业链的转型升级,既需要政府部门、快递企业的努力,也需要包装供应商、电商平台和广大消费者合作。

首先,政府和行业主管部门在快递包装方面加强监管,制定刚性标准。目前,快递和包装行业的标准大多为指导性标准、推荐性指标,对行业的整体约束力不够,执行力度和现实需求还存在较大差距。因此,可从不同方面下功夫。比如,对包装的体积、重量、材料等加以明确规定,既能从源头上压缩包装过度的空间,还可以倒逼快递企业提升运输水平,减少野蛮分拣、装卸。

其次,完善垃圾分类标准,让垃圾回收落到实处。快递业使用的包装材料分为运单、封套、纸箱、塑料袋、编织袋、胶带和缓冲物七大类。当前,大多数人在拆开快递包装后,会把这些废弃物统统扔进垃圾桶,分类回收成为"纸上谈兵"。一些电商和快递公司为了降低成本,大量使用劣质、不环保的包装材料,不仅难以降解,焚烧还会产生有害物质和废气,造成二次污染。因此,应完善垃圾分类标准,让垃圾回收落到实处。同时,加大引导,在政策上支持生产环保包装物,鼓励快递企业多使用环保材料,带动一批环保包装生产企业发展。

最后,快递企业积极探索回收制度。快递公司和寄件人尽量使用可重复使用的环保包装材料,在收取快递时主动回收,二次甚至多次利用资源。事实上,目前已有企业开始"快递箱回收积分返利"的有益尝试，消费者可预约快递员回收废弃纸箱。从长远看，快递企业不仅能节约开销，还能逐渐向绿色化、减量化、可循环方向转变，实现企业利润和社会效益的双赢。

小小包装，是折射践行绿色发展理念的一面镜子，粗放式发展的快递业是时候转型升级了。

（资料来源：人民政协网，2017-9-26）

包装是人类生产活动及生活消费对物资提出的客观要求，是为了完成物资的运输、保管等活动所采取的必然活动。随着人类社会的进步及生产技术的发展，包装从无到有、从简到繁，如今已经发展成人们生产活动中不可缺少的一部分。原始社会末期，人们利用自然界的天然材料作为最早的包装物。到了奴隶社会，开始出现用金属制造的容器。工业革命使生产力水平大幅度提高，19世纪末20世纪初出现了包装工业。20世纪三四十年代，包装由原来的单纯保护商品逐渐发展到具有推销商品的作用。随着物流新技术的不断开发和应用，物流对包装提出了更新、更高的要求。

第一节　包装概述

一、包装的定义

包装（Packaging）在《物流术语》（GB/T 18354—2006）中的定义为："为在流通过程中保护产品、方便储运、促进销售，按一定技术方法而采用的容器、材料及辅助物等的总体名称。也指为了达到上述目的而采用容器、材料和辅助物的过程中施加一定技术方法等的操作活动。"

二、包装的功能

1. 保护功能

商品有效期与流通期的比值为2∶1，也就是说，商品有效期的一半耗在了流通过程中。因此，保护商品是包装的首要功能，是确定包装方式和包装形态时必须考虑的问题。只有加以有效的保护，商品才能不受损失地完成流通过程，实现地点的转移。包装的保护功能主要体现在以下方面：首先，防止商品破损变形；其次，防止商品发生化学变化；最后，防止商品腐朽霉变、鼠咬虫食；此外，包装还有防止异物混入、污物污染、丢失、散失、盗失的作用。

> **同步思考5-1**
> 易碎品物流包装注意事项有哪些？

2. 便利功能

合理的包装可以为物流全过程的所有环节提供操作上的便利，从而提高物流的效率和降低物流成本。如对运输环节来说，包装尺寸、重量和形状，最好能配合运输、搬运设备的尺寸、重量，以便于搬运和保管；对仓储环节来说，包装则应方便保管、移动，标志鲜明，容易识别，具备充分的强度。

3. 促销功能

包装，特别是销售包装，是无声的推销员，在商品和消费者之间起媒介作用，其通过美化商品和宣传商品，使商品具有吸引消费者的魅力，引起消费者对商品的购买欲，从而促进销售。包装的促销功能是由包装具有传达信息、表现商品和美化商品功能引起的。有些包装还具有潜在价值，如内装物用完后还可以用来盛装其他物品。

> **同步思考5-2**
> 人们常说"酒香不怕巷子深"，只要产品质量好，就不愁卖不出去。你同意这种说法吗？请举例说明。

4. 跟踪功能

良好的货物包装能使物流系统在收货、储存、取货、运输的各个过程中，跟踪商品，如将印有时间、品种、货号、编组号等信息的条形码标签贴在物品上供电子仪器识别，能使厂家、批发商和仓储企业迅速准确地采集、处理和交换有关信息，从而加强对货物的控制，减少物品在流通过程中的货损货差，提高跟踪管理的能力和效率。

三、包装的分类

（一）按照包装功能分类

1. 商业包装

商业包装又称销售包装或内包装，是以促进销售为主要目的的包装。这种包装的特点是外形美观，有必要的修饰，包装上有关于商品的详细说明，包装单位适于顾客的购买量以及商品陈述的要求。

2. 运输包装

运输包装又称工业包装、大包装或外包装，是指为了在商品的运输、存储和装卸过程中保护商品所进行的包装。运输包装不像商业包装那样注重外表的美观，它更强调包装的实用性和费用的低廉性。运输包装的特点是在满足物质要求的基础上使包装费用越低越好，并在包装费用和物流损失之间寻找最佳结合点。

> **同步思考5-3**
> 装橘子的纸箱子属于什么包装？家电用品包装属于什么包装？

（二）按照包装层次分类

1. 个包装

个包装是指以一个商品为一个销售单位的包装。个包装直接与商品接触，随同商品一起销售给顾客。个包装上均有印贴商标，便于消费者识别、购买和使用，起到美化、宣传和促进销售的作用。

2. 中包装

中包装是指由若干个单位商品或包装组成一个小的整体包装。中包装是个包装的组合形式，以便在销售过程中起到保护商品、简化计量和利于销售的作用。中包装在销售中，一部分随同商品销售，一部分则在销售中被消耗掉，因而属于销售包装。

3. 外包装

外包装又称运输包装或大包装，是指商品的最外层包装，其目的是在流通过程中保护商品，方便运输、储存、装卸搬运等。

（三）按照包装使用范围分类

1. 专用包装

专用包装是指专供某种或某类商品使用的一种或一系列包装。采用专用包装是由商品某些特殊性质决定的，这类包装有专门的设计制造，如各种压缩和液化气体需要耐压和密封的钢制气瓶装运。

2. 通用包装

通用包装是指一种能盛装多种商品，被广泛使用的包装容器。通用包装一般不进行专门设计制造，而是根据标准系列尺寸制造，可包装各种无特殊要求的或标准规格的产品。例如，各种瓦楞纸箱、塑料箱、木箱、木桶等，既可装运各种日用百货，也可用来装运各种电器、食品、化妆品等。

（四）按照包装容器质地分类

1. 硬包装

硬包装又称刚性包装，是指包装材料质地坚硬，充填或取出内装物之后，容器形状基本不发生变化的包装。

2. 半硬包装

半硬包装又称半刚性包装，是介于硬包装和软包装之间的包装。

3. 软包装

软包装是指包装内的充填物或内装物取出后，容器形状会发生变化，且材质较软的包装。

（五）按照包装使用次数分类

1. 一次用包装

一次用包装是指只能使用一次，不再回收利用的包装。这种包装往往随商品一起销售或在销售过程中被消耗掉。大多数销售包装属于一次用包装。

2. 多次用包装

多次用包装是指回收后经适当加工整理仍可重复使用的包装。大部分商品的运输包装和一部分中包装可多次使用。

第二节　包装材料与包装技术

案例导入

菜鸟、京东、苏宁、小米、顺丰绿色包装解决方案大比拼

菜鸟、京东、苏宁、小米、顺丰分别从减量包装、环保包装材料，以及供应链角度着手，通过工艺与技术相结合，打造各具特色的绿色电商包装解决方案。

菜鸟网络：考虑行业相关方的整体普及性与接受度

菜鸟网络作为一个平台，由于企业定位关系，在开展绿色工作时更侧重考虑行业相关方的整个普及性、接受度。菜鸟网络通过减量化、再利用、再循环、可降解来推进绿色包装，提出到2020年要实现从阿里巴巴电商平台发出的所有包裹有50%的绿色化，并且要实现碳减排362万吨。

菜鸟网络在绿色包装及绿色物流方面的主要举措有：联合32家物流合作伙伴成立菜鸟绿色联盟，发起菜鸟绿色行动计划，成立菜鸟绿色联盟公益基金，推进绿色物流相关的工作。

在减量化方面，主要在考虑提升物流运作效率的前提下，通过智能打包算法，根据消费者订单包含的产品，推荐包装解决方案，进而实现减量包装，提升整个纸箱空间利用率，减少塑料填充物的使用。此外，还推出全生物降解袋、无胶带纸箱，联合天猫企业购共同开设绿色包裹的采购专区。与蚂蚁森林开展深度合作，消费者收到绿色包裹快递之后，在蚂蚁森林上自动获得绿色的能量，达到条件之后，公益组织会在敦煌种下绿色包裹的森林，设计标准化绿色回收专区，在10个城市开启纸箱回收，并在厦门打造第一个绿色物流城市。

京东：携手上下游推动供应链B2B2C绿色环保

京东在绿色包装方面的探索主要通过减量化包装、推行生物降解和循环包装，以及联合供应链上游推行供应链包装。主要措施包括：推行400克的三层纸箱，通过完善物流体系、规范操作,减少包装使用;在自营物流上100%推广电子面单;降低胶带宽度,启动纸箱回收,对包装缓冲物进行减量化;推行电子签收,并在部分业务上使用免胶带纸箱;举办电商物流包装大赛,启动绿色供应链的行动,推行青流计划,携手上下游企业来推动整个供应链的B2B2C绿色环保。

从供应链角度,京东与品牌商合作推行简约包装、直发包装;通过消费大数据和物流大数据来告诉品牌商包装哪里有问题、应该怎么解决,推行直发包装;推行带板运输,减少商品搬运次数,降低商品破损率;重复利用,要求包装产品能够用初始的包装形式,并且被反复利用。现在很多电商包材在做回收再利用,在打包环节使用二次纸箱。

小米科技:精细化管理,全程参与

由于小米既有上游的生产物流,也有2B、2C的物流,需要从供应链的源头和生产到末端的2B、2C的运输全程参与,通过工艺改进和精细化管理,利用多运作场景,在保护好商品的前提下,尽可能做到减量化、轻量化、标准化和可循环化。

小米的绿色包装主要举措有:不同的产品使用不同的包装和电子面单,根据客户订单的长度及内容,将购物清单的纸张大小打印得合理化;推行电子发票,不浪费任何一块地方;用水溶性胶带代替透明胶带,推行可循环包装和简约包装;利用前端生产供应商的原箱包装发货,使用循环纸箱二次发货时,告知客户是二次利用,让产品设计人员参与到物流包装设计里,利用大数据以及数据模型算出订单的组合,推荐最优的产品箱型。

苏宁物流:遵循国际3R标准,呼吁上下游合作

苏宁在绿色包装的应用方式和方法上,主要是遵循目前国际上的3R标准,即包装轻量化、重复利用以及回收。

苏宁在2016年推出胶带和面单瘦身计划,极大地降低了相关包材的使用量,减少了对环境的污染。推出纸箱回收系统,快递员对客户现场讲解回收办法,在现场处理面单信息,带回包装箱进行筛选,返回仓库贴上专有环保标签,进行再次利用。2016年,苏宁共回收了200万个包装箱。在重复利用方面,苏宁今年推出可循环的共享快递盒,收货人在签收之后,快递员会把箱子直接回收。到今年10月份,苏宁一共投放5万个共享快递盒,累计节约了纸箱650万个,预计到2018年将投放20万个共享快递盒。

针对天天快递,苏宁将原来网点之间交接的编织袋更换成现在的RFID环保袋。环保袋有内置芯片,拥有定位、追踪功能,可以识别目的地,达到自动分解的目的,拥有实时扫描、在线查询各种信息的功能。不仅可以循环利用,还可以节省员工作业时间。

在回收方面,苏宁要求生产出来的物品就是可利用的资源,减少不可回收的垃圾。例如苏宁采用牛皮纸胶带,大大提高了纸箱回收再利用的价值。

在智能化方面,推出包装推荐系统,可以对商品各类信息以及尺寸、重量进行精准的评估。通过大数据计算,可以与纸箱尺寸进行匹配,并且计算出商品在纸箱里如何摆放最节省耗材，减少耗材使用量，提升员工的作业效率。

针对不同产品类别、客户的接受度制订不同的包装方案。比如，对手机及一些高价值的商品，客户接受度较低，则少使用二次回收纸箱；日常用品、大米、粮油等产品，客户的接受度较高，则可以推广使用回收纸箱。

顺丰：注重包装标准化，玩起包装魔术

中国冷链物流发展报告显示，我国冷冻产品损坏率在20%~30%，发达国家的损耗量约为5%。生鲜产品从田间地头到餐桌需要通过采收、分解、预冷、包装、运输中转、派送到客户的手中。每一个环节做不好都会影响产品品质，导致耗损增加。

顺丰的包装解决方案，不仅仅是指把生鲜产品放到箱子里，而是包括全流程中对所有环节的控制。预冷环节是水果保鲜的第一步。水果从树上采摘下来带有田间热，这个热量占总热量的52%，预冷工作就是把52%的温度去掉。实验证明，预冷越及时，货架保鲜越强。传统的冷库造价成本高，也很难进入田间地头，顺丰在2016年采用了移动预冷库，既可以灵活运用又可以达到资源利用最大化。

包装是水果保鲜最关键的一个步骤。生鲜包装不同于传统的包装，多加了保鲜技术。保鲜技术要达到温控的作用，就需要保温箱和冷媒。EPP循环保温箱是顺丰在冷链方面使用的循环保温箱，它有独立的冰盒卡槽的设计，避免货物挤压，可以循环使用，避免了白色泡沫箱EPS的浪费。顺丰使用的冷媒主要有可循环使用的冰盒及一次性冰袋，不同颜色代表不同的冷媒。派送员可以针对不同的产品放置不同颜色的冷媒，提高工作效率。

一个商品的包装，需要与一系列的物流、设备相匹配。顺丰的包装设计除了考虑产品的安全性之外，还考虑流通环节与各类设备、容器的匹配度与感知，注重包装的标准化。

（资料来源：搜狐网"物流产品"搜狐号，2018-3-20）

问题： 菜鸟、京东、苏宁、小米、顺丰绿色包装的途径有哪些？菜鸟、京东、苏宁、小米、顺丰绿色包装的特点是什么？

包装的优劣直接影响运输、装卸、仓储各环节效益的高低。采用正确的包装技术是实现物流优化的重要前提和坚实支撑，有利于物流系统的完善和发展。

一、常用的包装材料

（一）纸和纸制品

纸和纸板是支柱性的传统包装材料，耗量大，应用范围广，其产值占包装总产值的45%左右。纸和纸板的特点包括：

(1) 具有适宜的强度、耐冲击性和耐摩擦性；

(2) 密封性好，容易做到清洁卫生；

(3) 具有优良的成型性和折叠性，便于采用各种加工方法，适应于机械化、自动化的包装生产；

（4）具有最佳的可印刷性，便于介绍和美化商品；

（5）价格较低，且重量轻，可以降低包装成本和运输成本；

（6）用后易于处理，可回收复用和再生，不会污染环境，并节约资源。

纸和纸板也有一些致命弱点，如难以封口、受潮后牢固程度下降，以及气密性、防潮性、透明性差等，从而在包装应用上受到一定的限制。

用纸和纸板制成的大包装容器主要有纸箱、纸盒、纸桶、纸袋、纸杯、纸盘、纸罐等，广泛应用于运输包装和商业包装。在纸制包装容器中，用量最多的是瓦楞纸箱，其比重占50%以上。在运输包装中，瓦楞纸箱正在取代传统的木箱，广泛应用于包装日用百货、家用电器、服装鞋帽、水果、蔬菜等。目前，瓦楞纸箱正在向规格标准化、功能专业化、减轻重量、提高抗压强度等方向发展。除瓦楞纸箱外，其他纸制包装容器多用于商业包装，如用于食品、药品、服装、玩具及其他生活用品的包装。纸盒可制成开窗式、摇盖式、抽屉式、套合式等，表面加以装饰，具有较好的展销效果。纸桶结实耐用，可以盛装颗粒状、块状、粉末状商品。纸袋种类繁多，用途广泛。纸杯、纸盘、纸罐都是一次性使用的食品包装，由于价廉、轻巧、方便、卫生而被广泛应用。纸杯一般为小型盛装冷饮的容器。纸盘为冷冻食品包装，既可冷冻，又可在微波炉上烘烤加热。纸罐用高密度纸板制成，有圆筒形、圆锥形，一般有涂层以防渗漏，用于盛装饮料。目前，纯纸罐已被纸、塑料、铝箔组成的复合罐取代。

（二）金属

金属的种类很多，包装用金属材料主要是钢材、铝材及其合金材料。包装用钢材包括薄钢板、镀锌低碳薄铁板、镀锡低碳薄钢板。包装用铝材有纯铝板、合金铝板和铝箔。金属料的优点包括：

（1）具有良好的机械强度，牢固结实，耐碰撞，不破碎，能有效地保护内装物品；

（2）密封性能优良，阻隔性好，不透气，食品包装（罐装）能达到中长期保存；

（3）具有良好的延伸性，易于加工成型；

（4）金属表面有特殊光泽，易于涂饰和印刷，具有良好的装潢效果；

（5）易于回收再利用，不污染环境。

金属料的优点很多，但也存在一些无法避免的缺点，尤其是其化学稳定性比较差，在潮湿天气下易发生锈蚀，遇酸、碱易发生腐蚀，因而包装用途受到一定限制。实际应用中，常在钢板外镀锌、镀锡、镀铬或加涂层以提高其耐酸碱性和耐腐蚀性，但这样会使成本上升。因此，目前金属材料主要用于制造运输包装桶、集装箱及饮料、食品和其他商品商业包装罐、听、盒，另外还有少量用于加工各种瓶罐的盖底及捆扎材料等。例如，重型钢瓶、钢罐用于存放酸类液体和压缩、液化及加压溶解的气体；薄钢板桶广泛用于盛装各类食用油脂、石油和化工商品；铝和铝合金桶用于盛放酒类和各种食品；镀锌薄钢板桶主要用于盛放粉状、浆状和液体商品；铁塑复合桶适宜盛放各种化工产品及腐蚀性、危险性商品；镀锡低碳薄钢板罐、镀铬钢板罐为罐头和饮料工业的重要包装容器；金属听、盒适宜于盛放饼干、奶粉、茶叶、咖啡、香烟等。软性金属材料主要用于制造软管和金属箔，如铝制软管广泛用于包装膏状化妆品、医药品、清洁用品、文化用品、食品等；铝箔多用于制造复合包装材料，也常用于食品、卷烟、药品、化妆品、化学品等包装。

（三）玻璃与陶瓷

玻璃与陶瓷均属于以硅酸盐为主要成分的无机性材料。玻璃与陶瓷用作包装材料的历史悠久。目前，玻璃仍是现代包装的主要材料之一。

1. 玻璃

玻璃以其本身的优良特性以及制造技术的不断进步，能适应现代包装发展的需要，其特点包括：①化学稳定性好，耐腐蚀，无毒无味，卫生安全；②密封性良好，不透气，不透湿，有紫外线屏蔽性，有一定的强度，能有效地保护内装物；③透明性好，易于造型，具有特殊的宣传和美化商品的效果；④原料来源丰富，价格低；⑤易于回收复用、再生，有利于保护环境。

玻璃用作包装材料，存在耐冲击强度低、碰撞时易破碎、自身重量大、运输成本高、内耗大等缺点，限制了玻璃的应用。目前，玻璃的强化、轻量化技术以及复合技术已有一定的发展，加强了对包装的适应性。玻璃主要用来制造商业包装容器，如玻璃瓶和玻璃罐，广泛用于酒类、饮料、罐头食品、调味品、药品、化妆品、化学试剂、文化用品等的包装。此外，玻璃也用于制造大型运输包装容器，用来盛装强酸类产品，还用来制造玻璃纤维复合袋，用于包装化工产品和矿物粉料。

2. 陶瓷

陶瓷化学稳定性与热稳定性均佳，耐酸碱腐蚀，遮光性优异，密封性好，成本低廉，可制成缸、罐、坛、瓶等多种包装容器，广泛用于包装各种发酵食品成品、酱菜、腌菜、咸菜、调味品、蛋制品及化工原料等。陶瓷瓶是酒类和其他饮料的商业包装容器，结构造型多样，古朴典雅，釉彩和图案装潢美观，特别适用于高级酒品的包装。

（四）塑料

塑料是20世纪末发展起来的新型材料，使现代商品包装发生了变革性变化，即改变了包装的整个面貌。塑料在整个包装材料中的比例仅次于纸和纸板，包装用塑料的占有量占总消费量的1/4，在许多方面已经取代或逐步取代了传统包装材料，如制成编织袋、捆扎绳代替棉麻，制成包装袋、包装盒、包装桶代替金属，制成瓶罐代替玻璃，制成各种塑料袋代替纸张，制成周转箱、钙塑箱代替木材，制成多种泡沫塑料代替传统的缓冲材料等。塑料包括软性薄膜、纤维材料和刚性的成型材料，其基本特点为：

（1）物理机械性能优良，具有一定的强度和弹性，耐折叠、耐摩擦、耐冲击，抗震动、抗压、防潮、防水，并能阻隔气体等；

（2）化学稳定性好，耐酸碱、耐油脂、耐化学药剂、耐腐蚀、耐光照等；

（3）比重小，是玻璃比重的1/2，钢铁比重的1/5，属于轻质材料，因此制成的包装容器重量轻，适应包装轻量化的发展需要；

（4）加工成型工艺简单，便于制造各种包装材料和包装容器；

（5）适合采用各种包装新技术，如真空、充气、拉伸、收缩、贴体、复合等；

（6）具有优良的透明性，表面光泽，具有可印刷性和装饰性，为包装装潢提供了良好的条件。

塑料作为包装也有一些不足之处，例如：强度不如钢铁；耐热性不如玻璃；在外界因素长时期作用下易老化；有些塑料在高温下会软化，在低温下会变脆，强度下降；有些塑料带有异味，某些有害成分可能渗入内装物；易产生静电而造成污染；塑料包装废弃物处理不当会造成环境污染等。因此，在选用塑料包装材料时要注意以上问题，多方面综合考虑。

（五）其他包装材料

1. 木材

我国很早就使用木材做包装材料。木材的特点是强度大、坚固、耐压、耐冲击、化学和物理性能稳定、易于加工、不污染环境等，是大型和重型商品常用的包装材料。但由于森林资源匮乏、环境保护要求、价值高等原因，其发展潜力不大。木材包装主要有木箱、木桶、木匣、木轴和木夹板、纤维板箱、胶合板箱、托盘等。

2. 复合材料

复合材料包装是以两种或两种以上材料紧密复合制成的包装，主要由塑料与纸、塑料与铝箔和纸、塑料与玻璃、塑料与木材等材料复合制成。复合材料具有更好的机械强度和气密性，还有防水、防油、耐热或耐寒、容易加工等优点，是现代商品包装材料的发展方向，特别适用于食品的包装。

3. 纤维织物

纤维织物包装主要有麻袋、布袋、布包等，适合盛装颗粒状和粉状商品，其优点是强度大、轻便、耐腐蚀、易清洗、不污染商品和环境、便于回收利用等。

4. 竹类、野生藤类、树枝类和草类等材料

用树条、竹条、柳条编的筐、篓、箱以及草编的蒲包、草袋等，具有可就地取材、成本低廉、透气性好的优点，适宜包装生鲜商品、部分土特产品和陶瓷产品等。

二、包装的一般技术

在进行包装操作业务时，常常使用以下一般技术。

1. 对内装物合理放置、固定和加固

放置、固定和加固能达到缩小体积、节省材料、减少损失的目的。外形规则的产品要注意套装，薄弱的部分注意加固，包装内重力分布要均匀，产品与产品之间要进行隔离等。

2. 对松泡产品进行压缩

松泡产品占用包装的体积太大，导致运输、储存的费用增加。有效的方法是采用真空

包装技术，缩小松泡产品的体积，以便于运输和储存。

3. 合理选择外包装和内包装的形状和尺寸

当包装件需要集装箱运输时，就存在包装件尺寸之间的配合问题。在外包装的形状尺寸选择中，应该注意包装模数不用过大、过重等。内包装属于销售包装，形状尺寸要和外包装尺寸配合。此外，内包装要有利于销售，有利于展示、装潢、购买和携带等。

4. 包装外的捆扎

捆扎的目的是将单个物件或多个物件进行捆扎，以有利于运输、储存和装卸。捆扎能压缩货物体积，从而减少保管费用和运输费用。对于体积不大的普通包装，捆扎一般在打包机上进行；对于托盘等集合包装，适合使用收缩薄膜包装技术和拉伸薄膜包装技术。

> **课外资料 5-1**
>
> **常见的包装安全隐患**
>
> （1）纸箱多次重复使用，以致运输过程中失去保护作用，导致货物损坏。
>
> （2）包装与货物的重量或体积不匹配，在运输过程中易包装变形、破裂、内物松动或漏出散失。
>
> （3）随意简单包装，而不根据货物类别特点选择包装，导致货物破损、丢失、潮湿等。

三、包装的特殊技术

除了包装的一般技术，根据包装物的性质和运输要求还需要采用一些特殊的包装技术，具体如下。

（一）防震包装技术

防震包装又称缓冲包装，在各种包装方法中占有重要地位。产品从生产出来到开始使用，要经过一系列的运输、保管、堆码和装卸过程，置于一定的环境之中。任何环境都会有力作用于产品上，并使产品发生机械性损坏。为了防止产品遭到损坏，就要设法降低外力的影响，所谓防震包装就是指为减缓内装物受到冲击和振动，保护其免受损坏所采取的一定防护措施的包装。防震包装主要有以下三种方法。

（1）全面防震包装方法。全面防震包装方法是指内装物和外包装之间全部用防震材料填满进行防震的包装方法。

（2）部分防震包装方法。对于整体性好的产品和有内装容器的产品，仅在产品或内包装的拐角或局部地方使用防震材料进行衬垫。所用包装材料主要有泡沫塑料防震垫、充气型塑料薄膜防震垫和橡胶弹簧等。

（3）悬浮式防震包装方法。对于某些贵重易损的物品，为了有效地保证在流通过程中不被损坏，选用比较坚固的外包装容器，然后用绳、带、弹簧等将被装物悬吊在包装容器内，在物流中，无论是什么操作环节，内装物都被稳定悬吊而不与包装容器发生碰撞，从而减少损坏。

（二）防破损包装技术

缓冲包装有较强的防破损能力，因而是防破损包装技术中有效的一类。此外，还可以采取以下几种防破损包装技术。

（1）捆扎及裹紧技术。捆扎及裹紧技术的作用，是使杂货、散货形成一个牢固整体，以增加整体性，便于处理及防止散堆来减少破损。

（2）集装技术。利用集装，减少与货体的接触，从而防止破损。

（3）选择高强度保护材料。通过外包装材料的高强度来防止内装物受外力作用破损。

（三）防锈包装技术

1. 防锈油防锈蚀包装技术

大气锈蚀是空气中的氧、水蒸气及其他有害气体等作用于金属表面引起电化学作用的结果，如果使金属表面与引起大气锈蚀的各种因素相隔绝（即将金属表面保护起来），就可以达到防止金属大气锈蚀的目的。

2. 气相防锈包装技术

气相防锈包装技术就是用气相缓蚀剂（挥发性缓蚀剂），在密封包装容器中对金属制品进行防锈处理的技术。气相缓蚀剂是一种能减慢或完全停止金属在侵蚀性介质中的破坏过程的物质，在常温下即具有挥发性。其在密封包装容器中，在很短的时间内挥发或升华出的缓蚀气体就能充满整个包装容器，同时吸附在金属制品的表面上，从而起到抑制大气对金属的锈蚀作用。

（四）防霉腐包装技术

在运输包装内装运食品和其他有机碳水化合物货物时，货物表面可能生长霉菌，在流通过程中如遇潮湿，霉菌生长繁殖极快，甚至伸延至货物内部，使其腐烂、发霉、变质，因此要采取特别防护措施。包装防霉烂变质的措施，通常是采用冷冻包装、真空包装或高温灭菌方法。冷冻包装的原理是减慢细菌活动和化学变化的过程，以延长储存期，但不能完全消除食品的变质；高温杀菌法可消灭引起食品腐烂的微生物，可在包装过程中用高温防霉。有些经干燥处理的食品包装，应防止水汽浸入以防霉腐，可选择防水漆和气密性好的包装材料，采取真空和充气包装。

真空包装法也称减压包装法或排气包装法，这种包装可阻挡外界的水汽进入包装容器内，也可防止在密闭着的防潮包装内部有潮湿空气，在气温下降时结露。采用真空包装法，要注意避免过高的真空度，以防损伤包装材料。防止运输包装内货物发霉，还可使用防霉剂。防霉剂的种类甚多，用于食品的必须选用无毒防霉剂。机电产品的大型封闭箱，可酌情采取开设通风孔式通风窗等相应的防霉措施。

（五）防虫包装技术

防虫包装技术常用的是驱虫剂，即在包装中放入有一定毒性和嗅味的药物，利用药物在包装中挥发气体杀灭或驱除各种害虫。常用的驱虫剂有对位二氯化苯、樟脑精等。也可采用真空包装、充气包装、脱氧包装等技术，使害虫无生存环境，从而防止虫害。

（六）危险品包装技术

危险品有上千种，按其危险性质，交通运输及公安消防部门规定分为十大类，即爆炸性物品、氧化剂、压缩气体和液化气体、自燃物品、遇水燃烧物品、易燃液体、易燃固体、毒害品、腐蚀性物品、放射性物品等，有些物品同时具有两种以上危险性能。

对有毒商品的包装要明显地标明有毒标志。防毒的主要措施是包装严密不漏、不透气。例如重铬酸钾和重铬酸钠（红矾钠）为红色带透明结晶，有毒，应用坚固附桶包装，桶口要严密不漏，制桶的铁板厚度不能小于1.2毫米。对于有机农药一类的商品，应装入沥青麻袋，封口严密不漏，如用塑料袋或沥青纸袋包装，外面应再用麻袋或布袋包装。用作杀鼠剂的磷化锌有剧毒，应用塑料袋严封后再装入木箱中，箱内用两层牛皮纸、防潮纸或塑料薄膜衬垫，使其与外界隔绝。

对于有腐蚀性的商品，要注意防止商品和包装容器的材质发生化学变化。金属类的包装容器，要在容器壁涂上涂料，防止腐蚀性商品对容器的腐蚀。例如，包装合成脂肪酸的铁桶内壁要涂耐酸保护层，防止铁桶被商品腐蚀。再如，氢氟酸是无机酸性腐蚀物品，有剧毒，能腐蚀玻璃，不能用玻璃瓶做包装容器，应装入金属桶或塑料桶，然后再装入木箱。甲酸易挥发，其气体有腐蚀性，应装入良好的耐酸坛、玻璃瓶或塑料桶中，严密封口，再装入坚固的木箱或金属桶中。

对黄磷等易自燃商品，将其装入壁厚不少于1毫米的铁桶中，桶内壁须涂耐酸保护层，桶内盛水，并使水面浸没商品，桶口严密封闭，每桶净重不超过50千克。再如，遇水引起燃烧的物品（如碳化钙，遇水即分解并产生易燃气体），应用坚固的铁桶包装，桶内充入氮气。如果桶内不充氮气，则应装置放气活塞。

对于易燃、易爆商品，例如有强烈氧化性的，遇有微量不纯物或受热即急剧分解引起爆炸的产品，防爆炸包装的有效方法是采用塑料桶包装，将塑料桶装入铁桶或木箱中，每件净重不超过50千克，并应有自动放气的安全阀，当桶内达到一定气体压力时，能自动放气。

（七）特种包装技术

1. 充气包装

充气包装是采用二氧化碳或氮气等不活泼气体置换包装容器中空气的一种包装技术方法，因此也称气体置换包装。这种包装方法是根据好氧性微生物需氧代谢的特性，在密封的包装容器中改变气体的组成成分，降低氧气的浓度，抑制微生物的生理活动、酶的活性和鲜活商品的呼吸强度，达到防霉、防腐和保鲜的目的。

2. 真空包装

真空包装是将物品装入气密性容器后，在容器封口之前抽真空，使密封后的容器内基本没有空气的一种包装方法。一般的肉类商品、谷物加工商品以及某些容易氧化变质的商品都可以采用真空包装。真空包装不但可以避免或减少脂肪氧化，而且可以抑制某些霉菌和细菌的生长。同时，在对其进行加热杀菌时，容器内部气体已排除，因此加速了热量的传导，提高了高温杀菌效率，也避免了加热杀菌时，由于气体的膨胀而使包装容器破裂。

3. 收缩包装

收缩包装就是用收缩薄膜包裹物品（或内包装件），然后对薄膜进行适当加热处理，使薄膜收缩而紧贴于物品（或内包装件）的包装技术方法。

4. 拉伸包装

拉伸包装是20世纪70年代开始采用的一种新包装技术，它是由收缩包装发展而来的。拉伸包装是依靠机械装置在常温下将弹性薄膜围绕被包装件拉伸、紧裹，并在其末端进行缝合的一种包装方法。由于拉伸包装无须进行加热，所以消耗的能源只有收缩包装的1/20。拉伸包装可以捆包单件物品，也可用于托盘包装之类的集合包装。

5. 脱氧包装

脱氧包装是继真空包装和充气包装之后出现的一种新型除氧包装方法。脱氧包装是在密封的包装容器中，使用能与氧气起化学作用的脱氧剂与之反应，从而除去包装容器中的氧气，达到保护内装物的目的。脱氧包装方法适用于某些对氧气特别敏感的物品，适用于那些即使有微量氧气也会使品质变坏的食品包装中。

包装技术与管理

第三节　包装合理化

案例导入

从禽肉包装看优质包装的意义

肉类食品走向市场的最后一个环节就是包装，保鲜禽肉包装在欧美世界使用频繁，从一开始最简单的打钉塑料袋，到现在的热封口真空收缩包装袋，禽肉包装业界一直在努力发展符合食品卫生、生产效率、零售展示的包装产品。禽肉是亚洲地区饮食中主要的蛋白质来源，目前在超市中的零售包装只是最简单的保鲜膜/托盘包装，一个更符合卫生、食品安全、贩售标准的禽肉包装对于日渐重视生活品质和食品安全的亚洲零售食品市场来讲是非常重要的。

为顺应连锁超市的蓬勃发展，并帮助解决其后店加工包装所面临的空间、人手不足等问题，近年来，禽肉收缩真空包装配合中央包装工厂的操作模式已被广泛应用。保鲜禽肉包装根据零售市场的需要逐渐由袋装全鸡的单一品种发展出适合分割禽肉零售的包装，其中包括SES不漏水型零售包装和调气式充气零售包装，此类现代零售包装配合中央包装配送贩卖系统，能使保鲜禽肉产品保持最好的零售外观、卫生质量和更长的保存期限。在鲜肉零售包装出现之前，生鲜禽肉通常给人以黏腻、有异味、不易储藏的印象。使用打钉PE袋全鸡包装和PVC分切鸡包装，可以大大减少在运送和零售贩卖时造成的二次污染，确实有效地改善了零售生鲜禽肉的卫生条件，包装生鲜禽肉在市场上备受欢迎。简单的零售包装，唯有在严格的全程温度控管和小心的运送过程下，才能勉强维持其外观和质量，并不能满足零售市场的需要，因为这种包装形式很容易由于一时控管不周而产生消费者及零售商都无法接受的血水外漏现象，也不适合作为冷冻产品的包装，因为这种包装形式不能防止冻坏，保存期限也相对较短。有的真空收缩袋提供的真空包装，紧包在产品上，犹如产品的第二层皮肤，会使肉类产品拥有亮眼的外观，减少不收缩真空袋发生的诸如血水外漏等问题，紧实的封口方式可防止血水的外漏，适用于冷冻产品。包装袋紧贴产品可以避免袋中结霜、脱水干燥等情况，大大改善了生鲜禽肉在货架上的美观程度，使其外形更加诱人，自然也就更受消费者欢迎。

生鲜禽肉若以普通的真空袋进行包装，禽肉皮上的特殊细菌会在低氧状态进行无氧呼吸，产生二氧化硫。如果储存温度超过2℃，那么累积在袋中的二氧化硫就会快速增加，进而产生近似于腐烂的异味。针对现在零售卖场展售柜温度常常会超过4℃的情况，有的保鲜禽肉包装袋特别设计了以适度透氧材质制成的包装袋，能够在延长保存期限的同时避免异味产生。这一点非常重要，因为异味的产生会使消费者对产品的质量和超市的信誉产生怀疑，避免异味对生产商和零售商都意义重大。真空收缩袋所提供的紧密包装能防止包装外的水渗入，也可以防止血水外漏，以这种形式包装的保鲜禽肉在冷却步骤上也可以使用较有效率的冷盐水或液态乙二醇浸泡的降温方式，所以即使在禽肉完全降温前就先包装，仍能用这些方法达到快速降温的目的，将肉温快速地降至-2℃以下，防止细菌滋生，减少污染的机会，延长保存期限，保证食品的安全性。

优质的保鲜禽肉包装袋还必须具有耐磨的特性，保障产品在从装箱运送到上架零售的过程中包装保持完整无损，且光亮如新。这样的包装才能保护产品，同时引起消费者的购买欲望。

（资料来源：食品科技网，2006-12-24）

问题：除了收缩包装及真空包装之外，还有哪些属于特种包装技术？除了禽肉商品之外，在超市中你还发现哪些商品是采用真空收缩包装的？为什么它们需要采用这种包装技术？

包装是物流工程的一个重要环节，也是促进销售的一种手段。在满足消费者各项需求的基本原则和要求下，包装要符合商品物流和销售的合理化要求。

一、包装合理化的概念

包装合理化是指包装过程中使用适当的材料和适当的技术，制成与物品相适应的容器，节约包装费用，降低包装成本，既要满足包装保护商品、方便储运、有利于销售的要求，又要提高包装的经济效益的包装综合管理活动。

二、包装合理化的主要表现

1. 轻薄化

由于包装只是起保护作用,对产品使用价值没有任何意义,因此在强度、寿命、成本相同的条件下,更轻、更薄、更短、更小的包装,可以提高装卸搬运的效率。

2. 单纯化

为了提高包装作业的效率,包装材料及规格应力求单纯化,包装形状和种类也应单纯化,包装规格还应标准化。

3. 符合集装单元化和标准化的要求

包装的规格与集装箱关系密切,应考虑到其与运输车辆、搬运机械的匹配度,从系统的观点制定包装的尺寸标准。

4. 机械化与自动化

为了提高作业效率和包装现代化水平,对各种包装机械进行开发和应用是很重要的。

5. 注意与其他环节的配合

包装是物流系统的组成部分,需要和装卸搬运、运输、仓储等环节一起综合考虑、全面协调。

6. 有利于环保

包装是产生大量废弃物的环节,处理不好可能造成环境污染。包装材料最好可多次使用并能回收再利用。在包装材料的选择上,还要考虑不对人体健康产生影响,对环境不造成污染,即讲究"绿色包装"。

三、不合理包装的表现形式

(一)包装不足

包装不足可以造成在流通过程中的损失并降低物流效率。包装不足主要包括四个方面。

(1)包装强度不足,导致包装防护性不足,造成被包装物在堆码、装卸、搬运等物流过程中的损失。

(2)包装材料选择不当,材料不能很好地承担运输防护及促进销售的作用。

(3)包装容器的层次及容积不足,缺少必要层次,所需体积不足,最终造成损失。

(4)包装成本过低,不能保证有效的包装。

(二)包装过剩

包装过剩是一种功能过剩的商品包装,其表现形式是耗用材料过多、质量过重、内部容积过大、体积过大、用料过当、装潢过华丽、成本过高等,具体如下。

(1)包装物强度设计过高,如包装材料截面过大等,从而使包装防护性过高。包装作用大大超过需要强度。

（2）包装材料选择不当，材料质量过大。如可以用纸板却采用镀锌、镀锡材料等，造成浪费。

（3）包装技术过高，包装层次过多，包装体积过大。

（4）包装成本过高，一方面可能使包装成本支出大大超过减少损失可能获得的效益；另一方面，包装成本在商品成本中的比重过高，损害了消费者利益。

（三）包装污染

包装污染主要体现在两个方面。

（1）包装材料中大量使用纸箱、木箱、塑料容器等，需要消耗大量的自然资源。

（2）使用一次性、豪华性，甚至不可降解的包装材料，导致环境污染。

（四）包装标准不一致

如果没有建立企业物流统一的包装和运作标准，就会使各种物流包装各具特色，物流容器彼此不相容，无法做到单元化、标准化和通用化。另外，不同时期的包装标准缺乏衔接、不同物品物料的包装标准不一、相同物品的不同供应商包装标准不一致等，都会增加包装在物流过程中的管理难度，降低物流系统的效益。

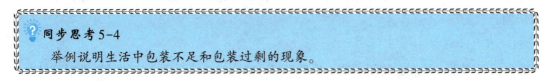

同步思考5-4

举例说明生活中包装不足和包装过剩的现象。

四、绿色包装

（一）绿色包装的概念

绿色包装（Green Package）又可以称为无公害包装和环境友好包装（Environmental Friendly Package），指对生态环境和人类健康无害，能重复使用和再生，符合可持续发展目标的包装。它有两个方面的含义：一个是保护环境；另一个是节约资源。这两者相辅相成，不可分割。其中，保护环境是核心，而节约资源与保护环境密切相关，因为节约资源可减少废弃物，其实也就是从源头上对环境加以保护。

从技术角度讲，绿色包装是指以天然植物和有关矿物质为原料，研制对生态环境和人类健康无害，有利于回收利用，易于降解，可持续发展的一种环保型包装。也就是说，其包装产品从原料选择、产品制造到产品使用和废弃的整个生命周期，均应符合生态环境保护的要求。我们应从绿色包装材料、包装设计和大力发展绿色包装产业三方面入手实现绿色包装。

绿色包装有利于保护自然环境，避免废弃物对环境造成损害。包装材料本身包含的化学成分有可能会对周围环境造成一定影响，如以前使用的泡沫快餐盒中的乙烯等成分严重超标，长期置于环境中将对周围的生态环境造成严重的破坏，形成一道白色污染带。采用绿色包装，对包装材料进行严格的把关，可以避免废弃物对环境的不良影响。另外，采用绿色包装可对包装材料进行重复利用，有利于增加相对资源，缓解资源紧张的现状。因此，绿色包装既有经济效益，又有社会效益，是二者的有机统一。绿色包装是一个动态的概念，随着科学技术的进步，总的趋势是在保护环境的基础上，使包装使用周期总成本逐步最小化。

（二）绿色包装的内涵

1. 实行包装减量化（Reduce）

绿色包装在满足保护、方便、销售等功能的条件下，应是用量最少的适度包装。欧洲和美国将包装减量化列为发展无害包装的首选措施。

2. 包装应易于重复利用（Reuse）或易于回收再生（Recycle）

包装通过多次重复使用，或通过回收废弃物生产再生制品，焚烧利用热能，堆肥改善土壤等措施，可达到再利用的目的。这样做既不污染环境，又可充分利用资源。

3. 包装废弃物可以降解腐化（Degradable）

为了不形成永久的垃圾，不可回收利用的包装废弃物要能分解腐化，进而达到改善土壤的目的。世界各工业国家均重视发展利用生物或光降解的包装材料。Reduce、Reuse、Recycle 和 Degradable 是现今世界公认的发展绿色包装的"3R1D"原则。

4. 包装材料对人体和生物应无毒无害

包装材料中不应含有有毒物质，或有毒物质的含量应控制在有关标准以下。

5. 在包装产品的整个生命周期中，均不应对环境产生污染或造成公害

包装制品在原材料采集、材料加工、产品制造、产品使用、废弃物回收再生直至最终处理的全过程中，均不应对人体及环境造成公害。

课外资料 5-2

绿色环保化包装推广任重道远

快递业因包装而产生污染的问题一直以来备受关注。业界认为，推行绿色化环保包装可推动行业的绿色发展。推行需要经过市场的考验，在这一过程中，产业上下游应多方共同努力探索前行。

国家统计局数据显示，2018 年"双十一"（11 月 11 日—16 日）业务高峰期间，全国邮政、快递企业共处理邮（快）件 18.82 亿件，同比增长 25.8%，并且中国快递业务量的规模已经连续 4 年位居世界第一，而因快递包裹产生的垃圾已占到生活垃圾增量的 93%。国内一个互联网包装企业负责人表示，这些包装垃圾以纸张、塑料为主，原材料大多源于木材、石油。不仅如此，快递包装中常用的透明胶带、塑料袋等材料，主要原料是聚氯乙烯，这一物质埋在土里，需要上百年才能降解，会对环境造成不可逆转的损害，快递包裹减负刻不容缓。

国家相关部门先后有针对性地推出了多条关于包装的相关法规，促进快递业的绿色发展。负责人表示，绿色包装的推行，不仅需要政策的管理，更需要产业上下游共同努力。

根据国家邮政局制定发布的《快递业绿色包装指南（试行）》，经营快递业务的企业在采购和使用塑料包装时，要加入全生物降解塑料考察因素，降解性能、生物碳含量符合国家标准。负责人称，不容回避的是，可降解材料的研发虽然早已完成，但绿色包装成本高，快递企业推行的积极性不高，加上缺乏行业操作标准，导致快递包装的绿色化面临诸多难题。

据悉，全降解材料是由天然高分子纤维素、人工合成的聚己内酯等组成的，其材料可以被自然界本身具有的自净能力分解，从分解能力上看是目前绿色化包装材料最好的选择，无须担心后续处理对环境带来污染。但全降解材料最大的问题是生产成本高，其成本是普通塑料材料的3~4倍，市场接受程度低，成本的提高对最注重性价比的企业来说是采购阶段至关重要的考虑因素。

负责人称，从性价比上考虑，半降解材料比全降解材料要略胜一筹，成本一般比普通塑料高出10%左右，更容易被企业接受。半降解材料的原料从石油改为淀粉，相比之下，淀粉这一再生能源的提取来源远远比石油多。

不过，淀粉添加比例的增加还需要技术不断地创新研究。因此，快递包装应用至今，无法一蹴而就地找到解决方案。绿色化环保包装的实行，还要经过市场的不断考验，在这一过程中，需要产业上下游多方共同努力探索前行。

（资料来源：TechWeb网站，2019-1-21）

本章测试

一、名词解释题

1. 包装
2. 包装合理化
3. 绿色包装

二、简答题

1. 简述包装的功能。
2. 简述包装的分类。
3. 简述包装的技术。
4. 简述现代物流对包装的要求。

三、案例分析题

包装带动全球浆纸价格持续上涨

2015年，全球木浆价格超过2011年的峰值，这对以木浆为原料的生产商来说非常不利，尤其是包装纸生产商，其生产成本越来越高。据IBIS World预测，预计至2019年的3

年中，木浆价格将以年均5.1%的增速上涨，并传递给下游的纸张生产商，预计纸张价格将会以年均3.2%的增速上涨，最终传递给纸张的买家。

电商的持续发展、消费能力的持续增长、强化工业生产和政府支出等因素，都将扩大包装产品的需求。

1. 更高的消费支出能力

多个因素推动了消费支出的增长，一是IBIS World预测，至2019年的3年中，美国失业率将维持在经济危机以前的水平。经济状况的改善会激励创建更多的企业，以及现有企业增加雇员，创造更多的就业机会。二是预计在未来的3年中，消费者信心（根据消费者信心指数测定）将会以年均3.2%的速度提升，消费支出将会以年均3.3%的速度增长。三是预计未来3年美国人口将会以年均0.8%的速度增长。

消费支出的增长，将会带动商品需求的增长，而这些商品在运输的过程中，常常需要用到包装纸。

2. 电子商务持续发展

由于消费者更愿意将钱用于更快速的网上服务，所以互联网用户数不断增长，电子商务不断发展，预计未来3年内，电脑互联网用户将会以年均3.9%的速度增长，移动互联网用户将以年均5.0%的速度增长，电子商务销售额将会以年均2.6%的速度增长。到2019年，电子商务的销售额在所有零售商品销售额中所占比例将达10.6%，从而推动电子商务所需的各种各样包装产品（包括纸质包装产品）需求的增长。

3. 强化工业生产和商业活动

采矿业、制造业和电气行业生产测算的工业生产指数显示，预计至2019年，工业生产将以年均2.4%的速度增长，企业数量将以年均0.8%的速度增长，企业盈利将以年均2.5%的速度增长。不断增长的工业活动，将推动包装纸产品需求的增长，因为纸质包装广泛用于各类物品的运输，这是商品生产和配送必不可少的。

4. 政府支出增加

持续的经济增长，使政府支出也有所增加，这有助于包装产品需求的增长。

5. 纸质包装供应商的有利地位

对纸质包装需求的增长，使纸质包装供应商能够将上涨的木浆成本通过转移给买家，即通过提高纸张价格的方式来保护自己。

另外，由于市场上的木浆差异不大，纸张生产商会从降低产品品质风险和控制必要的研发成本的角度来选择合适的木浆供应商，所以木浆买家与卖家谈判时都有一定的筹码。如果有必要，买家可以很容易地更换木浆供应商。买家凭着较低的转换成本获得谈判筹码，因为他们既能很容易地找到一个更有价值的供应商，也能在和当前供应商谈判的过程中处于强势地位。尽管木浆价格预计在未来几年内将创历史新高，但也不全是坏消息。充分依靠包装产品需求增长和可靠的谈判筹码，包装纸生产商就能够在一个强势的位置保住他们的盈利空间。

（资料来源：中国纸业网论坛，2016-10-17）

问题：

（1）包装有哪些功能？

（2）包装材料价格上涨是否会导致物流成本发生变化？

（3）除了纸质包装材料外，还有哪些包装材料？

四、实训题

下列货物：500包方便面、600瓶饮料、20架钢琴、4台大型设备、8吨棉服、10吨大米、100吨煤炭。如果分别用汽车、火车、轮船运输，请为各商品选择包装方式。

第六章 装卸搬运

🎯 章前概述

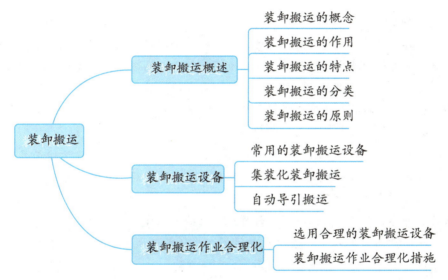

🎯 学习目标

通过本章的学习，了解装卸搬运的概念、作用；理解装卸搬运的特点，掌握如何选用合理的装卸搬运设备；掌握装卸搬运的分类、原则，了解装卸搬运设备、装卸搬运作业合理化措施。

🎯 素养目标

培养学生的安全意识，以及确保物品完好无损和无差错的工作职责。

🎯 本章导读

本章主要介绍装卸搬运的基础知识，第一节为装卸搬运概述，包括装卸搬运的概念、作用、特点、分类、原则；第二节为装卸搬运设备，包括常用的装卸搬运设备、集装化装卸搬运、自动导引搬运；第三节为装卸搬运作业合理化，包括选用合理的装卸搬运设备，以及装卸搬运作业合理化措施。

> **开篇案例**
>
> 云南双鹤药业如何优化装卸搬运环节？
>
> 云南双鹤医药有限公司（简称"云南双鹤药业"）是北京双鹤部署在西南片区的一个公司，是一个以市场为核心、现代医药科技为先导、金融支持为框架的新型公司，是西南地区经营药品品种较多、较全的医药专业公司。目前，云南双鹤药业已形成规模化的产品生产和网络化的市场销售，但其流通过程中物流管理严重滞后，造成物流成本居高不下，不能形成价格优势。这严重阻碍了物流服务的开拓与发展，成为公司业务发展的"瓶颈"。其物流管理中面临的主要问题之一就是装卸搬运费用过高。
>
> 为了控制装卸搬运成本，优化装卸搬运环节，云南双鹤药业采取了一些有效措施。
>
> **1. 在允许的情况下，减少作业环节**
>
> 每一个作业环节都需要一定的活劳动和物化劳动消耗，采用现代技术手段和实行科学管理，尽可能地减少作业环节，既有利于加快作业的进度，又有利于降低成本。
>
> （1）采用"二就直拨"的方法。
>
> 第一，就厂直拨。企业可以根据订单要求，直接到制药厂提货，验收后不经过仓库就将商品直接调运到各店铺或销售单位。
>
> 第二，就车直拨。对于外地运来的商品，企业可事先安排好短途运输工具，在原车边进行分拨，装上其他车辆，转运收货单位，省去入库后再外运的手续。
>
> （2）减少装卸搬运环节。
>
> 改善装卸作业，既要设法提高装卸作业的机械化程度，还必须尽可能地实现作业连续化，从而提高装卸效率，缩短装卸时间，降低物流成本。其合理化措施有以下几个。
>
> 第一，防止和消除无效作业。尽量减少装卸次数，努力提高被装卸物品的纯度，选择最短的作业路线等，都可以防止和消除无效作业。
>
> 第二，提高物品的装卸搬运活性指数。企业在堆码物品时事先应考虑装卸搬运作业的方便性，把分类好的物品集中放在托盘上，以托盘为单元进行存放，既方便装卸搬运，又能妥善保管物品。
>
> 第三，积极而慎重地利用重力原则，实现装卸作业的省力化。
>
> 第四，进行正确的设施布置。采用L形和U形布局，保证物品单一的流向，既避免了物品的迂回和倒流，又减少了搬运环节，从而节省了成本。
>
> **2. 重视对原有仓库的技术改造，加快实现仓储的现代化**
>
> 目前，医药行业的仓库类型主要分为生产物流中的制药原料及成品库和销售物流中的战略仓库，大多数企业倾向于采用高位货架结合窄通道高位驾驶三向堆垛叉车的立体仓库模式。在此基础上，根据实际需要，引进国外先进的仓储管理经验和现代化

物流技术，有效提高仓库的储存、配送效率和服务质量。

云南双鹤药业所采取的措施取得了可喜的成绩，降低了公司的装卸搬运成本，同时使装卸搬运环节充分衔接了物流其他各环节，从而降低了仓储、运输等成本，公司总的物流成本也有很大的降低。

（资料来源：新浪博客，账号258126105，2013-10-18）

问题： 结合案例，分析说明云南双鹤药业的业务发展"瓶颈"；面对云南双鹤药业的装卸搬运现状，你能提出哪些改进措施？

第一节　装卸搬运概述

一、装卸搬运的概念

装卸搬运是指在同一地域范围内，以改变物品的存放状态和空间位置为主要内容和目的的活动，具体包括装上、卸下、移送、拣选、分类、堆垛、入库、出库等活动。装卸搬运是伴随运输和仓储而产生的必要的物流活动，与运输产生空间效用和仓储产生时间效用不同，它本身不产生任何价值。但这并不说明装卸搬运在物流过程中不占有重要地位，事实上，物流的各环节活动，如运输和仓储等，是靠装卸搬运连接起来的。由此可见，在物流系统的合理化中，装卸和搬运活动占有主要地位，是影响物流效率、决定物流技术经济效果的重要环节。

装卸搬运的频率比其他物流环节高，费用比重也比较大。以我国为例，铁路运输始发和到达的装卸作业费占运费的20%左右，船运占40%左右。此外，进行装卸操作时往往需要接触货物，因此，这是在物流过程中造成货物破损、散失、损耗、混合等损失的主要环节。据统计，我国火车货运以500千米为分界点，运距超过500千米，运输在途时间多于起止的装卸时间；而运距低于500千米，装卸时间则超过了实际运输时间。

> **同步思考6-1**
> 装卸和搬运是同一个概念吗？二者有什么关系？

二、装卸搬运的作用

物流活动离不开装卸搬运，装卸搬运贯穿于不同物流阶段之间，是物流系统中重要的子系统之一。完成装卸搬运作业应具备劳动力（装卸工，包括机械化、自动化设备的操作、控制与管理人员）、装卸搬运设备（工具）与设施（车、船、场、库等）、工艺（作业方法）、管理信息系统、作业保障系统。

装卸搬运的作用表现在如下三个方面。

1. 装卸搬运是物流各阶段之间相互转换的桥梁

在物流各阶段（环节、功能）的前后或同一阶段的不同活动之间，都必须进行装卸搬运作业。如运输过程结束，货物要进入仓库之前，必须有装卸搬运作业。正是装卸搬运把"物"的运动的各个阶段连接起来成为连续的"流"，物流的概念才名实相符。

2. 装卸搬运（换装）连接各种不同的运输方式，使多式联运得以实现

通常，经联合运输的货物，要经过4次以上的装卸搬运与换装（多则经过十几次），其费用占运输费用的25%左右。

3. 在许多生产领域和流通领域中，装卸搬运已经成为生产过程的重要组成部分和保障系统

例如，采掘业的生产过程，实质上就是装卸搬运；在加工业和流通业中，装卸搬运是生产工艺过程中不可缺少的组成部分。调查资料显示，我国机械厂生产用于装卸搬运的成本为加工成本的15.5%。

> **同步思考6-2**
>
> 在网上购物后收到快递时，你是否遇到过货品损毁的情况？你是如何看待快递行业的"暴力搬运"问题的？这种现象应如何避免？

三、装卸搬运的特点

与生产领域和流通领域的其他环节相比，装卸搬运具有如下特点。

1. 装卸搬运是伴随生产与流通的其他环节发生的

无论是生产领域的加工、组装、检测，还是流通领域的包装、运输、储存，一般都以装卸搬运作为起始和终结。因此，无论是在生产领域还是在流通领域，装卸搬运环节都是不可缺少的，且与其他环节密不可分。

2. 装卸搬运不产生有形的产品，而是提供劳动服务

装卸搬运是生产领域与流通领域等其他环节的配套保障和服务性作业。

3. 装卸搬运没有提高作业对象（物）的价值和使用价值的功能

装卸搬运既不改变作业对象的物理、化学、生物等方面的性质，也不改变作业对象的相互关系，所以不会提高作业对象的价值和使用价值。

4. 装卸搬运作业具有均衡性与波动性

生产领域的装卸搬运必须与生产活动的节拍一致，表现为与生产过程均衡性、连续性的一致性；流通领域的装卸搬运，虽力求均衡作业，但随着车船的到发和货物出、入库的不均衡，作业是突击的、波动的、间歇的，因此，装卸搬运作业应具有适应波动性的能力。

5. 装卸搬运作业具有复杂性与延展性

通常认为，货物装卸搬运改变物料存放状态和位置者居多，作业比较单纯，但它经常和运输、存储紧密衔接，除卸搬运外，还要同时进行堆码、装载、加固、计量、取样、检验、分

垛等作业，以保证充分利用载运工具、仓库的载重能力与容量，因此作业是比较复杂的。

四、装卸搬运的分类

（一）按装卸搬运作业场所分类

根据装卸搬运作业场所的不同，流通领域的装卸搬运基本可分为车船装卸搬运、港站装卸搬运、库场装卸搬运三大类。

1. 车船装卸搬运

车船装卸搬运是指在载运工具之间进行的装卸、换装和搬运作业，主要包括汽车在铁路货场和站台旁的装卸搬运、铁路车辆在货场及站台的装卸搬运、装卸搬运时进行的加固作业，以及清扫车辆、揭盖篷布、移动车辆、检斤计量等辅助作业。

2. 港站装卸搬运

港站装卸搬运是指在港口码头、车站、机场进行的各种装卸搬运作业，主要包括码头前沿与后方之间的搬运，港站堆场的堆码、拆垛、分拣、理货、配货、中转作业等。

> **课外资料6-1**
>
> 2015年9月6日13：37左右，靠泊于宁波某码头的某轮在装完沥青扫线后，右4#货舱观察孔发生冒舱，约6.08吨沥青溢至主甲板，其中约0.6吨入海，造成附近海域污染。
>
> 当事船舶未按制度要求对扫线作业操作与码头方进行具体的协商和约定，且大副没有充分考虑上一航次卸货、扫线可能导致右4#舱内水汽聚集，在装货前的验舱过程中对于右4#舱的残液及水量失察，而且仍把右4#舱作为扫线接卸货舱，导致在扫线后半段，扫线气体进入该舱，搅动舱内液货，使分布的小水汽气泡聚合，同时未汽化的水分与高温货物充分接触、快速汽化，导致液货膨胀，发生冒舱事故。
>
> （资料来源：搜狐网"宁波海事"搜狐号，2018-7-18）

3. 库场装卸搬运

库场装卸搬运通常是指在货主的仓库或储运公司的仓库、堆场、物品集散点、物流中心等处进行的装卸搬运作业。库场装卸搬运经常伴随物品的出库、入库和维护保养活动，其操作内容多以堆垛、上架、取货为主。

> **同步思考6-3**
>
> 李先生将3件总重120千克的物品从江苏徐州发到临海，快递单上写明运费100元。几天后，李先生前往临海某物流中心取货时，却发现物流货物托运单上的运费变成了120元，比寄件时多了20元。物流中心工作人员表示，因为李先生的物品比较重，需要使用叉车进行装卸，使用一次叉车就要收取10元的费用，由于使用了两次，就需要收取20元的装卸费。你认为额外收取的装卸费合理吗？为什么？

(二) 按装卸搬运作业方式分类

1. 吊上吊下方式

吊上吊下方式是采用各种起重机械从物品上部起吊,依靠起吊装置的垂直移动实现装卸,并在吊车运行、回转的范围内实现搬运或依靠搬运车辆实现搬运。吊起及放下属于垂直运动,这种装卸方式属于垂直装卸。

2. 叉上叉下方式

叉上叉下方式是采用叉车从底部托起物品,并依靠叉车的运动进行物品位移搬运,完全靠叉车本身,物品可不中途落地而直接放置到目的处。这种方式垂直运动不大,主要是水平运动,属水平装卸方式。

3. 滚上滚下方式

滚上滚下方式主要是指在港口对船舶物品进行水平装卸搬运的一种作业方式。使用此种装卸搬运作业方式时,一般先在装货港用拖车将半挂车或平车拖上船舶,完成装货作业;待载货车辆连同物品一起由船舶运到目的港后,再用拖车将半挂车或平车拖下船舶,完成卸货作业。

4. 移上移下方式

移上移下方式是指在两车之间进行靠接,然后利用各种方式,不使物品垂直运动,而靠水平移动从一个车辆推移到另一车辆上的装卸搬运方式。这种方式需要使两种车辆水平靠接,因此,对站台或车辆货台须进行改变,并配合移动工具实现。

5. 散装散卸方式

散装散卸方式是指对散状物品不加包装直接进行装卸搬运的作业方式。在采用散装散卸方式时,物品在从起始点到终止点的整个过程中不再落地。它是将物品的装卸与搬运作业连为一体的作业方式。

(三) 按装卸搬运作业对象分类

1. 单件装卸

单件装卸指的是将非集装按件计的货物逐个进行装卸操作的作业方法。单件作业对机械、装备、装卸条件要求不高,因而机动性较强,可以在很广泛的地域内进行,不受固定设施、设备的地域局限。单件作业采取人力装卸、半机械化装卸及机械装卸。由于逐件处理,装卸速度慢;且装卸要逐件接触货体,因而容易出现货损;反复作业次数较多,也容易出现货差。

2. 集装作业

集装作业是对集装货载进行装卸搬运作业的方法。集装作业和单件装卸都是按件处理,但集装作业的"件"的单位大大高于单件作业。集装作业一次作业装卸量大,装卸速度快,且在装卸时并不逐个接触货体,而仅对集装体进行作业,因而货损较小,货差也较小。集装作业的对象范围较广，一般除特大、重、长的货物和粉、粒、液、气状货物外，都可以进行集装。粉、粒、液、气状货物经一定包装后，也可集合成大的集装货载；特大、重、长的货物，经适当分解处置后，也可采用集装方式进行装卸。集装作业有托盘装卸、集装箱装卸、集装网袋装卸和挂车装卸等。其他集装装卸方式还有滑板装卸、无托盘集装装卸、集装罐装卸等。

3. 散装作业

散装作业指对大批量粉状、粒状货物进行无包装散装、散卸的装卸方法。装卸既可连续进行，也可采取间断的装卸方式，但是都需要采用机械化设施、设备。在特定情况下且批量不大时，也可采用人力装卸。散装作业方法主要有气力输送装卸、重力装卸、机械装卸等。

（四）按装卸搬运作业内容分类

1. 堆放拆垛作业

堆放作业是指把物品移动或举升到装运设备或固定设备的指定位置，再按所要求的状态放置的作业；而拆垛作业则是其逆向作业，比如，用叉车进行叉上叉下作业，将物品托起并放置到指定位置，如卡车车厢中、集装箱内、货架或地面上等；再如，利用各种吊车进行吊上吊下作业，将物品从轮船货仓、火车车厢、卡车车厢中吊出或吊进。

2. 分拣配货作业

分拣是在堆垛作业前后或配送作业之前把物品按品种、出入先后顺序、货流进行分类，再放到指定地点的作业。而配货则是把物品从所在的位置按品种、下一步作业种类、发货对象进行分类的作业。一般情况下，配货作业多由人工进行，但是由于多品种、小批量的物流形态日益发展，对配货速度要求越来越高，以高速分拣机为代表的机械化作业逐渐增多。

3. 挪动移位作业

挪动移位作业，即狭义的装卸搬运作业，包括水平、垂直、斜行搬送，以及几种组合的搬送。在水平搬运方式中，广泛应用辊道输送机、链条输送机、悬挂式输送机、皮带输送机以及手推车、无人搬运车等设备。从搬运方式来分，有连续式和间歇式；对于粉状和液体物质，也可以用管道进行输送。

五、装卸搬运的原则

在物流活动中，组织装卸搬运工作应遵循以下原则。

1. 有效作业原则

有效作业原则是指所进行的装卸搬运作业是必不可少的，要尽量减少和避免不必要的装卸搬运，只做有用功，不做无用功。

2. 集中作业原则

集中作业包括搬运场地的集中和作业对象的集中。前者是在有条件的情况下，把作业量较小的、分散的作业场地适当集中，以利于装卸搬运设备的配置及使用，提高机械化作业水平，以及合理组织作业流程，提高作业效率；后者是把分散的、零星的货物汇集成较大的集装单元，以提高作业效率。

3. 简化流程原则

简化装卸搬运作业流程包括两个方面：一是尽量实现作业流程在时间和空间上的连续性；二是尽量提高货物放置的活载程度。

4. 安全作业原则

在装卸搬运作业流程中，不安全因素比较多，必须确保作业安全。作业安全包括人身安全、设备安全，应尽量减少事故。

> **课外资料6-2**
>
> 2017年6月18日12：15左右，靠泊于宁波某码头的L轮在装沥青扫线结束后15分钟左右，右4#货舱观察孔发生冒舱事故，少量沥青溢至主甲板。
>
> 当事船舶忽视所载货物特性和可能存在的风险，且大副没有充分考虑上一航次卸货、扫线可能导致的货舱和管线内水汽聚集，对右4#舱或管线内存留的水量没有充分观察和评估，导致在扫线过程中少量水混入高温货油并充分与高温货油接触、快速汽化，导致液货膨胀，发生冒舱事故。
>
> （资料来源：搜狐网"宁波海事"搜狐号，2018-7-18）

5. 系统优化原则

装卸搬运作业组织的出发点是实现装卸搬运的合理化，而其合理化的目标是系统的整体优化，要充分发挥系统中各要素的功能，从作业质量、效率、安全、经济等方面对装卸搬运系统进行评价。

第二节　装卸搬运设备

> **案例导入**
>
> **联华的装卸搬运设备**
>
> 联华公司创建于1991年5月，是上海首家发展连锁经营的商业公司，经过11年的发展，已成为中国最大的连锁商业企业，2001年销售额突破140亿元，连续3年位居全国零售业第一。联华公司的快速发展，离不开高效便捷的物流配送中心的大力支持。目前，联华共有4个配送中心，分别是2个常温配送中心、1个便利物流中心、1个生鲜加工配送中心，总面积7万余平方米。

联华便利物流中心总面积8 000平方米,由4层楼的复式结构组成。为了实现货物的装卸搬运,配置的主要装卸搬运机械设备主要为:电动叉车8辆、手动托盘搬运车20辆、垂直升降机2台、笼车1 000辆、辊道输送机5条、数字拣选设备2 400套。

在装卸搬运时,操作过程如下:卸下来货后,将其装在托盘上,由手动叉车将货物搬运至入库运载处,入库运载装置上升,将货物送上入库输送带。当接到向第一层搬送指示的托盘在经过升降机平台时,不再上下搬运,直接从当前位置经过一层的入库输送带自动分配到一层入库区等待入库;接到向二至四层搬送指示的托盘,将由托盘垂直升降机自动传输到所需楼层,当升降机到达指定楼层时,由各层的入库输送带自动搬送货物至入库区。货物下平台时,由叉车从输送带上取下托盘入库。出库时,根据订单进行拣选配货,拣选后的出库货物用笼车装载,由各层平台通过笼车垂直输送机送至一层的出货区,装入相应的运输车上。先进实用的装卸搬运系统,为联华便利店的发展提供了强大的支持,使联华便利物流运作能力和效率大大提高。

(资料来源:新浪博客,账号258126105,2013-10-18)

问题:结合案例,分析联华公司装卸搬运系统的优势,谈谈装卸搬运设备的重要性。

装卸搬运是物流的主要职能之一,物流的每一环节都是以装卸搬运为起点和终结的。物流现代化在很大程度上取决于装卸搬运的机械化和自动化。装卸搬运设备是装卸搬运现代化的主要标志之一,对设备类型、机械特征、主要参数的了解是使用和选择装卸搬运设备必须具备的条件。

一、常用的装卸搬运设备

常用的装卸搬运设备主要有装卸搬运机械和容器。

(一)装卸搬运机械

装卸搬运机械主要包括以下几种。

1. 起重类

起重类装卸搬运机械是将货物吊起在一定范围内进行水平移动的机械,是在采用输送机之前被广泛使用的具有代表性的装卸搬运机械。按其结构或形状可分为悬臂起重机、桥形起重机、集装箱起重机、巷道堆垛机或库内理货机、汽车起重机、龙门起重机等。

2. 输送机类

输送机按照自动化水平可分为无动力式(重力式)、半自动化、自动化及无人化四种;按照形式的不同,可分为滚筒输送机、皮带输送机、隔板输送机、悬吊式输送机、可累积式输送机、链条输送机、可伸缩式输送机、自动分类输送机、垂直输送机等。

3. 升降机类和绞车类

升降机和绞车是使物体进行垂直方向移动的机械。升降机广泛应用于多层楼房仓库;

绞车是使用缆绳和链条吊升重物的装置，有电动和手动两种。

4. 车辆类

在厂区、仓库、运输的起讫点内专用于搬运的车辆统称为工业车辆。工业车辆有用内燃机做动力的，也有使用电池组驱动的，主要包括叉车、拖车、卡车、手推车、手推托盘车等搬运车或跨运车（将集装箱等大型货物吊在门形架内进行搬运的车辆，常用在集装箱码头上）等。

5. 其他机械

其他机械包括托盘码垛机、托盘卸垛机、跳板、跳板调平器及无人搬运车。无人搬运车是用在物流中心的内部搬运作业中，搬运速度快，噪声低，甚至可以完全由计算机直接控制的搬运车系统。

（二）搬运容器

由于处理的时段、货物的特征等不同，所使用的搬运容器也不同。常见的容器主要包括以下几种。

1. 包装纸箱

包装纸箱使用不同的材质及瓦楞纸板。

2. 塑料箱

塑料箱种类很多，有固定式的，也有折叠式的。塑料箱最重要的性质是其强度及平面度，它们会对搬运产生一定影响。

3. 托盘

托盘是物流领域中为适应装卸机械化而发展起来的一种集装器具，它是为了使物品能有效地装卸、运输、保管，将其按一定数量组合放置于一定形状的台面上。这种台面有供叉车或堆垛机从下部叉入并将台板托起的叉入口，便于叉车和堆垛机叉取和存放。以这种结构为基本结构的平板、台板和各种形式的集装器具都可统称托盘。托盘根据其结构特征可分为平托盘、网箱托盘、箱式托盘、柱式托盘、轮式托盘等。

> **课外资料6-3**
>
> **日日顺大件物流智能设施设备**
>
> 日日顺大件物流智能无人配送中心项目占地面积238亩（1亩≈666.67平方米），有两栋物流仓库，高度为22米，总货位数为14 000个，拆零拣选及发货区面积为10 000平方米。整体依托自动化立体仓库、机器人、AGV等一系列互联互通、自主控制的智能设施设备，在WMS、WCS、TMS等业务运作智能系统的调度下，实现仓储、运输、配送各环节作业的智能高效运行，助力大件物流智能自动化转型升级。
>
> **1. "鹰眼侦察兵"——全景五面扫**
>
> "多维度洞察的能力，造就了我看清万物的实力。"完成产品精准分辨的全景五面

扫是黑科技的第一步。它采用的线性工业相机配备高灵敏度CMOS图像传感器，在物体高速运动状态下也能提供超高清晰度的图像，将信息采集效率稳步提高80%以上。每天，2.4万件大商品经过它扫描入库，在极大提高进仓速度的同时，还为运营分析提供出色的平台，顺利实现数据智能化。全景五面扫如图6-1所示。

图6-1　全景五面扫

2. "先锋麒麟臂"——关节机器人

"靠着雷霆万钧之臂，将繁重的码垛压力一肩扛起。"产品到达分支线上，实现仓内高效码垛的强大支撑——关节机器人就亮相了。它可以配合3D与2D视觉实现场景实时定位，而多种算法的控制也保障了动作起落间的自主避障。在关节机器人的运作下，产品被安全放至对应托盘，完成码垛。关节机器人如图6-2所示。

图6-2　关节机器人

3. "自驱精算师"——自动立体库堆垛机

"时刻洞悉大数据，精准预测，自动调整，才能在空间延伸中收放自如。"这是入库的最后一环，也是一眼就让人觉得空间可以无限延伸的存在。自动立体库堆垛机利用激光导航和条形码导航完成托盘自动上下架，同时，通过大数据分析对订单和库存进行预测，倒逼营销及时调整，并根据预测结果对库区进行冷热区调整。此外，它所实现的密集存储，可以在简便操作的基础上，最大限度挖掘空间存储能力。自动立体库堆垛机如图6-3所示。

图6-3 自动立体库堆垛机

4. "精英投掷手"——龙门拣选机器人

"有了快速锁定目标的实力，才有精准投掷的魅力。"在出库环节，大件物流领域首次使用龙门机械手进行产品订单全自动分拣的尝试在这里实现了。龙门拣选机器人借助3D机器视觉识别对产品在库内运动造成的位移进行视觉补偿，并通过算法解析位置反馈至控制系统，进而打破空间桎梏，快速锁定目标。龙门拣选机器人如图6-4所示。

图6-4 龙门拣选机器人

5. "英勇护卫团"——AGV激光导引

"凭着钢铁般的身躯，将万物护送到终点。"这是24小时穿梭在仓内完成最终输送使命的繁忙机器人。凭借其超高的灵活性，AGV地面控制系统接收指令后可以对车辆进行自由调度和任务分配，接收到指令的AGV再通过算法控制和监控平台计算任务最优路径，实现路径的实时优化、变更及避障，保证运输效率与安全。AGV激光导引如图6-5所示。

图 6-5　AGV 激光导引

6. "中枢智慧大脑"——数字孪生

"洞悉全仓运作细节,实现远程操控运筹帷幄的智慧。"这是无人仓的黑科技核心——集监控、决策、控制于一体的数字孪生。可以根据实时数据,对全仓进行调配安排,充分发挥设备的集群效应,保障运行效率最优。数字孪生如图6-6所示。

图 6-6　数字孪生

(资料来源:360doc 个人图书馆,2020-6-18)

二、自动导引搬运

目前,我国多数物流中心采用的是人工搬运和机械化搬运相结合的手段,但以信息化为前提的智能化和集成化是物流中心搬运作业的发展方向。

自动导引车(Automatic Guided Vehicle,AGV)是由电力驱动并由计算机控制其任务分派、行走路径和定位的无人驾驶车辆。自动导引车系统(Automatic Guided Vehicle System,AGVS)经常用于自动存取货系统的自动化仓库中。使用 AGVS 的优点在于:降低搬运费用,减少由搬运造成的产品损坏,提高安全性,具有可以和其他自动化设备联合使用的能力及良好的可靠性。

 课外资料6-4

部分常见的装卸搬运设备

1. 固定平台搬运车

固定平台搬运车采用进口速度控制器实现无级调速,高效、可靠、静音,具有按顺序操作、过电压及欠电压保护功能,实现故障自动检测,诊断并在线自动显示。固定平台搬运车如图6-7所示。

图6-7 固定平台搬运车

2. 剪叉式升降机

剪叉式升降机是用途广泛的高空作业专用设备。它的剪叉式机械结构,使升降台起升后有较高的稳定性;宽大的作业平台和较高的承载能力,使高空作业范围更大,并适合多人同时作业。它使高空作业效率更高、更安全,是用途广泛的高空作业升降设备。剪叉式升降机如图6-8所示。

图6-8 剪叉式升降机

3. 曲臂式升降机

曲臂式升降机是折臂式升降机的更新换代产品,能悬伸作业、跨越一定的障碍或在一处升降,可进行多点作业。曲臂式升降机可360度旋转,平台载重量大,可供两人或多人同时作业,并可搭载一定的设备;升降平台移动性好,转移场地方便;外形美观,适用于车站、码头、商场、体育场馆、小区物业、厂矿车间等大范围作业。曲臂式升降机如图6-9所示。

图 6-9 曲臂式升降机

4. 固定式升降机

固定式升降机升降稳定性好,不能移动,只能固定进行作业,使高空作业变得轻而易举。固定式升降机主要用于生产流水线间或楼层间的货物运送物料上线、下线;工件装配时调节工件高度;高处给料机送料;大型设备装配时举升部件;大型机床上料、下料;在仓储装卸场所与叉车等搬运车辆配套进行货物快速装卸等。固定式升降机如图 6-10 所示。

图 6-10 固定式升降机

5. 固定式液压登车桥

固定式液压登车桥是实现货物快速装卸的专用辅助设备,它的高度调节功能使货车与库房的货台之间架起一座桥梁,叉车等搬运车辆通过它能直接驶入货车内部进行货物的批量装卸,仅需单人作业即可实现货物的快速装卸。它使企业减少大量劳动力,提高工作效率,获取更大经济效益。固定式液压登车桥如图 6-11 所示。

图 6-11 固定式液压登车桥

6. 移动式液压登车桥

移动式液压登车桥是与叉车配合使用的货物装卸辅助设备,可根据汽车车厢的高度来调节自身高度,叉车可以直接通过本设备驶入车厢内部批量作业。设备采用手动液压方式,无须外接电源,省时省力,可提高工作效率。移动式液压登车桥如图6-12 所示。

图 6-12 移动式液压登车桥

7. 叉车

叉车是工业搬运车辆,是指对成件托盘货物进行装卸、堆垛和短距离运输作业的各种轮式搬运车辆。国际标准化组织 ISO/TC110 工业车辆技术委员会称其为工业车辆。叉车常用于仓储大型物件的运输,通常使用燃油机或者电池驱动。叉车如图 6-13 所示。

图 6-13 叉车

8. 堆高车

堆高车结构简单、操控灵活、微动性好、防爆、安全性能高,可广泛应用于石油、化工、制药、轻纺、军工、油漆、颜料、煤炭等工业,以及港口、铁路、货场、仓库等含有爆炸性混合物的场所,并可进入船舱、车厢和集装箱内进行托盘货物的装卸、堆码和搬运作业,适用于狭窄通道和有限空间内的作业,是高架仓、车间装卸托盘化的理想设备。堆高车如图 6-14 所示。

图 6-14　堆高车

9. 双驱牵引车半挂车

双驱牵引车半挂车前面有驱动能力的车头叫牵引车，后面没有驱动能力的车叫挂车，挂车是被牵引车拖着走的。牵引车和挂车的连接方式有两种：第一种是挂车的前面一半搭在牵引车后段的牵引鞍座上，牵引车后面的桥承受挂车的一部分重量，这是半挂；第二种是挂车的前端连在牵引车的后端，牵引车只提供向前的拉力，拖着挂车走，但不承受挂车向下的重量，这是全挂。双驱牵引车半挂车如图 6-15 所示。

图 6-15　双驱牵引车半挂车

10. 自动式龙门吊（跨车）

自动式龙门吊（跨车）是车体跨在货物的上方，利用专用的工作装置装卸堆垛和短距离搬运物料的起升车。通用跨车用于港口、车站和冶金、建筑等企业搬运木材、钢管、钢材、混凝土制品等长形货物，也可用于搬运金属板和装在托盘上的单元货物，装上隔热罩后还可搬运高温钢坯和铸件。自动式龙门吊（跨车）如图 6-16 所示。

图6-16 自动式龙门吊(跨车)

(资料来源:金婕. 物流学概论 [M]. 大连:东北财经大学出版社,2015.)

第三节　装卸搬运作业合理化

案例导入

百事公司全自动装卸方案"威力"释放

在快速消费品行业,企业物流效率的提升对企业发展意义非凡,为配合精益化生产的管理理念,企业寻求自动化操作是助力发展的有效手段。荷兰百事公司采用了一套全新的自动化装卸解决方案,使公司装卸效率大大提升,原来装卸工作需要大约40分钟,如今只需7分钟。其威力何在?

一、百事公司简介

百事公司是全球第四大饮料和休闲食品企业,总部位于纽约,在全球100多个国家设有分公司和工厂,旗下22个品牌的年零售额都在10亿美元以上。

百事公司荷兰 Broek op Langedijk 工厂有标准长度13.6米的拖车和25.25米的超长卡车(通常被称为 Eurocombis)往返于工厂和乌特勒支 Kühne+Nagel (仓储中心)之间,两地相距92.3千米,途中需行驶约60分钟。工厂传统装卸以叉车和人工为主,平均每装卸一辆车需40分钟,占总运输时间的40%。为了提高企业物流效率,满足精益化生产管理理念,百事公司不得不通过节省装卸时间来提高搬运、运输等环节效率,以节约成本。

二、百事公司装卸搬运合理化措施

易载英国总部根据百事公司需求,提供了卡车自动化装卸系统解决方案。方案由两部分组成:一部分装卸主体设备被安装在卡车内部,另一部分被集成在装卸平台上,输送设备在卡车和装卸货平台之间协同工作,最终完成自动化装卸操作。为此,百事公司的装卸流程被重新梳理为五个:码垛、卡车—平台对接、卡车长度测量、全自动装箱、解锁驶离。

第一,码垛环节。根据百事公司货车类型,货物可被分成3个托盘组:第一组16托盘、第二组10托盘、第三组16托盘。带托盘货物通过立库输送系统依次输送到自动装卸平台上。平台上的滚轨式传送系统将货物移动到平台相应位置并进行最佳间距调整,货物在平台上装载调整完成后将自动整体移至平台前端等待装箱。

第二,卡车—平台对接。待装货柜车到达后,倒车进入平台对接位进行车辆—平台对接。对接完成后,车辆位置即被平台锁定。

第三,卡车长度测量。自动装卸平台卷帘门打开后,两台支架固定的激光扫描仪自动下降,开始测量卡车对接角度及卡车车厢长度。若感应器检测出车厢深13.6米(可容纳26托盘),第一组16托盘和第二组10托盘会自动装箱;若感应器检测出车厢深25.5米(可容纳42托盘),系统会自动将3组共42托盘全部装载入厢。

第四,全自动装箱。卡车司机须确认托盘位置准确,并在按照操作流程完成安全检查后,按下控制台装箱按钮进行自动装箱。装箱按钮按下后,托盘限位卡销自动降下,气动滑轨开始充气,待装箱货物完成整体提升,托盘升离平台后,滑轨开始滑入车厢轨道,待货物完全进入车厢后,气动滑轨开始放气,货物整体卸载到车厢内,滑轨缩回平台完成货物装箱。

第五,解锁驶离。完成装箱后,卡车司机手动解开车辆位置锁,车辆即可驶离平台。

三、百事公司装卸搬运合理化效果

1. 节约装卸搬运时间

百事公司安装自动化装卸系统后,自动装卸与传统的叉车装卸用时40分钟相比,节约了约85%的时间。其中,车辆和平台对接约1分钟;装载人员根据操作流程进行货物以及安全检查约1分钟;货物提升并装箱约2.5分钟;滑轨下降及缩回约2分钟;解除安全销,关闭车厢门并驶离约0.5分钟。整体装箱时间总计约7分钟。这样,运输车辆的租赁成本相应减少50%。对于往返于工厂和仓库之间仅92.3千米的距离而言,节约的时间可充分利用,百事公司平均每辆车每天往返班次增加了一倍。

2. 叉车和人工投入减少

百事公司工厂产品从生产到装车全部实现自动化无缝对接,减少了工厂内10台叉车的使用。并且,此前使用传统的叉车作业方式,公司安排了7名轮班装卸工人。应用此方案后,只需要1名卡车司机就可对接平台与车辆,轻松完成装卸作业。

3. 百事公司装卸平台缩减至2条

由于装卸平台吞吐量大幅增加,公司原先有7条装卸平台,现只需使用2条自动化装卸线即可满足出货需求。

4. 场地空间大幅节省

装卸平台紧凑，与自动化立体库直接对接，节省工厂和仓库的场地。货物周转更加集中，缩小仓库的需求面积；货物进出站台更加迅速，直接减少货物的缓冲库存，为百事公司工厂的发展预留空间。

5. 工作环境更加安全

整个装卸流程，无须使用叉车，装卸环境更加井然有序，能保证设备、物品以及工作人员的安全。

（资料来源：第一物流网，2015-5-15）

问题：

（1）装卸搬运作业合理化有什么作用？请结合案例，谈谈你的想法。

（2）针对百事公司装卸搬运存在的问题，你还有哪些装卸搬运合理化建议？

在装卸搬运活动中，为了改善对物资进行装卸搬运的管理，要选用合理的装卸搬运方法和设备，同时应采用相应的合理化措施。

一、选用合理的装卸搬运设备

装卸搬运设备的选择应以经济合理、提高效率、降低费用为原则，根据不同类别物品的装卸搬运特征和要求、物流过程输送和仓储作业的特点，在正确估评装卸搬运机械使用效益的基础上，合理选择装卸搬运机械。

选择装卸机械的考虑因素，主要集中在以下几点。

1. 吞吐量

无论在车站、码头还是在仓库等物流作业现场，吞吐量都是装卸搬运作业量核定的最基本因素。

2. 堆码、倒搬作业量

在装卸作业现场，物资并不都是经过一次装卸作业就能完成入港、离港、入库、出库、入站、出站等作业的。由于货场的调整、保管的需要、发运的变化等因素，往往需要对物资进行必要的堆码、倒搬作业。堆码、倒搬的次数越多，装卸作业量也就越大，这部分装卸作业量当然是越少、越接近于零就越好。

3. 装卸作业量

装卸作业会直接受物资流动的不均衡的影响，这就导致装卸搬运作业机械在使用上可能产生忙闲程度的不同。为了适应装卸作业现场可能出现的高峰期，机械作业能力应对此有充分必要的准备。

另外，还应注意装卸作业的选择应以满足现场作业为前提，装卸机械的选择应以现场作业量、物资特性为依据。同时，在能完成同样作业效能的前提下，应选性能好、节省能源、便于维修、有利于环境保护、利于配套、成本较低的装卸机械。

二、装卸搬运作业合理化措施

装卸搬运作业合理化是指科学合理地组织装卸搬运过程,尽量减少用于装卸搬运的劳动消耗,降低产品和物流成本。常用的合理化措施包括以下四种。

1. 消除无效搬运

提高搬运纯度,只搬运必要的物资,如有些物资在去除杂质之后再搬运比较合理;避免过度包装,减少无效负荷;提高装载效率,充分发挥搬运机器的能力和装载空间;中间的物件可以填装其他小物品再进行搬运;减少倒搬次数,因为作业次数增多不仅浪费人力、物力,还增加了物品损坏的可能性。

2. 提高搬运的灵活性

物品的放置要利于下次搬运,在装上时要考虑便于卸下,在入库时要考虑便于出库。例如,装于容器内并垫放的物品较散放于地面的物品易于搬运。此外,充分利用重力来移动物品,避免反复从地面搬起重物,避免人力抬运或搬送物品。

3. 合理利用机械

装卸搬运的机械化能把职工从繁重的体力中解放出来,尤其对于危险品的装卸作业或人力无法操作的作业,机械化能保证人和货物的安全。为了提高生产率、安全性、服务性和作业的适应性等,应将人力操作转由机械来实施,而人可以在更高级的工作中发挥作用。

4. 集装单位化

将零放物体归整为统一的集装单元称为集装单位化。由于搬运单位变大,可以发挥机械的效能,提高作业效率,搬运方便,灵活性好;负载的大小均匀,有利于实现作业标准化;在作业过程中避免物品损坏,对保护被搬运的物品有利。

装卸搬运

 本章测试

一、简答题

1. 简述装卸搬运的特点。
2. 简述装卸搬运的方式。
3. 简述装卸搬运的原则。

二、论述题

装卸搬运如何实现合理化?

三、案例分析题

内蒙古蒙牛乳业泰安有限公司乳制品自动化立体仓库,是蒙牛乳业公司委托太原刚玉物流工程有限公司设计制造的第三座自动化立体仓库。该库后端与泰安有限公司乳制品生产线相衔接,与出库区相连接,库内主要存放成品纯鲜奶和成品瓶酸奶。库区面积 8 323 平方米,货架最大高度 21 米，托盘尺寸 1 200 毫米×1 000 毫米，库内货位总数 19 632 个。其中，常温区货位 14 964 个，低温区货位 4 668 个。入库能力 150 盘/小时，出库能力 300 盘/小时。

一、工艺流程及库区布置

根据用户对存储温度的不同要求，该库划分为常温和低温两个区域。常温区保存鲜奶成品，低温区配置制冷设备，恒温 4℃，存储瓶酸奶。按照生产—存储—配送的工艺流程及奶制品的工艺要求，经方案模拟仿真优化，最终确定库划分为入库区、储存区、托盘（外调）回流区、出库区、维修区和计算机管理控制室 6 个区域。

（1）入库区由 66 台链式输送机、3 台双工位高速梭车组成。链式输送机负责将生产线码垛区完成的整盘货物转入各入库口；双工位穿梭车则负责将生产线端输送机输出的货物向各巷道入库口进行分配、转动及空托盘回送。

（2）储存区包括高层货架和 17 台巷道堆垛机。高层货架采用双托盘货位，完成货物的存储功能。巷道堆垛机则按照指令完成从入库输送机到目标的取货、搬运、存货及从目标货位到出货输送机的取货、搬运、出货任务。

（3）托盘（外调）回流区分别设在常温储存区和低温储存区内部，由 12 台出库口输送机、14 台入库口输送机、巷道堆垛机和货架组成。利用这些设施设备可分别完成空托盘回收、存储、回送，外调货物入库，剩余产品或退库产品入库、回送等工作。

（4）出库区设置在出库口外端，分为货物暂存区和装车区，由 34 台出库用输送机、叉车和运输车辆组成。叉车司机通过电子看板、RF 终端扫描来完成装车作业，反馈发送信息。

（5）维修区设在穿梭车轨道外一侧，在某台穿梭车更换配件或处理故障时，其他穿梭车仍旧可以正常工作。计算机控制室设在二楼，用于出入库登记、出入库高度、管理和联机控制。

二、设备选型及配置

（一）有轨巷道堆垛机

1. 设备配置

有轨巷道堆垛机主要由多发结构、超升机构、货叉取货机构、载货台、断绳案例保护装置、限速装置、过载与松绳保护装置以及电器控制装置等组成。

2. 控制方式

（1）手动控制。手动控制是指由操作人员通过操作板的按钮和万能转换形状，直接操作机械运作，包括水平运行、载货台升降、货叉伸缩三种动作。

（2）单机自动控制。单机自动控制是指操作人员在出入库端通过堆垛机电控柜上的操作板，输入入（出）库指令，堆垛机将自动完成入（出）库作业，并返回入（出）库端待令。

（3）在线全自动控制。在线全自动控制是指操作人员在计算机中心控制室，通过操作终端输入入（出）库任务或入（出）库指令，计算机与堆垛机通过远红外通信连接将入（出）库指令下达到堆垛机，再由堆垛机自动完成入（出）库作业。

（二）输送机

输送机的整个输送系统由两套 PLC 控制系统控制，与上位监控机相连，接收监控机发出的作业命令，返回命令的执行情况和子系统的状态等。

（三）双工位穿梭车

系统完成小车的高度，其中一工位完成成品货物的接送功能，另一工位负责执行委员会的拆卸分配。主要技术参数有：

安定载荷：1 300 千克；

接送货物规格：1 200 毫米×1 000 毫米×1 470 毫米（含托盘）；

拆最大空托盘数：8 个；

空托盘最大高度：1 400 毫米；

运行速度：5～160 米/分（变频调速）；

输送速度：12.4 米/分。

（资料来源：数字化企业网，2017-3-21）

问题：

（1）结合案例，分析内蒙古蒙牛乳业泰安有限公司乳制品自动化立体仓库的优势；

（2）其装卸搬运是否合理？为什么？

第七章 流通加工

章前概述

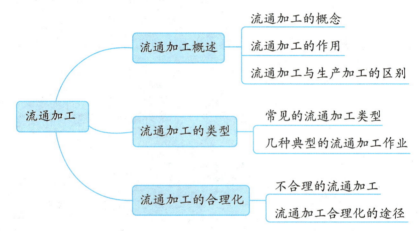

学习目标

通过本章的学习，了解流通加工与生产加工的区别；理解流通加工的概念、作用，以及流通加工的类型；掌握流通加工合理化的途径。

素养目标

培养学生在流通加工环节分析问题和决策设计的能力，培养学生的责任感和风险意识。

本章导读

流通加工在物流与供应链中具有非常重要的作用，能弥补生产加工的不足，同时为流通部门增加收益，为合理化配送创造条件。本章对流通加工的相关知识进行介绍，主要包括流通加工的概念、作用、与生产加工的区别；流通加工的类型、不合理的流通加工及流通加工合理化的途径。

> **开篇案例**
>
> 阿迪达斯流通加工的超级市场
>
> 阿迪达斯公司在美国有一家超级市场，设立了组合式鞋店，摆放的不是做好了的鞋，而是半成品，款式、花色多样，有 6 种鞋跟、8 种鞋底，鞋面的颜色以黑、白为主，搭带的颜色有 80 种，款式有 100 多种。顾客可任意挑选自己喜欢的各个部位，交给职员当场进行组合。只要 10 分钟，一双崭新的极具个性化的鞋便交到顾客手中。这家鞋店昼夜营业，职员技术熟练，鞋子的售价与成批制造的价格差不多。因此，顾客络绎不绝，销售金额比邻近的鞋店多 10 倍。
>
> （资料来源：问答库）
>
> **问题：** 流通加工对阿迪达斯的作用及现实意义是什么？

第一节　流通加工概述

一、流通加工的概念

所谓流通加工，就是商品在从生产者向消费者流通的过程中，为了方便流通、方便运输、方便储存、方便销售、方便用户，在保证产品使用价值不发生改变的前提下，对产品进行简单的组装、剪切、套裁、贴标签、刷标志、分装、检量、打孔等加工作业。流通加工活动放在物流过程中完成，成为物流的一个组成部分。在现代物流中，虽然流通加工不能与运输、仓储等主要功能要素相比拟，但它能起到运输、仓储等要素无法起到的作用。流通加工是一种低投入、高产出的加工方式，往往可以通过这种简单的加工解决大问题。实践证明，有的流通加工通过改变装潢便使商品档次跃升而充分实现其价值，有的流通加工可使产品利用率一下子提高 20%～50%。因此，流通加工是物流企业的重要利润源，在物流中的地位是非常重要的，属于增值服务范围。

二、流通加工的作用

在流通领域，流通加工以满足客户的需求为重点，提高物流各环节的服务功能。不仅仅适用于某一个企业，还具有一定的社会性。流通加工的主要作用体现在以下几方面。

1. 弥补生产加工的不足

流通加工是生产的延续，是生产加工的深化。有些产品在生产加工的过程中可能会产生货损，又或者是某件物品还没完成整个生产流程，这时流通加工就起到了很重要的作用。在流通加工过程中，我们可以对这些有瑕疵的货物进行再加工，或者改进其不足的地方。

2. 节约材料，降低物流成本

节约材料是流通加工的一个十分重要的特点。由于流通加工属于深加工，直接面对终端用户，综合多方需求，集中下料，合理套裁，充分利用边角材料，能做到最大限度的物尽其用，节约大量的原材料。另外，流通加工一般在干线运输和支线运输的节点进行，能使大量运输合理分散，有效地缓解长距离、大批量、少品种物流与短距离、少批量、多品种物流的矛盾，实现物流的合理流向和物流网络的最佳配置，从而避免不合理的重复、交叉、迂回运输，大幅度节约运输、装卸搬运和保管等费用，降低物流总成本。

3. 提高原材料的利用率

流通加工中的集中下料，能做到优材优用、小材大用、合理套裁，提高原材料的利用率，降低原材料的消耗。服装业就是最好的例子。如果将企业生产的布匹直接送到消费者手中，其布料的平均利用率大约为80%；而服装企业批量生产，特别是套裁、拼裁的运用，使布料利用率在90%以上。

4. 满足客户多样化的需求

客户需求存在多样化和变化两个特点，为满足这种要求，用户经常自己设置加工环节，例如，生产消费型用户的再生产往往从原材料初级处理开始。就用户来讲，现代生产的要求是生产型用户能尽量减少流程，尽量集中力量从事较复杂的技术性较强的劳动，而不愿意将大量初级加工包揽下来，因为这种初级加工带有服务性，如由流通加工来完成，生产型用户便可以缩短自己的生产流程，使生产技术密集程度提高。对于一般消费者而言，则可省去烦琐的预处置工作，集中精力从事较高级、能直接满足需求的劳动。

5. 提高加工效率及设备利用率

在分散加工的情况下，加工设备由于生产周期和生产节奏的限制，设备利用时松时紧，使得加工过程不均衡，设备加工能力不能得到充分发挥。而流通加工面向全社会，加工数量大，加工范围广，加工任务多。通过建立集中加工点，采用一些效率高、技术先进、加工量大的专门机具和设备，一方面提高了加工效率和加工质量，另一方面也提高了设备利用率。

> **同步思考7-1**
> 如果没有流通加工，我们的生活会变成什么样？

三、流通加工与生产加工的区别

流通加工与生产加工既有区别，又有联系，二者在加工对象、加工程度、加工组织者、加工目的等方面差别较大，主要体现在以下方面。

第一，流通加工的对象是进入流通领域的具有商品属性的产品；而生产加工的对象则是原材料、零配件和半成品。

第二，大多数流通加工是简单加工，而非复杂加工。一般来说，如果需要复杂的加工过程才能形成人们所需的商品，那么就应专设生产过程完成这种加工。所以，流通加工对生产加工而言是一种辅助和补充，而非对生产加工的取代。

第三，从价值观点来看，生产加工创造了商品的价值和使用价值；而流通加工则旨在完善商品的使用价值，并在不改变产品的物理化学性能的情况下提高其价值。

第四，生产加工的组织者是从事生产活动的人，从加工单位来看则是生产企业；而流通加工的组织者则是从事流通工作的人，从加工单位来看是流通企业。

第五，商品生产是为了交换和消费，流通加工的目的之一也是消费，在这一点上，生产加工与流通加工有相似之处。但是，在有些情况下，流通加工仅仅以方便流通为目的，纯粹是为流通创造条件。因此，这种为流通而进行的加工在目的上与直接为消费而进行的加工有着明显差异。

流通加工与生产加工的比较如表7-1所示。

表7-1 流通加工与生产加工的比较

项目	流通加工	生产加工
加工的对象	具有商品属性的商品	原材料、零配件和半成品
加工的程度	简单加工	复杂加工
对商品价值的创造	完善商品的使用价值、提高其价值	创造商品价值和使用价值
加工的组织者	流通企业的作业人员	生产企业的工人
加工目的	消费、流通	交换和消费

课外资料7-1

水殿开冰鉴，琼浆冻玉壶

——中国古代冰箱的发展与演变

冰箱，装冰的箱子。古代人把冬天的冰块藏于地窖中，来年取出放置在隔热的青铜、红木箱子里，而箱子中间往往能盛放食物。消暑吃冰不是今人才有的特权。《诗经》中就有奴隶们冬日凿冰储藏，供贵族们夏季饮用的记载。《周礼》中提到过一种用来储存食物的"冰鉴"，它的外形类似盒子，内部是空的，只要把冰放在里面，然后把食物放在冰的中间，就可以对食物起防腐保鲜的作用。

（资料来源：新浪收藏，2013-10-31）

第二节　流通加工的类型

随着对流通加工研究和认识的深入，从不同的角度划分，流通加工可以分为不同的类型。以下将详细介绍常见的流通加工类型和典型的流通加工作业。

一、常见的流通加工类型

从流通加工的不同目的进行分类，可以将常见的流通加工分为七类。

（一）以弥补生产领域加工不足为目的而进行的流通加工

由于技术、生产规模等因素的限制，许多产品在生产领域只能被加工到一定程度，而不能完全实现终极加工，所以，进一步的加工成型就要依靠流通加工来完成。例如，对木材的集中开木下料。由于木制品本身的特点，如果木材在产地制成木制品，会给运输造成较大的困难，因此，在原产地，木材仅能被加工到原木、板方材这一程度，进一步的下料、切裁等要由流通加工完成。而在流通加工点，则可以将原木锯成各种规格的锯材，将碎木、碎屑集中加工成各种规格板，还可进行打眼、凿孔等初级加工，以满足不同的使用要求。这种流通加工实际上是对生产加工的进一步完善，能够弥补生产加工的不足。

（二）以满足需求多样化为目的而进行的流通加工

由于需求具有多样性和多变性的特点，从事大规模生产的企业很难使产品完全满足不同用户的使用要求，用户往往根据自身需要自行对产品进行加工。例如，许多生产消费型用户的再生产往往是从原材料的初级处理开始的。这种初级加工如果由流通加工来完成，用户即可缩短生产过程，集中力量从事技术性较强的劳动。例如，平板玻璃的集中套裁、开片供应就可以按用户提供的图纸统一套裁开片，向用户供应成品，用户可以将其直接安装到采光面上。这类流通加工带有服务的性质。

（三）以提高物流效率、方便物流为目的而进行的流通加工

在流通过程中，一些产品自身的形态决定了难以对其进行物流操作。例如，将造纸用的木材磨制成木屑并进行压缩的流通加工。此外，鲜鱼、鲜肉等生鲜产品的装卸、储运也较为困难；大型设备、气体产品的装卸搬运也有一定难度。对鲜鱼、鲜肉进行冷冻，对大型设备进行解体，对气体产品进行液化等流通加工活动，可以使物流活动的各个环节容易操作。这一类流通加工可以方便物流作业，提高物流效率。

（四）以保护产品为目的而进行的流通加工

在物流活动的每一个环节都存在产品保护的问题。为了保证产品在装卸搬运、运输、储存等过程中不受损害，可以对产品进行稳固、改装、冷冻、保鲜、涂油等流通加工活动。

（五）以促进销售为目的而进行的流通加工

对于即将进入销售领域的产品，可以通过各种形式的流通加工使其便于销售，具体包括：对大包装或散装的商品进行分装，使其成为符合消费者购买要求的小包装；将运输包装改换成有装潢的、美观的销售包装；对农、牧、副、渔等产品进行精加工，去除无用部分，甚至对其进行切分、洗净、封装等加工，便于消费者购买和使用；将零部件在消费地组装成用具、车辆进行销售，如自行车的装配通常就是在销售地完成的。

(六) 以提高加工效率为目的而进行的流通加工

许多生产企业的初级加工由于数量有限而导致加工效率不高,也难以采用先进的加工技术。通过集中形式的流通加工,采用先进的技术,以一家流通加工企业替代若干生产企业的初级加工工序,能够实现规模效益,从而大大提高加工效率,如钢板的剪切和下料加工。

(七) 以提高原材料的利用率为目的而进行的流通加工

用流通领域的集中加工替代各使用部门的分散加工,可以进行集中下料,做到优材优用、小材大用、合理套裁,进而提高原材料的利用率,减少浪费损失。集中搅拌供应混凝土就属于此类情况。

课外资料7-2

绿色流通加工

绿色流通加工主要包括两个方面的措施:一是变消费者加工为专业集中加工,以规模作业方式提高资源利用效率,减少环境污染,如饮食服务业对食品进行集中加工,以减少家庭分散烹调所带来的能源和空气污染;二是集中处理消费品加工中产生的边角废料,以减少消费者分散加工所造成的废弃物的污染,如流通部门对蔬菜集中加工,可减少居民分散加工导致的垃圾丢放及相应的环境治理问题。

二、几种典型的流通加工作业

(一) 钢板剪板及下料的流通加工

许多钢板板材在交货时尺寸规格比较大,有的是成卷交货。在使用钢板的企业中,大型企业用量大,可以购置专门的剪板和下料设备,按其使用需要进行加工;而用量较小的企业和大多数中小企业,如果自行购置剪板、下料设备则会面临长时间闲置设备、浪费人力资源、不容易采用先进技术的状况。因此,通过在固定地点设置剪板机进行下料加工或设置各种设备将较大规格的钢板裁小或裁成毛坯,可以降低销售起点,方便用户。

(二) 水泥熟料的流通加工

在需要长途调入水泥的地区,变调入成品水泥为调入熟料这种半成品,在该地区的流通加工据点(粉碎工厂)粉碎,并根据当地资源和需要的情况掺入混合材料及外加剂,制成不同品种及标号的水泥,供应给当地用户,是水泥流通加工的重要形式之一。

(三) 商品混凝土的流通加工

以往习惯上以粉状水泥供给用户,由用户在建筑工地现制现拌混凝土使用。现在将粉状水泥输送到使用地区的流通加工据点(集中搅拌混凝土工厂或称生混凝土工厂),在那里搅拌成生混凝土,然后供给各个工地或小型构件厂使用。这是水泥流通加工的另一种重要方式。在许多发达国家,因直接采用混凝土加工形式在技术经济效果上优于直接供应工地并现场制作混凝土的方法,而被广泛采用。

(四)木材的流通加工

一种是磨制木屑压缩运输。木材是密度小的物资,在运输时占有相当大的容积,往往使车船满装但不能满载,而且装车、捆扎也比较困难。可在林木生产地就地将原木磨成木屑,然后采取压缩方法,使之成为密度较大、容易装运的形状,然后运至靠近消费地的造纸厂。

另一种是集中开木下料。在流通加工点将原木锯裁成各种规格,同时将碎木、碎屑集中加工成各种规格板,甚至进行打眼、凿孔等初级加工。过去,用户直接使用原木,不但加工复杂、加工场地大、加工设备多,而且资源浪费大、木材平均利用率、出材率低。实行集中下料,按用户要求供应规格料,可以提高原木利用率、出材率,取得了相当好的经济效果。

(五)煤炭及其他燃料的流通加工

1. 除矸加工

除矸加工是以提高煤炭纯度为目的的加工形式。矸石有一定发热量,煤炭混入一些矸石是允许的,也是较经济的。但在运力十分紧张的地区,要求充分利用运力,多运纯物质,少运矸石,在这种情况下,可以采用除矸的流通加工排除矸石。

2. 为管道输送煤浆进行的加工

煤炭的运输主要采用容器载运方法,运输中损失浪费较大,又容易发生火灾。管道运输是近代兴起的一种先进技术。有些企业内部也采用这一方法进行燃料输送。在流通的起始环节将煤炭磨成细粉,再用水调和成浆状,使之具备流动性,可以像其他液体一样进行管道输送。这种方式输送连续、稳定且快速,是一种经济的运输方法。

3. 配煤加工

在使用地区设置集中加工点,将各种煤及其他发热物质,按不同配方进行掺配加工,生产出各种不同发热量的燃料,称作配煤加工。这种加工方式可以按需要发热量进行生产和供应燃料,防止热能浪费或者发热量过小的情况出现。工业用煤经过配煤加工,还可以起到便于计量控制、稳定生产过程的作用,在经济及技术上都有价值。

4. 天然气、石油气的液化加工

由于气体输送、保存比较困难,天然气及石油气往往只能就地使用,如果有过剩的往往就地燃烧掉,造成浪费和污染。天然气、石油气的输送可以采用管道,但因投资大、输送距离有限,也受到制约。在产出地将天然气或石油气压缩到临界压力之上,使之由气体变成液体,可以用容器装运,使用时机动性也较强。这是目前采用较多的形式。

(六)平板玻璃的流通加工

平板玻璃的集中套裁、开片供应是重要的流通加工方式。这种方式是在城镇中设立若

干个玻璃套裁中心，按用户提供的图纸，统一开片，向用户供应成品。在此基础上，可以逐渐形成从工厂到套裁中心的稳定、高效率、大规模平板玻璃"干线输送"，以及从套裁中心到用户的小批量、多户头"二次输送"的现代物流模式。

（七）机械产品及零配件的流通加工

自行车及机电设备储运难度较大，主要是因为不易进行包装，如进行防护包装，包装成本过高，并且运输装载困难，装载效率低，流通损失严重。但装配较简单，装配技术要求不高，主要功能已在生产中形成，装配后无须进行复杂检测及调试。所以，为解决储运问题，降低储运费用，以半成品（部件）高容量包装出厂，在消费地拆箱组装。组装一般由流通部门进行，组装之后随即进行销售。这种流通加工方式近年来已在我国广泛使用。

（八）生鲜食品的流通加工

食品流通加工的类型繁多，既有为了保鲜而进行的流通加工，如保鲜包装，也有为了提高物流效率而进行的对蔬菜和水果的加工，如去除多余的根叶等。

1. 冷冻加工

冷冻加工是为解决鲜肉、鲜鱼在流通中保鲜及装卸搬运的问题，采取低温冻结方式的加工。这种方式也适用于某些流体商品、药品等。

2. 分选加工

农副产品离散情况较大，为获得一定规格的产品，可采取人工或机械分选的方式加工，即分选加工。这种方式广泛用于果类、瓜类、棉毛原料等。

3. 精致加工

精致加工是对农、牧、副、渔产品，在产地或销售地设置加工点，去除产品无用部分，进行切分、洗净、分装等加工。这种加工不但大大方便了购买者，而且可对加工的淘汰物进行综合利用。例如，鱼类的精制加工所剔除的内脏可以制成某些药物或饲料，鱼鳞可以制高级黏合剂，头尾可以制鱼粉等；蔬菜的加工剩余物可以制饲料、肥料等。

4. 分装加工

为便于销售，将大包装改为小包装、散装改为整装、运输包装改为销售包装，以满足消费者对不同包装规格的需求，即为分装加工。

> **同步思考 7-2**
> 对食品的流通加工，其作用主要体现在哪些方面？

第三节　流通加工的合理化

> **案例导入**
>
> **时装 RSD 服务**
>
> RSD 服务是时装的接收、分类和配送服务。RSD 是 TNT 澳大利亚公司下属的一家分公司开展的物流服务业务，它可以为顾客提供从任何地方来、到任何地方去的时装流通加工、运输、分送的服务。时装 RSD 运输服务是建立在时装仓库的基础上的。时装仓库最大的特点是，具有悬挂时装的多层仓库导轨系统。一般有 2～3 层导轨悬挂的时装，可以直接传输到运送时装的集装箱中，形成时装取货、分类、库存、分送的仓储、流通加工、配送等的集成系统。在这个基础上，无论平装还是悬挂的时装，都可以以最优越的时装运输的条件，进行门到门的运输服务。在先进的时装运输服务基础上，公司开展的 RSD 服务项目，其实质是一种流通加工业务。RSD 服务满足了时装制造厂家、进口商、代理商或零售商的需要，依据顾客及市场的情况对时装的取货、分类、分送（供销）全部负责。时装 RSD 服务可以完成制衣过程的质量检验等工作，并在时装仓库中完成进入市场前的一切准备工作。
>
> （1）取货：直接到制衣厂上门取时装。
> （2）分类：根据时装颜色、式样进行分类。
> （3）检查：检查时装颜色、脱线等质量问题。
> （4）装袋：贴标签后装袋、装箱。
> （5）配送：按销售计划，直接送达经销商或用户。
> （6）信息服务与管理：提供相应的时装信息服务和计算机管理。
>
> 许多属于生产过程的工作程序和作业，可以在仓储过程中完成，这是运输业务的前向延伸，是社会化分工与协作的又一具体体现。这样，服装生产厂家可以用最小的空间（生产场地）、最少的时间、最低的成本来实现自己的销售计划，物流企业也有了相对稳定的业务量。
>
> （资料来源：董千里. 高级物流学 [M]. 3 版. 北京：人民交通出版社，2015.）
> **问题**：时装如何实现流通加工合理化？

一、不合理的流通加工

流通加工是对生产加工的延伸，其实质是生产本身或生产工艺在流通领域的延续。同时，这个延续由于所处环境不同，产生出不同的效应，在补充完善的同时也带来了负面影响,在流通加工过程中也会产生一些不合理的措施,主要体现为以下几种。

1. 流通加工地点设置不合理

流通加工地点设置(即布局状况)是影响整个流通加工有效性的重要因素。一般而言,为衔接单品种大批量生产与多样化需求的流通加工,加工地点设置在需求地区,才能实现大批量的干线运输与多品种末端配送的物流优势。为了更好地方便物流,应将流通加工环节设在产出地,即进入社会物流之前;如果将其设置在物流之后,即消费地,不但不能解决物流问题,还会在流通中增加中转加工环节,使物流成本提高。

2. 流通加工方式选择不当

流通加工方式包括流通加工对象、流通加工工艺、流通加工技术、流通加工程度等。流通加工方式的确定实际上是与生产加工的合理分工。本来应由生产加工完成的,却错误地由流通加工完成,或者本来应由流通加工完成的,却错误地由生产加工完成,都不合理。

3. 流通加工冗余环节增长

有的流通加工过于简单,对生产及消费者的作用不大,甚至有时因流通加工的盲目性,不仅未能解决品种、规格、质量、包装等问题,还使实际环节增加,使物流成本提高。

4. 流通加工成本过高,效益不好

流通加工之所以能够有生命力,其重要优势之一是有较大的产出投入比,因而起补充完善的作用。如果流通加工成本过高,则不能实现以较低投入实现更高使用价值的目的,难以实现物流成本的优化。

二、流通加工合理化的途径

为了减少流通加工不合理的现象,对流通加工环节、加工地点设置、加工类型选择、加工技术装备等,均需要做出正确的选择。根据目前流通加工合理化的研究成果和经验积累,常用的流通加工合理化措施主要有以下几种。

1. 加工和配送相结合

加工和配送结合是将流通加工设置在配送点中,一方面按配送的需要进行加工;另一方面,加工又是配送业务流程分货、拣货、配货中的一环,加工后的产品直接投入配货作业,这就无须单独设置一个加工的中间环节,使流通加工有别于独立的生产,将其与中转流通巧妙结合在一起。同时,配送之前有加工,可使配送服务水平大大提高。

2. 加工和配套相结合

在对配套要求较高的流通中,配套的主体来自各个生产单位。但是,完全配套有时无法全部依靠现有的生产单位。进行适当的流通加工,可以有效促成配套,大大提高流通的桥梁与纽带能力。

3. 加工和合理运输相结合

流通加工能有效衔接干线运输与支线运输，促进两种运输形式的合理化。利用流通加工，在支线运输转干线运输或干线运输转支线运输这些本来必须停顿的环节，不进行一般的支转干或干转支，而是按干线或支线运输合理的要求进行适当加工，从而大大提高运输及运输转载水平。

4. 加工和合理商流相结合

通过加工有效促进销售，使商流合理化，也是流通加工合理化的有效措施之一。加工和配送相结合，通过加工提高配送水平，强化销售，是加工与合理商流相结合的一个成功例证。此外，通过简单地改变包装加工，形成方便的购买量，通过组装加工解决用户使用前进行组装、调试的难处，都是有效促进商流的措施。

5. 加工和节约相结合

节约能源、节约设备、节约人力、节约耗费是流通加工合理化重要的考虑因素，也是目前我国设置流通加工、考虑其合理化的较普遍形式。

流通加工

本章测试

一、不定项选择题

1. 一般认为，流通加工属于（　　）环节。
   A. 生产　　　　　　　　　　　B. 交换
   C. 流通　　　　　　　　　　　D. 消费

2. 生产与消费在（　　）上的间隔使流通时间效用具有存在的必要。
   A. 空间　　　　　　　　　　　B. 地区
   C. 季节　　　　　　　　　　　D. 时间

3. 流通加工的地点与消费地距离过大，导致多品种的末端配送服务困难。这样的不合理流通加工形式是（　　）造成的。
   A. 流通加工方式选择不当
   B. 流通加工地点的设置不合理
   C. 流通加工成本过高，效益不好
   D. 流通加工作用不大，形成多余环节

二、简答题

1. 流通加工产生的原因是什么？
2. 流通加工与生产加工有哪些区别？
3. 举例说明流通加工的类型。
4. 简述流通加工的作用。
5. 简述流通加工合理化的措施。

三、案例分析题

液化天然气（Liquefied Natural Gas，LNG）的主要成分是甲烷，被公认为地球上最干净的化石能源。无色、无味、无毒且无腐蚀性,其体积约为同量气态天然气体积的1/625,质量仅为同体积水的45%左右。其制造过程是先对气田生产的天然气进行净化处理,经一连串超低温液化后,利用液化天然气船运送。液化天然气燃烧后对空气污染非常小,而且放出的热量大,是一种比较先进的能源。液化天然气是天然气经压缩、冷却至其凝点(-161.5℃)温度后变成液体,通常液化天然气储存在-161.5℃、0.1 MPa左右的低温储存罐内,其主要成分为甲烷,用专用船或油罐车运输,使用时重新气化。

20世纪70年代以来,世界液化天然气产量和贸易量迅速增加。2005年,LNG国际贸易量达1 888.1亿立方米,最大出口国是印度尼西亚,出口314.6亿立方米;最大进口国是日本,进口763.2亿立方米。LNG由槽车运至气化站,利用LNG卸车增压器使槽车内压力升高,将槽车内LNG送至LNG低温储罐内储存。当从LNG储罐外排时,先通过储罐的自增压系统,使储罐压力升高,然后打开储罐液相出口阀,通过压力差将储罐内的LNG送至汽化器后,经调压、计量、加臭等工序送入市政燃气管网。当室外环境温度较低,空温式汽化器出口的天然气温度低于5℃时,须在空温式汽化器出口串联水浴式加热器,对汽化后的天然气进行加热。

点评:本案例中对天然气的液化加工属于提高物流效率、方便物流的加工形式。天然气是气体,虽然可以通过管道进行输送,但往往由于输送距离遥远、投资金额巨大、投资期限长而困难重重,只好就地燃烧和使用。对天然气进行液化加工,就可以用容器装运,实现天然气的远距离运输和储存,扩大天然气的使用范围,大大提高天然气的使用价值。

(资料来源:豆丁网,《流通加工案例》)

问题:

(1) 除天然气的液化加工外,列举出对其他工业原材料进行的加工,可以提高物流效率、方便物流;

(2) 实际上,对天然气进行液化加工的投资规模也相当巨大,请你查阅相关资料,试比较用管道输送天然气和用容器装运经过液态加工后的天然气,哪一个投资规模更大;

(3) 以天然气的液化加工为例,分析流通加工会带来哪些经济效益。

第八章 供应链中的物流信息技术与信息系统

📍 章前概述

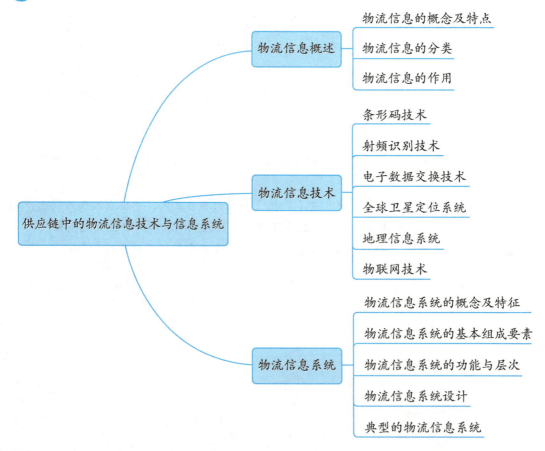

🎯 学习目标

了解物流信息的概念、特点、分类，物流信息系统的概念；理解物流信息技术及其在物流中的应用；掌握物流信息系统的功能和层次。

第八章 供应链中的物流信息技术与信息系统

素养目标

感知物流信息技术发展带来的变化,激发学习物流信息系统与新技术的热情。

本章导读

本章介绍了物流信息的基础知识,包括概念、特点、分类和作用;重点讲解了物流信息系统的相关技术,包括条形码技术、射频识别技术、电子数据交换技术、全球卫星定位系统、地理信息系统及物联网技术;介绍了物流信息系统的概念、功能、层次及典型的物流信息系统。

开篇案例

我国物流信息化发展历程及数字物流对行业的影响

一、中国物流信息化发展的四个阶段

第一阶段:普及信息化理念阶段,大量物流企业停留在手工操作、人工报表阶段,企业还没有关注信息化对提升效率、降低成本的影响。

第二阶段:随着物流的快速发展,信息化需求增多,为服务企业个性化需求,出现了专业的信息化服务商和物流信息化产品,这些信息化服务商也成为最初的物流公共信息服务平台。

第三阶段:随着移动互联网的快速发展,行业出现了以横向整合为主的跨区域运力资源平台,以及以纵向整合为主的专业化应用管理平台,并在平台的基础上逐渐形成了金融、保险、汽车后服务等产业链生态。物流新商业模式呈现出生命力和竞争力。

第四阶段:数字化引领智慧物流,解决差异化、多元化的需求。需求变得差异化、多元化,智慧物流市场快速发展,成为行业转型升级的新动能,行业正由自动化、网络化向数据化、智能化升级。

二、智慧物流发展为行业升级提供新动能

智慧物流是现代物流的基础,利用传统网络与互联网的整合,通过精细、动态、科学的管理,实现物流的自动化、可视化、可控化、智能化,从而提高资源利用率,创造更丰富的智慧价值。智慧物流的快速发展主要表现在三个方面。

1. 平台化促进行业新模式、新业态发展

近年来,"互联网+高效物流"得到大力推进,以现代信息技术为标志的智慧物流已经为物流供给侧结构性改革提供了新动能,国家发改委会同有关部门研究制定了"互联网+高效物流",交通运输部、商务部、工信部等部门从各自职能领域陆续部署推进"互联网+高效物流"的相关工作。在这种政策背景下,物流行业互联网化、平台化趋势明显。各类物流平台社会化和数据开放,形成了广泛的社会分工协同模式,引领小型物流企业和互联网平台形成即时化、个性化需求,通过物流平台和线上线下资源,为仓储、运输、配送、结算、客服等供应链环节的物流服务体系提供国内国际物流的"一站式""一票到底"等高价值服务。

2. 智能技术的成熟加速提升行业效率

工业4.0下的智慧工厂、电子商务、物流平台的大力发展，加速吸引了智慧技术在物流领域的商业化应用。AI、物联网、自动仓库、机器人、可穿戴设备、无人机、自动驾驶、智能移动终端等技术应用逐步趋于成熟，实现了物流订单的便捷管理、智能调度、实时跟踪，并实现了电子交付全流程的可视化、网络化，同时推动了物流各环节的数字化、智能化、无人化，实现物流向技术运力型发展，提升物流效率，降低人工成本，适应客户需求的多元变化。

3. 智慧物流车辆装备助推绿色货运

针对物流行业高能耗的现状，智慧物流新能源汽车大力发展，不断推陈出新，逐步实现人、车、路、终端的全智能物流覆盖。智能物流车辆在动态定位、线路优化、货物感知、智能交付、节能减排、自动驾驶等方面全面提升，实现智慧绿色物流。

三、智慧物流影响下的行业未来

随着物流信息化的进一步发展，新一轮技术革命和产业变革蓄势待发，物流行业发生了深刻改变，产业链、供应链、价值链加速向形态更高级、功能更复杂、结构更合理的阶段演化，而数字化物流的深入推进，将会为行业发展和结构调整增添新的动能。未来，创新、协同、开放、共享四大核心要素，依然是智慧物流推动行业发展的主要趋势。

随着数字经济对物流行业影响的加深，企业间的竞争将成为行业竞争的最高点，物流数字生态的建立将吸引大量资本的进入，加速传统物流业的变革，将推动企业从封闭竞争走向开放合作。物流数字生态建设将促进多个企业在一个生态系统中相互合作。

物流组织已经从一体化走向平台化，平台化使得创新链中的各类创新主体深入协同，共同促进商业要素进入与市场变化同步的体系，更加高效地配给生态资源，形成协同发展的实践载体、制度安排和环境保障。

智慧物流将更加开放。智慧物流解决的将不仅是资源的互联和开放，更多的是生态的开放，实现企业在生态中互利共赢的开放战略，发展更高层次的开放型物流数字经济，完善开放流通数据资产的法制营商环境，推动行业自律和政府监管，构建广泛的利益共同体。

智慧物流技术应用在构建企业商业能力上逐步深入，通过更高效的连接，让不同商业的共享模式——云仓资源共享模式、物流设备共享模式、末端网点资源共享模式、物流众包共享模式、共同配送共享模式、运力整合共享模式等，在智慧物流的基础上更加丰富。

（资料来源：武汉物流协会网站，2018-7-16）

问题： 结合本章所学，分析物流信息技术的发展如何促进物流行业发展。

第一节 物流信息概述

一、物流信息的概念及特点

(一) 物流信息的概念

物流信息（Logistics Information）是指"反映物流各种活动内容的知识、资料、图像、数据文件的总称"（GB/T 18354—2006）。物流信息产生于物流的运输、存储、包装、配送、装卸搬运、流通加工等各个环节，在组织、协调、控制和管理物流活动中起到神经中枢的作用。

(二) 物流信息的特点

1. 信息量大

物流信息随着物流活动以及商品交易活动的展开而大量产生。在整个供应链运作中，在采购、生产、成品销售以及废弃物回收等各个环节都有不同种类的物流信息，除了企业内部的生产物流、流通物流、回收物流信息外，还包括企业外乃至社会的相关物流信息。每次信息的处理活动，都涉及大批量的信息输入和输出问题，而且这些信息产生、加工和应用在形式、时间、地点上经常是不一致的，这就使物流信息的分类、研究、筛选等难度增加。

2. 更新速度快

在物流活动中，多品种少批量生产、多频度小数量配送、利用销售点系统的即时销售使各种作业活动频繁发生，从而要求物流信息不断更新。随着各种信息技术的应用，物流信息更新的速度也越来越快。

3. 渠道多样化

物流信息不仅包括企业内部的物流信息（如生产信息、库存信息等），而且包括企业间的物流信息和与物流活动有关的基础设施的信息。企业竞争优势的获得需要供应链内各参与企业之间相互协调合作，完成信息即时交换和共享传送，实现信息共享。

4. 具有明确的衡量标准

企业利用物流信息进行决策就必须保证物流信息的科学性，要求物流信息具有准确性、完整性、实用性、共享性、安全性及低成本性。准确性是指物流信息能够正确地反映物流及相关活动的实际情况，且便于用户理解和使用；完整性是指信息没有冗余或不确切的含义，数据完整、统一；实用性是指信息要满足用户的使用要求，便于专业或非专业人员的访问；共享性是指物流活动的各个作业组成部分必须充分地利用和共享收集到的信息；安全性要求信息在系统中必须安全地传送，随着信息技术的迅猛发展，出现了多种信息安全措施，如防火墙、安全传输协议以及增强的用户验证系统等；低成本性则要求信息的收集、处理、存储必须考虑成本问题，只有在收益大于成本的前提下，才能开展相应的信息工作。

> **同步思考8-1**
> 库存信息不及时更新，会有哪些影响？

二、物流信息的分类

（一）按信息使用者分类

1. 战略型物流信息

战略型物流信息主要用于制定企业经营战略时参考，侧重于宏观层面和经营理念。随着物流战略在企业中的地位上升，战略型物流信息也被企业重视。企业的战略型物流信息主要包括国际政治经济形势和环境，国家的法律法规，国民经济发展计划，产业政策，财政支出，资金投向，国家领导讲话，新法律法规的颁布，新政策的出台，物流"热"现象，各种研讨会、高峰会、论坛、交流会，物流机械设备展览，同行业企业的经济发展战略等信息。

2. 经营决策型物流信息

经营决策型物流信息是根据企业的总体发展战略和经营理念，制定企业的经营决策模式，并按照此模式，确定企业的物流计划、收集与企业有关的物流信息。经营决策型物流信息的内容有企业物流发展规划、企业物流机构设置、企业物流人员配备、企业物流投资比重、企业物流网络构筑、企业物流设施建设、企业物流经营策略、企业物流合理化措施等。

3. 管理型物流信息

与战略型物流信息和经营决策型物流信息相比，管理型物流信息更具体、更细致。管理型物流信息的运用目的是更好地提高物流作业效率，最大限度地发挥物流系统的整体功能。其侧重点在于，通过管理使所有相关环节协调化、整合化、最优化，同时，使物流与商流、资金流同步。

（二）按物流的功能分类

按照信息产生和发挥作用所涉及的功能分类，物流信息可分为仓储信息、运输信息、加工信息、包装信息、装卸信息等。对于某个功能领域还可以进一步细化，例如，仓储信息分为入库信息、出库信息、库存信息、搬运信息等。

（三）按信息的作用层次分类

按照信息的作用层次分类，物流信息可分为基础信息、作业信息、协调控制信息和决策支持信息。基础信息是物流活动的基础，是最初的信息源，如物品基本信息、货位基本信息等。作业信息是物流作业过程中发生的信息，信息的波动性大，具有动态性，如库存信息、到货信息等。协调控制信息主要是指物流活动的调度信息和计划信息。决策支持信息是指对物流计划、决策、战略具有影响或与之有关的统计信息或宏观信息，如科技、产品、法律等方面的信息。

（四）按信息的加工程度分类

按照信息的加工程度分类，物流信息可以分为原始信息和加工信息。原始信息是指未加工的信息，是信息工作的基础，也是最有权威的凭证性信息。加工信息是对原始信息进行各种方式和各个层次处理后的信息，是原始信息的提炼、简化和综合，是利用各种分析工具在海量数据中发现的潜在的、有用的信息和知识。

（五）按物流信息的来源分类

按照物流信息来源的不同，可将物流信息分为内部信息和外部信息。外部信息是指在企业外部发生的与物流活动相关的各种信息，具体包括供货人信息、顾客信息、竞争对手信息、交通运输信息、市场信息和政策信息等。内部信息是指在企业内部发生的有关信息，包括订货信息、发货信息、物流作业信息等。外部信息与内部信息相比，其不确定程度与不准确程度更高，收集困难，而且不可控制。

> **同步思考 8-2**
> 企业在进行物流决策时，需要收集哪些信息？

三、物流信息的作用

物流信息通过收集、传递、存储、处理、输出等，成为决策依据，对整个物流活动起重要作用。物流信息的主要作用有以下几个。

1. 沟通联系

物流系统是由许多个行业、部门及众多企业群体构成的经济大系统，系统内部正是通过各种指令、计划、文件、数据、报表、凭证、广告、商情等物流信息，建立起各种纵向和横向的联系，促进生产厂、批发商、零售商、物流服务商和消费者之间的沟通，满足各方的需要。因此，物流信息是物流活动各环节之间联系的桥梁。

2. 引导和协调

物流信息随着物资、货币及物流当事人的行为等信息载体进入物流供应链，同时也随着信息载体反馈给供应链上的各个环节，依靠物流信息及其反馈，可以引导供应链结构的变动和物流布局的优化；协调物资结构，使供需之间达到平衡；协调人、财、物等物流资源的配置，促进物流资源的整合和合理使用等。

3. 管理控制

通过移动通信、计算机信息网、电子数据交换（ED）、全球定位系统（GPS）等技术实现物流活动的电子化，如货物实时跟踪、车辆实时跟踪、库存自动补货等，用信息化代替传统的手工作业，实现对物流运行、服务质量和成本等的管理控制。

4. 辅助决策分析

物流信息是制订决策方案的重要基础和关键依据，物流管理决策的过程就是对物流信息进行深加工的过程，是对物流活动的发展变化形成规律性认识的过程。物流信息可以协助物流管理者鉴别、评估物流战略和策略的可选方案，如车辆调度、库存管理、设施选址、资源选择、流程设计以及有关作业比较和安排的成本-收益分析等。

5. 支持战略计划

作为决策分析的延伸，物流战略计划涉及物流活动的长期发展方向和经营方针的制定，如企业战略联盟的形成、以利润为基础的顾客服务分析以及能力和机会的开发和提炼，作为一种更加抽象、松散的决策，它是对物流信息进一步提炼和开发的结果。

6. 价值增值

企业只有有效地利用物流信息，才能在投入生产和经营活动后，使劳动者、劳动手段和劳动对象形成最佳结合，产生放大效应，增加经济效益。针对物流系统的优化、各个物流环节的优化所采取的办法、措施，如选用合适的设备、设计最合理的路线、决定最佳库存储备等，都要切合系统实际，也即都要依靠准确反映实际情况的物流信息。

> **同步思考 8-3**
>
> 谈谈信息流与物流和商流的关系。

第二节　物流信息技术

> **案例导入**
>
> **UPS 核心竞争力——现代物流信息技术**
>
> 成立于 1907 年的美国联合包裹运送服务公司（United Parcel Service，UPS）是世界上最大的配送公司。2000 年，联合包裹运送服务公司年收入接近 300 亿美元，其中，包裹和单证流量大约 35 亿件，平均每天向遍布全球的顾客递送 1 320 万件包裹。公司向制造商、批发商、零售商、服务公司及个人提供各种范围的陆路和空运的包裹和单证递送服务，以及大量的增值服务。表面上，联合包裹运送服务公司的核心竞争优势来源于其由 15.25 万辆卡车和 560 架飞机组成的运输队伍，而实际上并非仅仅如此。
>
> 20 世纪 80 年代初，联合包裹运送服务公司以其大型的棕色卡车车队和及时的递送服务，控制了美国陆路的包裹速递市场。然而，到了 80 年代后期，随着竞争对手利

用不同的定价策略以及跟踪和开单的创新技术，联合包裹运送服务公司的市场被蚕食，收入开始下滑。许多大型托运人希望由单一服务来源提供全程的配送服务，顾客们希望掌握更多的物流信息，以利于自身控制成本和提高效率。随着竞争的白热化，这种服务需求变得越来越迫切。正是基于这种服务需求，联合包裹运送服务公司从90年代初开始致力于物流信息技术的广泛利用和不断升级。今天，提供全面物流信息服务已经成为包裹速递业务中的一个核心竞争要素。

联合包裹运送服务公司通过应用三项以物流信息技术为基础的服务，提高了竞争能力。

第一，条形码和扫描仪使联合包裹运送服务公司能够有选择地每周7天、每天24小时跟踪和报告装运状况，顾客只需拨个免费电话号码，即可获得"地面跟踪"和航空递送这样的增值服务。

第二，联合包裹运送服务公司的递送驾驶员携带着以数控技术为基础的笔记本电脑，可以到排好顺序的线路上收集递送信息。这种笔记本电脑使驾驶员能够用数字记录装运接收者的签字，以便收货核实。同时，通过电脑协调驾驶员信息，减少了差错，加快了递送速度。

第三，联合包裹运送服务公司最先进的信息技术应用，是创建于1993年的一个全美无线通信网络，该网络使用了55个蜂窝状载波电话。蜂窝状载波电话技术使驾驶员能够把实时跟踪的信息从卡车传送到公司的中央电脑。无线移动技术和系统能够提供电子数据储存，并能跟踪公司在全球范围内的数百万笔递送业务。通过安装卫星地面站和扩大系统，到1997年，包裹跟踪成为现实。

以UPS为代表的企业应用和推广的物流信息技术是现代物流的核心，是物流现代化的标志。尤其是飞速发展的计算机网络技术的应用，使物流信息技术达到新的水平。物流信息技术也是物流技术中发展最快的领域，从数据采集的条形码系统到办公自动化系统，各种终端设备等硬件以及计算机软件等都在日新月异地发展。

同时，随着物流信息技术的不断发展，产生了一系列新的物流理念和物流经营方式，推进了物流的变革。今天来看，物流信息技术主要由通信、软件、面向行业的业务管理系统三大部分组成，包括基于各种通信方式的移动通信手段、全球卫星定位技术、地理信息系统（GIS）、计算机网络技术、自动化仓库管理技术、智能标签技术、条形码及射频技术、信息交换技术等现代尖端科技。在这些尖端科技的支撑下，形成以移动通信、资源管理、监控调度管理、自动化仓储管理、业务管理、客户服务管理、财务处理等多种信息技术集成的一体化现代物流管理体系。譬如，运用全球卫星定位技术，用户可以随时"看到"自己的货物状态，包括运输货物车辆所在的位置（某座城市的某条道路上）、货物名称、数量、重量等，不仅大大提高了监控的透明度，降低了货物的空载率，做到了资源的最佳配置，而且有利于顾客通过掌握更多的物流信息来控制成本和提高效率。

（资料来源：搜狐财经）

思考：UPS的核心竞争力是什么？它是如何发挥其竞争优势的？

一、条形码技术

(一) 条形码

条形码 (Barcode) 是由一组规则而宽度不同的条和空组成的标记。"条"指对光线反射率较低的部分;"空"指对光线反射率较高的部分。这些条和空组成的数据表达一定的信息,并能够用特定的设备识别,转换成与计算机兼容的二进制或十进制信息。在应用中,符号被一种红外线或可见光源照射:黑色的条吸收光,空则将光反射回扫描器中。扫描器将光波转译成模仿条码中的条与空的电子脉冲,解码器则用数学程序将电子脉冲译成一种二进制码,并将译码后的资料信息传到个人计算机、控制器或计算机主机中。条码数据传到计算机后,通过数据库中已建立的条码与商品信息的对应关系,由计算机上的应用程序对条码数据进行转换操作和处理。标准版商品条码符号结构如图 8-1 所示。

图 8-1 标准版商品条码符号结构

(二) 物流条码的概念与特点

物流条码是物流过程中用以标识具体实物的一种特殊代码,它是由一组黑白相间的条、空组成的图形,利用识读设备可以实现自动识别、自动数据采集。在整个物流过程中都可以通过物流条码来实现数据共享,使信息的传递更加方便、快捷、准确,以提高整个物流系统的经济效益。

与商品条码相比,物流条码主要有如下特点。

(1) 储运单元的唯一标识。

商品条码通常是单个商品的唯一标识,用于零售业现代化的管理;物流条码是储运单元的唯一标识,通常标识多个或多种类商品的集合,用于物流的现代化管理。

(2) 服务于物流全过程。

商品条码服务于消费环节,商品一经出售到最终用户手里,商品条码就完成了其存在的价值,商品条码在零售业的 POS 系统中起到了单个商品的自动识别、自动寻址、自动结账等作用,是零售业现代化、信息化管理的基础;物流条码服务于物流全过程,生产厂家生产出产品,经过包装、运输、仓储、分拣、配送,直到零售商店,中间经过若干环节,物流条码是这些环节中的唯一标识,因此它涉及面更广,是多个行业共享的通用数据。

(3) 信息多。

通常,商品条码是一个无含义的 13 位数字条码;物流条码则是一个可变的,可表示多种含义、多种信息的条码，是无含义的货运包装的唯一标识，可表示货物的体积、重量、生产日期、批号等，是贸易伙伴根据在贸易过程中的共同需求，经过协商统一制定的。

（4）可变性。

商品条码是一个国际化、通用化、标准化商品的唯一标识，是零售业的国际化语言；物流条码是随着国际贸易的不断发展、贸易伙伴对各种信息需求的不断增加而产生的，其应用领域在不断扩大，内容也在不断丰富。

（5）维护性。

物流条码的相关标准是需要经常维护的。及时沟通用户需求，传达标准化机构有关条码应用的变更内容，是确保国际贸易中物流现代化、信息化管理的重要保障。

（三）条形码技术在物流中的应用

条形码技术在物流的多个作业中有所应用。

1. 进货验收作业

对于整箱进货的商品，其包装箱上有条形码，放在输送带上经过固定式条形码扫描器的自动识别，可接受指令传送到存放位置附近。对于用整个托盘进货的商品，叉车驾驶员用手持式条形码扫描器扫描外包装箱上的条形码标签，利用计算机与射频数据通信系统，可将存放指令下载到叉车的终端机上。

2. 补货作业

基于条形码进行补货，可确保补货作业的正确性。有些拣货错误源于前项的补货作业错误。商品进货验收后，移到保管区，需适时、适量地补货到拣货区，为避免补货错误，可在储位卡上印上商品条形码与储位码条形码，当商品移动到位后，以手持式条形码扫描器读取商品条形码和储位码条形码，由计算机核对是否正确，这样就可保证补货作业的正确性。

3. 拣货作业

拣货有两种方式：一种是按客户进行拣取的摘取式拣货；另一种是先将所有客户对各商品的订单汇总，一次拣出，再按客户分配各商品量，即整批拣取、二次分拣，称为播种式拣货。对于摘取式拣货作业，在拣取后用条形码扫描器读取刚拣取的商品上的条形码，即可确认拣货的正确性。对于播种式拣货作业，可使用自动分货机，当商品在输送带上移动时，由固定条形码扫描器判别商品货号，指示移动路线与位置。

4. 交货时的交点作业

交货时的交点作业通常分为两种形式：一种是由配送中心在出货前复点数量；另一种是交由客户当面或事后确认。对于第一种形式，由于在拣货的同时已经以条形码确认过，无须进行此复点作业了。对于第二种形式，由于拣货时已用条形码确认过，也无须在交货时双方逐一核对。

5. 仓储配送作业

其实商品的自动辨识还可以采用磁卡、IC 卡等其他方式来达成。对于物流仓储配送作业而言，由于大多数的储存货品具备条形码，所以用条形码进行自动辨识。

> **同步思考8-4**
> 快递邮包上的条形码有哪些信息？

二、射频识别技术

（一）射频识别技术的概念及特点

射频识别（Radio Frequency Identification，RFID）是指"通过射频信号识别目标对象并获取相关数据信息的一种非接触式的自识别技术"（GB/T 18354—2006）。射频识别技术依靠电磁理论，不局限于视线，识别距离远，无须人工的干预，可在各种恶劣环境中工作。

射频识别技术有以下特点。

（1）快速扫描。

条形码一次只能有一个条形码受到扫描，识读设备可同时识别读取多个RFID电子标签。

（2）体积小型化、形状多样化。

RFID在读取上并不受尺寸与形状的限制，无须为了读取精确度而配合纸张的固定尺寸和印刷品质。

（3）不受环境限制。

传统的条形码、磁卡容易因脏污而看不清，但RFID经封装处理后对水、油和化学药品等具有较强的抗污性。此外，条码容易受到折损，磁卡容易出现消磁，IC卡的金属片容易被腐蚀或磨损，而RFID标签是将数据存在芯片中，可以免受污染损伤。RFID在黑暗或强光环境之中，也可以读取数据。

（4）可重复使用。

由于RFID标签内存储的是电子数据，可以反复被覆写，方便信息的增加、删除和更新，因此可以回收标签重复使用。如被动式RFID标签，不需要电池就可以使用，没有维护保养的需要。

（5）穿透性和无屏障阅读。

RFID标签在被纸张、木材和塑料等非金属或非透明的材质包覆的情况下，可以进行穿透性通信；而条码扫描机必须在近距离且没有物体阻挡的情况下才可以阅读，磁卡和IC卡需要接触才能识别。

（6）数据记忆容量大。

一维条形码的容量是50字节，二维条形码的容量是2~3 000字节，RFID最大的容量则有数兆字节。

（7）安全性。

由于RFID承载的是电子式信息，其数据内容可经由密码保护，不易被伪造及篡改。

（二）射频识别系统的组成及工作原理

1. 射频识别系统的组成

（1）电子标签（Tag）。

电子标签由耦合元件及芯片组成，且每个电子标签具有全球唯一的识别号（ID），无法修改、仿造，具有安全性。电子标签附着在物体上标识目标对象。电子标签中一般保存有约定格式的电子数据，在实际应用中，电子标签附着在待识别物体的表面。

（2）天线（Antenna）。

天线在标签和阅读器间传递射频信号，即标签的数据信息。

（3）阅读器（Reader）。

阅读器是读取（或写入）电子标签信息的设备，可设计为手持式或固定式。阅读器可无接触地读取并识别电子标签中所保存的电子数据，从而达到自动识别物体的目的。阅读器通常与计算机相连，所读取的标签信息被传送到计算机上，进行下一步处理。

2. 射频识别系统的工作原理

当装有电子标签的物体在距离 0~10 米的范围内接近读写器时，读写器受控发出微波查询信号，安装在物体表面的电子标签收到读写器的查询信号后，将此信号与标签中的数据信息合成一体反射回电子标签读出装置。反射回的微波合成信号已携带有电子标签数据信息。读写器接收到电子标签反射回的微波合成信号后，经读写器内部微处理器处理后，即可将电子标签贮存的识别代码等信息分离、读取出来。RFID 的工作原理如图 8-2 所示。

图 8-2　RFID 的工作原理

（三）射频识别技术的应用

在国外，射频识别技术已被广泛应用于诸如工业自动化、商业自动化等众多领域。

1. 防伪

射频识别技术的防伪应用包括商品防伪和证件防伪。防伪产品要求成本低，但很难伪造。而电子标签的制造成本昂贵，伪造几乎不可能。同时，电子标签体积很小，便于封装。例如，将防伪标签内置于酒瓶盖中，用手持设备进行检验。

2. 供应链管理

在产品生产或库存时，将标签贴在产品上，整个供应链都将共享这些标签。产品从生产线前端通过各加工流程到成品入库直至被摆上货架，利用射频识别技术，都可以详尽地记录所有的物流流程。

(1) 生产流水线管理。

电子标签在生产流水线上可以方便、准确地记录工序信息和工艺操作信息，满足柔性化生产需求，通过对工人工号、时间、操作、质检结果的记录，可以完全实现生产的可追溯性，还可避免生产环境中手写、眼看信息造成的失误。

(2) 仓储管理。

将射频识别系统用于智能仓库货物管理，有效地解决了仓储货物的信息管理问题。对于大型仓储基地来说，管理中心可以实时了解货物位置、货物存储的情况，这对于提高仓储效率、反馈产品信息、指导生产都有很重要的意义。它不但增加了一天内处理货物的件数，还可以查看货物的一切信息。

(3) 销售渠道管理。

建立严格而有序的渠道，高效地管理好进、销、存是许多企业面临的难题。产品在生产过程中嵌入电子标签，其中包含唯一的产品号，厂家可以用识别器监控产品的流向，批发商、零售商可以用厂家提供的读写器来识别产品的合法性。

3. 贵重物品管理

射频识别技术还可用于照相机、摄像机、便携电脑、CD 随身听、珠宝等贵重物品的防盗、结算、售后保证。其防盗功能属于电子商品防盗系统（Electronic Article Surveillance，EAS）的一种。

标签可以附着或内置于物品包装内。专门的货架扫描器会对货品实时扫描，得到实时存货记录。如果货品从货架上被拿走，系统将验证此行为是否符合规定，如为非法取走货品，系统将报警。

买单出库时，不同类别的全部物品可通过扫描器一次性完成扫描，在收银台生成销售单的同时解除防盗功能。这样，顾客带着所购物品离开时，警报就不会响了。在顾客付账时，收银台会将售出日期写入标签，顾客所购的物品也得到了相应的保证和承诺。

4. 图书管理、租赁产品管理

在图书中贴入电子标签，可方便地接收图书信息，整理图书时不用移动图书，可提高工作效率，避免工作失误。

5. 其他，如物流、汽车防盗、航空包班管理等

射频识别技术在物流、汽车防盗、航空包班管理等领域也有广泛的应用。

RFID 技术提高仓储物流供应链管理

采用 RFID 技术进行仓库物流智能化管理，首先在每个货物上贴电子标签，通道仓库各通道读写器通过识别标签的信息来判断货物入库、出库、调拨、移库移位、库存盘点等流程，通过 RFID 读写器进行自动化的数据采集，保证仓库管理各个环节数据输入的速度和准确性，确保企业及时准确地掌握库存的真实数据，实现高效率的货

物查找和实时的库存盘点,有利于提高仓库管理的工作效率,摆脱费时费力的传统的仓库管理,合理保持和控制企业库存,使企业高效率地运转。

工作人员可通过操作手持终端,在作业现场直接完成入库、出库、盘点管理,基本、系统信息管理,以及数据统计分析等各个环节,降低人工操作的效率和差错率;利用无线网络的方式进行数据交互,通过对数据权限的控制管理,使数据处理具备完善的纠错机制,能够及时发现和处理差异数据,具有灵活的数据处理机制。手持终端应用如图8-3所示。

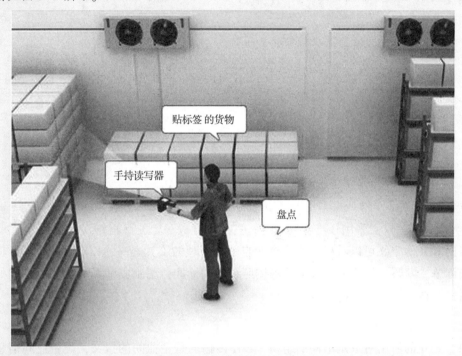

图8-3 手持终端应用

手持终端应用具体如下。

入库管理:接到入库单后,按照一定的规则将产品入库,当RFID电子标签(超高频)进入RFID固定式读写器的电磁波范围内时会主动激活,然后与RFID固定式读写器进行通信,相关数据即可被采集到系统中。也可以直接用手持终端近距离采集货品上的数据。再把相关数据与订单进行比对,核对货物数量及型号是否正确,如有错漏,则进行人工处理。最后将货物运送到指定的位置,按照规则进行摆放。

出库管理:使用RFID手持式终端进行RFID电子标签的信息采集,检查是否与计划相对应,根据提货的计划对要出库的货物进行分拣处理,出现错误时,会发出警报,工作人员可现场进行处理,最后把数据发送到管理中心更新数据库,完成出库。

盘点管理:按照仓库管理的要求,进行定期或不定期的盘点。传统的盘点耗时耗力,且容易出错。而RFID把这些问题都解决了,当有了盘点计划的时候,利用RFID手持式的终端进行货物盘点扫描,可以通过无线网络传入后台数据库,并与数据库中的信息进行比对,生成差异信息,实时显示在RFID手持终端上,供盘点工作人员核查。

> 在盘点完成后，将盘点的信息与后台的数据库信息进行核对，盘点完成。
>
> 软件与系统应用：对不同人员赋予不同的权限，各层级仓库管理人员可以针对不同维度的库存信息进行查询与相关的业务操作。并且直接用手持终端进行简单的数据分析，实时给上级提供准确的库存信息，能够提高货物查询的准确性，降低库存水平，提高物流系统的效率，以强化企业的竞争力。
>
> 物流仓储管理一般分为入库、出库、库存、运输四个环节，分别进行管控，将 RFID 电子标签作为物流管控的载体，在进行 RFID 电子标签和物品信息绑定后，进行自动身份信息的采集。在每个环节管控中，RFID 将会发挥强大的作用，使物流环节更为高效、准确、安全，实现自动化、信息化、智能化的物流运作。
>
> （资料来源：RFID 世界网，2020-7-15）

三、电子数据交换

（一）电子数据交换的概念及特点

1. 电子数据交换的概念

电子数据交换（Electronic Data Interchange，EDI）在《物流术语》（GB/T 18354—2006）中被定义为："采用标准化的格式，利用计算机网络进行业务数据的传输和处理。"

根据 EDI 的定义可以看出，作为企业自动化管理的工具之一，EDI 通过计算机将商务文件如订单、发票、货运单、报关单等按照统一的标准，编制成计算机能够识别和处理的数据格式，在计算机之间进行传输。

2. 电子数据交换（EDI）的特点

（1）EDI 的使用对象是不同的组织，EDI 传输的是企业间的报文，是企业间信息交流的一种方式。企业采用 EDI 可以更快速、更便宜地传送发票、采购订单，传输通知和其他商业单证，提高快速交换单证的能力，加快了商业业务的处理速度。更重要的是，这些过程可以被监督，从而为企业提供了跟踪管理和审计这些操作的能力。

（2）数据传输由收送双方的计算机系统直接传送、交换资料，不需要人工介入操作，避免了人工录入的错误，提高了总体质量，降低了数据对人的依赖性，减少了处理时间。

（3）EDI 能更快、更精确地填写订单，以便减少库存，实现零库存管理，EDI 传输的文件是格式化的，是符合国际标准的。

（4）EDI 所传送的资料是一般业务资料，如发票、订单等，而不是一般性的通知，并且 EDI 存储了完备的交易信息和审计记录，为管理决策者提供了更准确的信息和数据，进而为企业提高效率和降低成本提供了更大的可能性。

（5）尽管电子邮件和传真也可以用来传输数据，但和 EDI 相比，仍有着本质区别。它们的主要区别是：传真与电子邮件需要人工的阅读判断处理才能进入计算机系统，既浪费人力资源，也容易发生错误，而 EDI 不需要再将有关资料人工重复输入系统；另外，EDI 的传输内容为格式化的标准文件并有格式校验功能，而传真和电子邮件为非格式化的。

(二) 电子数据交换系统的构成

软件及硬件、通信网络和数据标准化是构成 EDI 系统的三要素。

1. EDI 软件及硬件

实现 EDI，需要配备相应的 EDI 软件和硬件。EDI 软件具有将用户数据库系统中的信息译成 EDI 的标准格式，以供传输交换的能力。虽然 EDI 标准具有足够的灵活性，可以适应不同行业的众多需求，然而，每个企业有其自己规定的信息格式。因此，当需要发送 EDI 电文时，必须用某些方法从企业的专有数据库中提取信息，并把它翻译成 EDI 标准格式进行传输，这就需要 EDI 相关软件的帮助。常用到的软件有转换软件、翻译软件、通信软件。EDI 软件系统结构如图 8-4 所示。

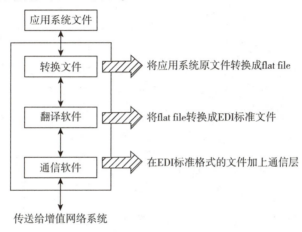

图 8-4 EDI 软件系统结构

2. 通信网络

通信网络是实现 EDI 的手段。EDI 通信方式有多种，许多应用 EDI 的企业逐渐采用第三方网络与贸易伙伴进行通信，即增值网络方式。它类似于邮局，为发送者与接收者维护邮箱，并提供存储转送、记忆保管、通信协议转换、格式转换、安全管制等功能。因此，通过增值网络传送 EDI 文件，可以大幅度降低相互传送资料的复杂度和困难度，大大提高 EDI 的效率。

3. 数据标准化

EDI 标准是由各企业、各地区代表共同讨论、制定的电子数据交换共同标准，可以使各组织之间的不同文件格式通过共同的标准进行交换。

(三) 电子数据交换技术在物流中的应用

EDI 最初由美国企业应用在企业间的订货业务活动中，其后，EDI 的应用范围从订货业务向其他业务扩展，如销售信息传送业务、库存管理业务、发货送货信息和支付信息传送业务等。近年来，EDI 在物流中被广泛应用，被称为物流 EDI。所谓物流 EDI，是指货主、承运业主以及其他相关的单位之间,通过 EDI 系统进行物流数据交换,并以此为基础实施物流作业的方法。物流 EDI 参与单位有货主(如生产厂家、贸易商、批发商、零售商等)、承运业主(如独立的物流承运企业等)、实际运送货物的交通运输企业(铁路运输企业、水路运输企业、航空运输企业、公路运输企业等)、协助单位(政府有关部门、金融企业等)和其他的物流相关单位(如仓库业者、专业报关业者等)。

物流 EDI 的优点在于,供应链组成各方基于标准化的信息格式和处理方法,通过 EDI 共同分享信息,提高了流通效率,降低了物流成本。

四、全球定位系统

(一)全球定位系统概念

全球定位系统(Global Positioning System,GPS)是利用多颗通信卫星对地面目标的状况进行精确测定的系统。利用 GPS,可以实现运行车辆的全程跟踪监视,并通过相关的数据和输入的其他相关系统进行交通管理。

全球定位系统是通过卫星对地面上运行的车辆、船舶进行测定并精确定位,在车辆、船舶或其他运输工具设备上配置信标装置,就可以接收卫星发射信号,以置于卫星的监测之下,通过接收装置,就可以确认精确的定位位置。

(二)全球定位系统的应用

全球定位系统在物流领域的重要应用有以下三点。

1. 进行车辆、船舶的跟踪

GPS 可以通过地面计算机终端,实时显示车辆、船舶的实际位置,位置精度以"米"计量。对于重要的车辆和船舶,必须随时掌握其动态,目前只能依靠这个系统来解决。

2. 信息传递和查询

GPS 可以实施双向的信息交流,可以向车辆、船舶提供相关的气象、交通、指挥等信息,同时可以将运行中的车辆、船舶的信息传递给管理中心。

3. 及时报警

通过全球定位系统,掌握运输装备的异常情况,接收求助信息和报警信息,迅速传递到管理中心实施紧急救援。

全球四大定位系统

现有的卫星导航定位系统有美国的全球卫星定位系统(GPS)、中国北斗卫星导航系统、俄罗斯的全球卫星定位系统(GLONASS)和欧洲伽利略卫星导航系统。

全球四大定位系统之一:GPS

GPS 是美国从 20 世纪 70 年代开始研制的,主要目的是为陆海空三大领域提供实时、全天候和全球性的导航服务,并用于实现情报收集、核爆监测和应急通信等军事

第八章　供应链中的物流信息技术与信息系统

目的，经过20余年的研究实验，耗资300亿美元，到1994年，全球覆盖率高达98%的24颗GPS卫星星座已布设完成。

全球四大定位系统之二：北斗卫星导航系统

北斗卫星导航系统是中国自行研制的全球卫星定位与通信系统，是继美国GPS和俄罗斯GLONASS之后的第三个成熟的卫星导航系统。北斗卫星导航系统由空间端、地面端和用户端组成，可在全球范围内全天候为各类用户提供高精度、高可靠定位、导航、授时服务，并具有短报文通信能力，已经初步具备区域导航、定位和授时能力，定位精度优于20米。

全球四大定位系统之三：GLONASS

GLONASS是俄罗斯自20世纪80年代初开始建设的与美国GPS类似的卫星定位系统，覆盖范围包括全部地球表面和近地空间，也由卫星星座、地面监测控制站和用户设备三部分组成。

全球四大定位系统之四：伽利略卫星导航系统

伽利略卫星导航系统总投资达35亿欧元，是欧洲自主的、独立的民用全球卫星导航系统，提供高精度、高可靠性的定位服务，完全非军方控制、管理，可以进行覆盖全球的导航和定位功能。

（资料来源：中国历史网，2018-11-20）

五、地理信息系统

（一）地理信息系统的概念

地理信息系统（Geographical Information System，GIS）是在计算机硬件、软件的支持下，对各种图形和空间地理分布的信息进行数据采集，并在计算机中存储、编辑、处理，建立完整的点、线、面的拓扑关系，使之在数据库中与各类属性信息相结合，从而实现各类数据的快速查询、检索和综合分析，最终达到实时提供多种空间、动态的地理信息及辅助决策的功能。

（二）GIS技术在物流中的应用

1. 提供模型参考数据

在GIS的辅助下，结合各种选址模型，为物流配送中心、连锁企业和仓库选址，中心辐射区范围的确定提供参考数据。

2. 车辆监控和实时调度

GIS和GPS集成并应用于物流车辆管理，为物流监控中心及汽车驾驶人员提供各车辆的所在位置、行驶方向、速度等信息，实现车辆监控和实时调度，减少物流实体存储与运送的成本，降低物流车辆的空载率，从而提高整个物流系统的效率。

3. 监控运输车辆的位置及工作状态

物流监控中心在数字化地图上监控运输车辆的位置和工作状态，并将最新的市场信息、路况信息及时反馈给运输车辆,实现异地配载,从而使销售商更好地服务客户、管理库存,加快物资和资金的运转,降低各个环节的成本。对特种车辆进行安全监控,可为安全运输提供保障。

4. 车辆导航

利用GIS与移动通信集成技术,进行物流监控,实时提供被监控运输车辆的当前位置信息以及目的地的相关信息,以指导运输车辆迅速到达目的地,节约成本。

5. 选择最佳物流路径

在运输过程中,运输路径的选择意义重大,不仅涉及物流配送的成本效益,而且关系物资能否及时送达等。GIS按照最短的距离或最短的时间或最低运营成本等原则,可为物流管理提供满足不同要求的最佳路径方案。

6. 实现仓库立体式管理

GIS与条形码技术、POS（Point of Sale,销售时点信息系统）、射频技术以及闭路电视等多种自动识别技术相结合,可以应用于物流企业的仓库管理信息化,为入库、存储、移动及出库等操作提供三维空间位置信息,以更直观的方式实现仓库货物的立体式管理。

六、物联网技术

（一）物联网的概念

物联网（Internet of Things）的理念最早出现于比尔·盖茨1995年的《未来之路》一书中。1999年,美国Auto-ID首先提出"物联网"的概念,即把所有物品通过射频识别等信息传感设备与互联网连接起来,实现智能化识别和管理。2005年11月,国际电信联盟（International Telecommunication Union,ITU）发布了《ITU互联网报告2005：物联网》。报告指出,无所不在的"物联网"通信时代即将来临,世界上所有的物体（从轮胎到牙刷、从房屋到纸巾）都可以通过互联网主动进行交换,射频识别技术、传感器技术、纳米技术、智能嵌入技术将得到更加广泛的应用。

物联网,顾名思义就是"物物相连的互联网",是通过各种传感器等信息采集设备,按约定的通信协议把物品与互联网连接起来,实现对物品智能化识别、定位、跟踪、监控和管理的一种网络。这包含两层意思：一方面,物联网是互联网的延伸和扩展,其核心基础仍然是互联网；另一方面,该网络用户端拓展和覆盖了人与物、物与物之间的信息交换需求。

总之,物联网是一个基于互联网、传统电信网等信息承载体,让所有能够被独立寻址的普通物理对象实现互联互通的网络。

（二）物联网的特点

和传统的互联网相比,物联网有其鲜明的特点。

1. 物联网是各种感知技术的广泛应用

物联网上部署了海量的多种类型传感器,每个传感器都是一个信息源,不同类别的传感器所捕获的信息内容和信息格式不同。传感器获得的数据具有实时性，按一定的频率周期性地采集环境信息，不断更新数据。

2. 物联网是一种建立在互联网上的泛在网络

物联网技术的重要基础和核心仍旧是互联网，通过各种有线网络和无线网络与互联网融合，将物体的信息实时准确地传递出去。在物联网上的传感器定时采集的信息需要通过网络传输，由于其数量极其庞大，形成了海量信息，在传输过程中，为了保障数据的正确性和及时性，必须适应各种异构网络和协议。

3. 物联网不仅提供了传感器的连接，其本身也具有智能处理的能力，能够对物体实施智能控制

物联网将传感器和智能处理相结合，利用云计算、模式识别等各种智能技术，扩充其应用领域。从传感器获得的海量信息中分析、加工和处理出有意义的数据，以适应不同用户的不同需求，发现新的应用领域和应用模式。

（三）物流网的关键技术

物联网的关键技术包括RFID技术、传感技术、无线网络技术、人工智能技术和云计算技术。

1. RFID技术

RFID技术是物联网中让物品"开口说话"的关键技术，RFID标签上存储着规范而具有互用性的信息，通过无线数据通信网络把它们自动采集到中央信息系统，实现物品的识别。

2. 传感技术

传感技术主要负责接收物品"讲话"的内容。传感技术是一种从自然信源获取信息，并对之进行处理、变换和识别的多学科交叉的现代科学与工程技术，它涉及传感器、信息处理和识别的规划设计、开发、制造、测试、应用及评价改进等活动。

3. 无线网络技术

无线网络技术为物联网中物品与人的无障碍交流提供数据传输媒介。无线网络既包括远距离无线连接的全球语音和数据网络，也包括近距离的蓝牙技术和红外技术。

4. 人工智能技术

人工智能技术是研究使计算机来模拟人的某些思维过程和智能行为（如学习、推理、思考、规划等）的技术。在物联网中，人工智能技术主要负责对物品"讲话"的内容进行分析，从而实现计算机自动处理。

5. 云计算技术

物联网的发展离不开云计算技术的支持。物联网终端的计算和存储能力有限，云计算平台可以作为物联网的"大脑"，实现对海量数据的存储、计算。

物联网在物流行业的三大应用

新技术加上传统物流,就变成了智慧物流。智慧物流指的是以物联网、大数据、人工智能等信息技术为支撑,在物流的运输、仓储、包装、装卸搬运、流通加工、配送、信息服务等各个环节实现系统感知、全面分析、及时处理及自我调整的功能。智慧物流的实现能大大地降低各相关行业运输的成本,提高运输效率,增加企业利润。根据当前物流行业的发展,物联网已应用于与物流行业的三个方面,即货物仓储、运输监测以及智能快递柜。

一、货物仓储

在传统的仓储中,往往需要人工进行货物扫描及数据录取,工作效率低下;同时,仓储货位有时候划分不清晰,堆放混乱,缺乏流程跟踪。将物联网技术应用于传统仓储中,形成智能仓储管理系统,能提高货物进出效率、扩大存储的容量、减少人工的劳动强度及人工成本,且能实时显示、监控货物进出情况,提高交货准确率,完成收货入库、盘点调拨、拣货出库以及整个系统的数据查询、备份、统计、报表生产及报表管理等任务。

二、运输监测

通过物流车辆管理系统对运输的货车及货物进行实时监控,可完成车辆及货物的实时、定位跟踪,监测货物的状态及温湿度情况,同时监测运输车辆的速度、胎温胎压、油量油耗、车速等车辆行驶行为,以及刹车次数等驾驶行为。在货物运输过程中,将货物、司机以及车辆驾驶情况等信息高效地结合起来,提高运输效率,降低运输成本,降低货物损耗,清楚地了解运输过程中的一切情况。

三、智能快递柜

智能快递柜基于物联网技术,能够对物体进行识别、存储、监控和管理等活动,与 PC 服务器一起构成智能快递投递系统。PC 服务端能够将智能快递终端采集到的信息数据进行处理,并实时在数据后台更新,方便使用人员查询快递、调配快递以及快递终端维护等。

快递员将快件送达指定的地点后,将其存入快递终端,智能系统就会自动向用户发送一条短信,包括取件地址以及验证码等信息,用户能在 24 小时内随时去智能终端取货,简单快捷地完成取件服务。

除了运用物联网技术之外,智慧物流还包括云计算以及人工智能等相关技术,将采集后的数据传输到云平台,利用云计算、人工智能技术对数据进行分析处理,能够提高运输效率,节省人力资本。而物联网技术是传统行业数据获取的重要途径,发展物联网产业至关重要。

(资料来源:RFID 世界网,2018-7-20)

第三节　物流信息系统

> **案例导入**
>
> **京东的现代化物流信息系统布局**
>
> 京东物流作为新兴物流企业的代表，在技术创新、服务升级、结构优化、节能减排、降本增效等方面为行业表率。智慧创新，已经成为京东物流的一张名片。京东物流CEO在博鳌亚洲论坛上明确提出，物流发展将达到无界物流这一状态，无缝连接产业端和消费端，实现商品的快速流通、需求的匹配和价值体系的全面提升。这其中，智慧物流将起到核心推动作用，不仅将为消费者和商家带来"快、精、喜"的服务，还将成为推进物流业发展的新动力、新路径，并为经济结构优化升级和提质增效注入强大动力。基于大数据分析和算法优化等工具，京东物流打造出行业的智慧时效履约系统与算法支持体系，实现"预测—库存—仓储—运输—配送"全链路资源动态调整和自主管理，支撑起复杂网络、庞大库存和海量订单的管理。不仅可以为商家提供多业务模式、多业务类型、多网络、全链条的时效产品，还可根据商家不同的物流需求，提供定制化时效产品。另外，通过无界物流的实践和探索，京东物流可以准确洞察消费者个性化的商品和服务需求，通过"短链、智慧、共生"的布局，无缝连接消费者和商家、消费和产业，建立一套数字化的、敏捷的、稳定的、智慧的供应链网络，实时满足消费者不同的场景、不同的交付时间、不同的服务标准、不同的送达方式、不同的附加功能等个性需求。目前，京东物流已经为消费者打造了"211限时达""次日达""京准达""京尊达""闪电送""极速达""长约达""快递到车"等多元化服务产品，形成了一个用户可根据需求任意选择的全场景"配送全家桶"服务体系。
>
> 近日，国家邮政局通报了2018年5月邮政业消费者申诉情况，在主要快递企业有效申诉率（有效申诉件数/百万件快件）这一指标中，京东物流再度领先，即消费者满意度较高。
>
> 京东物流成立之初的核心使命是"降低社会化物流成本"，在网络基础设施建设、智慧物流布局、数字化运营方面不断取得突破性成果后，伴随无人技术、大数据、人工智能等创新技术的运用，将社会化物流成本降低了70%，将物流的运营效率提升了2倍以上，降本增效成果初现。京东集团董事局主席兼CEO在2018中国电子商务大会上表示，社会化物流成本有望降到5%以内。
>
> 目前，京东物流已建成全球全流程无人仓、无人配送站等物流节点，在国内电商和物流领域首先实现无人机、配送机器人的常态化运营，实现了物流全链路的无人化。无界零售时代，短链、智慧、共生是构建物流的三大核心要素，而智慧的关键是

基于数据共享的系统自主决策和服务。京东物流表示，还将进一步建立现代化物流信息系统，完善物流服务网络，打造智慧物流服务平台，发展现代物流，全面实现物流行业的节能减排与降本增效，为客户、行业、社会创造全面价值。

（资料来源：物通云网站，2020-5-13）

思考： 京东现代化物流信息系统包括哪些功能层次？

物流信息系统是计算机管理信息系统在物流领域的应用。计算机技术、通信技术和网络技术的发展给物流管理带来了根本性的变革，物流信息系统应运而生，在物流管理中发挥着关键性的作用。物流信息系统是物流系统的神经中枢，是物流发展的关键，物流伴随着信息流，而信息流又控制着物流。不具备现代化的物流信息系统，再好的物流设备和物流技术都不能取得良好的效率和效益。

一、物流信息系统的概念及特征

（一）物流信息系统的概念

物流信息系统是指由人员、设备和程序组成的，为物流管理者执行计划、实施、控制等职能提供信息的交互系统，它与物流作业系统都是物流系统的子系统。

物流信息系统是建立在物流信息的基础上的，只有具备了大量的物流信息，物流信息系统才能发挥作用。在物流管理中，人们要寻找最经济、最有效的方法来克服生产和消费之间的时间距离和空间距离，就必须传递和处理各种与物流相关的情报，这种情报就是物流信息。它与物流过程中的订货、收货、库存管理、发货、配送及回收等职能有机地联系在一起，使整个物流活动顺利进行。

在企业的整个生产经营活动中，物流信息系统与各种物流作业活动密切相关，具有有效管理物流作业系统的职能。它有两个主要作用：一是随时把握商品流动所带来的商品量的变化；二是提高各种有关物流业务的作业效率。

（二）物流信息系统的特征

物流信息系统正在向信息分类集成化、系统功能模块化、信息采集在线化、信息存储大型化、信息传输网络化、信息处理智能化，以及信息处理界面的图形化方向发展。物流信息系统具有以下特征。

1. 集成化

集成化是指物流信息系统将业务逻辑上相互关联的部分连接在一起，为企业物流活动中的集成化信息处理工作提供基础。在系统开发过程中，数据库的设计、系统结构及功能的设计等都应该遵循统一的标准、规范和规程（即集成化），以避免出现"信息孤岛"现象。

2. 模块化

模块化是指把物流信息系统划分为各个功能模块的子系统，各子系统通过统一的标准来进行功能模块开发，然后再集成、组合起来使用，这样就能既满足不同管理部门的需要，也保证了各个子系统的使用和访问权限。

3. 实时化

实时化是指借助编码技术、自动识别技术、GPS 技术、GIS 技术等现代物流技术，对物流活动进行准确、实时的信息采集，并采用先进的计算机与通信技术，实时进行数据处理和物流信息传送。

4. 网络化

网络化是指通过互联网将分散在不同地理位置的物流分支机构供应商、客户等连接起来，形成一个复杂但有密切联系的信息网络，从而通过物流信息系统实时了解各地业务的运作情况。物流信息中心将对各地传来的物流信息进行汇总、分类，以及综合分析，并通过网络将结果进行反馈，以指导、协调、综合各个地区的业务工作。

5. 智能化

智能化物流信息系统现在虽然缺乏十分成功的案例，但物流信息系统正在向这个方向发展。比如，企业决策支持系统中的知识子系统就负责搜集、存储和智能化处理在决策过程中所需要的物流领域知识、专家的决策知识和经验知识。

二、物流信息系统的基本组成要素

物流信息系统的基本组成要素有硬件，软件，数据库与数据仓库，人员，企业管理理念、管理制度与规范等。

1. 硬件

硬件包括计算机、网络通信设备等，如计算机、服务器、通信设备。硬件是物流信息系统的物理设备和硬件资源，是实现物流信息系统的基本要素，构成系统运行的硬件平台。

2. 软件

软件主要包括系统软件和应用软件两大类，其中，系统软件主要应用于系统的管理、维护、控制及程序的装入和编译等工作；而应用软件则是指挥计算机进行信息处理的程序或文件，它包括功能完备的数据库系统、实时的信息收集和处理系统、实时的信息检索系统、报告生成系统、经营预测与规划系统等。

3. 数据库与数据仓库

数据库技术将多个用户、多种应用所涉及的数据，按一定数据模型进行组织、存储、使用、控制和维护管理，数据的独立性高、冗余度小、共享性好，能进行数据完整性、安全性、一致性的控制。数据库系统面向一般的管理层的事务性处理。数据仓库面向主题的、集成的、稳定的、不同时间的数据集合，用以支持经营管理中的决策制定过程。

4. 人员

人员包括系统分析人员、系统设计人员、系统实施和操作人员，以及系统维护人员、系统管理人员、数据准备人员与各层次管理机构的决策者等。

5. 企业管理理念、管理制度与规范

在物流领域，新的管理思想和理念不断产生并被用于实践，如供应链管理理念第三方物流等。企业与客户能贯穿和接受什么样的管理思想和理念，将决定物流信息系统的结构。企业管理制度与规范通常包括组织机构、部门职责、业务规范和流程、岗位制度等，是物流信息系统成功开发和运行的管理基础和保障，也是构造物流信息系统模型的主要参考依据，制约着系统硬件平台的结构、系统计算模式、应用软件的功能。

三、物流信息系统的功能与层次

（一）物流信息系统的功能

物流信息系统作为整个物流系统的指挥和控制系统，可以有多种子系统或者多种基本功能，其基本功能可以归纳为以下几方面。

1. 信息输入

通过运用条码形技术、射频识别技术、GIS 技术、GPS 技术等现代物流技术，物流信息系统能够对物流活动进行准确、实时的信息搜集并整理成系统要求的格式和形式，然后再通过输入子系统，传到物流信息系统中，以供使用。

2. 信息存储

物流信息进入系统后，在得到处理之前，必须在系统中存储下来。得到处理之后，如果没有完全丧失信息价值，往往也要将结果保存下来，以供使用。物流信息系统的存储功能就是保证已得到的信息不丢失、不走样、不外泄、整理得当、随时可用。

无论哪一种物流信息系统，在涉及信息的存储问题时，都要考虑存储量、信息格式、存储方式、使用方式、存储时间、安全保密等问题。数据的存储必须考虑数据的组织形式，目的是方便数据的处理和检索。

3. 信息传输

物流信息的传输可以消除空间的阻隔，特别是通过 EDI 传输的信息，是结构化的标准信息，可以极大地提高物流管理活动的作业效率，使企业间更有效地进行运营活动。根据所传递的信息种类、数量、频率、可靠性要求等因素，物流信息传输可以通过通信线路与近程终端或远程终端相连，形成联机系统，或者通过通信线路将中、小、微型计算机联网，形成分布式系统。

4. 信息处理

信息处理是物流信息系统最基本的功能，也是衡量物流信息系统能力的一个极其重要的方面。物流信息系统通过对信息的加工处理，发现规律和联系，可以对物流活动进行预测和决策。物流信息系统处理信息的方式既可以是简单的查询、排序，也可以是复杂的模型求解和预测，如数据仓库、数据挖掘、联机分析等。

5. 信息输出

信息输出必须采用便于人或计算机理解的形式,在输出形式上力求易读易懂、直观醒目。这是评价物流信息系统的主要标准之一。当前,物流信息系统正在向数据采集的在线化、数据存储的大型化、信息传输的网络化、信息处理的智能化及信息输出的多媒体化方向发展。

(二) 物流信息系统的功能层次

物流企业对信息的要求是无止境的,随着网络计算机技术的发展、市场需求和客户需求的增加,物流信息系统的功能和内涵也将随之增加。目前,对物流信息系统的功能层次比较一致的观点认为,可将其分为四个功能层次,如图 8-5 所示。

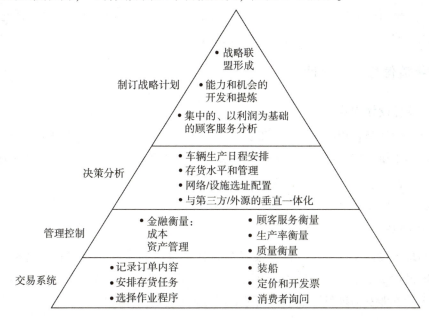

图 8-5 物流信息系统的四个功能层次

1. 交易系统功能

交易系统是用于启动和记录个别物流活动的最基本层次。交易活动包括记录订单内容、安排存货任务、选择作业程序、装船、定价和开发票,以及消费者询问等。物流信息的交易系统功能就是记录物流活动的基本内容,其主要特征是程序化、规范化、交互式,强调整个信息系统的效率性和集成性。

2. 管理控制功能

管理控制功能强调对物流服务的水平和质量以及现有个体和资源的管理。应该建立完善的考核指标体系,对作业计划和绩效进行评价和鉴别,这里强调了信息系统的控制工作和加强控制力度的作用。管理控制活动主要包括金融衡量(成本、资产管理)、顾客服务衡量、生产率衡量、质量衡量四个方面。

3. 决策分析功能

物流信息系统可以用来协助管理人员鉴别、评估、比较物流战略和策略的可选方案。决策分析也以策略和可估价的问题为特征。与管理控制不同的是，决策分析的主要精力集中在评估未来策略的可选方案上，并且它需要相对松散的结构和灵活性，以便进行范围很广的选择。因此，用户需要有更多的专业知识和培训，去增强利用它的能力。

决策分析活动主要包括车辆生产日程安排、存货水平和管理、网络/设施选址配置、与第三方/外源的垂直一体化。

4. 制订战略计划功能

物流信息系统集中应用于信息支持上，以期开发和制订物流战略，强调物流信息管理系统对战略定位所起的作用。制订战略计划功能体现在战略联盟形成，能力和机会的开发和提炼，集中的、以利润为基础的顾客服务分析三个方面。

四、物流信息系统设计

（一）系统设计内容

系统设计的指导思想是结构化的设计思想，就是应用一组标准的准则和图表工具，确定系统有哪些模块、用什么方式联系起来，从而构成最优的系统结构。在这个基础上，进行各种输入、输出、处理和数据存储等详细设计。

系统设计可以分两步进行，即总体设计和详细设计。

1. 总体设计

系统的总体设计又称概要设计，根据系统分析报告确定的系统目标、功能和逻辑模型，为系统设计基本结构，从总体上解决如何在计算机系统上实现新系统的问题。

总体设计不涉及物理设计细节，而把着眼点放在系统结构和业务流程上，具体包括以下六点。

（1）确定系统的输出内容、输出方式及介质等。

（2）根据系统输出内容，确定系统的数据发生、采集、介质和输入形式。

（3）根据系统的规模、数据量、性能要求和技术条件等，确定数据组织和存储形式、存储介质。

（4）运用结构化的设计方法，对新系统进行划分，即按功能划分子系统，明确子系统的子目标和子功能，按层次结构划分功能模块，画出系统结构图。

（5）根据系统的要求和资源条件，为信息选择计算机系统的硬件和软件。

（6）制订新系统的引进计划，用以确保系统详细设计和系统实施能按计划、有条不紊地进行。

2. 详细设计

详细设计，就是在系统总体设计的基础上，对系统的各个组成部分进行详细的、具体的物理设计，使系统总体设计的蓝图逐步具体化，以便付诸实现。详细设计包括的内容有以下五点。

（1）代码设计：对被处理的各种数据进行统一的分类编码，确定代码对象及编码方式，并为代码化对象设置具体代码，编制代码表及规定代码管理方法等。

（2）输入输出详细设计：进一步研究和设计输入数据以什么样的形式记录在介质上，输入数据的校验，以及输出数据的方式、内容和输出格式。

（3）数据储存详细设计：数据储存的设计，就是对文件的设计，即设计文件记录的格式、计算文件容量、分配物理空间、生成文件等。

（4）处理过程设计：对系统中各功能模块进行具体的物理设计，包括处理过程的描述，处理流程图的绘制，与处理流程图相对应的输入、输出、文件的设计。

（5）编制程序设计说明书：程序设计说明书是程序员编写程序的依据，应当简明扼要、准确、规范地表达处理过程的内容和要求。

（二）系统设计目标

系统分析阶段是解决信息系统"干什么"的问题，而系统设计阶段则是解决信息系统"怎么干"的问题。系统设计是开发人员进行的工作，他们将系统设计阶段得到的目标系统逻辑模型转换为目标系统的物理模型，该阶段得到的工作成果（即系统设计说明书）是下一个阶段系统实施的工作依据。具体来说，物流信息系统设计应达到以下目标或要求。

（1）必须较好地满足用户工作的实际要求，这是衡量系统设计工作的首要标准。

（2）系统具有通用性，能适应不同用户、不同管理模式的需要与要求，做到只要输入用户单位名称、用户信息等，就可以通过系统生成，变成用户自己的物流信息系统。

（3）系统具有可扩展性，在系统分析与设计中应充分考虑管理模式的改变与整体管理信息系统的接口安排，做到功能可扩展、数据量可扩展、系统本身可扩展。

（4）系统具有可维护性，系统结构设计应遵循简单、合理、易懂、实用、高效的原则，数据采集要统一，设计规范要标准，系统文档应齐全。

（5）系统具有可移植性，应能在不同机型的微机上稳定运行，具有可靠性。应使用标准的程序语言、操作系统，具有内部自动纠错功能。用户使用的计算机应具有足够大的内存容量和高速外存，运行可靠，维护方便，具有硬件与软件方面的扩充余地。

（三）系统设计策略

常用的系统设计策略是把整个系统当作一个模块，根据系统数据流程图逐层划分模块，逐步形成多层次分块系统结构图。设计过程包括三个步骤：第一步，分析数据流程图，确定它的类型和功能；第二步，采取相应的设计策略，导出初始系统结构图；第三步，对结构进行进一步修改，逐层分解和优化，确保最终设计符合数据流程图的逻辑功能要求。

五、典型的物流信息系统

（一）运输管理信息系统

运输管理信息系统是指利用计算机网络等现代化信息技术手段，对运输计划、运输工具、运送人员及运输过程进行跟踪、调度、指挥等管理作业的人机系统。运输管理信息系统以现代供应链和物流管理思想为基础，按照长远发展的要求，综合现代物流技术和信息技术进行设计，为物流企业、制造企业、流通企业提供物流电子化方案，优化运输流程和作业管理，节约物流运输成本，以建设一个高度现代化的物流运输网络为最终目标。运输任务是该管理系统的核心，系统通过运输任务中的订单接收、车辆调度、货物配载、运输状态跟踪等信息确定任务的执行状态。

（二）仓库管理信息系统

仓库管理信息系统是将入库业务、出库业务、仓库调拨、库存调拨和虚仓管理等功能，与批次管理、物料对应、库存盘点、质检管理和即时库存管理功能综合运用的管理系统，它能有效控制并跟踪仓库业务的物流和成本管理全过程，实现完善的企业仓储信息管理。该系统可以独立执行库存操作，与其他系统的单据和凭证等结合使用，还可提供更为完整、全面的企业业务流程和财务管理信息。

物流信息技术与信息管理

本章测试

一、选择题

1. 根据雷达原理研发出来的物流信息技术是（　　）。
   A. RFID 技术　　　　　　　　B. GPS 技术
   C. 条码技术　　　　　　　　D. EDI 技术
2. RFID 系统的组成要素主要包括（　　）。
   A. 电子标签　　　　　　　　B. 天线
   C. 数据标准　　　　　　　　D. 阅读器
3. 物流信息系统的功能层次包括（　　）
   A. 交易系统功能　　　　　　B. 管理控制功能
   C. 分析预测功能　　　　　　D. 决策分析功能
4. 物流信息系统软件包括（　　）
   A. 系统软件　　　　　　　　B. 翻译软件
   C. 转换软件　　　　　　　　D. 实用软件

二、简答题

1. 简述物流条形码的特点。
2. 简述 RFID 技术的特点。

三、案例分析题

RFID 技术在铁路运输行业的应用

铁路货运适合远距离、大批货物的运送，特别是 1 000 千米以上的长途货运。我国领土面积宽阔，冷冻食品类产销地间隔较远，这为铁路线发展冷链物流提供了有益的外界标准。但现阶段看来，我国铁路线冷链运输量较小，占社会发展冷链运输总需求的比例不足1%，没有充分运用铁路线在远距离运送中的优势。

一、现阶段存在问题

商品在企业 A 生产制造并包装后，放到生产厂家的冻库中储存。商品立即堆垛在地面或托盘上。生产制造企业 A 通知货运公司送货，能够立即配送至零售企业 C。或是企业 A 在仓储物流企业 B 租赁一部分库房，货物发至仓储物流企业 B，必须时再根据 B 开展分拨。

1. 运送全过程不透明

第三方运送企业在运送全过程中，为控制成本，有可能存在运送时关掉制冷机组、快到站时再开启制冷机组的情况，不能保证全线冷链物流。当货物交货时，尽管货物表层冷得非常好，事实上质量早已降低。

2. 存储过程不透明

仓储物流企业出于成本的考虑，有可能存在夜里供电时间段启动，将库温降到很低，而大白天冷冻设备待机，冻库温度起伏超出 10℃的情况，导致食品保质期降低。传统式监控器方法一般是选用温度录像仪来精确测量并记录全部车厢或冷库的温度，这类方法必须由有线电视连接和人工控制才可以导出数据，且数据信息在承运公司方和仓储物流企业手上，发货人没法读取数据。因为担心出现以上难题，现阶段中国一些大中型药业公司或食品类企业，宁愿投入巨资建造冻库和运输队，也不肯选用第三方冷链物流企业，显而易见，资金投入是极大的。

3. 失效运送

运送企业在生产制造企业 A 取货时，假如不可以带托盘运送，职工就必须将商品从托盘上运送至冷藏运输车；等货物到储存企业 B 或到零售企业 C 后，职工必须将货物从冷藏运输车卸掉后堆放到托盘上，再核对进库，这样造成二次货物倒盘运送，不仅费时间、费人工，还非常容易导致货物包装的损坏，降低货物质量。

4. 库房管理效益低

出库、进库时均必须出示纸质版出库、进库票据，再手工录入电脑，效率低、错误率高。

5. 人力资源管理奢侈浪费

货物的装卸搬运、码盘必须耗费很多人工。在仓储物流企业 B 租赁库房，也必须设定库房的管理工作人员。

二、RFID 解决方案

打造出智能化铁路线冷链物流中心，可以提供货物的运送、仓储物流、检验、快递分拣、派送等全套服务。

1. 根据 RFID 技术的托盘运用

将该技术导入冷链物流行业的科学研究早就开始。对托盘进行信息化管理，有利于保持大批货物的精准信息化管理。保持托盘电子器件信息化管理是对供应链物流系统软件开展方便快捷、精准管理方法和合理监管与操纵的关键方式，对提升货运物流管理能力、降低运输成本具有十分关键的实际意义。因此，可在托盘上置入 RFID 电子标签，配合仓储物流智能管理系统，保证即时盘点，精准无误。

2. 导入托盘同用核心理念

将置入 RFID 电子标签的托盘完全免费出示或租用给协作生产厂商，供生产商在铁路线冷链物流中心应用，保持托盘工作一贯化运送，加快托盘在生产制造企业、运送企业、冷链物流中心和零售企业中的循环应用，推动托盘货运和专业化工作，能够提升货运物流高效率，减少供货时间，大幅度降低运输成本。

3. 货车配货

A 企业接到 C 企业的订单信息后，通知 B 企业货车配货。B 企业依据 A 企业推送的订单信息，分配货物快递分拣，升级托盘货物的 RFID 信息内容，快递分拣后的货物装进新托盘，另外将新的货物信息内容关联 RFID 电子标签，放进储存仓储货架，等候调度送货。货物带托盘送往 C 企业，C 企业工程验收后装卸货物，托盘由 B 企业带到。

4. 顾客自取

顾客到达 B 企业后，驾驶员与冻库技术人员核查取货信息内容后，将货物由冻库运到装卸站台，装卸搬运职工立即将货物从托盘卸掉装至顾客车辆，这时已不出示托盘。

问题：

（1）铁路运输货物存在哪些缺点？

（2）如何应用 RFID 技术帮助企业完成物流运输？

第九章 供应链中的物流服务管理

章前概述

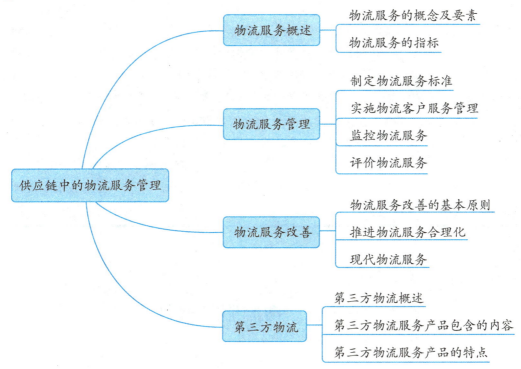

学习目标

通过本章的学习，理解物流服务的要素与物流服务的指标，掌握物流服务管理过程，全面了解物流服务合理化与现代化的基本途径，理解第三方物流的含义。

素养目标

培养学生物流服务意识，强化学生对物流服务要素和指标的理解，使其适应物流企业的服务工作。

本章导读

本章主要介绍供应链中物流服务管理的基础知识和管理过程。第一节主要介绍物流服务的概念、特点、要素、目的及指标;第二节系统介绍在供应链环境下物流服务管理的全过程,包括制定物流服务标准、实施物流客户服务管理、监控物流服务和评价物流服务;第三节介绍物流服务的合理化措施及现代物流服务内容;第四节介绍第三方物流服务产品的内容及特点。

开篇案例

新兴综合物流服务模式分析——百世供应链

随着电子商务的飞速发展,传统物流供应链各环节各自运营的线性结构无法满足高速增长的用户需求和更加复杂的仓储、运输情境。因此,为了适应市场的变化,电商仓和覆盖更多区域的"最后一公里"配送业务不断发展成熟,使物流供应链逐渐形成网状形态,仓与仓之间的物流和信息流可以快速进行交换和合理分配,订单管理和仓储管理可以将实体仓的利用率大大提升,零担和快递业务也不断协同合作,所有的服务围绕用户的需求和体验展开。以百世为例,截至2019年3月底,百世快递的省市网络覆盖率为100%,区县覆盖率为99%;百世快运的省级网络覆盖率为100%,市级网络覆盖率为99%;再加上基于百世供应链的346个直营及加盟云仓,这样高密度的物流服务网络才能够为客户提供更适应市场变化的服务方案。

(资料来源:艾瑞网,2019-7-5)

问题: 企业为什么要进行物流服务网络建设?在进行物流服务网络建设时需要考虑哪些因素?

第一节 物流服务概述

一、物流服务的概念及要素

(一)物流服务的概念

客户在购买商品的过程中,主要看价格、质量和服务。从物流角度来看,客户服务是一切物流活动或供应链流程的产物,是企业所提供的总体服务中的一部分。因而,物流系统的设计决定了企业能够提供的客户服务水平。向客户销售所产生的收入和系统设计的相关成本则决定了企业能够实现的利润。向客户提供的服务水平是达到企业利润目标的关键。

物流服务是指接受客户的委托，按照客户的要求，为客户或客户指定方提供服务，完成物流过程中的部分环节或全部环节。其本质是更好地满足顾客需求，即保证顾客需要的商品在顾客要求的时间内准时送达，服务能达到顾客所要求的水平等。

（二）物流服务的特点

企业的物流服务具有结构性、差异性、增值性和网络性四个主要特点。

1. 结构性

企业提供的物流服务表现出明显的结构性特征。首先，物流服务是由多种物流资源和多种物流功能要素通过合理配置形成的，必然反映出结构性要求；其次，企业生产经营发展导致物流需求呈多元化、综合化趋势，与之相适应的物流服务也就会体现结构性变化。

2. 差异性

不同的物流系统提供的服务不可能完全相同，同一个物流系统也不可能始终如一地提供完全相同的服务。物流服务之所以表现出差异性，主要是受企业物流系统提供的能力和服务方式的影响，同时也受客户参与物流服务过程、对服务不同的评价和认识的影响。当然，物流需求的个性化和独特化发展需要有个性化、柔性化的物流服务。

3. 增值性

物流服务能够创造出时间效用和空间效用，通过节省成本、费用为供应链提供增值利益，表现为突出的增值性。物流服务的增值性直接体现了物流服务作为价值创造活动的成果，同时，也反映了物流服务对企业生产经营过程中产品和服务价值的增值作用。在现代经济发展过程中，物流服务的增值性引起了人们的普遍重视。

4. 网络性

任何物流服务都依赖于经营者和消费者的互相协作和共同努力。在物流资源和物流功能要素的组合中，现代网络理念和网络技术促进了物流服务的网络化发展。物流服务网络性不仅表现为企业物流组织的网络化、企业物流服务技术的网络化，而且还表现为需求的网络化。

（三）物流服务的要素

现代营销中的顾客服务是一种供应、生产、经营、物流合而为一的综合经营行为。结合顾客服务的观点，可以将物流服务解释为对顾客商品利用可能性的一种保证，它包含三个要素，如图9-1所示：①拥有顾客所期望的商品（备货保证）；②在顾客所期望的时间内传递商品（输送保证）；③符合顾客所期望的质量（品质保证）。

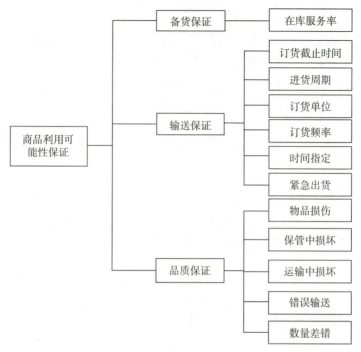

图 9-1 物流服务构成要素

（四）物流服务的目的

物流服务的目的，就是提供更多能满足客户要求的服务，扩大与竞争对手之间的差距，从而通过销售额的增加来获得或增加企业的利润。具体来说，物流服务的目的有以下几个。

1. 有效地完成商品的供应

将顾客所需要的商品在必要的时候，按既定的要求送达顾客。要实现这一目的，要求企业明确接受订货截止时间、接受订货批量、供货频率、交货期（从订货到交货的时间）等。

2. 减轻顾客的物流作业负担，提高作业的效率

企业在指定时间交货，而且要提高交货精度，同时，满足客户在挂标签牌、以货架单位包装等方面的流通加工要求。由于企业提供了以上服务，顾客就可以有计划地进行收货作业，并且会缩短收货时的验货时间。

3. 为客户节省更多的流动资金来研发企业的核心技术

对于企业而言，物流占用了大量的人力和财力，如果第三方物流公司提供的服务能够满足需求，可以将物流业务外包，节省更多的资金和精力去专攻企业的核心技术，提高企业的核心竞争力。

二、物流服务的指标

(一) 基本的物流服务标准

1. 可得性

可得性是指当顾客需要存货时所拥有的库存能力。可得性可以通过各种方式实现，最普遍的做法是按预期的顾客订货进行存货储备。于是，仓库的数目、地点和储存政策等便成了物流系统设计的基本问题。存货储备通常是建立在需求预测基础上的，而对特定产品的储备战略还要结合其是否畅销、对整个产品线的重要程度、收益率以及商品本身的价值等因素考虑。存货可以分为两类：一类是取决于需求预测并用于支持基本可得性的基本储备；另一类是满足超过预测数的需求量并适应异常作业变化的安全储备。

可得性的一个重要方面就是企业的安全储备政策。安全储备的存在是为了调整预测误差，并在安全储备的补给期间对配送延迟进行缓冲。一般说来，防止缺货的期望越大，安全储备的需要也越大；安全储备的负荷越大，平均存货的数量也越大。在市场需求高度变化的情况下，安全储备的构成有可能占到企业平均存货的一半以上。通过缺货频率、供应比率和订货完成率这三个衡量指标，可以确定企业满足特定顾客对存货的需求的能力。

(1) 缺货频率。

缺货频率是指缺货会发生的概率。该衡量方法用于表示一种产品可否按需要装运交付给顾客，当需要超过产品可得性时就会发生缺货，也就是说，缺货频率就是衡量一种特定的产品需求超过其可得性的次数。将全部产品发生缺货的次数汇总起来，就可以反映一家企业实现其基本服务承诺的状况。

(2) 供应比率。

供应比率用来衡量缺货的程度或影响大小。这是因为，一种产品缺货并不必然意味着其顾客的需求将得不到满足。在判断缺货是否影响服务绩效以前，首先要弄清顾客的真实需求。因此，企业要确认该产品是否确实未能获得及顾客究竟想要多少单位。供应比率绩效通常是按顾客服务目标区分的，于是，对缺货程度的衡量就可以构成企业在满足顾客需求方面的跟踪记录。例如，一位顾客订货50个单位，只有47个单位可得，那么订货供应比率为94%（47÷50）。为有效地衡量供应比率，一般在评估程序中还要在一段特定的时间内对多个顾客订货的完成情况进行衡量。

(3) 订货完成率。

订货完成率是衡量企业拥有一个顾客所预订的全部存货时间的指标。假定其他各方面的完成为零缺陷，则订货完成率就为顾客享受完美的订货服务提供了潜在时间。

2. 作业完成

作业完成可以通过速度、一致性、灵活性、故障与恢复等方面来具体说明所期望的完成周期。显然，作业完成涉及物流活动对所期望的完成时间和可接受的变化所承担的义务。

(1) 速度。

完成周期的速度是指从一开始订货起至货物实际抵达时止的这段时间。企业必须以顾客的身份来考察在这方面所承担的义务，因为不同的物流系统设计，完成周期所需的时间会有很大的不同，即使在高水平的通信和运输技术条件下，订货周期也是既可短至几个小时，也可长达几个星期。

完成周期往往与存货需求有着直接关系。一般来说，计划的完成速度越快，顾客所需的存货投资水平就越低。完成周期与顾客存货投资之间的关系居于以时间为基础的物流安排之首。

(2) 一致性。

虽然服务速度至关重要，但大多数物流公司更强调一致性。一致性是指企业在众多的完成周期中按时配送的能力，是必须随时按照配送承诺加以履行的处理能力。不应把一致性直接理解为顾客额外需要的安全储备，以防有可能发生的配送延迟。

(3) 灵活性。

灵活性是指处理异常的顾客服务需求的能力。企业的物流能力与在始料不及的环境下妥善处理问题的能力密切相关。需要企业灵活作业的典型事件有：调整基本服务安排，例如，一次性改变装运交付的地点；支持独特的销售和营销方案；新产品引入；产品逐步停产；供给中断；产品回收；特殊市场的定制或顾客的服务层次；在物流系统中履行产品的设计，诸如定价、组合或包装等。在许多情况下，物流优势的精华存在于灵活能力之中。一般说来，企业的整体物流能力取决于在适当满足关键顾客的需求时所拥有的随机应变的能力。

(4) 故障与恢复。

不管企业的物流作业有多么完美，故障总是会发生的，而在已发生故障的作业条件下继续服务往往是十分困难的。因此，企业应制订一些有关预防或调整特殊情况的方案，以防止故障发生。企业应通过合理的论证来承担这种应对异常情况的义务，而其制订的基本服务方案应保证高水平的服务，为此，企业要有能力预测服务过程中可能发生的故障或服务中断，并有适当的应急计划来恢复任务。当实际的服务故障发生时，顾客服务方案中的应急计划还应包括对顾客期望恢复的确认以及衡量服务一致性的方法。

3. 可靠性

物流质量与物流服务的可靠性密切相关。物流活动中最基本的质量问题就是如何实现已计划的存货可得性及作业完成能力。除了服务标准外，质量上的一致性涉及能否并且乐意迅速提供有关物流作业和顾客订货状况的精确信息。研究表明，企业提供精确信息的能力是衡量其顾客服务能力最重要的方面。顾客通常讨厌意外事件，如果他们能够事先收到信息，就能对缺货或迟延配送等意外情况进行调整。因此，有越来越多的顾客表示，有关订货内容和时间的事前信息比完美订货的履行更加重要。

除了服务可靠性外，服务质量的一个重要组成部分是持续改善。物流公司关心如何尽可能少地发生故障以尽快完成作业目标，而完成作业目标的一个重要方法就是从故障中吸取教训，改善作业系统，以防再次发生故障。

(二) 完美的物流服务标准

在许多情况下，完美物流服务的概念是物流质量的外延。在当今的技术条件下，这种服务绩效是可能实现的，但其代价是昂贵的，因此，很少有企业会向所有的顾客承担这种义务，把零缺陷绩效作为其基本的服务战略。

完美的物流服务承诺通常是建立在各种协议的基础上的，旨在发展供应商和首选顾客之间密切的工作关系。需要引起足够重视的是，完美的物流服务通常是在严密的组织工作中履行的。这些安排随时间展开，往往需要有关企业大量交换信息的支持，需要在管理上和作业上付出努力、投入巨资。所以，这种卓越的服务表现必须致力于服务那些能够正确评价并愿意提高购买忠诚，以及对企业的额外表现做出反应的顾客。一旦企业展开完美物流服务的战略，它就必须充分了解潜在的风险和行情下跌的可能性。

第二节　物流服务管理

案例导入

未来10年，靠物流服务全球！

电商发展迄今为止也有三四十年了，纵观整个电商的发展史，几乎所有的大事件都跟物流有关，所以在电商圈有这么一句话：得物流者得天下。截止到目前，电商圈呈现三足鼎立之势——淘宝、京东、拼多多。三大电商最重视物流这块的，非京东创始人刘强东莫属。他曾说，未来10年，京东国际化方向是以物流打头阵的供应链服务全球化。

京东物流作为京东集团的三大优势之一，一直深受重视，连创始人都曾亲力亲为，给客户送快递。不得不说，京东在物流方面还是很有远见的。

早在2007年，京东就开始打造自有物流体系，两年内就成立了自己的物流公司，这在中国是首创。早前，京东物流一直是京东集团的"自留地"，最近两年，京东物流开始全面对外开放，2018年正式推出个人快递业务。

"211限时达""夜间配""长约达"等多种配送都是京东首创的，当然这一切都建立在京东强大的"自建仓储+物流体系"基础之上。

近几年来，京东遭遇阿里巴巴、拼多多的前后夹击，唯有物流是京东集团的突破口。2019年"6·18"，除了超值的福利，京东的物流黑科技——最新款京东智能配送机器人也面世了。

四轮数控轮毂电机驱动系统，让京东智能配送机器人的行驶轨迹精确无比，道路通行的安全性得到很大的保障。京东智能配送机器人因为搭载四轮180度转向系统，可以实现常规车辆无法实现的横向行驶、前后轮转向、独立转向、同步转向、对角转向、四轮转向以及平行转向，随时随地都能表演一段"爱的魔力转圈圈"。

京东智能配送机器人采用了螺旋弹簧加减震器悬挂系统，起步、停车都"如履平地"。

因为是无人驾驶，为了保证安全，京东对机器人的识别功能要求很高——识别40米以内障碍物、紧急急停、识别红绿灯、识别低位障碍物、防撞保险杠、识别正面（侧面）障碍物等功能是京东智能配送机器人的"标配"，安全有保障！

京东智能配送机器人在到达用户家的15分钟前，会给用户打电话、发短信，如果用户不在家，它还可以等待30分钟，取货时选择输入取件码或者人脸识别，即可轻松取件。

虽然看起来京东智能配送机器人已经很高级了，但是它仍然处于不断升级换代的进程中。2018年运用至今，京东智能配送机器人的身影已经出现在国内二十多个城市。

（资料来源：万联网，2019-7-8）

问题：京东智能配送机器人送快递能否实现？其能满足顾客哪些需求？

一、制定物流服务标准

制定物流服务标准，历来是物流管理中难以处理但又必须认真考虑的问题，因为合理可行的物流服务标准是企业进行物流服务管理和控制的依据。在此，着重从实践角度来说明企业在制定物流服务标准时应当注意的问题。

1. 制定明确的目标

一些企业在制定物流服务标准时，将目的和目标区分开来。目的的范围较广泛，概括地指明企业试图达到的总成果。目标是用来达到目的的手段，有一定的最低要求。通常，企业要确定一套必要的与目标相符的要求并予以完善。

现以杜邦公司为例说明企业制定的物流服务目的："公司的第一目的是，在选择的竞争市场和其他地区比主要竞争对手提供同等或更好的物流服务水平，为改进物流服务，无须或少许改变系统。第二目的（以支持首要目的）是，始终维持足够的库存，保证及时满足顾客的需要；按规定的目标或在顾客指定的日期内将货物可靠地发运并送达；在发生任何偏离服务标准的情况下，迅速通知顾客。"

2. 考虑增长的顾客期望

在确定企业的基本服务标准时要考虑的一个重要因素，就是顾客的期望。几乎在每一个行业中，一个或多个企业会把物流活动作为核心战略，以获得顾客的忠诚。这些企业投入了各种资源，以实现高水平的基本服务能力，使竞争对手难以仿效。

这种逐步扩大顾客期望的现象往往可以用所谓的"缩小服务窗口"的概念加以说明。绝大多数行业有一种明确或含蓄的、被普遍接受的、令人满意或符合要求的服务水平。例如，在20世纪70年代，美国的食品和服装制造商被普遍接受的物流服务绩效是：交付周期为7~10天，存货供应比率为92%。到了80年代初期，该期望值逐步上升至5~7天的展销期内交货，最低限度可接受的供应比率上升至95%。现在，最低限度的交付周期期望值已为3~5天，并且供应比率约为98%。"缩小服务窗口"这一概念清晰地指明了一个朝更高水准和更快速度发展的物流绩效趋势。"缩小服务窗口"如图9-2所示。

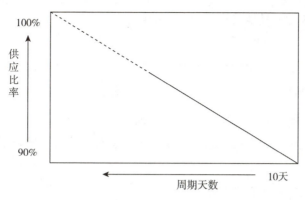

图 9-2 "缩小服务窗口"

3. 订货单传递、分拣和集合订货单

订货单传递是指自顾客发出订货单直到卖方收到订货单这段时间内发生的一系列事件。因为顾客常设想他们一发出订货单，企业就会收到，因此，如果在此环节中发生变化或耽搁的时间过长，就会降低顾客满意度。企业应当对不同的订货单传递方式规定相应的时间，提供给顾客参考，由顾客根据需要选择适当的方式进行订货单传递。

订货单处理的职能之一是填制文件，通知指定仓库将顾客的订货单集合起来。通常用订单分拣清单表明所要集合的产品项目，送到仓库人员手中。订单分拣和集合包括自仓库接到产品的出库通知直到将该产品装上开往外地的火车这段时间内进行的所有活动。对于订单分拣和集合，应当规定严格的作业时间和准确度，因为它是连接备货、装货直到运输的重要环节，如果此处出现差错，将会给接下来的物流作业造成极大的不便和损失。

4. 退货

物流人员与顾客服务有密切联系，常会遇上涉及退货要求的问题，因此，必须建立相应的程序以便于按规定处理。另外，退回的货物必须由生产部门检查以确定其处理办法，或交回产品库储存，或再加工处理，或进行解体将有用的部件加以利用等。

二、实施物流客户服务管理

物流服务管理的要点是必须使物流服务中心运作良好，即按照客户的要求，把商品送到客户的手中，满足客户的要求并提高服务水平。为降低物流服务成本，必须进行物流客户服务管理。

客户是物流中最关键的因素。只有当物流服务的其他职能相互沟通、共同发展并和谐地服务于客户这个中心，才能使物流服务有效地运行。

企业应采取有效的物流服务管理措施，在客户与企业之间建立畅通的信息沟通渠道。与客户直接接触的人员是企业获得客户服务改进信息的重要来源。

（一）做好客户服务的要点

要做好客户服务，必须注意以下几点。

1. 理解顾客

物流服务企业或物流管理人员首先必须了解自己的行业，知道顾客为什么要来；其次,必须通过行业统计或其他渠道了解顾客的信息。

2. 发现顾客的真实需要

发现顾客的真实需要可以通过简单的询问,如面谈、电话交谈或函问等形式,也可以通过调查问卷或其他能够使企业掌握顾客需要的有效方法。

3. 提供顾客需要的服务,使顾客理解所提供的服务

在对一些顾客数据、必要的反馈和竞争对手信息有充分的了解以后,就应该考虑提供顾客需要的服务。

4. 最大限度地提供顾客满意的服务

企业应当创造性地研究自己的服务,以保持并不断提升顾客的满意度。

5. 使顾客成为"回头客",并使顾客为企业的传播服务

拥有一批固定的顾客是企业成功的奥秘。只有顾客一次又一次来消费,企业的经营才可能成功。通过提供优质服务,使满意的顾客自愿为企业做广告、宣传,是十分有效的营销策略之一。

(二) 把握服务的关键时刻

服务的关键时刻就是客户光顾企业任何一个部门时的那一瞬间。服务过程是由一系列的关键时刻组成的,物流经理要指导下属做好物流客户服务关键时刻的管理,以确保整个物流服务的完整,提供给顾客优质的服务,即必须确定服务圈与重要的关键时刻。

1. 服务圈

服务圈是客户经历不同关键时刻的模型描述。确定服务的服务圈,应由直接参与提供服务的员工来做出,以客户为中心,按照客户在服务过程中所经历的各个阶段,列出客户与企业接触的所有关键时刻。在如图9-3所示的服务圈模型中,对于服务企业而言,主要的关键时刻组成一个环形圈,这一系列彼此独立而又相互关联的关键时刻影响着客户对服务质量的评价。

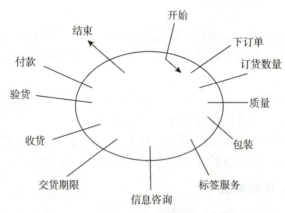

图9-3 服务圈模型

2. 重要的关键时刻

并不是每一个关键时刻对客户关于企业物流服务的评价都起相同的作用，只有极少部分关键时刻非常重要。如果对这部分的管理不当，对企业信誉和服务质量影响很大，可能会失去客户。因此，对重要的关键时刻的管理和控制是客户服务的关键。

对关键时刻进行改进，企业就会赢得客户的信任，客户对企业服务质量的评价就会相应地提高；相反，客户对服务质量的评价就会降低。

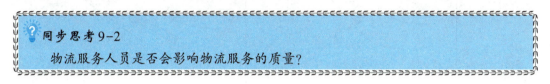

三、监控物流服务

监控物流服务主要从物流服务成本控制、物流劳动工时控制、物流作业监督以及防偷盗控制等方面进行。

（一）物流服务成本控制

1. 物流服务与物流成本

物流服务应当遵循的原则是以适当的成本实现高水平的客户服务。一般来讲，物流服务水平与成本是一种此消彼长的关系，两者之间的关系适用于收益递减原则，如图9-4所示。在服务水平较低的阶段，如果追加 X 单位的成本，服务水平将提高 Y；而在服务水平较高的阶段，同样追加 X 单位的成本，提高的服务质量只有 Y'（$Y'<Y$）。

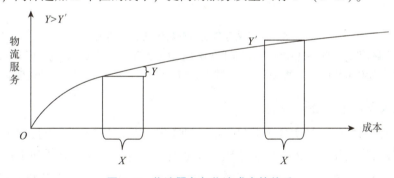

图9-4 物流服务与物流成本的关系

所以，无限度地提高服务水平，成本上升的速度会加快，而服务效率则没有多大提高，甚至下降。

具体说来，物流服务与成本的关系有以下几种。

（1）在物流服务水平一定的情况下，降低物流成本。在实现既定服务水平的条件下，通过降低成本追求物流系统的改善，如图9-5（a）所示。

（2）要提高物流服务水平，不得不牺牲低水平的成本，听任其上升，这是大多数企业所认为的服务与成本的关系，如图9-5（b）所示。

（3）在物流成本一定的情况下，实现物流服务水平的提高。这种状况是灵活、有效地利用物流成本，追求成本效益的一种做法，如图9-5（c）所示。

（4）在降低物流成本的同时，实现较高的物流服务水平，如图9-5（d）所示。

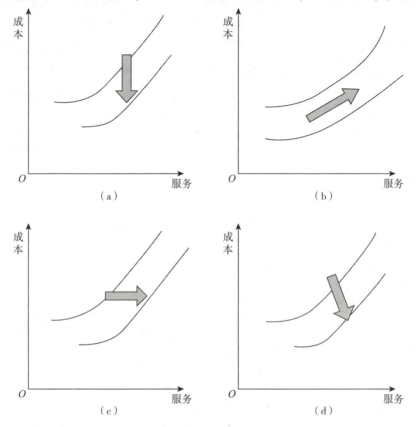

图9-5　物流服务与成本在具体情况下的关系

（a）在物流服务水平一定的情况下，降低物流成本；（b）提高物流服务水平，不得不牺牲成本；（c）在物流成本一定的情况下，实现物流服务水平的提高；（d）在降低物流成本的同时，实现较高的物流服务水平

2. 物流服务成本的会计控制

预算作为计划机制，是实现企业目标的一种手段，物流经理汇总上报的预算，确定为实现计划中各项物流任务所需的资金数额。在编制预算时，全部业务活动不仅要按照货币单位来表示，还要按体积、重量、托盘数、箱数，以及订单或发票项数等实物单位计算。预算被批准后，就成为一种控制机制。会计控制就是通过会计记录对物流服务活动进行监督和考核，使其有效经营，取得最佳经济效益。

在提供物流服务时，必须考虑成本，设定适当的服务水平。但是，"适当的服务水平"很少在交易之前被研究，物流企业大多是原封不动地按顾客的要求来决定物流服务。一些经营决策者面对可能造成成本增加的因素，往往抱着即使成本上升一点，也可以通过营业额的增加来弥补的想法，这种态度经常会导致订货截止时间后的接收订货、少量的紧急配送、无计划的过度的物流服务现象等，使物流成本上升。

企业经营中的物流服务成本意识不强，主要是因为营销人员本身对物流成本不太了解,成本责任的承担也有不明确之处。表面上看,物流活动的成本应当由物流部门来负责,而事实上,物流服务的成本主要是由确定交易条件的销售部门决定的。但是,对于负责销售工作的人员来说,即使重新考虑顾客服务的内容,也会因没有具体的物流成本数据而无法进行。因此,物流部门必须告知"为了向这个顾客交货,发生了哪些作业,共需要多少成本"的具体数据,明确每个顾客的物流服务内容和所花的成本。

(二) 物流劳动工时控制

鉴于物流劳动力的工资费用较高,劳动力的有效使用对以营利为目标的企业经营来说是十分重要的。

1. 工作时间定额控制

通常,预先制定工作时间定额,可以使劳动力的有效使用状况得到改善。以仓库为例,在一个仓库里,执行每一项任务,如打开一辆卡车车厢、堆放一个托盘或拣选一箱外运货物所需的时间被计划出来。时间分析的精确度以秒为单位。装有货物的托盘在仓库中的放置地点及离地面的高度对作业所需时间来说是有影响的。拣选出库货物所需时间,取决于这些货物的位置、体积和重量。这些数据有两方面的用途:首先,它们表明仓库中货位的安排应该是把较为常用或周转快的库存项目放置在存取便利和花时间较少的货位;其次,通过使用计算机程序,为货物拣选人确定最佳行走路线。

2. 短期工作进度控制

有一种分析方法称为短期工作进度表,就是检查每名员工在小段时间内的活动。每单位工作分配一定数量的时间,然后按照"充分利用每名工人的时间,使每名工人的产出最大"的原则来安排每个工人的工作进度表。

这种工作安排方法对监督人员十分有用。例如,对于一个仓库来说,可以把工作进度表与送货卡车的出发时间(也可以由计算机排出的进度表来控制)和进货卡车的到达时间联系起来(大客户通常要求供应商的卡车在相当有限的时间段内到达,比如说,30 分钟或 1 个小时,因为这样可减少收货站台的拥挤程度,从而将进入货物的到达时间分布到工作日的各个时刻)。由于整个工作日的各项业务可以预先得到安排,管理人员可以按照日程表将实际进度与安排计划进行比较。如果在 8 小时一班的第一个小时结束时,完成的工作量少于 1/8,监督人员就应该采取措施,以便在第二个小时内赶上进度或至少不再落后。短期工作进度表也可以由中层管理部门用来评价监督的有效性。

(三) 物流作业监督

检查与监督技术对企业来说尤为重要,因为企业需要监督接受相同任务的员工的工作技能不尽相同,一些员工比其他员工更需要接受监督。监督人员的目标应该是改进工作质量。

为了维持和提高生产效率,制定一系列强制性的工作守则也是必要的,这样可以防止各个成员在工作方面滑坡。企业可采用物质鼓励手段,有时以奖金的形式发给仓库管理人员,也可以鼓励分员工组成的作业小组。如果某种工作要素得到改善,比如填制订单准确率有提高，也可发放奖金。

在制定工作标准时，另一个应该关心的内容是安全。随着工作量或生产量的增加，砸伤工人、砸坏商品或设备的风险事故也会增加。

在对物流人员进行监督时，必须对仓储人员和卡车货运人员区别对待，因为仓储员始终在现场主管人员监督下工作；然而卡车驾驶员一旦到了公路就脱离了直接监督人员，此外，他们天天与顾客交往，在公路上行驶的时候也会与众多的其他驾驶员来往。因此，对不同类型的工作人员需要采用不同的监督方式。

（四）防偷盗控制

几乎所在企业都会发生盗窃或偷窃的问题。偷窃通常被认为是企业员工偶尔或反复的盗窃行为，被窃物资通常是员工为了自己使用的。而盗窃通常是企业外部的人实施的，尽管有时也可能涉及本企业员工。盗窃是有组织地进行的，偷去的货物很可能是为了倒卖。既然偷窃涉及本企业员工，那么控制措施就必须从聘用过程开始，并在工作中继续进行必要的监督。

> **课外资料9-1**
>
> **征收桥梁通行费如何防范偷盗**
>
> 征收桥梁通行费的管理部门安装了一种精心研制的通行费征收监督系统，使收费人不可能再舞弊。但收费人要求调换工作的现象明显增加，原因是大多数收费人的总收入显著减少，而且由于没有机会"设法逃避"监督系统，令人乏味的收费工作就变得更加乏味了。由于经常调换员工，所增加的费用很快就超过了"防盗"系统的费用，因此桥梁管理当局后来决定采取秘而不宣的政策，允许每名收费人窃取金额每周不超过100元。也就是说，尽管他们知道一名收费人应该收费的准确金额，但直到损失超过每周100元时，才向收费人发出警告。而且收费管理人员采用一种非正式方式向受到怀疑的收费人示意警告。比如，一辆具有醒目标志的巡警汽车正好停在作弊者收费站前面。收费人得到这个信息后，会将偷窃金额下降到可以容许的水平。
>
> 显然，对于监督人员来说，对付偷窃是一件棘手的事情。有人认为，最好的政策是宣告一切拿走别人财产的行为都是错误的，并以此作为行为准则。

四、评价物流服务

对物流服务部门的评价有许多准则。一般来说，最重要的是识别评价物流服务部门有效性的尺度。当然，这只是第一步，识别了各种效率因素以后，应该给各因素以不同的优先级并开发特定的机制来评价物流服务部门的有效性。也就是说，管理者识别他所希望利用的物流服务部门有效性的尺度，并按照一定的规则赋予它们优先级。在评价过程中，使用所有的有效性尺度是不现实的，由于时间和资金的限制，显然不可能搜集并监控所有需要的数据。通常来说，评价一部分可得的尺度已足够。

在评价物流服务有效性时，所选择的具体的特定尺度取决于物流服务的特性和要求。也许最困难的就是开发评价效率准则的技术和步骤。评价物流服务部门有效性时，须考虑多种不同的但可以比较的因素，并且建立起评估标准。最后，还应该与行业内其他物流服务部门进行比较。

1. 预先设定评价标准

每一个指标都应该通过预先设定的标准来评价，因此，企业应该建立自己的评价标准。通常，企业的标准应该以同行业的其他企业，或者有相同特征的其他行业中的领先企业为基础。这是因为，企业应该深刻了解自身在竞争中的地位，竞争会影响管理者评估企业有效性的方式。这种方法的局限是，每一个竞争者有不同的市场混合策略，还可能定位于不同的目标市场。

2. 成本-销售额比评价

企业常用成本-销售额比来评价物流服务部门的有效性，但是，单独使用这个比率往往并不能确定物流服务部门的工作是否有效。比如，在零售业中，常计算运输成本在销售额中的百分比，但哪怕顾客买到了错误的产品或发生了严重的标低价格的问题，在运输成本中都不能得到反映，依照运输成本来评价物流服务部门的有效性就不能体现真实情况。企业在衡量成本效益的时候，所有的物流成本都应该计算在内。由于不同企业的管理者对物流成本的理解不同，计算时的涵盖面也有差异，因此，比较企业间成本-销售额比的时候，应该对各自的归类方式有清晰的认识。

3. 对物流经理的评价

物流服务评价的一项重要内容是对物流管理人员——物流经理的评价，一般评价三点。

（1）直接管理能力。这一指标考虑的是物流管理人员对日常运作的管理以及他们达到生产率、设备利用率及预算等目标的能力。

（2）解决问题能力。这一指标要求物流管理人员有诊断运作中出现问题的能力，以及寻找对策降低成本、提高客户服务水平和客户满意度的能力。

（3）项目管理能力。这是指物流管理人员设计并领导项目组来纠正问题、提高生产率、追求更大收益的能力。

> **同步思考9-3**
> 物流经理需要具备哪些能力？应该如何培养这些能力？

4. 物流服务政策的评价

对于物流服务政策的评价，可采用物流服务政策评价表，该表运用系统的提问方式，联系企业实际情况，引导企业管理人员进行检查、分析、综合，据此制定本企业相对全面的物流服务政策。销售条件和物流服务政策有相互重叠的部分。物流服务政策的一些要素可能受到法律或商业惯例的影响，在这方面，每个企业都应根据各自的具体情况来解释和处理。

第三节　物流服务改善

一、物流服务改善的基本原则

1. 树立全新的物流服务观念

确定物流服务水平不能从供给方的需求出发，而应该充分考虑需求方的需求，即从产品导向向市场导向转变。产品导向型的物流服务由于是根据供给方自身决定的，一方面，难以真正针对顾客的需求，容易出现服务水平设定失误；另一方面，也无法根据市场环境的变化和竞争格局的变化及时加以调整。市场导向型的物流服务正好相反，它是根据经营部门的信息和竞争企业的服务水平制定的，既避免了过剩服务的出现，又能及时进行控制。在市场导向型物流服务中，通过与顾客面谈、顾客需求调查、第三方调查等，寻求顾客最强烈的需求愿望，是确定物流服务水平的基本方法。

2. 注重物流服务的发展性

由于提供的顾客服务的变化，往往会产生新的物流服务需求，所以在物流服务管理中，应当充分重视物流服务的发展方向和趋势。例如，虽然以前就已经开始实施库存、出入货、商品到达时间、断货信息、在途信息、货物追踪等管理活动，但是，随着交易对象（如零售业务）的简单化、效率化革新，EDI 的导入，账单格式统一商品入库统计表的制定等，信息提供服务成为物流服务的重要因素。

3. 重视物流服务与社会系统的吻合

物流服务不完全是企业自身的一种经营行为，它必须与整个社会系统相吻合。物流服务除了要考虑供应物流、企业内物流、销售物流外，还要认真研究旨在保护环境、节省能源、回收废弃物的物流，所以，物流服务的内容十分广泛。这是企业社会市场营销发展的必然结果，即企业行为的各个方面都必须符合伦理和环境的要求，否则，经济发展的持续性难以实现。除此之外，为了解决交通混乱、道路建设不足等问题，如何实施有效的物流服务也是物流与社会系统相结合的过程中必须考虑的重要问题。

4. 建立能把握市场环境变化的物流服务管理体制

物流服务水平是根据市场形势、竞争企业的状况、商品特性以及季节的变化而变化的，所以，在物流部门建立能把握市场环境变化的物流服务管理体制十分必要。在欧美，由于顾客服务中包含了物流服务，因此，相应的管理责任也是由顾客服务部门承担的。对我国来说，在企业中确立能搜集物流服务的相关信息、提供顾客满意的物流服务的物流服务管理体制显得尤为迫切。

5. 加强物流服务的绩效评价

对物流服务绩效进行评价的目的在于不断适应客户需求的变化，及时制定最佳的客户服务组合，所以了解客户满意度、改善物流系统是物流服务中的关键要素。对物流服务实施绩效评价应当制度化。此外，还需要关注的是销售部门或客户是否存在对物流现状的不满，所设定的服务水准是否得以实现，在物流成本上应保持多大的合理性等问题。

二、推进物流服务合理化

（一）物流服务合理化的目的

企业的物流服务活动是从原料的采购到商品的生产、销售，即与企业的一切活动有关的。根据原料的采购进行生产，通过生产创造商品，商品通过销售到达消费者手中。在这里，物流服务是作为上述活动的连接物而存在的。对于生产，物流服务起到促进结构合理和节约生产费用的作用；对于销售，通过物流服务提供消费者认为合适的价格和服务。同时，利用物流服务，企业用能够带来利润的价格向消费者提供商品。在这种场合，物流服务的合理化将直接带来物流服务效率的提高与物流成本的降低，但不牺牲物流服务质量。

对于企业来说，生产规模的大型化能够带来适度规模效益及成本的降低，但同时，由此导致的库存增加而占用的费用，又必须靠扩大销售量来解决。不过，与销售量相关的费用会由于销售量的扩大而增加，这势必为增加销售量而活跃于市场的企业加重费用上的负担。因此，企业逐渐将目标转到用推进物流服务合理化来降低价格，提高物流服务效率、水平及增加销售的方向上来。

对于物流服务合理化，重要的是调整价格政策和服务水平。例如，向外地市场运送商品时，如果采用低成本运送手段，往往会花费很多时间，这就与顾客要求快速运送产生矛盾。而其对策是，在市场附近配备仓库，并利用低成本的运送手段进行长距离运输，而从仓库到消费地之间的运输则采用高成本、迅速的服务方法。

不过，利用这种方法会因仓库管理而增加库存费用，而且，为了促进销售，满足消费者的不同需要，商品的包装有所不同，使运输部门和仓库的空间不能有效利用，出现服务方面和成本方面相矛盾的问题。为了解决这样的矛盾，必须从总成本入手，尽可能减少企业利益的损失，推进物流服务合理化。

过去的物流服务活动总是把运输、保管、装卸、包装分别进行管理并推进其合理化、效率化，现今则要把物流服务的各项活动进行综合，看作一个整体进行合理化，即对于企业来说，既要从总费用研究入手，又要从物流服务的系统化入手来推进综合物流服务的合理化，以此提高效率。

（二）物流服务合理化的手段

物流服务合理化是依据计划，为了达到物流目的而设计的各要素相互统一的合理化。其基本特点有：①物流服务系统作为整体具有一定的目的；②构成物流服务系统的子系统及单位要素，是为了实现物流服务系统总目的的必要机能；③物流服务系统是作为总系统的子系统进行运转的；④物流服务系统通过信息的传递进行控制。

推进具有上述特点的物流服务合理化的方法是：第一，依据现状分析、把握问题，进而根据改善政策建立起物流运营机构，即通过现有资料的搜集分析、听取各关系部门的汇报及实际调查进行现状分析，找出问题；第二，把问题分类整理，按重要程度进行排列，确定分析范围及目的；第三，对所有改革方案进行研究、评价，最后在物流系统中实施合理化。

企业的经营管理按照计划、实施、评价、改善的循环运行，如图9-6所示。

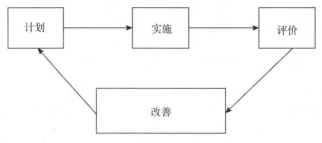

图9-6　企业经营管理运行

物流服务管理流程则可按照了解物流服务现状、对物流服务进行评估、拟订服务内容、定期对顾客的满意程度进行评估、重新构筑物流系统的顺序来进行，如图9-7所示。

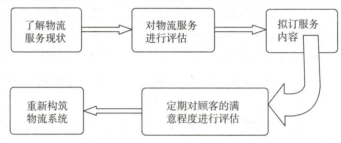

图9-7　物流服务管理流程

大量化、计划化、简单化、协作化、标准化等是企业物流服务系统化、合理化的基本原则。物流服务系统化、合理化必须遵从以上原则或将几个原则相组合，并加以实施。

（1）大量化的物流服务合理化。通过一次性处理大量货物来达到物流服务系统合理化的目的。

（2）计划化的物流服务合理化。通过有计划地实施物流活动，达到物流服务合理化的目的。例如，实现计划运输、配送活动的路线，采用运行图配送等有计划配送的系统。

（3）简单化的物流服务合理化。从生产到消费的商品流通过程，一般要经过多个阶段，而依据商、物分离的原则，通过减少物流过程的中间环节，使其简单地到达客户手中，以实现物流合理化。

（4）协作化的物流服务合理化。通过物流业务的协作来推进物流服务合理化。例如，处于某城市中的批发商，为了避免城市的交通混乱而采取共同配送的方式来提高配送效率。

（5）标准化的物流服务合理化。通过物流服务活动及相关要素的标准化，实现物流服务合理化的目的。例如，采用包装标准化、托盘规格化及一次订货单位量的标准化，提高作业效率，使物流服务趋向合理。

三、现代物流服务

现代物流服务离不开传统的物流服务活动，但现代物流服务在传统物流服务的基础上，通过向两端延伸而有了新的内涵，是各种新的服务理念的体现。具体来说，现代物流服务主要体现在一体化物流服务、增值物流服务、虚拟物流服务、差异化物流服务、绿色物流服务、物流创新服务等方面。现代物流服务的服务内容和服务理念将在实践中逐步完善和拓展。

(一) 一体化物流服务

一体化物流服务也称集成式物流服务或综合物流服务。国家标准《物流术语》（GB/T 18354—2006）对一体化物流服务的定义是"根据客户需求所提供的多功能、全过程的物流服务"，它是一种集成各种物流功能，为最大限度地方便客户、服务客户而推出的服务模式。一体化物流服务不是对物流功能的简单组合，它体现的是"一站式服务"，体现的是以顾客为中心的物流服务理念。客户只需在一个物流服务点办理一次手续，其物流业务就可得到办理。也就是说，客户只需要找一位物流企业的业务员，或进一家物流公司的一个部门，办理一次委托，就可以将极其繁杂的物流服务交付给物流企业处理，物流企业便可以按客户的要求完成这笔业务。"一站式服务"的最大优点是方便客户。其追求的目标是：让客户找的人越少越好，让客户等的时间越短越好，让客户来企业的次数越少越好。为实现这些目标，要求物流企业全球营销网络中的每一个服务窗口全部接受业务，并完成客户原先需在几个企业或几个部门、几个窗口才能完成的操作手续。这便对现代物流企业的服务能力、服务体系提出了很高的要求。

(二) 增值物流服务

增值物流服务是随着第三方物流的兴起而逐渐引起人们注意的一个词。国家标准《物流术语》（GB/T 18354—2006）对增值物流服务的定义为："在完成物流基本功能的基础上，根据客户需求提供的各种延伸业务活动。"也就是说，物流增值服务是根据客户需要，为客户提供的超出常规服务范围的服务，或者采用超出常规的服务方法。超出常规、满足客户需要是增值性物流服务的本质特征，它主要包括以下几种类型。

(1) 增加便利性的服务。尽可能地简化手续、简化作业，方便客户，让客户满意。推行"一条龙"、门到门服务，提供完备的操作或作业提示、免培训、免维护、省力设计或安装、代办业务、一张面孔接待客户、24小时营业、自动订货、传递信息和转账（利用 EOS、EDI）、物流全过程追踪等服务。

(2) 加快反应速度是让客户满意的重要服务内容。与传统的单纯追求快速运输的方式不同，现代物流通过优化物流服务网络系统、配送中心或重新设计流通渠道，减少物流环节，简化物流过程，提高物流系统的快速响应能力。

(3) 降低成本的服务。帮助客户企业发掘第三利润源，降低物流成本，如采用比较适用但投资比较少的物流技术和设施设备等。

(4) 其他延伸服务。物流企业在为客户提供物流服务的同时，可以向上延伸到市场调查与预测、采购及订单处理，向下延伸到配送与客户服务等，横向延伸到物流咨询与教育培训以及为客户提供物流系统的规划设计服务、代客结算收费服务等。

（三）虚拟物流服务

国家标准《物流术语》（GB/T 18354—2006）对虚拟物流的定义是"以计算机网络技术进行物流运作与管理，实现企业间物流资源共享和优化配置的物流方式"。虚拟物流的实现形式从一般意义上讲就是构建虚拟物流组织，通过这种方式将物流企业、承运人、仓库运营商、产品供应商及配送商等通过计算机网络技术集成到一起，提供"一站式"的物流服务，从而有效改善单个企业在物流市场竞争中的弱势地位。

虚拟物流的技术基础是信息技术，以信息技术为手段为客户提供虚拟物流服务。虚拟物流的组织基础是虚拟物流企业，通过电子商务、信息网络化将分散在各地的分属不同所有者的仓库、车队、码头、路线通过网络系统地连接起来，使之成为虚拟仓库、虚拟配送中心，进行统一管理和配套使用。

（四）差异化物流服务

差异化物流服务是现代物流企业对市场柔性反应的集中体现，也是现代物流企业综合素质和竞争能力的体现。一般情况下，它会为物流企业带来比普通物流服务更高的利润回报。

现代物流的差异化服务包括三方面的含义：一是同行业不同企业的情况有差别，因而其各自所需的物流服务内容与水平要求就有区别；二是企业所处的行业不同，其物流服务的需求差别就更大，从而就有了现在所细分的家电物流、医药物流、食品物流、汽车物流、烟草物流、农产品物流等不同的物流服务形式，这就要求我们必须依据各行业的实际情况区别对待；三是物流企业为客户提供某些专营或特种物流服务，如对化工、石油、液化气及其他危险物品、鲜活易腐品、贵重物品等，开展专营或特种的物流服务。

（五）绿色物流服务

绿色物流是融合环境可持续发展理念的物流活动，是指在物流过程中抑制物流对环境造成危害的同时，实现对物流环境的净化，使物流资源得到充分利用，创造更多的价值，具体包括集约资源、绿色运输、绿色仓储、绿色包装、逆向物流等。

绿色物流的目标之一是以最小能耗和最少的资源投入，创造最大的利润；目标之二是在物流系统优化的同时将物流体系对环境的污染进行控制。现代物流中的绿色服务要求企业在向客户提供物流服务时要遵循绿色化原则，采用绿色化的作业方式，尽力减少物流过程对环境造成的危害。同时把效率化放在首位，尽量降低物流作业成本，力争以最小的能耗和最少的资源投入为客户提供满意的服务，为企业和客户创造出最大的利润。

（六）物流创新服务

现代物流的创新服务就是现代物流服务提供者运用新的物流生产组织方式或采用新的技术，开辟新的物流服务市场或为物流服务需求者提供新的物流服务内容。创新是现代企业生存与发展的永恒主题，离开了创新，现代企业的发展就无从谈起，因此，创新服务理念也是现代物流最重要的新理念之一。现代物流企业必须树立这一理念，使自己具备创新服务能力，从而提高企业的竞争能力，使企业获得生存与发展的动力。

第四节 第三方物流

案例导入

中国邮政速递物流国际服务介绍

目前，中国邮政速递物流公司主要有两个方面的业务。一个是国内，一个是国际。其服务范围广，涵盖了国内、国际速递，仓储，运输，物流等一体化的服务。中国邮政速递物流的主要国际业务包括：国际特快专递业务（EMS）、中国速递国际快件、国际货代业务。

1. 国际特快专递业务（EMS）

国际特快专递业务（EMS）是各国（地区）邮政开办的一项特殊邮政业务。该业务在各国（地区）邮政、海关、航空等部门均享有优先处理权。它以高速度、高质量为用户传递国际紧急信函、文件资料、金融票据、商品货样等各类文件资料和物品，同时提供多种形式的邮件跟踪查询服务。中国邮政速递物流在国内2 000多个地、市、县设立了EMS邮件的收寄网点，并提供上门揽收、代客包装、代客报关、代办保险等一系列综合延伸服务，并且全年无休。目前，中国邮政国际特快专递业务已与世界上200多个国家和地区建立了业务关系。

2. 中国速递国际快件

中国速递国际快件（简称"中速快件"）是中国邮政与非邮政商业公司合作的快件业务，是EMS和邮政间开办业务的必要和有利的补充，对邮政产品的通达范围和适应商业性需求等方面起到了很好的业务补充和市场拓展作用，优化了中国邮政国际特快专递业务的全球网络。其中，2000年1月1日与荷兰TNT邮政集团合作办理的中速TNT快件是目前中速快件业务中使用较多的品种，其服务范围遍及全球220多个国家，在时限、查询等售后服务方面有较为专业的支撑，并在快件的重量和规格限制方面有较大的灵活性。中速TNT快件是根据产品包装后的实际重量和体积中较大的值来计算运费的，有燃油附加费和超远派送费。

3. 国际货代业务

国际货代业务依托中国邮政强大的物流网络，组成了一张覆盖全国、通达世界的现代物流网络，其业务范围涵盖定舱、仓储、验收、中转、航空拼装拆箱、报关、报验、保险、短途运输、咨询、空运进出口、海运进出口、一体化物流、功能性物流。中国邮政速递拥有强大的全球代理网络，可根据空运货物的委托需要提供适当的境外联运、跟踪查询转运、门到门运输、监管运输服务及其他相关的服务部门。

（资料来源：易联速递网站）

问题：结合本节内容，分析第三方物流公司的服务业务包括哪些方面。

一、第三方物流概述

第三方物流的概念来源于管理学中的 Out-souring，即利用外部资源为企业内部的生产经营服务。将 Out-souring 引入物流管理领域，就产生了第三方物流的概念。《物流术语》（GB/T 18354—2006）对第三方物流（Third Party Logistics，TPL/3PL）的定义是："独立于供需双方以外为客户提供专项或全面的物流系统设计或系统运营的物流服务模式。"第三方是物流交易双方的部分和全部物流功能的外部服务提供者。第三方物流是物流专业化的一种形式，是发达国家广泛流行的物流新概念。现代意义上的第三方物流活动除具备传统的储运、配送等基本功能外，还包括制定物流战略、开发物流系统、交换物流数据、管理物流信息、物流咨询和设计、物流执行以及管理客户供应链中的物流需要等功能。

了解第三方物流，首先要了解第一方物流和第二方物流。物流的第一方是指物流服务的需求方，即客户，包括制造企业和流通企业等，是大量物流服务的需求者。第一方物流是指物流服务的需求方由于自身的物流能力强大，并且物流对自己企业非常重要，因而由自己承担物流的运作与管理，不外包，如沃尔玛和海尔等企业。物流的第二方是物流服务基本能力的提供方，即运输、仓储、流通加工等基础物流服务的提供者，是物流基础服务的供应商。这要与商品链的上游供给方相区别。第二方物流企业一般拥有物流运作的基本的、核心的资源，提供基本的、单环节的、标准化的物流服务。第三方物流是通过整合第二方的资源和能力为第一方提供专业化、一体化、个性化物流服务的现代物流组织。第三方物流处于物流供应链的中间位置，是现代物流的管理者和领导者。第三方物流示意如图 9-8 所示。

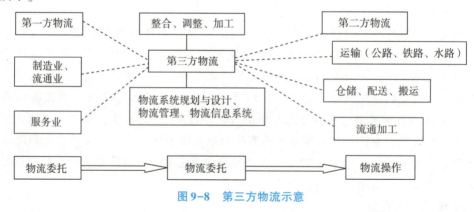

图 9-8　第三方物流示意

为了便于理解，下文从不同角度对第三方物流进行描述。

1. 从服务的内容看

从服务的内容来讲，第三方物流企业侧重于为客户提供一体化的综合物流服务。具体内容既有纵向的连接，也有横向的整合。纵向的连接是指第三方物流企业可以完成从原材料物流、生产线物流到销售物流的完整过程的组织和管理。横向的整合主要体现在对物流服务资源的整合和优化，如运输车队的选择、储运资源的选择等。

2. 从业务运作看

在一个完整的物流服务体系中，第三方物流企业处于客户和包括车队、储运企业等在内的低层专业化物流企业之间，第三方物流企业通过整合低层的物流资源，为客户提供一站式的物流服务。

从运作模式可以看出第三方的本质，即：管理型的第三方物流企业是独立于物流服务需求方（如客户）和物流服务供给方（如专业化车队、专业仓库、配送中心等）之外的一方，具有十分明确的整合和管理内涵。

3. 从客户关系上看

第三方物流不是需求方向物流服务商提出的偶然的、一次性的物流服务采购活动，而是采取委托-承包形式的业务外包的长期合作关系，物流服务提供商与客户之间体现的是一种战略性的合作伙伴关系，这与简单的货运或仓储服务有所不同。在西方，第三方物流服务商是客户企业的战略联盟。

4. 从拥有的运作资产看

管理型第三方物流企业一般不掌握物流运作的核心资源，或自身拥有的资源在整个服务过程所使用的资源中所占的比重比较小。

二、第三方物流服务产品包含的内容

第三方物流的服务内容要从供应链角度去思考，可以从现代物流的源头——生产制造、流通零售的角度，分析它们的物流有哪些功能和环节、有多少环节可以外包。这些可以外包的内容就是第三方物流服务可以考虑的内容。

根据制造业对物流服务的需求，可将物流服务产品分为五大类。

（一）运输服务

1. 运输网络的设计和规划

运输网络的设计和规划是物流服务中技术含量最高的服务。特别是对于全球性的跨国公司而言，其采购、生产、销售和售后服务网络非常复杂，要设计一个高效且在某种程度上协同的运输网络是非常困难的。在技术比较先进的第三方物流公司中，一般都有专门的专家队伍，通过计算机模型完成运输网络设计工作。

2. "一站式"全方位的运输服务

"一站式"全方位的运输服务是由物流公司完成多个运输环节的整合，为客户提供门对门的服务，例如多式联运业务。

3. 外包运输力量

外包运输力量即客户在运输需求上，不采用完全的外包，而是利用第三方物流公司的运输能力，由第三方物流公司为客户提供运输车辆和人员，客户企业自己对运输过程进行控制和管理。

4. 帮助客户管理运输力量

帮助客户管理运输力量即客户企业自己拥有运输力量（如运输工具和人员），但在物流业务外包时，将这些运输能力转包给物流公司，由运输公司负责运输工具的使用和维护，以及运输人员的工作调配。

5. 动态运输计划

动态运输计划是指根据企业的采购、生产和销售情况，合理安排车辆和人员，保证运输的效率和低成本。

6. 报关等其他配套服务

在国际物流业务中，会涉及报关等业务。目前，在国内，提供报关业务的一般有专业报关公司、国际货代公司、进出口公司。第三方物流公司本身拥有报关权的并不多，一般通过与报关公司的合作来为客户提供报关业务。

(二) 仓储/配送服务

1. 配送网络的设计

配送网络的设计包括仓库定位、配送中心能力和系统设计等，是仓储/配送类业务中技术含量最高的领域。这部分服务功能可以作为独立的咨询项目存在，也可以作为物流服务整体方案的一部分。

2. 订单处理

订单处理是仓储配送类业务中最常见的第三方物流服务项目。客户企业负责在取得订单后，通过第三方物流企业完成拣货、配货和送货的工作。

3. 库存管理

库存管理是物流管理中最核心、最专业的领域之一，完整的库存管理包括市场、销售、生产、采购和物流等诸多环节。一般企业不会将库存管理全部外包给第三方物流企业，而是由客户企业自己完成库存管理中最复杂的预算和计划部分，但在库存管理的执行环节，第三方物流企业大有作为，例如，与仓储相关的库存管理主要涉及存货的统计、补货策略等。

4. 仓储管理

仓储管理是最常见的传统物流服务项目。

5. 代管仓库

代管仓库是一种比较常见的合作形式。这种情况一般发生在客户企业自己拥有仓库设施，在寻求物流服务商的同时，将自己仓库的管理权一并交给物流企业。

(三) 增值服务

增值服务是指根据客户的需求，为客户提供超出常规的服务，或采用超出常规的服务方法提供服务。创新、超常规、满足客户个性化需要是增值服务的本质特征。目前，第三方物流企业提供的增值服务主要包括以下几种。

1. 延迟服务

延迟服务是一种先进的物流模式。企业在生产过程中,在生产线上完成标准化生产,但对个性化的部分,必须根据客户需求再进行生产或加工。我国许多第三方物流企业可以提供简单的延迟服务。

2. 零件成套

零件成套是将不同的零件在进入生产线之前完成预装配的环节。例如,汽车制造厂一并委托第三方物流企业管理企业零配件仓库,在零配件上装配线之前,可以在仓库内完成部分零配件的装配业务。

3. 供应商管理

第三方物流企业提供的供应商管理包括两类:一类是对运输、仓储中提供物流服务的供应商的管理,即对第二方物流供应商的管理;另一类是对客户企业的原材料和零配件供应进行的管理。供应商管理通常包括供应商的选择、供应商的供货、供应商产品质量的检验、供应商的结费等。

4. 代付运费

代付运费是第三方物流企业最常见的业务。在第三方物流服务过程中,由第三方物流企业代替客户付运费。在国内,此类收费通常称作代垫代付费用。

5. 支持 JIT 制造

JIT(Just in Time,准时制生产方式)制造是一种新型的第三方物流服务。在 JIT 制造中,第三方物流企业提供的服务包括即时采购运输和生产线的即时供货。

6. 咨询服务

第三方物流企业提供的咨询服务包括物流相关政策调研分析、流程设计、设施选址和设计、运输方式选择、信息系统选择等。

7. 售后服务

售后服务是第三方物流的一个新服务领域,一般包括退货管理、维修、保养、产品调研等。

(四)信息服务

在发达国家,信息服务是第三方物流企业非常重要的服务内容。在我国,由于第三方物流企业的信息系统比较薄弱,因此,提供这类服务有一定难度。第三方物流企业的信息服务一般包括以下内容。

1. 信息平台服务

客户通过第三方物流的信息平台,实现与海关、银行、合作伙伴等的连接,完成物流过程的电子化。我国有些城市目前正在推行电子通关服务,将来大量第三方物流企业要实现与海关系统的连接,客户可以借助第三方物流企业的信息系统实现电子通关。

2. 物流业务处理系统

许多客户使用第三方物流企业的物流业务处理系统（如仓库管理系统、订单处理系统等）完成物流过程的管理。随着物流复杂性的增加和物流业务管理系统的完善，这方面的信息服务还会加强。

3. 运输过程跟踪

就目前的市场看，信息跟踪主要集中在运输过程的跟踪。在发达国家，通过 GPS、GIS 等跟踪手段，已经做到了对运输过程和订单的实时跟踪。例如，UPS 等快递公司为客户提供全程跟踪服务。我国先进的第三方物流企业也实施了对运输过程的跟踪。

（五）总体策划服务

目前有一种趋势，就是将物流系统的总体规划内容作为第四方物流的服务范围，成为一个专业化和独立的领域。第三方物流企业一般不同程度地承担了为客户提供物流系统总体规划的工作。为客户进行总体策划，提供物流解决方案，是赢得客户的前提。

三、第三方物流服务产品的特点

1. 产品的个性化

如果将第三方物流服务看作一种产品，那么这种产品的最大特点是个性化，即几乎没有两个完全相同的物流服务项目。物流服务的个性化源于物流需求的个性化，这也是第三方物流与第二方物流最大的不同。

2. "每个客户都是重要的"和100%的服务

（1）每个客户都是重要的。一般，对于有形产品的客户服务会根据该客户的销售额、信用记录、发展潜力等对客户进行分类，针对不同类型的客户提供不同水平（如订货提前期的长短、订单满足水平的高低、信用额度的大小等）的客户服务。对于销售额大、信用记录良好、发展潜力大的客户，要提供最好的客户服务。这个过程就是客户服务政策的不同设计。

（2）100%的服务。在有形产品的客户服务和第二方物流服务中，一般来讲，客户订单的履行水平不会达到100%。因为要维持高的订单满足水平，成本会很高，第二方物流企业在自身能力有限的情况下，经常会拒绝客户的订单，例如，车辆不足可以拒绝装货，舱位不足可以甩箱。但在第三方物流的合作中，客户的每个服务申请都必须100%完成，这与传统的物流服务项目是有本质区别的。

物流服务管理

本章测试

一、简答题

1. 物流服务的构成要素有哪些？
2. 简述物流服务合理化的途径。

3. 简述现代物流服务的内容。

二、案例分析题

新基建与新消费碰撞的时代，日日顺如何以场景物流重新定义物流服务？

日日顺物流始终专注于大件物流领域，为家电、家具、健身器材、电动车等行业客户提供运输、仓储、配送、安装等服务，其理念是以用户的全流程最佳体验为核心，颠覆传统"送到即结束"的物流及服务，致力于成为行业引领的物联网场景物流生态品牌。日日顺物流认为，在物联网时代，物流行业比拼的焦点将落在对用户价值的释放能力上，即激发用户对产品迭代的需求，从满足单一产品物流的需求，到送货过程中感知用户的需求，再到创造一种方案激发用户的需求。场景物流将成为新时代背景下物流行业的发展方向。

什么是场景物流？简单来说，场景物流是基于用户的多层次场景需求，在物流送装的基础上提供一系列的全链路个性化、定制化服务。举例来说，日日顺围绕健身场景所提出"sport+"计划，就是满足用户的一个场景需求，包括跑步机、运动耳机、健康手环等健身所需的成套硬件配送、安装，也有与之相关的软件服务，如健身App、健康饮食App等。

这样的路径与现在"四通一达"（中通快递、圆通速递、申通速递、百世汇通、韵达快递）的"快"不一样，它所追求的应是"全"，即覆盖用户的全需求。当需求从一个用户变成一个场景，所提供的也不再只是一个产品，而是基于一个场景的所有服务。

如此一来，场景物流无疑是对传统的物流配送服务进行了颠覆，将物流停留在配送阶段的竞争上升到一个更加宽泛的领域，使物流服务的竞争维度从单轴向多轴跨越，形成更加立体化的竞争格局。

1. 以科技为底座，智能化仓储进入"无人模式"

虽然场景物流追求的是全方位服务，但是快速始终是物流行业一个不变的需求。特别是对于全场景化的用户需求而言，不仅需要快速反馈，更要精准分类。而大件物流在这个需求上的门槛更高，无人化、科技化、数字化、智能化的仓储模式很关键。

通过青岛即墨无人仓的数据反馈，在入库环节采用全景智能扫描站，即可在几秒内采集到货物的体积、重量和货品信息，然后根据这些信息算出最优的垛型，交予后端机器自动码垛。

2. 以用户为靶心，全链路物流升级"有情服务"

场景物流的提出并非只是物流品牌的"一厢情愿"，正如日日顺物流总经理所笃定的，"最终还是要回到满足消费者的体验上"。

新消费主义的兴起，让一部分用户的需求进阶，从单一产品到完整的场景消费是一个趋势。在这个趋势下，供给侧所提供的服务也必然进阶，即从产品物流到场景物流的跨越。

围绕着用户的场景需求，日日顺物流打造了健身场景、出行场景、居家服务场景等多个场景生态链群，提供的服务不再局限于单一的产品配送，全套的场景方案成为日日顺物流的创新实践。

同时，为了保证服务的质量，日日顺物流也创造性地将旗下配送人员升级为20万场景服务师，以专业服务人员为触点为用户提供高质量服务，而不是简单的搬运配送。

3. 以生态为核心，多品牌共创"场景生态热带雨林"

当然，若要达到场景物流的理想服务，仅依靠一家公司的能力不足以扩展如此宽泛的服务范畴。在日日顺物流公司的发展历程上，从企业物流到物流企业，最终到生态平台的路径，很好地见证了当前物流品牌的发展形态。

可以说，日日顺物流在致力于打造场景物流的基础上，"生态"就已经注定是核心。目前，在日日顺物流的场景物流生态圈上，有宜家、林氏木业、雅迪、亿健等3 000多家优质生态企业加盟。

观察后端，日日顺物流的智能仓储以海康威视 AI Cloud 云边融合的技术架构为基础；观察前端，从海尔生态品牌到卡奥斯工业互联网平台，再到其他的海尔生态伙伴的加盟，日日顺的场景物流正在被多元的"生态"所支撑成长。

（资料来源：搜狐网，"螳螂观察"搜狐号，2020-6-27）

问题：

（1）什么是场景物流？日日顺如何利用场景物流满足客户需求？

（2）场景物流需要哪些技术支持？

第十章 供应链中的物流成本管理

章前概述

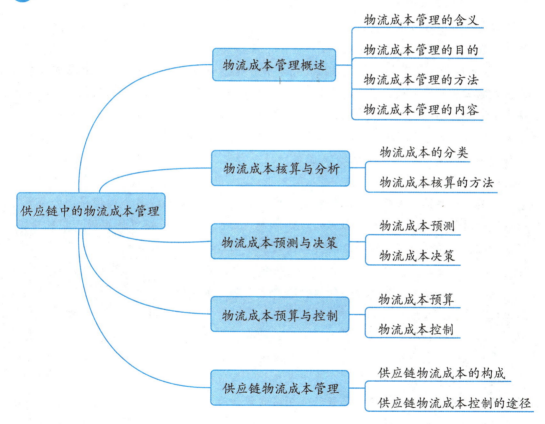

学习目标

通过本章的学习，了解物流成本管理的含义、目的、方法和内容；明确物流成本核算与分析；了解物流成本预测与决策；明确供应链物流成本控制的途径，掌握物流成本的控制对象以及如何针对各个对象进行物流成本控制。

素养目标

培养学生进行物流成本核算、分析、预算和控制的工作能力。

本章导读

供应链中物流成本管理是物流管理的重要内容,也是物流经济效益的量化指标,它能直观地体现出物流的经济效益。从分析物流成本入手,管理企业物流活动,控制企业物流成本,对提高企业的经济效益具有重要意义。本章对物流成本的相关知识进行介绍,主要包括物流成本管理概述、物流成本核算与分析、物流成本预测与决策、物流成本预算与控制、供应链物流成本管理。

开篇案例

国务院办公厅转发《关于进一步降低物流成本的实施意见》

国务院办公厅日前转发国家发展改革委、交通运输部《关于进一步降低物流成本的实施意见》(以下简称《意见》)。

《意见》指出,近年来,社会物流成本水平保持稳步下降,但部分领域物流成本高、效率低等问题仍然突出,特别是受新型冠状病毒肺炎(简称"新冠肺炎")疫情影响,社会物流成本出现阶段性上升,难以适应建设现代化经济体系、推动高质量发展的要求。为深入贯彻落实党中央、国务院关于统筹推进疫情防控和经济社会发展工作的决策部署,进一步降低物流成本、提升物流效率,加快恢复生产生活秩序,《意见》提出六个方面政策措施。

一是深化关键环节改革,降低物流制度成本。完善证照和许可办理程序,加快运输领域资质证照电子化。科学推进治理车辆超限超载。维护道路货运市场正常秩序,建立严厉打击高速公路、国省道车匪路霸的常态化工作机制。优化城市配送车辆通行停靠管理。推进通关便利化。深化铁路市场化改革,开展铁路市场化改革综合试点。

二是加强土地和资金保障,降低物流要素成本。保障物流用地需求,对重大物流基础设施项目,在建设用地指标方面给予重点保障。完善物流用地考核,合理设置物流用地绩效考核指标。拓宽融资渠道。完善风险补偿分担机制。

三是深入落实减税降费措施,降低物流税费成本。落实好大宗商品仓储用地城镇土地使用税减半征收等物流领域税费优惠政策。降低公路通行成本。降低铁路航空货运收费。规范海运口岸收费。加强物流领域收费行为监管。

四是加强信息开放共享,降低物流信息成本。在确保信息安全的前提下,向社会开放与物流相关的公共信息。加强列车到发时刻等信息开放。降低货车定位信息成本,规范货运车辆定位信息服务商收费行为。

五是推动物流设施高效衔接,降低物流联运成本。破除多式联运"中梗阻",持续推进长江航道整治工程和三峡翻坝综合转运体系建设。完善物流标准规范体系,推广应用符合国家标准的货运车辆、内河船舶船型、标准化托盘和包装基础模数。

六是推动物流业提质增效，降低物流综合成本。推进物流基础设施网络建设，研究制定2021—2025年国家物流枢纽网络建设实施方案，继续实施示范物流园区工程，布局建设一批国家骨干冷链物流基地。培育骨干物流企业，鼓励大型物流企业市场化兼并重组。提高现代供应链发展水平。加快发展智慧物流。积极发展绿色物流。

《意见》要求，各地区各部门要加强政策统筹协调，切实落实工作责任，结合本地区本部门实际认真组织实施。国家发展改革委要会同有关部门发挥全国现代物流工作部际联席会议作用，加强工作指导，及时总结推广降低物流成本典型经验做法，协调解决政策实施中存在的问题，确保各项政策措施落地见效。

（资料来源：新华社官网，2020-6-2）

问题：《关于进一步降低物流成本的实施意见》对物流企业有哪些影响？

成本能真实反映物流活动的实态，是评价所有活动的尺度。企业成本管理的目标是在保证一定物流服务水平的前提下实现物流成本的降低。现代物流认为：物流是企业获得利润的第三方源泉，物流成本管理在物流管理中占有重要的地位。

第一节 物流成本管理概述

一、物流成本管理的含义

物流成本是指伴随着企业的物流活动而发生的各种费用，是物流活动中所消耗的物化劳动和活劳动的货币表现，也称物流费用。具体来说，它是产品在实物运动过程中，如包装、装卸搬运、运输、储存、流通加工等各个活动中所支持的人力、物力和财力的总和。物流成本由三部分构成：第一，伴随着物资的物理性活动发生的费用，以及从事这些活动所必需的设备、设施的费用；第二，物资信息的传送和处理活动发生的费用，以及从事这些活动所必需的设备和设施的费用；第三，对上述活动进行综合管理的费用。

物流成本管理（Logistics Cost Management）是以物流成本信息的产生和利用为基础，按照物流成本最优化的要求，有组织地进行预测、决策、计划、控制、分析和考核等一系列的科学管理活动。物流成本管理就是通过成本去管理物流，即管理的对象是物流而不是成本，物流成本管理可以说是以成本为手段的物流管理方法。物流成本管理的意义在于，通过对物流成本的有效把握，利用物流要素之间的效益背反关系，科学、合理地组织物流活动，加强对物流活动过程中费用支出的有效控制，降低物流活动中的物化劳动和活劳动的消耗，从而达到降低物流总成本、提高企业和社会经济效益的目的。

二、物流成本管理的目的

企业在进行物流成本管理时，首先要明确管理目的，有的放矢。一般情况下，企业物流成本管理的出发点有四点：一是通过掌握物流成本现状，发现企业物流活动中存在的主要问题；二是对各个物流相关部门进行比较和评价；三是依据物流成本计算结果，制定物流规划、确立物流管理战略；四是通过物流成本管理，发现降低物流成本的环节，强化总体物流管理。

> **同步思考10-1**
> 在什么情况下，可以不考虑物流成本？

三、物流成本管理的方法

控制和降低企业物流成本可以从六个方面来考虑：一是通过采用物流标准化来进行物流成本管理；二是通过优化供应链，提高对顾客物流服务的管理来降低成本；三是借助现代信息系统来降低物流成本；四是从流通全过程的试点来加强物流成本的管理；五是通过效率化的配送来降低物流成本；六是通过削减退货来降低物流成本。

四、物流成本管理的内容

物流成本管理的具体内容包括物流成本核算、物流成本预测、物流成本决策、物流成本计划、物流成本控制、物流成本分析等。

1. 物流成本核算

物流成本管理的前提是物流成本核算。物流成本核算是根据企业确定的物流成本计算对象，采用相应的成本计算方法，按规定的成本项目，通过一系列的物流费用汇集与分配，计算出各物流活动成本计算对象的实际总成本和单位成本。通过物流成本计算，可以如实地反映生产经营过程中的实际耗费，同时，也是对各种活动费用实际支出的控制过程。

2. 物流成本预测

物流成本预测是根据有关成本数据和企业具体的发展情况，运用一定的技术方法，对未来的成本水平及其变动趋势进行科学的估计。成本预测是成本决策、成本计划和成本控制的基础工作，可以提高物流成本管理的科学性和预见性。在物流成本管理的许多环节，都存在成本预测问题，如仓储环节的库存预测、流通环节的加工预测、运输环节的货物周转量预测等。

3. 物流成本决策

物流成本决策是在物流成本预测的基础上，结合其他有关资料，运用一定的科学方法，从若干个方案中选择一个满意方案的过程。从物流整个流程来说，有配送中心新建、改建、扩建的决策，装卸搬运设备、设施的决策，流通加工合理下料的决策等。进行成本决策、确定目标成本是编制成本计划的前提，也是实现成本事前控制、提高经济效益的重要途径。

4. 物流成本计划

物流成本计划是根据物流成本决策所确定的方案、计划期间的生产任务、降低成本的要求以及有关资料，通过一定的程序，运用一定的方法，以货币形式规定计划期间物流环节耗费水平和成本水平，并提出保证成本计划顺利实现所采取的措施。通过计划管理，企业可以降低物流环节，加强成本管理责任制，增强成本意识，控制物流环节费用，挖掘降低成本的潜力，保证降低物流成本目标的实现。

5. 物流成本控制

物流成本控制是根据计划目标，对物流成本发生和形成过程以及影响成本的各种因素和条件施加一定的影响，以保证实现物流成本计划的一种行为。从企业生产经营过程来看，成本控制包括成本的事前控制、事中控制和事后控制。成本的事前控制是整个成本控制活动中最重要的环节，直接影响以后各作业流程的成本。成本的事前控制活动主要有物流配送中心的建设控制，物流设施、设备的配备控制，物流作业过程改进控制等。成本的事中控制是对物流作业过程中实际劳动耗费的控制，包括设备耗费的控制、人工耗费的控制、劳动工具耗费和其他费用支出的控制等方面。成本的事后控制是通过定期对过去某一段时间成本控制的总结、反馈来控制成本。通过成本控制，及时发现存在的问题，采取纠正措施，保证成本目标的实现。

6. 物流成本分析

物流成本分析是在物流成本核算及其他有关资料的基础上，运用一定的方法，揭示物流成本水平的变动，进一步查明影响物流成本变动的各种因素。通过物流成本分析，企业可以采取有效的措施，合理地控制物流成本。

上述各项物流成本管理活动的内容是一个互相配合、相互依存的有机整体。成本核算是基础；成本预测是成本决策的前提；成本计划是成本决策所确定目标的具体化；成本控制是对成本计划的实施进行监督，以保证目标的实现；成本分析是对目标是否实现的检验。

> **同步思考 10-2**
>
> 为什么"物流成本管理不仅仅是管理物流成本，而是通过成本去管理物流"？

第二节 物流成本核算与分析

案例导入

医药物流行业的三级成本核算改善

一、何谓三级成本核算

三级成本核算，即对公司、部门、个人进行三级成本管控，针对每个业务员建立 IAA（Individual Accounting Assessment）台账，将财务报表的"三项费用"拆分成资金、人工、配送、管理四大类、44项成本,将每一项的细分成本核算到每一个业务员身上,由系统自动生成IAA台账。将IAA台账结果与销售奖励挂钩,分级进行薪酬兑现,实现净利润考核。根据IAA台账结果,对影响净利润的关键成本进行专项改善活动。

二、项目背景

1. 企业成长的烦恼

某医药集团经过快速的发展,目前在全国拥有79家BU(Business Unit,业务单元),已经发展为全国医药商业流通集团的前三强。随着企业规模的扩大,该医药集团亟须解决以下三个问题:①如何对不同背景的利润中心进行管理模式整合?②如何系统地降低成本、提升效率?③如何提升商业价值?

2. 价值链分析

通过对企业的全价值链(包含物流管理、资产管理、成本管理)进行分析,该企业的关键问题聚焦在成本管理。

3. 成本管理现状

传统的医药商业管理更多强调的是对销售费用、管理费用和财务费用三项费用的事后控制。商业公司以前没有成本概念,缺乏对经营过程中资金、人工、配送等成本的控制。

4. 问题点描述

资金成本、配送成本、人工成本共占99.7%,有很大改善空间;和竞争对手相比,利润率、资金周转等指标还存在差距。各BU对成本管理的重视程度不一,多数BU只注重销售受让和毛利率,而不重视对超期应收占用资金成本的管理。

三、推进思路

(1) 开展全员培训。

采用视频会议、现场辅导等多种方式,进行不同层面的三级成本核算的培训,使每个人都弄清什么是成本,什么是公司、部门、个人成本,相互之间有什么不同。

(2) 进行成本拆解。

把最小业务单元的经营活动视为最小核算实体,把财务报表中的三项费用细分到单项成本,找出影响净利润实现的主要问题,直接制定措施加以改进。

(3) 建立IAA台账。

进行分级的成本拆解,建立外勤、采购人员的IAA台账,使每个业务员都能直观地看到自己在经活动中成本的构成,自觉控制资金占用成本。

(4) 实现净利润考核。

对已建立IAA台账的企业,进行净利润考核提成比例的测算,出台三级成本核算考核办法。

(5) 应用IAA台账结果,对影响净利润的关键成本进行精益改善。

四、项目实施

(1) IAA台账建立。

根据各家利润中心现状,进行成本拆分、归集,按照三级成本核算模板建立成本台账：①辅导58家利润中心、2 156名业务人员建立IAA台账；②对IAA台账结果的合理性进行审核，根据各单位自身特点，由手工台账逐渐提升为信息化台账，降低工作量，减少数据误差。

（2）IAA台账与考核评价挂钩。

三级成本核算的落脚点是三级成本核算考核。公司级是公司考核事业部的整体净利润；部门级是事业部进行二级考核，考核到部门级班组的净利润；个人级是部门及班组对员工进行考核。

（3）依托信息化，进行IAA台账固化与普及。

三级成本核算系统与企业ERP系统、财务用友系统、仓库管理系统进行数据转换及接口，生成IAA台账。IAA台账的生成过程是企业电子信息数据的传递过程，是企业整体业务有机结合的过程。达成的效果明显：IAA台账生成方式高效方便，且无须人工干预，提高了数据准确性，降低了管理成本。

（4）根据IAA台账结果，应用精益管理工具，实施专项改善活动。

五、项目成果

全体员工对成本的认识提高，自觉控制各项成本，能自觉地把成本控制与创利结果紧密结合起来，认识到资金成本是影响净利润和自己收入的关键。截止到12月末，做到没有6月以上的应收，90天以内的应收占到总应收的90%以上。采购人员通过开展对商品差价、贮存时间、付款周期及返利速度等的成本分析，找出了影响商品利润的因素，如扣率问题、资金占用时间问题、库存商品流转速度问题，主动采取改变原来返利核算办法、延长付款周期、加快库存不动销产品的处理等措施，使采购环节的资金占用时间大幅度下降。

（资料来源：博草网，2016-12-20）

一、物流成本的分类

在进行物流成本核算时，必须对其进行科学的分类。物流成本常见的分类方法有以下几种。

（一）按物流成本支付形态分类

根据物流成本支付形态划分，企业物流总成本由委托物流成本和企业内部物流成本构成。其中，企业内部物流成本按支付形态可分为材料费、人工费、维护费、一般经费和特别经费，如表10-1所示。按支付形态记账，可以了解物流成本总额，也可以了解什么项目花费最多，对于认识物流成本合理化的重要性、确定物流成本管理的重点十分有利。

表 10-1 按物流成本支付形态分类的物流成本

物流成本支付形态		内容说明
企业内部物流成本	材料费	资材费、工具费、器具费等
	人工费	工资、福利、奖金、津贴、补贴、住房公积金等
	维护费	土地、建筑物及各类物流设施设备的折旧费、维护维修费、租赁费、保险费、税金、燃料与动力消耗费等
	一般经费	办公费、差旅费、会议费、通信费、水电费、煤气费等
	特别经费	存货资金占用费、货品损耗费、存货保险费和税费
委托物流成本		企业向外部物流机构支付的各项费用

（资料来源：中华人民共和国国家质量监督检疫总局，中国国家标准化管理委员会. 企业物流成本构成与计算：GB/T 20523—2006［S］. 北京：中国标准出版社，2007.）

（二）按物流功能分类

按物流功能计算物流成本，即从物流功能的角度来掌握物流成本，分别按运输、仓储、包装、装卸搬运、流通加工、物流信息和物流管理功能来计算物流成本，如表 10-2 所示。按物流功能计算物流成本可以看出哪种功能更消耗成本，比按物流成本支付形态计算成本的方法更能进一步找出物流活动不合理的症结，而且可以计算出标准物流成本，如按单位个数、容器或重量计算出单位成本，进行作业管理，设定合理化目标。

表 10-2 按物流功能分类的物流成本

物流成本项目	内容说明
运输成本	一定时期内，企业为完成货物运输业务而发生的全部费用，包括从事货物运输业务的人员费用，车辆（包括其他运输工具）的燃料费、折旧费、维修保养费、租赁费、过路费、年检费、事故损失费、相关税金等
仓储成本	一定时期内，企业为完成货物储存业务而发生的全部费用，包括仓储业务人员费用，仓储设定的折旧费、维修保养费、水电费、燃料与动力消耗等
包装成本	一定时期内，企业为完成货物包装业务而发生的全部费用，包括包装业务人员费用，包装材料消耗，包装设施折旧费、维修保养费，包装技术设计、实施费用，以及包装标记的设计、印刷等辅助费用
装卸搬运成本	一定时期内，企业为完成装卸搬运业务而发生的全部费用，包括装卸搬运业务人员费用，装卸搬运设施折旧费、维修保养费、燃料与动力消耗等
流通加工成本	一定时期内，企业为完成货物流通加工业务而发生的全部费用，包括流通加工业务人员费用，流通加工材料消耗，加工设施折旧费、维修保养费、燃料与动力消耗等
物流信息成本	一定时期内，企业为采集、传输、处理物流信息而发生的全部费用，是与订货处理、储存管理、客户服务有关的费用，具体包括物流信息人员费用，软硬件折旧费，维护保养费、通信费等

续表

物流成本项目	内容说明
物流管理成本	一定时期内,企业物流管理部门及物流作业现场所发生的管理费用,具体包括管理人员费用、差旅费、办公费、会议费等

(资料来源:中华人民共和国国家质量监督检疫总局,中国国家标准化管理委员会. 企业物流成本构成与计算:GB/T 20523—2006[S]. 北京:中国标准出版社,2007.)

(三)按物流成本产生范围分类

按物流成本产生的范围划分,物流成本由供应物流成本、企业内物流成本、销售物流成本、回收物流成本及废弃物物流成本构成,如表10-3所示。

表10-3 按物流成本产生范围分类的物流成本

物流成本项目	内容说明
供应物流成本	经过采购活动,将企业所需原材料(生产资料)从供应者的仓库运至企业仓库为止的物流过程中所发生的物流费用
企业内物流成本	从原材料进入企业仓库开始,经过出库、制造形成产品以及产品进入成品库,直到产品从成品库出库为止的物流过程中所发生的物流费用
销售物流成本	为了进行销售,产品从成品库运动开始,经过流通环节的加工制造,直到运至中间商的仓库或消费者手中的物流活动过程中所发生的物流费用
回收物流成本	退货、返修货品和周转使用的包装容器等从需方返回供方的物流活动过程中所发生的物流费用
废弃物物流成本	将经济活动中失去原有使用价值的物品,根据实际需要进行收集、分类、加工、包装、搬运、储存等,并分送到专门处理场所的物流活动过程中所发生的物流费用

(资料来源:中华人民共和国国家质量监督检疫总局,中国国家标准化管理委员会. 企业物流成本构成与计算:GB/T 20523—2006[S]. 北京:中国标准出版社,2007.)

(四)按适用对象分类

按适用对象计算物流成本,可以分析出物流成本都用在哪一种对象上,如可以分别把商品、顾客、地区或营业单位作为适用对象来进行计算。

以商品为对象计算物流成本,是指把按功能计算出来的物流费用按照一定的标准分配给各类商品,从而计算物流成本;以顾客为对象计算物流成本的方法,可以作为选定顾客、确定物流服务水平等制定顾客战略的参考。

按地区或营业单位来计算物流成本的方法,就是要计算出各个地区或营业单位的物流成本,并与相对应的地区或营业单位的销售收入进行对比,可用来确定每单位销售收入所要承担的物流费用,了解各地区或营业单位物流成本中存在的问题,以加强管理。

> **同步思考10-3**
> 假设A、B两个客户每月对同一商品的总需求量相同,但订货次数与订货批量不同,这对物流成本有何影响?如何定量区分?

二、物流成本核算的方法

（一）会计方式的物流成本核算

会计方式的物流成本核算，按照操作模式不同可进一步细分为以下三种具体方法。

1. 建立独立的物流成本核算体系

建立独立的物流成本核算体系，指的是独立于现行会计核算体系之外，建立专属于物流成本的凭证、账户和报表体系。也就是企业实行两套账管理，一套为会计账，由记账会计人员负责；一套为专门的物流成本账，由物流成本核算人员负责。这种方法能在不改变现行财务会计核算制度和体系下，全面系统地提供物流成本信息。但实施起来存在重复记账、工作量大等问题，且没有统一的核算物流成本的财务规范，对核算人员的素质要求较高。该方法要求企业相关人员充足，设有物流成本核算专岗，并在计算机软件的配合下运用。

2. 结合财务会计体系的物流成本一级账户核算

结合财务会计体系的物流成本一级账户核算，是在现行会计核算体系下，把物流成本从原有的与之相关的账户里分离出来，增设"物流成本"一级账户。该账户进一步按物流领域、功能分别设置明细账，借方登记平时发生的各种物流成本，贷方登记月末还原分配转出至有关成本费用账户的物流成本，月末一般无余额。这种方法的优点是能避免两套账的重复工作量，在不影响会计信息真实性的情况下，全面系统地提供物流成本信息。缺点是实施起来要改变和调整现有的产品成本计算体系和财务会计核算方法，且分离物流成本的工作没有统一规范，对核算人员的会计和物流知识水平要求极高。该方法要求企业在制定本企业有关分离、归集、还原、分配转出物流成本的具体操作规范的前提下，配备同时具有会计和物流成本知识的核算人员。

3. 结合财务会计体系的物流成本二级账户核算

结合财务会计体系的物流成本二级账户核算，是在不影响现行财务会计核算、不纳入现行成本计算的情况下，在相应的成本费用一级账户下设置"物流成本"二级账户，以此对物流成本进行账外和辅助计算、记录，月末只要归集各物流成本的二级账户即能得出总物流成本。这种方法能在不影响现行财务会计和成本会计核算体系下，全面系统地提供物流成本信息，且核算方法和工作量都较前两种方法更简单易行。但该方法所涉及的"物流成本"二级账户的设置、登记、计算没有统一规范，对核算人员的物流知识水平要求较高。该方法适于在企业制定好企业有关"物流成本"二级账户设置、登记、计算的具体操作规范，配备同时具有会计和物流成本知识的核算人员的情况下运用。

（二）统计方式的物流成本核算

统计方式的物流成本核算，是在不改变但依赖于财务会计核算的基础上，期末（月末、季末或年末）运用统计原理，通过对已有的会计核算资料进行分析，找出物流成本，再按物流管理的要求对其进行归类、分配、汇总，计算出物流总成本。

这种方法的优点是不改变现行财务会计核算，不会增加会计核算的工作量；缺点是与其他方法相比核算不够全面系统、结果不够准确，且分析、分离、分配物流成本的难度大，对核算人员的会计和物流知识水平要求极高。该方法适于在企业配备同时具有会计和物流成本知识的核算人员，并对具体操作进行规范的情况下运用。

（三）会计统计相结合方式的物流成本核算

会计统计相结合方式的物流成本核算，是在不影响现行财务会计核算体系下，运用统计原理分析会计核算资料，通过增设"物流成本"辅助账户来归集物流成本。国家标准《企业物流成本计算与构成》（GB/T 20253—2006）对企业物流成本的计算进行了规范，所采用的就是这种核算方法。

（1）对于可从现行成本核算体系中予以分离的物流成本，核算的步骤为：先设"物流成本"辅助账户，按物流成本项目、范围来分设二、三级账户；再分析企业会计核算中的全部成本费用账户，从中找出物流成本的内容，并在期中或期末（月末、季末、年末）将其归集至"物流成本"账户；最后通过填制统一格式的物流成本表来汇总企业物流成本。

（2）对于无法从现行成本核算体系中予以分离的物流成本，要采用相应的公式计算得出。

这种方法能在不影响会计核算的同时提供物流成本信息，最关键是有国家标准规范的核算步骤，操作性强。但其工作量也不小，且涉及分析、归集、重新分配和汇总，对人员素质要求较高。企业应配备具有会计和物流知识的核算人员，在国家标准的指导下运用该方法。

（四）作业成本方式的物流成本核算

作业成本方式的物流成本核算，是通过作业成本方式，将物流间接成本和辅助资源更准确地分配到物流作业、运作过程、产品、服务及顾客中的一种成本计算方法。其核算的基础是"成本驱动因素"理论：产品生产消耗作业并导致作业的发生，作业消耗资源并导致成本的发生。其本质是要确定分配间接费用的合理基础——作业，引导管理人员将注意力集中于发生成本的原因——成本动因上，改变管理人员仅关注成本本身的思想。

作业成本法以作业为最基本的核算对象，进行成本分析时可以细化到作业，有利于企业发现增值作业与不增值作业，优化作业链和价值链，能为企业成本管理和控制提供更精准、更有效用的成本信息。但同时作业成本法所能带来的收益要较长的时期才能显现，而且没有客观的计量依据，无法准确地计量。要实施这种方法，必须配合较高的人力物力成本，工作量大，计算结果还依赖于成本资料的精确性，并在成本分摊时不可避免地存在主观因素。

第三节　物流成本预测与决策

> **案例导入**
>
> **未来两年全球船舶运营成本连续上升预测**
>
> 　　由于相关法规的出台，新监管成本大幅增加，未来两年全球航运业船舶运营成本将不断上升。
>
> 　　一份调查显示，2018年全球航运业船舶总运营成本预计将增长2.7%，2019年将增长3.1%。其中，船舶入坞将成为2018年和2019年可能增长最多的成本类别，分别增长2.1%和2.3%，而船舶修理和维护的支出在2018年将增长2.0%，2019年增长2.3%。
>
> 　　该调查还显示，2018年船员的工资支出预计增长1.3%，2019年增长1.9%；其他船员成本预计2018年将增长1.5%，2019年增长1.8%。
>
> 　　调查显示，预期整体成本增幅在海工行业再次达到最高水平，2018年平均增长4.1%，2019年为4.2%。相比之下，散货船行业预计成本增幅在2018年为1.8%，在2019年为2.6%。
>
> 　　与此同时，油船运营成本预计在2018年将增长2.4%，2019年将增长2.9%，集装箱船运营成本预计2018年增长4.2%，2019年增长3.8%。
>
> 　　总体而言，新监管成本被确定为可能影响未来12个月运营成本中的最大因素。未来12个月新监管成本预计将增长23%，高于2017年同期的15%。18%的受访者认为，财务成本排在第二位，为20%；竞争成本位居第三，为15%；船员供应成本线下降至12%。
>
> 　　在更广泛的层面上，受访者表达了对环境问题、获得融资成本以及全球经济衰退的担忧，这些都可能导致运营成本增加。
>
> 　　　　　　　　　　　　　　　　　　　　　　　　　（资料来源：国际船舶网，2018-10-29）

一、物流成本预测

（一）物流成本预测的含义

物流成本预测是指依据物流成本与各种技术经济因素的依存关系、发展前景及采取的各种措施，采用一定的科学方法，对未来期间物流成本水平及其变化趋势进行科学的推测和估计。

物流成本预测是物流成本决策、物流成本预算和物流成本控制的基础，可以提高物流成本管理的科学性和预见性。物流成本管理的多个环节存在成本预测的问题，如运输成本预测、仓储成本预测、装卸搬运成本预测、配送成本预测等。

物流成本预测能使企业对未来的物流成本水平及其变化趋势做到"心中有数"，并能与物流成本分析一起为企业的物流成本决策提供科学的依据，以减少物流成本决策中的主观性和盲目性。

（二）物流成本预测的分类

1. 按预测的期限分类

按照预测的期限，物流成本预测可以分为长期预测和短期预测。长期预测指对一年以上期间进行的预测，如3年或5年；短期预测指对一年以下的预测，如按月、按季预测。

2. 按预测的内容分类

按照预测的内容，物流成本预测可以分为制订计划或方案阶段的物流成本预测、计划实施阶段的物流成本预测。

3. 按物流不同功能环节分类

按照物流不同功能环节，物流成本预测可以分为运输成本预测、仓储成本预测、装卸搬运成本预测、流通加工成本预测、包装成本预测、配送成本预测等。

课外资料10-1

第三方物流运输收入成本测算——商业智能BI物流大数据应用

对于第三方物流企业而言，客户来源于不同行业，而不同行业对物流运输有不同的结算方式，其原因是各个行业的企业有着独特的计算方式。对于货运物流市场来说，甲方处于强势地位，客户往往为了其入账方便、系统原因或压缩成本的原因指定结算单位，如按箱、按车、按不同重量段、按不同运输距离、按条、按不同产品类别等。目前，企业普遍以Excel形式进行分析，数据分析人员通过多层"if"的嵌套、多张报表的来回取数关联进行测算，而每一次测算均需要很长时间，深入物流业务进行测算的数据分析人员又相对较少，企业多数凭借经验或粗略地进行成本计算，往往出现亏损。且在实际运作过程中，成本收入往往是在订单完成之后，甚至是在月结的时候进行经营分析，无法实时监控订单利润，往往是在大量亏损已经发生后才去调整业务，无法及时发现问题。大数据BI（Business Intelligence，商业智能）工具可以很好地解决这个问题。通过BI系统连接数据仓库实现快速拉取数据，再建立业务主题（一般是上系统时先建好），业务主题中有该部门业务人员需要使用的所有字段。然后建立成本的计算逻辑分组，为接下来的测算做准备。做好业务主题和分组之后，便可以对收入成本进行计算，然后一键作图。随着业务的发展，数据自动刷新，可实时监控每一个订单的利润情况。

（资料来源：搜狐网，"笑墨文化"搜狐号，2019-6-5）

（三）物流成本预测的方法

物流成本预测的方法很多，它随预测对象和预测期限的不同而各异，但总体来看，基本方法包括定性预测方法和定量预测方法两大类。在实际应用中，定性预测方法与定量预测方法并非相互排斥，而是相互补充的，两者可以结合应用，即在定量分析的基础上，考虑定性预测的结果，综合确定预测值，从而使最终的预测结果更加接近实际。

1. 定性预测方法

定性预测方法是预测者根据掌握的专业知识和丰富的实践经验，运用逻辑思维方法对未来成本进行预计推断的各种方法的统称。由于此类方法是利用现有资料，依靠预测者的素质和分析能力所进行的直观判断，因此也称直观判断法，具体包括德尔菲法、一般预测法、市场调研法、小组共识法和历史类比法等。定性预测方法简便易行，预测的速度较定量分析要快，常常在企业缺少完备、准确的历史资料，或难以进行定量分析的情况下采用。

2. 定量预测方法

定量预测方法是根据历史资料及成本与影响因素之间的数量关系，通过建立数学模型来预计未来成本的各种预测方法的统称。定量预测方法按照成本预测模型中成本与相应变量的性质不同，又可分为趋势预测方法和因果预测方法两类。

趋势预测方法是按时间顺序排列有关的历史成本资料，运用一定的数学方法和模型进行加工计算并预测的各类方法，具体包括简单平均法、加权平均法和指数平滑法等。这类方法承认事物发展规律的连续性，将未来视为历史的自然延续，因此又称外推分析法。

与趋势预测方法不同，因果预测方法是根据成本与其相关因素之间的内在联系，建立数学模型并进行分析预测的各种方法，具体包括本量利分析法、投入产出分析法、回归分析法等。这类方法的实质是利用事物内部因素发展的因果关系来预测事物发展的趋势。

二、物流成本决策

（一）物流成本决策的含义

物流成本决策是指针对物流成本，在调查研究的基础上确定行动的目标，拟定多个可行方案，然后运用统一的标准，选定适合本企业的最佳方案的全过程。决策是行动的基础，正确的行动来自正确的决策。在物流活动中，决策贯穿物流管理工作的全过程。正确的决策必须建立在认识和了解企业内部条件和外部环境的基础上，首先必须按照决策的程序和步骤进行操作；其次，要运用适当的技术和方法，才能做出正确的决策。

（二）物流成本决策的分类

根据决策学理论，物流成本决策可以归纳为以下四种类型。

1. 战略决策和战术决策

战略决策是指关系到全局性、方向性和根本性的决策，产生的影响深远，在较长时间内会对企业的物流成本产生影响。企业运输、配送线路的规划，仓库、配送中心的选址，仓库采取租赁还是自建等问题，就属于战略决策。战术决策是为了保证战略决策的实施，对一些带有局部性、暂时性或者其他执行性质的问题所做的决策。

2. 规范性决策和非规范性决策

规范性决策是指在管理工作中，经常遇到的一些重复性的问题，这些问题凭借现有的规章制度就可以解决。非规范性决策是指针对偶然发生的或初次发生的非例行活动所做的决策，这类决策往往依赖于决策者的经验和判断能力。

3. 单目标决策和多目标决策

决策目标只有一个，就称为单目标决策。决策目标不止一个，就称为多目标决策。

4. 确定性决策、风险性决策和不确定性决策

确定性决策方法的特点是只有一种选择，决策没有风险，只要满足数学模型的前提条件，数学模型就会给出特定的结果。企业常用的量本利分析，就属于确定性物流成本决策。风险性决策是指决策中的未来事件的各种自然状态的发生具有不确定性，但可以预测出各种自然状态出现的概率，风险性决策方法可以采用期望值决策法和决策树法。不确定性决策是指在对决策问题的未来不能确定的情况下，通过对影响决策问题变化的相关因素分析，估计有几种可能发生的自然状态，计算其损益值，按一定的原则进行选择的方法。

（三）物流成本决策的方法

物流成本决策的方法很多，最常用的有量本利分析法，期望值决策法，决策树法，乐观准则、悲观准则、后悔值准则，成本无差别点分析法，重心法，差量分析法，线性规划法等。

1. 量本利分析法

量本利分析法是针对确定性决策的一种求解方法。它是研究决策方案的销量、生产成本与利润之间的函数关系的一种数量分析方法，是从目标利润或目标成本出发，来确定合理的物流业务量或业务规模的方法。

2. 期望值决策法

期望值决策法是针对风险性决策的一种求解方法。它以收益和损失矩阵为依据，分别计算各种可行方案的期望值，选择其中收益值最大的方案作为最优方案。在某一方案确定的情况下，根据不同的状态可能出现的概率可计算出期望值。

3. 决策树法

决策树法也是针对风险性决策的一种求解方法。它是决策局面的一种图解，是按一定的方法绘制好决策树，用树状图来描述各种方案在不同自然状态下的收益，然后用反推的方式进行分析，据此计算每种方案的期望收益，从而进行决策的方法。

4. 乐观准则、悲观准则、后悔值准则

乐观准则、悲观准则、后悔值准则是针对不确定性决策的一种求解方法。乐观准则也称大中取大法；悲观准则也称小中取大法；后悔值准则需要计算后悔值。后悔值也称机会

损失值，是指在一定自然状态下由于未采取最好的行动方案，失去了取得最大收益的机会而造成的损失。

5. 成本无差别点分析法

成本无差别点分析法就是对不同的备选方案首先计算成本无差别点，然后把它作为数量界限来筛选最优方案的一种决策分析方法。成本无差别点是指两个备选方案在总成本相等时的业务量。当预计业务量低于成本无差别点时，固定成本较小、单位变动成本较大的方案为较优方案；当预计业务量高于成本无差别点时，固定成本较大、单位变动成本较小的方案为较优方案。

6. 重心法

重心法是一种模拟方法，它是将物流系统中的需求点和资源点看成分布在某一平面范围内的物体系统，将各点的需求量和资源量看成物体的重量，物体系统的重心则为物流网点的最佳设置点，利用求物体系统重心的方法来确定物流网点的位置。

7. 差量分析法

差量分析法是根据两个备选方案的差量收入与差量成本的比较来确定差量损益，进而确定哪个方案最优的方法。差量收入是指两个备选方案的预期相关收入之间的差额；差量成本是指两个备选方案的预期相关成本之间的差额。如果差量损益小于零，则后一个方案较优；如果差量损益大于零，则前一个方案较优。

8. 线性规划法

线性规划法用来解决资源的合理利用和合理调配问题。具体来说有两个方面，一是当计划任务已确定时，如何统筹安排，以最少的资源来完成任务；二是当资源的数量已确定时，如何做到合理利用、配置，使完成任务最大化。线性规划的实质是把经济问题转化为数学模型进行定量分析，通过求函数极大值或极小值来确定最优方案。

第四节　物流成本预算与控制

案例导入

一家饺子馆的物流成本管理

3年前，胡经理在南肖埠开了家饺子馆，如今生意还算火爆，不少周围的小区住户常来光顾，有些老顾客一口气儿能吃半斤饺子。胡经理说："别看现在生意还不错，开业那一段时间，让我头疼的就是每天怎么进货，很多利润被物流'吃'掉了。"刚开始卖出10个饺子，定价为5元钱，直接成本为饺子馅、饺子皮、佐料和燃料，每个饺子成本大约2角钱。虽然存在价差空间，可是胡经理的小店老赚不了钱，原因在于每天都有大量剩余原料,这些采购的原料不能隔天使用,算上人工、水电、房租等经营成本,饺子的成本接近4角钱。胡经理很有感慨,如果一天卖出1 000个饺子,同时余500个饺子的原料,相当于亏损了100元左右。每个饺子的物流成本最高时有1角钱,加上前年年初粮食涨价,因此利润越来越薄。其实做饺子的数量挺难掌握。做少了,有的时候人家来买没有,也等不及现做;做多了,就要剩下。从理论上说,一般有两种供应方式:每天定量供应,一般早上10点开始、晚上9点结束,这样可能会损失客流量;根据以往的经验,面粉每天的用量比较大,因为不管包什么馅儿都得用面粉,所以这部分的需求量相对比较固定。

后来,胡经理又开了两家连锁店,原料供货就更需统筹安排了。饺子馅的原料要根据头天用量进行每日预测,然后根据原料清单进行采购。一日采购两次,下午会根据上午的消耗进行补货,晚上采购第二天的需求量。麻雀虽小,五脏俱全。一个饺子馆的物流管理同样容不得差错。胡经理咨询了一些物流专家,有些人建议想办法调整顾客的需求以配合有限的生产能力,用物流专业名词说,叫作平衡物流。比如用餐高峰期大概在每天12:00—13:00和19:00—20:00这两个时段,胡经理就选择在11:00—11:45和18:00—18:45推出九折优惠计划,吸引了部分对价格比较敏感的顾客,有效分散了需求。如果碰到需求波动比较大的情况,也就是说某一种饺子的需求量非常大的时候,比如客户要的白菜馅儿没有了,胡经理就要求店员推销牛肉馅儿或者羊肉馅儿。同时,改进店面环境,安上空调,提供杂志报纸,使顾客在店里的等待时间从平均5分钟延长到10分钟。

胡经理做了3年的水饺生意,从最初每个饺子分摊大约1角钱的物流成本,到如今的5分钱甚至更低,提升了利润空间。

(资料来源:中国物流网,2019-5-30)

问题:

(1) 你如何看待小企业或商家的物流成本管理?

(2) 如果开一家花店,在鲜花的采购方面应该怎样有效缩减成本?

任何一个企业的物流资源,包括物流人员、设备和工具、资金等都是有限的,企业物流部门的目标就是使有限的物流资源取得最大的物流效果。因此,企业在开展物流活动时就必须做好物流成本预算。

一、物流成本预算

(一) 物流成本预算的含义

物流成本预算是指一定时期的物流成本计划。它是管理者依据对日常物流核算信息的分析,充分挖掘降低物流成本的潜力,并由此推算出企业为实现预期目标所需物流费用的合理范围,是企业预先确定的物流管理目标。

物流成本预算作为物流成本控制常用的一种手段,在企业中得到广泛的应用。它是指所有以货币形式及其他数量形式反映的有关企业未来一定时期内全部物流活动的行动计划与相应措施的数量说明，包括预算编制和预算控制两项职能。

物流成本预算控制方法通常包括固定预算法、弹性预算法、零基预算法和滚动预算法。在企业实际工作中，由于预算控制方法可操作性强，应用灵活，往往与企业财务预算控制相结合。在物流企业不具备目标成本、标准成本制定条件的情况下，大都采用预算成本控制法。预算成本控制不仅仅用于期间费用和间接费用的控制，也常常用于直接人工和直接材料的成本控制。

物流成本预算作为计划实施与控制的中间环节，它的作用表现在：使物流成本计划进一步具体、明确，通过设定目标和相关责任，将现状与设定目标进行对比分析，以此来协调企业的物流活动；同时，它既是控制日常物流活动的标准，也是考核物流业绩的依据。因此，企业在开展物流活动时，必须做好物流成本预算。

（二）物流成本预算的编制内容

物流成本预算的编制内容与物流成本的核算内容基本类似，物流成本是按照各种不同的分类标准进行分类核算的，同样，物流成本预算也可以按照不同的分类标准进行分类。因此，物流成本的预算可以按照以下内容进行编制。

1. 按物流流程进行编制

企业物流流程成本包括供应物流成本、企业内物流成本、销售物流成本、回收物流成本、废弃物物流成本等。

2. 按物流功能进行编制

物流功能成本包括物品流通成本、物流信息流通成本和物流管理成本三个部分。

物品流通成本是指为完成商品物理性流通而发生的费用，包括包装成本、运输成本、配送成本、仓储成本、流通加工成本、装卸搬运成本等。物流信息流通成本是指因处理、传输有关的物流信息而产生的费用，包括与储存管理、订货处理、顾客服务有关的费用。物流管理成本是指进行物流计算、调整和控制所需的费用，包括作业现场的管理费，也包括企业物流管理部门的管理费。

3. 按支付形式进行编制

物流成本按支付形式可分为材料费、人工费、公益费、维护费、一般经费、委托物流费和向其他企业支付的物流费等。

二、物流成本控制

（一）物流成本控制的含义

物流成本控制是指企业在物流活动过程中依据事先制定的物流成本标准，对实际发生的物流成本进行严格审核，一旦发现偏差，及时采取措施加以纠正，从而实现预定的物流成本目标。在现代企业管理中，物流成本控制具有十分重要的作用。通过物流成本控制，可以降低物流成本，提高企业经济效益。物流成本控制不仅仅局限在降低物流成本方面，其重点将延伸到企业总体战略乃至供应链战略的制定和实施方面。现代企业的物流成本控制强调全员控制、全方位控制及全过程控制，强调效益观念，它强调的不仅仅是孤立地降低物流成本，更重要的是从成本和利润的比较中寻求效益的最大化。

> **同步思考 10-4**
> 折扣店是如何创造价值的？

（二）物流成本控制的分类

物流成本控制是企业物流成本管理的一个重要手段，分为广义的物流成本控制和狭义的物流成本控制。广义的物流成本控制，是指按照成本发生的时间划分为事前控制、事中控制和事后控制；狭义的物流成本控制仅指事中控制。

1. 物流成本事前控制

物流成本事前控制指的是运用目标成本法进行物流成本控制，或者采用预算法进行控制，属于前馈控制。目标成本法是指经过物流成本预测和决策，确定目标成本，并将目标成本进行分解，结合经济责任制，层层进行考核。物流成本事前控制的主要内容包括物流系统的设计，如配送中心、仓库的建设，物流设施设备的配备，物流信息系统的建设，作业流程的优化等。物流成本事前控制是物流成本控制最重要的环节，直接影响物流作业流程的成本。

2. 物流成本事中控制

物流成本事中控制指的是运用标准成本法进行物流成本控制，也就是日常控制。它对物流过程中所发生的各项费用（如设备费用、人工费用、工具费用和其他费用支出等）按预定的成本费用标准进行严格的审核和监督，计算实际费用和标准之间的差异，并进行分析，一旦发现偏差，采取措施加以纠正，并及时进行信息反馈。

3. 物流成本事后控制

物流成本事后控制指的是在物流成本形成之后，对物流成本的核算、分析和考核，属于反馈控制。物流成本事后控制通过实际物流成本和标准的比较，确定差异，分析原因，确定责任者，对物流成本责任单位进行考核和奖惩。

> **同步思考 10-5**
> 在物流成本事前控制、事中控制、事后控制中，哪种控制方式更重要、更有效？

（三）物流成本控制的原则

为了有效地进行物流成本控制，必须遵循以下五项原则。

1. 经济原则

经济原则指的是以较少的投入取得尽可能大的经济效果，也就是对人力、物力、财力的节省。经济原则强调效益观念,是物流成本控制的核心,也是物流成本控制的最基本原则。

2. 全面原则

全面原则包括全员控制、全方位控制及全过程控制。全员控制是指物流成本控制不仅要有专职成本管理机构的人员参与,还要有企业全体人员的广泛参与,才能取得良好的控制效果。全方位控制指的是不仅要对各项费用产生的数额进行控制,还要对发生费用的时间、用途进行控制,讲求物流成本开支的合理性、合法性和经济性。全过程控制是指物流成本控制不局限于生产过程,还要将其向前延伸到物流系统设计、研发,向后延伸到客户服务成本的全过程。

3. 责、权、利相结合的原则

要加强物流成本控制,就必须发挥经济责任制的作用,必须坚持责、权、利相结合的原则,要求企业内部各部门、各单位承担相应的物流成本控制职责,赋予其相应的权利,并使其享有相应的利益。只有这样,才能充分调动各方面对物流成本控制的积极性和主动性,取得良好的效果。

4. 目标控制原则

物流成本控制是企业目标控制的一项重要内容。目标控制原则是指企业管理将既定的目标作为人力、财力、物力管理的基础,从而实现企业的各项经济指标。物流成本控制是以目标物流成本为依据,控制企业的物流活动,达到降低物流成本、提高经济效益的目的。

5. 重点控制原则

重点控制原则指的是加强对物流成本关键点的控制。企业日常的物流成本费用项目众多,计划与实际的差异点也非常多,如果平均使用力量进行管理,往往要花费大量的时间和精力,而且效果不佳。通过关键点的控制来降低物流成本,是物流发达国家的盛行做法,有利于提高物流成本控制的效率。

(四) 物流成本控制的步骤

物流成本控制贯穿企业生产经营的全过程,一般来说,物流成本控制包括以下步骤。

1. 制定物流成本标准

物流成本标准是物流成本控制的准绳,是对各项物流费用开支的数量限度,是检查、衡量、评价物流成本水平的依据。物流成本标准应包括物流成本计划规定的各项指标,由于这些指标通常比较综合,不能用于具体控制,可以采用计划指标分解法、预算法、定额法等来确定,同时还要进行充分的调查研究和科学计算,处理好与其他技术经济指标的关系。

2. 监督物流成本的形成

根据控制标准,经常对物流成本的各个项目进行检查、评价和监督,不仅要检查指标本身的执行情况,还要检查影响指标的各个条件,如设施设备、技术水平、工作环境等。

要加强物流费用开支的日常控制，设专人负责监督，还要加强执行者的自我控制，明确经济责任制，调动全体员工的积极性。

3. 及时揭示和纠正偏差

揭示实际物流成本偏离标准成本的差异，分析产生差异的原因，明确责任的归属，提出改进措施并加以贯彻执行。一般采取以下步骤。

首先，提出降低物流成本的课题。从各种物流成本超支项目中寻找降低物流成本的课题，一般是成本降低潜力大、可能改进的项目，应提出课题的目的、内容和预期要达到的效益。

其次，讨论和决策。发动有关部门人员进行广泛的研讨，尽可能提出多种解决方案，从中选择最优方案。

再次，确定方案实施的方法、步骤和负责执行的人员。

最后，贯彻执行方案。执行过程中要加强监督，检查其经济效益及是否实现预期目标。

4. 评价和激励

评价物流成本目标的执行结果，根据物流成本绩效实施奖惩。

课外资料 10-2

卡特彼勒物流服务公司的"中国奇迹"

世界领先的重型机械设备生产商美国卡特彼勒公司的子公司卡特彼勒物流服务公司在全球尤其是亚太地区（包括中国在内），在物流配送、信息服务、整合物流方案、优化供应链管理等方面取得了辉煌业绩。其成功的重要原因之一是卡特彼勒物流服务公司拥有丰富的全球性服务经验，通晓各地文化；全球性运作和雄厚的财务实力；经验丰富的物流管理队伍；最佳配送和业务程序；切实有效的供应链解决方案；强大的库存管理技术和专业知识；领先实用的 IT 方案；以 "6S" 为指导的业务操作规程；出色的客户服务表现。卡特彼勒物流服务公司是少数精通供应链管理的优秀企业之一，为客户提供整合的高附加价值服务，通常在 30 天内就能向客户提交一份能改进供应链表现的明确报告及方案。卡特彼勒物流服务公司以"最好的服务、最好的质量、最低的成本"为宗旨，充分利用卡特彼勒在全球性物流和售后零部件配送方面的核心能力，成为售后零部件配送领域（及相同性质市场）中世界卓越的整合物流服务供应商。该公司通过整合物流方案，与客户共同承担经营风险，成为全球领先的整合型物流方案提供者；成功运用 "6S" 方法，发掘降低成本或提高质量的各种渠道，从而成为运用 "6S" 最成功的公司之一。

（资料来源：万联网，2014-8-6）

第五节 供应链物流成本管理

案例导入

如何为企业供应链管理降低成本？

供应链管理就是协调企业内外资源来共同满足消费者需求。如果把供应链上各环节的企业看作一个虚拟企业同盟，而把任一企业看作这个虚拟企业同盟中的一个部门，同盟的内部管理就是供应链管理。只不过同盟的组成是动态的，根据市场需要随时在发生变化。有效的供应链管理可以帮助企业实现四项目标：缩短现金周转时间；降低企业面临的风险；实现盈利增长；提供可预测收入。

oTMS为企业供应链管理降低成本

供应链的创新与应用已上升为国家战略，而产融结合也已是经济生活的热点话题。创新的供应链金融科技解决方案将实现信用精准评估和资金有效供给，既能助力资本与产业融合，又能进一步提高供应链整体效率。

在科学技术、消费市场及产业升级的多重助推下，物流迎来了全速变革时期。让供应链"动"起来，正成为越来越多企业的战略布局。国内运输管理云平台首创者oTMS总裁认为，这意味着一种全新的物流模式，即智慧动态供应链网络的诞生。oTMS是中国优秀的运输管理云平台，以及亚洲唯一荣列Gartner亚太区TMS魔力象限报告的服务商，致力于让运输更轻松。如今，oTMS为企业提供oneTMS（运输管理云系统）、全橙服务（端到端运输综合外包服务）、友货来（一站式运输招投标平台），以及金融科技（供应链融资解决方案），从采购、管理、支付到分析，全方位帮助客户快速优化供应链，降本增效，引领创新，为企业供应链管理降低成本。

"客户需求""质量和效率""整合资源"是智慧动态供应链网络发展的主要驱动力。

首先，客户需求的变化，导致了货主企业经营模式和增长驱动力的变化。因为物流属于企业的支持职能部门，为销售和经营服务，随着前端企业经营模式的改变，企业物流也需顺应做出革新。在过去的几年中，企业的经营模式、增长驱动力和销售渠道都发生了巨大的改变。比如，对比过去的"推动式"增长，在新的"拉动式"增长下，企业的服务对象更多开始考虑终端消费者，逐步变成"批发+零售"的经营模式；众多品牌加速自己企业特色的O2O战略，销售渠道向多元化、扁平化方向迅速演变。经济新常态、新零售、无界零售等说法由此出现。

其次，质量和效率开始成为企业增长的新动力。自2015年以来，企业逐步进入精细化管理时代，成本、服务、效率越来越重要，表现特征之一就是希望通过技术革新，来全面提高企业的经营效率。

再者，大型货主开始愿意开放地考虑与物流多方进行协同合作，预示着整合资源成为提高物流企业业务效率的新动力。

（资料来源：oTMS 官网，2018-8-24）

一、供应链物流成本的构成

站在生产商的角度，通过分析其职能来划分物流成本，可将物流成本划分为运输成本、库存持有成本、订单处理成本和缺货成本四类。

（一）运输成本

运输成本是物流成本中最为重要的一部分，无论是制造商向上游供应商采购原材料，还是向下游分销商销售产品，只要涉及物品的位移，就会有运输成本。不仅如此，原材料、在产品、产成品等在企业内部的流转也会产生运输成本。从流程角度划分，运输成本包括将原材料从供应商处运送到生产商手里、搬运原材料入库、运送原材料至生产车间、半成品入库、产成品入库、将产成品运输至分销商的成本。从成本的性质角度看，运输成本由四部分组成：①人工费用，包括按规定支付给运输、配送和搬运职工的基本工资、工资性津贴、奖金和福利费等；②营运费用，包括运输工具（即车辆和船舶等）的折旧费用、燃料费用、维修费用、保险费用、养路费等；③管理费用，包括运输部门管理人员的基本工资、工资性津贴、奖金和福利费，以及日常招待、相关税金等；④如果存在委托给专门的物流公司的项目，那么运输成本还包括支付给物流公司的服务费。

（二）库存持有成本

库存持有成本是为保持存货而发生的成本，分为固定成本和变动成本。固定成本与存货数量无关，如仓库的折旧、仓库职工的固定工资等；变动成本与存货的数量有关，如存货资金的应计利息、存货的破损和变质损失、存货的保险费用。具体来说，库存的持有成本主要由三部分组成。①存货资金占压成本。存货以占用资金为代价，而对资金而言存在机会成本。②调价损失成本。它是指由于市场的变化、激烈的竞争、产品的更新换代或者其他原因，产品市场价格下降，从而造成存货价值的降低。③库存风险成本。它是指货物存放在仓库中由于各种原因所造成的损失。存货放置太久，或者平时对货物的保养不好，都会造成货物的损坏，即变成废品。此外，货物存放在仓库中也可能由于被盗而造成损失。

（三）订单处理成本

订单处理成本是指企业库存低于保险储备量时，向其上游企业取得订货的成本，可分为固定成本和变动成本。固定成本与订货次数无关，如常设机构的基本开支等；变动成本与订货次数有关，如差旅费、邮资等。具体来说，订单处理成本主要包括三个部分：①采购人员的人工费用，即采购人员的工资、奖金、津贴等；②常设采购机构的基本开支，包括固定资产的折旧费用、日常的招待费用等；③采购机构的管理费用，主要是指采购管理人员的人工费用以及差旅费、邮资、电话费等。

（四）缺货成本

缺货成本是由于存货供应中断而造成的损失，具体可以分为延期交货和失去销售机会。

1. 延期交货

如果顾客不转向其他企业，恢复存货供应时再来购买，则不发生缺货成本。但如果企业为了不失去顾客而进行紧急的加班生产，利用速度快、收费高的运输方式运送货物，则这些成本就构成了延期交货成本。

2. 失去销售机会

某些顾客在缺货时会转向其他竞争者，下次购买时又会回头购买本企业商品，这时，缺货成本是此次未售出商品的利润损失，也包括不可计量的机会损失。某些顾客在本企业缺货时，永远转向了其他供应商，这时缺货成本最大，由企业每年从该顾客身上获得的利润和该顾客的寿命期限决定。

二、供应链物流成本控制的途径

（一）QR 成本控制法

QR（Quick Response，快速响应）成本控制法是指通过在供应链管理中实施快速响应来达到降低供应链物流成本的方法。QR 具体是指在供应链中，为了实现共同的目标，零售商和制造商建立战略伙伴关系，利用 EDI 等信息技术，进行销售时点的信息交换以及订货补充等其他经营信息的交换，用多频度、小数量的配送方式连续补充商品，以实现缩短交货周期、减少库存、降低物流成本、提高客户服务水平和企业竞争力的供应链管理方法。一般来讲，供应链中的共同目标包括：

（1）提高顾客服务水平，即在正确的时间、正确的地点用正确的商品响应消费者的需求；

（2）降低供应链的总成本，增加零售商和厂商的销售额，从而提高零售商和厂商的获利能力。

这种新的合作方式意味着双方都要告别过去的敌对竞争关系，而以战略伙伴关系来提高向最终用户的供货能力，同时降低整个供应链的库存量和总成本。快速响应业务成功的前提是零售商和厂商的关系良好。实现这种关系的方法之一就是组成战略厂商伙伴，包括确定业务合作关系并采用双方互利的业务战略。这种厂商关系的某些趋势已经得到验证，包括及时的跨部门项目小组决策和长期的双方互利关系。

（二）ECR 成本控制法

效率型顾客响应（Efficient Consumer Response，ECR）是 1993 年年初由美国食品行业发起的，由一些制造商、经纪人、批发商和零售商组成有共同目标的联合业务小组，其目标是通过降低和消除供应链上的无谓浪费来提高消费品价值，以达到控制供应链物流成本的目的。ECR 成本控制法是指通过在供应链管理中实施效率型顾客响应来达到降低供应链物流成本的方法。ECR 是一个由生产厂家、批发商和零售商等供应链节点组成，各方相互协调和合作，以更好、更快并以更低的成本满足消费者需要为目的的供应链管理系统。ECR 的优点在于供应链各方为了提高消费者满意度这个共同的目标进行合作，分享信息和诀窍。ECR 的战略主要集中在四个领域：有效的店铺空间安排、有效的商品补充、有效的促销活动、有效的新商品开发与市场投入。

（三）供应链库存管理技术与方法

1. 供应商管理库存（Vendor Managed Inventory，VMI）

长期以来，流通环节中的每一个部门，包括零售商、批发商、供应商，都采用不同的库存控制策略来管理各自的库存，因此，不可避免地会产生需求的扭曲现象，即所谓的需求放大现象，无法使供应商快速地响应用户的需求。在供应链管理环境下，供应链各个环节的活动都应该是同步进行的，而传统的库存控制方法无法满足这一要求。近年来，国外出现了一种新的供应链库存管理方法——供应商管理库存。这种库存管理策略打破了传统的各自为政的库存管理模式，体现了供应链的集成化管理思想，适应市场变化，是一种新的具有代表性的库存管理思想。VMI 的关键措施主要体现在以下四个原则中。①合作精神（合作性原则）。在实施该策略时，相互信任与信息透明是很重要的。供应商和用户（零售商）都要有较好的合作精神，才能相互保持较好的合作。②使双方成本最小（互惠原则）。VMI 不是关于成本如何分配或由谁来支付的问题，而是关于减少成本的问题，通过该策略使双方的成本都获得减少。③框架协议（目标一致性原则）。双方都明白各自的责任，观念上达成一致的目标，如库存放在哪里、什么时候支付、是否要管理费、要花费多少等问题都要回答，并且体现在框架协议中。④连续改进原则，使供需双方能共享利益和消除浪费。VMI 的主要思想是供应商在用户的允许下设立库存，确定库存水平和补给策略，拥有库存控制权。

2. 联合库存管理（Jointly Managed Inventry，JMI）

联合库存管理是一种风险分担的库存管理模式。联合库存管理和供应商管理库存不同，它强调双方同时参与，共同制订库存计划，使供应链过程中的每个库存管理者（供应商、制造商、分销商）都从相互之间的协调性考虑，供应链相邻的两个节点之间的库存管理者对需求的预期保持一致，从而消除需求变异放大现象。

物流成本管理

快递业发展仍受制于物流成本

物流成本过高成为快递业的心头之痛。近日，有外媒报道称，国内物流业距世界一流水平还有距离，甚至不及南非、印度等国。在业内看来，物流业成本过高一直是国内快递业面临的重要问题，但受政策因素影响或遭遇瓶颈期，短期内难有较大改善。国内物流业成本相当于国内生产总值的 18%，高于南印度、南非等发展中国家的 13%～14%，并且是发达国家的 2 倍。统计数据显示，中国网购平均不到 100 元，但仅运费就达 8~15 元。申通有关负责人表示，除了人工成本，油费、高速公路费等也是占据快递成本的重要部分，国内汽车运输面临着高昂的过路费，甚至某些地区还存在乱罚款现象。据了解，目前我国快递业主要有公路、航空两种运输形式，其中，公路运输占主导地位。此外，国内快递业资源配置水平也不高。与美国等发达国家相比，我国公路运输空驶率高。有统计数据指出，国内公路运输中，1/3 的卡车在回程中无法拉到货物。国内大部分仓库十分老旧，并且没有机械化运作。货物在国内运输过程中，交通工具转运甚至多达十几次。面临高昂的物流成本，日前，中国铁路总公司首次推出"电商专列"，主要针对网络购物，力图降低物流成本。在业内看来，中国具有丰富的铁路资源，铁路运输相较于公路运输和航空运输具有较大的成本优势，但大范围推广仍需时间。

（资料来源：中国产业经济信息网，2014-7-18）

本章测试

一、名词解释题

1. 物流成本管理
2. 物流成本预测
3. 物流成本决策
4. 物流成本预算
5. 物流成本控制

二、简答题

1. 简述物流成本管理的含义。
2. 简述物流成本管理的主要内容。
3. 简述降低物流成本的方法和措施。
4. 简述物流成本的核算方法。
5. 简述物流成本预测的方法。
6. 简述物流成本决策的方法。
7. 简述物流成本预算的编制内容。
8. 简述物流成本控制的原则。
9. 简述物流成本控制的步骤。

三、案例分析题

海尔集团利用 GIS 大力降低服务成本

海尔集团的顾客服务实行网上派工制，电话中心收到客户信息后，利用全国联网的派工系统在 5 分钟之内将信息同步派送到离用户距离最近的专业维修服务网点。

在海尔的服务管理中，用户报修的流程是这样的：首先，用户打电话报修，之后，接线员登记用户信息，关键是用户所处的位置；然后工作人员手工选择离该用户最近的维修网点，手工网上分派任务；之后，维修工程师上门服务。

乍一看，流程非常完美。但仔细看却有不少漏洞。在登记用户信息时，接线员可能对该地址一点都不熟悉，她怎样才能快速、准确地定位用户的位置？而在手工选择离该用户最近维修网点的环节时，该接线员又怎样知道哪个网点离报修地点最近？海尔为上门维修的服务商按照距离配发津贴，而怎么确定距离？凭服务商报，是不是会有很大的漏洞？

这些漏洞用常规手段解决很困难。刚开始，海尔使用的是"人海+人脑"的战术。先记住各个城市网点的分布情况，然后根据用户提供的信息，将维修任务派送到业务员认为最近的网点。之后，业务员使用纸质地图量出用户点至维修网点的大概距离进行费用结算。纸质地图本身存在较大的测量误差，同时，当手工量出 15 千米时，会有服务商说量的路是直的，而实际路是弯的，要求多加 5 千米。维修费就这样"溜"出去了。

很显然，这种通过手工方法得到的信息，在准确性、正确性和详细程度上都有很大问题。而同时，人海战术直接带来的是成本上升。

2006 年，海尔引入了由中科院旗下的超图公司的 SuperMap GIS 地理信息系统的空间分析功能，在售后服务系统中增加了地理信息处理能力。GIS 系统包含了全国所有的县级道路网和 200 个城市的详细道路信息，还记录了全国 100 多万条地址信息。在如此海量的地理信息基础上，售后服务系统可以在很短时间内计算出距离用户最近的网点，以及网点到用户家的详细路径描述和距离，并及时将这些信息派送到最合理的服务网点。

应用 GIS 之后，海尔的售后服务流程变为这样：用户打电话报修，接线员登记用户信息，关键是位置信息；接线员记录后，系统自动匹配用户地址，计算出距离用户最近的网点；之后自动将维修信息派送到网点，网点维修工程师再上门服务。整个地址匹配和服务商挑选工作由系统自动完成，无须手工操作，堵住了服务漏洞。同时，系统的快速也远不是手工能比的，以前要花几十秒甚至几分钟查找信息，现在系统自动匹配，每次处理的时间缩短到 0.1 秒以内，大大提高了客服部门的效率。在 GIS 系统的支持下，海尔客服部门每天可以处理 10 万次左右的服务请求，可以满足全国用户的需求。

作为海尔售后服务 GIS 系统的平台软件供应商，超图公司统计软件事业部总经理认为，因为数据量和计算量很大，类似海尔这样的用户在选择 GIS 平台时要充分考虑系统性能和稳定性。从性能上来说，如果输入数据很久都查不出相关信息，GIS 系统反而会成为负担，影响客服质量；而稳定性不高更可怕，会导致该到派单时派不出去，影响的就不仅仅是客服质量，甚至会遭到投诉。

（资料来源：超图软件官网，2007-1-10）

问题：

(1) 海尔是怎么控制成本的？

(2) 海尔的物流服务成本在哪里？

四、实训题

调查一家企业的物流成本控制情况，结合本章所学内容，针对该企业的物流成本控制提出建议，并形成一份调研报告。

第十一章 供应链环境下的采购管理

章前概述

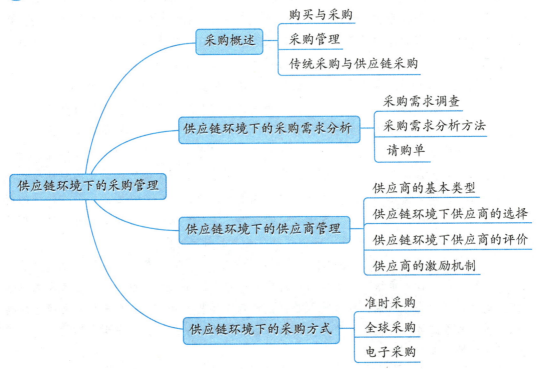

学习目标

通过本章的学习,了解采购、采购管理、供应链环境下的采购、供应链环境下的采购方式;理解传统采购的局限性;掌握供应链环境下的采购需求分析与供应商管理。

素养目标

培养学生在供应链环境中分析采购需求、管理供应商的能力,培养学生的责任感和团队意识。

第十一章 供应链环境下的采购管理

本章导读

采购管理在物流与供应链中具有非常重要的作用，是衔接上游供应商与企业的桥梁，同时也能为企业降低成本，提高供应链核心竞争力。本章对供应链环境下的采购管理相关知识进行介绍，主要包括采购概述、供应链环境下的采购需求分析、供应链环境下的供应商管理、供应链环境下的采购方式等。

开篇案例

当采购员遇到了……

采购是企业里"赚钱"的部门，降低5%的采购额就可以增加5%的利润，采购在一定程度上决定着公司基本的支出。因此，许多企业把采购管理当成"利润中心"经营，于是，采购管理作为企业生产经营管理过程的一个基本环节，越来越受到企业的重视。

采购工作需要以人际关系、对产品的熟悉程度、打无数个电话、发好几遍传真、一次次的谈判做保障。采购部门一直是企业的"幕后英雄"，其中的滋味只有身在其中的人才能了解。大家可以听听众家采购员话"采购"。

当采购遇见价格

采购员一般不要把价格压得很低。采购是很真诚的，应该给供应商较高的利润空间，毕竟供应商是合作伙伴，要合作就应该双赢，没有利润的生意供应商是不会做的。做采购的都会给自己留后路，这样才能显示自己的议价能力，且可以让供应商看到采购的诚意。给供应商利润，供应商才会好好配合，遇到紧急情况时才会帮你解围。举个例子，如果采购员把价压得太死，品质要求又高，交期又短，真正应急时就会很麻烦，因为供应商不会很热情地帮忙。

某印务公司的采购员小李讲述了他采购的经验与技巧：

"我不太喜欢跟没有决策权的业务员谈单价，因为很多业务员动不动就说：'这个我要请示一下经理。'然后回头说：'我们经理说这个单价可以成交，亏本的，刚刚我还被经理骂了，说这么低的价也成交。'其实我知道他说的是假的。这样的人只能骗新手，我会说：'既然你为难，那就算了，我找别家。'我还会直接跟他讲，再降两个点，如有问题叫你们经理打电话给我。"

当采购员遇到回扣

作为采购员，除了要具备良好的沟通能力、敬业精神外，最重要的一点就是"明智"，也就是要经得起金钱的诱惑。回扣大多出现在采购与销售环节，几乎所有在大企业里做营销和采购的人都对拿回扣的行为见怪不怪。业务员为了让采购员买他们的产品，往往给采购员一定的回扣作为报酬。但是，吃回扣不只是行为性质的问题，更深层次是，把自己的位置放在吃回扣上，等于降低自己的水准。同时，如果很多人吃回扣，对整个行业的良性竞争是不利的。

目前，由公司采取捆绑式的奖励方法，即销售、采购、生产跟单人员等根据比例分配订单的提成，比如外销员50%、采购30%、跟单验货人员20%，这样既可以刺激采购员更好地为减少公司成本、控制产品质量而努力工作，又可以使老板和采购员的关系好过供应商和采购员的关系。

当采购员遇到考验

有的采购员明摆着向供应商要好处，有的采购员向对方死压价……这些自以为是的采购员，永远不会得到供应商的信服与上司的认可。

在成功的采购经理所有的必备素质中，高道德素养是排在第一位的，行业中顶尖的采购经理大多具备很高的道德素养以及严谨的工作态度。他们能保持对企业的忠诚；不带个人偏见，在考虑全部因素的基础上，从提供最佳价值的供应商处采购；坚持以诚信为工作的基础；规避一切可能危害商业交易的供应商，以及其他与自己有生意来往的对象；拒绝接受供应商的赠礼；不断努力提高自己在方式方法、材料和影响采购工作的作业流程上的知识；在交易中采用和坚持良好的商业准则等。

（资料来源：世界经理人论坛，2016-4-11）

问题：什么是采购？采购与购买有何区别？

第一节 采购概述

无论是生产领域还是流通领域，都离不开采购活动，它是人类经济活动的基本环节。生产领域如果离开采购活动，企业就无法获得生产所需的原材料、零部件和其他辅助材料，也就无法组织生产；流通领域如果没有采购活动，就面临无货可售的困境，流通即告终止；其他部门，如科学、教育、文化、卫生、体育及一切社会部门运行的物资支持，同样离不开采购活动。采购在整个经济和社会生活中起着十分重要的作用，所以必须加强管理。而对采购管理、采购管理的目标、采购管理的作用、采购管理的规则、采购管理的实施等问题进行较深入的讨论，研究其内在规律，用以指导采购实践，则具有重要的现实意义。

一、购买与采购

购买与采购虽然仅一字之差，词义相近，但还是有差别的。

（一）购买

购买，通常是指需求的主体用自身的劳动收益，通过货币交换，获取衣、食、住、行、用等生活资料。购买有以下五个特点。

（1）购买的主体通常是家庭或个人。

（2）购买的物品，就独立的购买个体而言，数量不多，品种有限。

（3）物品供应商与用户的距离一般不是很远。

(4) 购买从筹划开始至实施到完成，相对比较简单易行。

(5) 购买的风险，无论是自然风险还是社会风险都不是很大。

（二）采购

采购与购买有共通之处，但含义不同。采购是指需求的主体从众多的备选客体中，有选择地通过合同方式，有偿取得所需要的物资、工程或服务。不难看出，采购有两层含义：一层是"采"，就是要有选择；二层是"购"，就是通过商品交易的手段，将选中对象的所有权，从其所有者手中转移到自己手中。理解采购的含义需要注意：

(1) 采购的主体通常是企业、事业单位、政府部门、军队或其他社会团体；

(2) 采购的客体不仅仅是生活资料，更多的是生产资料；

(3) 采购的品种、规格繁多，金额巨大；

(4) 采购从策划至实施到任务的完成，整个过程十分复杂；

(5) 采购的过程实际上是商流、物流、信息流、资金流综合运行的过程；

(6) 采购，尤其是国际采购存在一定的社会风险和自然风险。

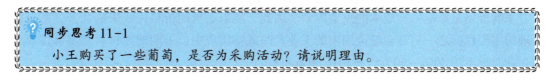

同步思考11-1

小王购买了一些葡萄，是否为采购活动？请说明理由。

二、采购管理

（一）采购管理的含义

所谓采购管理，就是企业为保障物资供应，对采购活动从始至终进行计划、组织、协调和控制的活动，从而保证采购计划完成。它不仅面向全体采购人员，而且面向企业组织的其他人员（进行有关采购的协调配合工作）。从广义角度来说，采购管理不仅包含具体采购过程中的业务管理，而且涵盖与采购业务有关的管理，其主要任务是调动整个企业的资源，满足企业的物资供应，确保企业经营战略目标的实现。

同步思考11-2

采购与采购管理的区别有哪些？

本书所讨论的是广义的采购管理，包括采购过程中的业务管理，也涵盖了与采购业务有关的管理。

（二）采购管理的目标

采购管理的总目标是确保企业生产经营中的物资供应，具体有以下五点。

1. 适合的质量

质量是产品的生命。唯有质量合格的原材料、外协件，才能生产出合格的产品。如果原材料、外协件不合格，入库前进行退货处理，将造成采购过程中的人力、财力的浪费；

如果制造出成品后推向市场，因质量问题造成退货，会进一步增加生产过程中各种资源的浪费。

2. 适合的供应时间

目前，企业为了加速资金周转，增加现金流，减少资金占用时间，备料的提前期大大缩短，通常根据市场的需求组织生产，安排原材料供应，对到货准时性的要求越来越高。时间上的延误，将影响企业的生产经营，产生不利的经济后果。

3. 适合的数量

企业生产经营中需要准备一定的原材料、产成品。但是，这种准备不是愈多愈好，也不是愈少愈好，应维持在适当的水平上。库存量过大，一段时间内生产消耗用不完的话，必然会造成原材料的积压，不仅占用了资金，减缓了流动资金的周转速度，而且长期积压还会导致物资报废。当然，库存量也不能过低。库存量过低，往往会造成原材料供不应求，停工待料，影响企业生产经营。

4. 适合的价格

采购价格是影响采购成本的重要因素。因此，能以适当的价格完成采购任务，是采购管理的主要目标之一。在全球范围内的工业产品成本构成中，采购的原材料及零部件成本占企业总成本的30%~90%，平均在60%左右。

5. 适合的供应商

选择适合的供应商是采购管理的重要目标。对采购方而言，选择适合的供应商直接关系到己方的利益。对供应商的选择，前期应考察供应商整体实力、生产供应能力、信誉等，以便双方建立相互信任的长期合作关系，实现采购与供应的双赢合作。

（三）采购管理的主要方面

采购管理的内容概括起来包括三个方面：一是企业内部的采购需求管理；二是企业外部的市场和供应商的管理；三是具体采购业务的管理。

1. 采购需求管理

企业采购计划的形成主要来自生产部门，生产部门根据年度生产计划，提出该年度的原材料、零部件、辅助材料等的需求计划；销售部门也根据年度销售情况，提出成品需求计划；此外，固定资产管理部门提出设备添置、维修需求计划，技术、科研开发部门提出新产品开发需求计划，后勤保障等部门提出物资保障需求计划。采购需求管理要对这些计划进行审查、汇总，并就采购的品种、规格、数量、质量、进货时间等与各部门研究协商，综合平衡，编制出切实可行的采购计划。

2. 市场和供应商管理

市场是提供资源的外部环境。采购管理要了解外部资源市场是买方市场还是卖方市场，是垄断市场还是竞争市场，是完全垄断的市场、垄断竞争的市场还是寡头垄断的市场。而且，不但要了解地区市场、国内市场，还要了解国际市场，针对不同的市场采取不同的应对策略。

毫无疑问，良好的供应商群体，是实现采购目标的基础。为此，必须下大力气做好供应商管理工作，其中的必要环节，包括供应商调查、供应商的审核认证、供应商的选择、供应商的使用、供应商的考核、供应商的激励与控制、必要时终止与供应商的合作等。

3. 具体采购业务的管理

采购管理系统是企业管理系统的一个重要子系统，是企业战略管理的重要组成部分。管理群体一般由中层管理人员组成。这些管理人员对采购有关的事务负有管理责任，更重要的是要对具体的采购业务实施管理。具体采购业务，包括采购谈判、签订合同、安排催货、组织运输、验收入库、支付货款等一系列工作。管理人员除了指挥业务人员尽职尽责做好本职工作外，还要取得企业内部各部门、外部供应商等有关部门的支持与配合。

同步思考 11-3

采购管理的工作程序是什么？

三、传统采购与供应链采购

采购伴随工业生产而出现。20世纪90年代以前的企业采购被认为是传统采购，进入20世纪90年代以后，企业间的竞争由单打独斗逐渐发展为群体间的供应链竞争，传统采购才逐渐演变和发展为供应链采购。

（一）传统采购与供应链采购

1. 传统采购

传统采购侧重于同供应商进行商业交易活动的方式，主要集中于不同供应商之间价格的比较，并选择价格最低的作为合作者。传统采购的主要特点如下。

（1）传统采购过程是典型的非信息对称博弈过程。

在采购过程中，采购方为了从多个竞争性的供应商中选择一个最佳的供应商，往往会保留私有信息，因为给供应商提供的信息越多，供应商的竞争筹码就越大，这样对采购方不利。因此，采购方尽量保留私有信息，而供应商也在和其他供应商的竞争中隐瞒自己的信息。这样，采购、供应双方都不进行有效的信息沟通，属于非信息对称的博弈过程。

（2）传统采购把验收检查作为质量把关手段，质量控制难度大。

质量与交货期是采购方要考虑的另外两个重要因素，但是在传统的采购模式下，要有效控制质量和交货期只能通过事后把关的办法解决。由于采购方很难参与供应商的生产组织过程和有关质量控制活动，加之供应商的相关工作缺乏透明度，采购方很难控制进货质量。

（3）供需关系是临时的或短时期的合作关系，而且竞争多于合作。

在传统的采购模式下，供应与需求之间的关系是临时性的或者短时性的合作，而且竞争多于合作。由于缺乏合作与协调，采购过程中抱怨和扯皮的事情比较多，没有更多的时间来做好长期性预测与计划工作。这种缺乏合作的氛围增加了彼此运作中的不确定性。

（4）对用户需求的响应迟钝。

由于供应与采购双方在信息的沟通方面缺乏及时的信息反馈，在市场需求发生变化的情况下，采购方也不能及时改变同供应方已签订的合同。采购方在市场需求减少时库存增加，市场需求增加时，物料供不应求，如果重新订货又要再次进行谈判。因此，供需双方不能对用户的需求迅速做出响应，往往丧失大好的市场机会。

2. 供应链采购

供应链采购是指在供应链机制下，成员企业之间的采购模式。在供应链采购下，采购者能够从供应链角度出发，把自己的需求规律信息（如库存信息等）及时传递给供应商，供应商根据产品的消耗情况及时进行小批量库存补充，这样既能保证采购方满足生产的需要，又使采购方库存量最小。

（二）供应链采购与传统采购的差异

供应链采购与传统采购相比，物资供需关系没变，采购的概念没变，但是，由于供应链各个企业之间是一种战略伙伴关系，采购是在友好合作的环境中进行的，所以其差异主要体现在以下方面。

1. 由为库存采购向为订单采购转变

在传统采购中，采购的目的很简单，就是补充库存，即为库存而采购。采购部门并不关心企业的生产过程，不了解生产的进度和产品需求的变化，因此，采购过程缺乏主动性，采购部门制订的采购计划很难适应制造需求的变化。供应链采购是以订单驱动方式进行的，制造订单的产生是在企业需求订单的驱动下产生的。然后，制造订单驱动采购订单，采购订单再驱动供应商，使供应链系统准时响应企业的需求，从而降低库存成本，提高物流的速度和库存周转率。

2. 由单纯的物资管理向全方位的外部资源管理转变

现代供应链理论认为，不仅企业内部的人、财、物是企业的资源，企业外部的人、财、物（包括供应商）也是企业应该和可以利用的资源。因此，需方企业不仅要关注对供应商的物的管理，更要关注对供应商的全方位管理，具体表现在以下几个方面。

（1）需方与供应商建立一种长期的、互惠互利的合作关系。这种合作关系保证了供需双方有合作的诚意及参与需要双方共同解决问题的积极性。

（2）需方提供信息反馈和教育培训支持。需方及时把供应商的产品质量问题反馈给供应商，以便供应商及时改进。同时，为解决个性化产品的质量问题，需方提供有关技术培训工作，使供应商能够按照要求提供合格的产品和服务。

（3）需方参与供应商的产品设计和产品质量控制过程。

（4）需方参与协调供应商的生产计划。

（5）需方与供应商建立一种有不同层次的供应商网络，并通过逐步减少供应商的数量来强化与供应商的合作伙伴关系。

对于供应商而言，要想更好地对外部资源进行管理，同样需要需方的配合和支持，提供相应的协作，包括：帮助拓展用户，保证高质量的售后服务；对下游企业的问题做出快速反应，及时报告所发现的可能影响用户服务的内部问题；不断改进产品和服务质量。

3. 由一般买卖关系向战略合作伙伴关系转变

在传统采购中,供应商与需求企业之间是一种简单的买卖关系,一些固有的弊端长期无法得到解决。而供应链采购则不同,通过双方的共同努力,可以有效解决很多传统采购难以解决的问题。

(1) 解决库存问题。在传统采购模式下,各企业无法共享库存信息。因此,各企业都独立地采用订货点技术进行库存决策,不可避免地产生库存与生产的不协调,要么超储积压,要么供不应求。为了确保生产的顺利进行,超额储存是大多数企业的常态,库存成了企业的沉重负担。但在供应链采购模式下,供需双方是一种合作伙伴关系,且通过数据共享,供方按需提供原材料和零部件,确保需方的库存控制在合理的水平上。

(2) 解决风险问题。传统采购模式由需求方自己承担风险,而在供应链采购模式下,由于供需双方是一种战略性合作关系,双方可以通过友好协商来化解和共同承担这些意外事件带来的风险,如运输过程的风险、信用的风险、产品质量的风险等。

(3) 合作伙伴关系可以为双方共同解决相关问题提供便利,不必再为日常琐事消耗时间与精力,而将工作的重心放在企业的长远发展和重要决策上。

(4) 降低采购成本问题。由于双方是合作伙伴关系,能够做到信息共享,避免由信息不对称导致的错误,从而节约了采购成本。

(5) 战略性的伙伴关系消除了供应过程的组织障碍。

(三) 供应链采购的特点

从传统采购与供应链采购的不同之处,可以看出供应链采购的特点。

1. 采购性质上的特点

(1) 供应链采购是一种基于需求的采购。

在供应链环境下的采购,是依据生产或销售的需要确定采购数量、采购时间,采购回来的货物直接送需求点使用。而传统采购是将采购回来的货物直接放入库存,因此是基于库存的采购。

(2) 供应链采购是一种供应商主动型采购。

在传统采购中,供应商和采购方没有根本的利益关系,采购方作为单独的一个经济体出现,需要自己采购,再组织生产。这样一来,采购方就必须自己承担全部采购任务,势必要主动寻找供应商,这样要花费很多时间去调查供应商、调查产品、调查价格,然后选择供应商,再和供应商洽谈、签订合同,然后还要联系进货,进行质量检查,而供应商处于一种被动地位。但在供应链采购中,由于供应链采购者的需求信息随时都传送给供应商,供应商能够随时掌握企业需求信息,根据需求状况、变化趋势及时调整生产计划,及时补充货物,主动跟踪企业需求,主动适时适量地满足企业需要。由于双方是一种合作的利益共同体,如果需求方的产品质量不好,造成产品滞销、积压,供应商自己也会遭受损失,所以供应商会主动关心产品质量,自觉把好质量关,保证需求方的产品质量。

(3) 供应链采购是一种合作型采购。

供应链采购中的供需双方为了产品能在市场上占有一席之地,获得更大的经济效益,会分别从不同的角度互相配合、互相帮助。在采购上，它们也是相互协调配合，提高采购工作效率，最大限度地降低采购成本，最好地保证供应。

2. 供应链采购是在友好合作的环境下进行的

供应链采购是在友好合作的环境下进行的，而传统采购则是在利益互斥、对抗性竞争环境下进行的。采购环境的不同，导致了许多观念、操作上的不同。供应链采购的友好合作环境是供应链采购的根本特征，也是它最大的优点。

3. 供应链采购过程中实现了企业之间信息的连通和共享

在供应链采购过程中，供应商能随时掌握用户的需求信息，掌握企业需求变化的情况，能够根据企业需求及其变化情况，主动调整自己的生产计划和送货计划。供应链各个企业可以通过计算机网络进行信息沟通，利用计算机进行业务协调，进行相互之间的业务处理活动，可以通过网络直接发出订单等。当然，信息传输、信息共享，首先要求每个企业内部的业务数据要信息化、电子化。因此，供应链采购的基础就是要实现企业的信息化、企业间的信息共享，也就是要建立企业内部网络、企业外部网络，并和互联网连通，构建起企业管理信息系统。

4. 供应链采购是由供应商管理库存

供应链采购中的用户没有库存，即零库存，由供应商对其库存进行管理，这意味着用户无须设库存、无须关心库存。这对双方都有一定的好处：第一，用户零库存，可以大大节省费用、降低成本，从而专心致志地开发其核心业务，发挥核心竞争力，提高效率；第二，供应商掌握库存自主权，可以根据需求变动情况，适时调整生产计划和送货计划，既可以避免盲目生产造成的浪费，也可以避免库存积压造成的成本上升。同时，由于双方的责任和利益是紧密相连的，从而加强了供应商的责任心，自觉提高了企业的服务水平，双方共同获益。

5. 供应链采购是由供应商负责连续小批量多频次的送货

供应商送货的目的是直接满足企业需要，随时按需送货，既不早送，也不多送。供应商采取连续小批量多频次的送货机制，可以大大降低库存，甚至实现零库存。而传统采购是大批量少批次地订货、进货，虽然采购成本相对较低，但因库存量大，会增加库存费用，尤其市场需求的高度不确定性，可能导致销售不畅，造成产品积压。

6. 供应链采购活动中双方是一种战略伙伴关系

在供应链采购中，买方和卖方企业是一种友好合作的战略伙伴关系，互相协调、互相配合、互相支持，有利于各方面工作的顺利开展，提高工作效率、实现双赢。而在传统采购中，买方和卖方企业互相防备，互相封锁信息，相互不信任，少有配合，甚至相互伤害，工作效率相对较低。

7. 供应链采购贯穿所购产品生产检验的全过程

供应链采购中，供方支持采购方参与本企业产品出厂前的生产和验收过程，配合需方提前严把质量关，将质量问题防患于未然。而且由于供需双方是供应链上的利益共同体,所以能努力做到自我约束,确保出厂产品质量,尽力争取获得免检待遇,从而让供需双方均节约检验费用、降低成本,保证了质量。

第二节 供应链环境下的采购需求分析

企业如何在竞争激烈的市场环境中通过市场调查分析相关因素,最终做出科学的采购决策服务于企业生产或销售,是至关重要的。

一、采购市场调查

(一)采购市场调查的定义

市场调查是社会调查的一个方面,它是以市场及与市场相关的一切方面为对象,了解其历史、现状及影响其发展变化的各个因素的活动。市场调查有两层含义:一是指以市场为对象的调查研究活动或调查工作过程,是一种经济调查;二是指研究和阐述市场调查理论和方法的一门科学,它是市场调查实践经验的科学总结,是了解市场、认识市场的有效方法和手段。通常所说的市场调查指前一层含义。

采购市场调查,是指企业以采购市场为对象,运用科学的方法,有系统、有目的地搜集采购市场信息,记录、整理、分析采购市场的情况,了解采购市场的现状及发展趋势,为采购市场预测提供客观的、正确的资料。

(二)采购市场调查的作用

采购市场调查是企业及管理部门科学预测和正确决策的前提和基础,在企业经营管理中扮演十分重要的角色。

(1)采购市场调查是企业进行经营决策的基础。现代企业经营的重心在决策,而信息是企业经营决策的前提。只有通过市场调查,准确、及时地收集市场信息,并进行科学加工处理,才能做出正确的决策,减少经营失误,把风险降到最小。

(2)采购市场调查是调整和矫正采购计划的重要依据。通过市场调查,可以了解采购市场情况,检查企业采购计划是否正确,在哪些方面还存在不足甚至失误;可以认识客观环境是否发生变化,出现了哪些新问题和新情况,为企业提供修改和矫正计划的依据。

(3)采购市场调查是改善企业经营管理的重要工具。在市场经济条件下,企业经营的好坏和经济效益的高低是通过市场来检验的。采购市场调查是企业经营管理活动的出发点,也是了解和认识市场的一种有效方法。通过采购市场调查,取得企业经营活动所需的第一手资料,就可以制定正确的采购策略,取得较好的采购效益。

(三)采购市场调查的方法

采购市场调查的方法,是指市场调查人员在实施采购市场调查的过程中搜集各种信息资料所采用的具体方法。合理地选择采购市场调查方法,是采购市场调查中的重要环节。

采购市场调查的具体方法有询问法、观察法、实验法三大类。

1. 询问法

询问法是指调查者用被调查者愿意接受的方式向其提出问题，得到回答，获得所需要的资料的一种调查方法。询问法又分为以下三种。

（1）问卷调查法。问卷调查法的基本做法是根据调查目的，在制订好调查提纲的基础上，设计简明、易填写的调查问卷，并将设计好的问卷交给或邮寄给被调查者，请其自行填答后交回或寄回。

（2）面谈调查法。面谈调查法的基本做法是由调查人员直接与调查对象见面，当面询问或举行座谈会，互相启发，从而了解历史和现状，搜集信息，取得数据。

（3）电话调查法。电话调查法的基本做法是调查人员根据抽样规定或样本范围，用电话询问对方的意见，由调查人员自己来完成问卷的方法。

2. 观察法

观察法是调查人员在现场对调查对象进行直接观察记录，取得第一手资料的一种调查方法。这种调查方式的基本做法是：调查人员直接到市场，对被调查者的现实情况和数量进行观察与记录，并辅以照相、录像、录音等手段，被调查者往往并没有感觉到正在被调查。

3. 实验法

实验法是把调查对象置于一定的条件下，通过实验了解其发展趋势的一种调查方法。它用于在给定的实验条件下、在一定范围内观察经济现象中自变量与因变量之间的变动关系，并做出相应的分析判断，为企业预测和决策提供依据。

（四）采购市场调查程序

采购市场调查既是一项经济工作，又是一项科学实验，具有很强的科学性。为了保证采购市场调查的准确性，必须遵循一定的科学程序。采购市场调查一般可分为七个步骤来进行。

1. 确定采购市场调查的目标

调查之前，要先确定调查的目的、范围和要求，如调查什么问题、解决什么问题、将谁作为调查对象等。

2. 确定调查项目

在认真研究调查目标的价值、资料获得难易程度和所需费用的基础上，经过对比分析，确定具体的调查项目。

3. 确定调查方案

根据调查项目的要求，确定具体的调查方案。调查方案应包括调查方法、调查对象、调查地点、调查时间、调查次数。调查方法即采用什么方法进行调查；调查对象即由谁提供资料；调查地点即在什么地方进行调查；调查时间即什么时候调查最合适；调查次数即一次调查还是多次调查。

4. 设计调查表格

调查表格或问卷设计的好坏，直接关系调查内容质量的高低。为此，在调查过程中，为了有针对性地收集有关数据或文字资料,事先必须根据调查主题确定有关指标,设计各种不同的统计表格和问卷。调查表格和问卷的设计,必须问题具体、重点突出,使被调查者乐于合作,能准确地记录和反映被调查者的有关事项,而且便于统计资料的整理。

5. 收集调查资料

调查资料的收集是市场调查工作的重点。一般情况下,企业采购市场调查收集的资料分为两种:一种是第一手资料,又称原始资料;另一种是第二手资料,也叫间接资料,通常是其他机关或个人搜集且经过加工整理的现成资料,如政府公报、有关单位的海报等。

6. 分析整理

通过市场调查所得的大量信息资料,往往是零星分散的,某些资料甚至是不真实的,不能系统而集中地说明问题。这就需要系统地加以整理分析,严格筛选,去粗取精,去伪存真,以保证资料系统完整和真实可靠。对资料的分析整理主要包括检查、核实与核对,分类编号,统计计算,分析并得出结论。

7. 编写调查报告

在综合分析的基础上,得出结论,提出建议,写成调查报告供决策者参考。采购市场调查报告的内容包括:

(1) 引言,包括标题和前言;

(2) 报告主体,包括调查目的、详细的解释方法、调查结果的描述分析、调查结论与结论摘要、意见与建议等;

(3) 附件,包括样本的分配、图表及附录。

二、采购需求分析方法

在采购需求调查的基础上,为了进行科学的采购需求预测活动,必须运用采购需求预测的技术与方法。一般将采购需求预测技术分为定性预测方法和定量预测方法两种。

(一) 定性预测方法

定性预测方法是指预测人员通过对所掌握的采购市场情况的数据资料进行分析,根据自身的实践经验、主观分析以及直觉判断,对有关市场需求指标的变化趋势或未来结果进行预测的方法。定性预测方法主要有以下四种。

1. 德尔菲法

德尔菲法又称专家意见法,由美国兰德公司在20世纪40年代末期提出。这种方法主要是利用有关方面专家的专业知识,以及对市场变化的敏锐洞察力,在对过去发生的事件和历史信息资料进行综合分析的基础上得出预测结论。按照这种方法的程序,须请有关专家以匿名方式对预测项目做出答复,然后把这些答案综合整理,再反馈给这些专家,而后将所得意见进行整理并再次反馈,如此反复多次,直到得出趋于一致的结论,以代表多数专家的意见。在使用德尔菲法进行预测时,专家的选择非常重要,所选的专家必须具有代表性,精通预测对象的各个方面,专家人数一般控制在10~50人为宜。德尔菲法经常用于长期的和新产品的销售预测、利润预测及技术预测等。这种方法的优点是专家们以匿名方式无约束地发表意见,能够避免别人尤其是权威人士的影响,反映各位专家的真实看法,得出较为可靠的预测;缺点是要经过多次的征询与反馈,程序繁杂,时间较长,不利于及时做出预测。

> **同步思考11-4**
> 德尔菲法与头脑风暴法有何区别?

2. 类比预测法

类比预测法又叫比较类推法,分为纵向类推预测方法和横向类推预测方法两种。这种方法一般把预测目标同其他类似事物进行对比分析,推断预测目标未来的发展变化趋势,得出预测的结论。

纵向类推预测是一种通过将当前的采购市场需求情况和历史上曾经发生过的类似情况进行比较,来预测市场未来情况的方法。

横向类推预测是指在同一时期内,对某一地区某项产品的市场情况与其他地区市场情况进行比较,然后预测这个地区的未来市场情况。

3. 用户调查法

用户调查法是指调查者向采购企业进行直接调查,分析它们采购量的变化趋势,预测某种物资在未来一定时期的采购量。用户调查法可以采用全面调查法、抽样调查法、典型调查法。全面调查法所需要的时间长,费用高,实行起来困难大;而抽样调查法或典型调查法,可以根据少数用户或重点用户的情况,推断出全部用户的情况。

4. 经验判断法

经验判断法是指依靠熟悉业务的、有经验的、具备综合分析能力的人员来进行预测的方法。在采购市场的预测中,常用的经验判断法有以下三种。

(1) 经理人员评判法。经理人员评判法是指把一些经理人员集中起来,通过座谈研究市场的前景。由于经理人员主管各项业务,对市场情况和发展方向比较清楚,经过座谈,相互启发,相互补充,能做出比较切合实际的判断。

(2) 采购人员意见综合法。企业召集直接从事市场采购工作的有关人员,对市场进行预测。由于采购人员对自己负责的区域及联系部门是熟悉的,因此他们的估计是比较可信的,但他们可能只看到一个局部,所以所做的短期预测比较准确,用于中长期预测则有一定困难。

(3) 意见汇总法。意见汇总法是汇总企业采购所属各个部门的预测意见,然后加以分析、判断,确定本企业预测结果的一种方法。

> **同步思考11-5**
> 对于缺乏经验的员工,有哪些方法可以帮助其提高业务能力?

（二）定量预测方法

定量预测方法是根据大量、准确和系统的数据资料，应用数学模型和统计方法对有关预测指标的变化趋势和未来结果进行预测的方法。它的优点是科学理论较强，逻辑推理缜密，预测的结果也较有说服力；但预测花费的成本较高，而且需要较高的理论基础，因而应用起来受到的限制较多。定量预测方法一般包括时间序列预测法和回归预测法。

1. 时间序列预测法

时间序列预测法（Time Series Forecasting Method）就是从纷繁复杂的历史数据中，分析出预测对象的发展变化规律，作为预测的依据。在分析事物变化的特点时，首先将某变量的数据按时间顺序排列，再根据时间序列中数值变化的基本类型，选取适当的数学模型去描述它们的变化情况，最后利用这个数学模型，根据过去的需求变化规律向未来延伸，进行预测。时间序列预测最基本的方法有算术平均法、移动平均法、加权移动平均法和指数平滑法。

（1）算术平均法。

算术平均法是一种按时间序列进行预测的方法。其操作方法是把过去各个时期的实际采购量进行算术平均，然后将其平均数值作为下一时期的预测采购量。

（2）移动平均法。

移动平均法就是从时间序列的第一项数值开始，选取一定的项数求得序列的平均数，得到一个时期的预测值，然后逐项移动，边移动边平均，在进行一次新预测时，必须加进一个新数据并剔除一个最早的数据。这样进行下去，就可以得到一个由移动平均数组成的新的时间序列。

在简单移动平均法中，将构成移动平均的各期数据都看作具有相同的作用。具体操作是将最近几个时期的数据综合起来，它们的平均数就是下一个时期的预测数。其中，预测期数 N 的选择对预测结果的准确性有很大的影响，因而在预测时选取一个适当的预测期数十分重要。一般来讲，移动平均期越长，对随机变动的平滑效果越好，预测的结果也就越准确。这种方法的优点是可以将原来数据中的随机因素加以过滤，消除数值的起伏波动，同时在一定程度上反映了市场需求发展变化的趋势；缺点主要是需要大量的历史数据，成本较高。

移动平均法主要适用于如下的情况：数据的变化没有明显的上升或下降的趋势，比较平稳，没有受到明显的季节性变化的影响。

> **同步思考11-6**
> 为什么移动平均期数为奇数？

（3）加权移动平均法。

加权移动平均法是将预测期相邻若干期的实际值，根据其距离预测期的远近，按照近大远小的原则，分别以实际值乘以在平均值中的权数，以加权平均值为预期预测值的预测方法。

（4）指数平滑法。

指数平滑法是利用过去的数据资料，使用平滑指数来进行预测的一种方法。通过平滑系数的加权平均作用，可对反映变量历次变化情况的时间序列进行大致修订，消除随机波动的影响，以便预测变量的未来趋势。

2. 回归预测法

回归预测法是常用的一种数学预测方法。它是运用一定的数学模型，以一个或几个自变量为依据来预测因变量发展变动趋势和水平的一种方法。这种变动趋势和水平，不单纯表现为在时间序列上的自然变化规律性，更主要地表现为变量之间因果关系的规律性。回归预测法按自变量和因变量的相关关系形式分为线性回归预测法和非线性回归预测法，线性回归预测法因自变量的多少不一，又分为一元线性回归预测法和多元线性回归预测法。

采购需求分析

三、请购单

（一）请购单的含义

采购请购是指企业内部向采购部门提出采购申请，或者采购部门汇总企业内部采购需求，提出采购清单。

请购单（Requisition Form/Buying Requisition）指某人或者某部门根据生产需要确定一种或几种物料，并按照规定的格式填写一份要求获得这些物料的单据的整个过程。所填的单据称为请购单。请购常常源于买方的基层单位，其中也可以包含该物料或设备的到货期限。请购是采购业务处理的起点，用于描述采购的需求，如采购什么货物、采购多少、何时使用、谁来使用等；同时，也可为采购订单提供建议，如建议供应商、建议订货日期等。

请购作业可以分为两种情况：一种是有来源单据的，如根据 MRP（Material Requirement Planning，物资需求计划）自动生成请购单，或者根据库存补货点自动生成请购单，又或者根据销售订单生成请购单等，这些单据有个特点，就是都有前置单据；另一种是没有来源单据的，如不包含在物料清单表中的物料请购、超额材料的请购等。

请购单的编制部门一般有生产部门、仓储部门、研发部门、总务部门、销售部门等。

（二）请购单的编制流程

请购单的编制主要包括以下六个步骤。

1. 划分各部门职责

采购部主要负责运输用品、办公劳保用品、生产及辅助材料等采购和委外加工业务处理。

采购主管主要负责采购计划的编制、×万元以下的订单的复核及×万元以上订单的复核，急需物资的跟催。

采购员负责订单的计算、下达和物料的跟催。

仓储部收料组主要负责有形物料的数量验收。

质量管理部主要负责生产及辅助材料的质量验收。

工程部主要负责仪器设备的品质验收。

2. 编制请购单

由于用途不同,请购单常有数联,并以不同的颜色进行区分,以便于分发、传递。一般情况下,请购单分为五联:第一联为准购单,由采购单位留存;第二联为验收单,由会计部门留存;第三联为验收单副联,由计算机中心留存;第四联为采购通知单,由求购单位留存;第五联为验收物料联,由用料单位留存。

3. 开立请购单

请购单源于使用部门的需求,由物料使用部门开出。一个企业内部的需求一般来自生产和使用部门,而一些办公设备的需求来自办公室负责人或公司主管,有的来自销售部门、广告部门或实验室。请购人员依照存量管理基准和用料预算,参考库存情况开立请购单,并注明材料名称、规格、数量、需求日期和注意事项。一般一张请购单只填写一项物料的需求情况,这样便于物料管理。对于不同的请购需求,也可开立不同的请购单。

采购商品如果属于同一供应商的统购材料,请购部门应使用请购单附表,以一单多品方式提出请购。

请购紧急用品时,由请购部门于请购单"说明"栏中注明原因,并加盖"紧急采购章",以急件卷宗递送。

易耗用品由物料管理部门依据耗用和库存情况,填制请购单,按月提出请购。招待用品和办公用品等可免开请购单,应以总务用品申请单委托总务部门办理,可规定其核准权限。

4. 审批

请购单填写完毕之后要依据请购物料的规格、数量、金额,按照规定的流程递交不同层次的主管部门,予以审批,通常是物料管理部门、生产管理部门或专门的项目负责部门等。例如,不同类别(原材料、固定资产、总务性用品)的请购单由不同的主管核准,不同大小的请购金额要由不同管理层次的主管核准。以原材料为例,某公司规定,请购金额预估在 1 万元以下者,由科长审核;请购金额预估在 1 万元至 10 万元者,由经理审核;请购金额预估在 10 万元以上者,由总经理审核。

5. 采购部门汇总

依照请购权限呈核并编号(由各部门依事业部等类别编订)后,呈送采购部门。采购部门按照请购部门或供应商将请购单进行汇总,并制订详细的购货订单说明书发给供应商,尽快办理询价、议价,并将议价结果记录于请购单,然后将请购单的第二联呈准,必要时先送请购单位签注意见。

6. 办理订购

请购单呈核后送回采购单位向供应方办理订购,应与供应方签订买卖合约书一式四份:第一份正本存于采购单位;第二份正本存于供应方;第三份副本存于请购单位;第四份副本及暂付款申请书第二联送会计单位供整理定金用,如无须支付定金,第四份副本免填。请购单模板如表 11-1 所示。

表 11-1 请购单模板

采购单编号		申请部门		填表日期			
采购项目	品名	规格	推荐品牌和供应商	数量	单位	估计价格	需用日期
业务主管领导签字 年　月　日			财务主管签字 年　月　日			采购经理签字 年　月　日	

第三节　供应链环境下的供应商管理

一、供应商的基本类型

在集成化供应链管理环境下，供应商合作关系的运行需要减少供应源的数量，相互的联系变得更紧密，并且企业会在全球市场范围内寻找最合适的供应商。这样可以把供应商分为两个档次，即重要供应商和次要供应商。重要供应商是少数与采购企业关系密切的供应商，而次要供应商相对较多，与采购企业关系不是很密切。供应链合作关系的变化主要影响重要供应商，而对次要供应商的影响较小。

根据供应商在供应链中的增值作用与竞争力的关系，可对供应商进行分类，如图 11-1 所示。

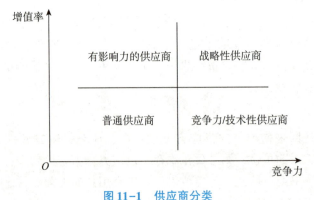

图 11-1　供应商分类

纵坐标代表供应商供应产品使供应链增值情况。对供应商来说，如果不能增值，它在供应链是不可能存在的。横坐标代表某些供应商与其他供应商之间竞争力的区别，主要包括设计能力、特殊工艺能力、柔性、项目管理能力等。实际运作中，应根据不同的目标选择不同类型的供应商。对于长期需求而言，要求供应商能保持较高的竞争力和增值率，因此，最好选择战略性供应商；对于短期或某一短暂市场需求而言，只需选择满足需要的普通供应商即可，以使成本最小化；而对中期需求而言，可根据竞争力和增值率对供应链的重要程度，选择不同类型的供应商（竞争力/技术性供应商或有影响力的供应商）。

二、供应链环境下供应商的选择

供应商的选择是供应链合作关系运行的基础，供应商的业绩对企业的影响越来越大，在交货期、产品质量、价格、提前期、库存水平、产品设计、服务等方面都影响着企业的经营。传统的供应关系已不再适应全球竞争加剧、产品需求日益更新的现实。为了实现低成本、高质量、柔性生产、快速反应，采购业务管理就必须包括供应商的选择。

同时，供应商选择也是供应商管理的内容之一。供应链采购管理强调企业之间的战略合作，对于下游企业来说，其上游企业——供应商的质量将直接影响它的正常生产运行质量。供应商的选择无疑是一个重要的工作，选择一批好的供应商，不但对企业的正常生产起决定性作用，而且对企业的发展也非常重要。因此，要下大力气采用各种方法选择好的供应商。

供应商的来源是供应市场。供应商的选择对于企业来说是多目标的，选择的根据是供应商的评价，其中包括很多可见和不可见的因素。实际上，供应商选择贯穿在供应商开发的全过程中。供应商开发的全过程包括了几次供应商的选择阶段：在众多的供应商中，每个品种选择5~10个供应商进入初步调查阶段；初步调查以后，选择1~3个供应商进入深入调查阶段；深入调查之后又要再做一次选择，初步确定一两个供应商；初步确定供应商进入试运行，并进行试运行的考核和选择，才最后确定供应商。

三、供应链环境下供应商的评价

（一）制造企业供应商评估指标体系

制造企业供应商评估主要是指与供应商签订正式合同以后正式运作期间对供应商整个运作活动的全面评估。此期间主要应根据以下指标对供应商进行评估。

1. 质量指标

供应商质量指标主要包括来料批次合格率、来料抽检缺陷率、来料在线报收率、来料免检率等。其中，来料总报废数包括在线生产时发现的废品。此外，有的公司将供应商体系、质量信息等也纳入考核，如供应商是否通过了ISO9000认证，或供应商的质量体系审核是否达到规定的水平；还有的公司要求供应商在提供产品的同时，提供相应的质量文件，如过程质量检验报告、出货质量检验报告、产品成分性能测试报告等。

2. 供应指标

供应指标又称企业指标，是与供应商的交货发现以及供应商企划管理水平相关的考核因素，其中最主要的是交货量、交货周期、订单变化接受率等。对供应商来说，考察交货量主要是考核按时交货量，按时交货量可以用按时交货量率来评价。按时交货率是指给定交货期内的实际交货量与期内应当完成交货量的比例。交货周期也是很重要的考核指标。交货周期指自订单开出之日到收货之时的时间长度，常以天为单位。考察交货周期主要是考察供应商的准时交货率。

3. 经济指标

供应商考核的经济指标总是与采购价格、成本相联系。质量与供应考核通常每月进行一次，而经济指标则相对稳定，多数企业是每季度考核一次。此外，经济指标往往是定性的，难以量化。

4. 支持、配合与服务指标

支持、配合与服务指标主要考核供应商的协调精神。在和供应商相处的过程中，常常因环境的变化或具体情况的变化，需要把工作任务进行调整变更，这种变更可能导致供应商工作方式的变更，甚至导致供应商要做出一些牺牲。这一指标可以考察供应商在这些方面积极配合的程度。考核供应商的配合度，主要靠人们的主观评价，主要找与供应商相处的有关人员，让他们根据与供应商相处时的体验为供应商评分。特别典型的，可能会有上报或投诉的情况，这时可以把上报或投诉的情况也作为评分依据之一。同经济指标一样，对供应商在支持、配合与服务方面的表现通常也是采用定性考核，每季度一次，相关的指标有反应与沟通、表现合作态度、参与本公司的改进与开发项目、售后服务等。

5. 信誉和知名度

供应商信誉和知名度的考核包括企业规模、企业信誉、财务状况、人员素质等。

（二）零售企业供应商评估指标体系

结合零售企业的情况，可以从以下几个方面确定供应商评估指标。

1. 供应商所处外部环境

供应商所处外部环境一般包括政治法律环境、经济技术环境、社会文化环境、自然地理环境和企业竞争环境等。

2. 供应商产品

对供应商产品的评价可以从产品质量、产品成本与产品交货情况三方面进行。产品质量包括产品合格率、产品退货率和产品质量认证。

3. 供应商服务

供应商服务直接影响其与零售企业之间的合作，同时也是企业选择供应商的重要依据之一。供应商服务评价指标包括服务柔性、售后服务、产品的担保与赔偿等。

（1）服务柔性。服务柔性包括时间柔性、品种柔性和数量柔性。时间柔性反映供应商应对计划交货时间改变的能力。品种柔性是供应商应对零售企业对于产品品种需求变化的能力。数量柔性反映供应商应对零售企业所需产品在数量上变更的能力。

（2）售后服务。售后服务包括交流反馈能力与顾客抱怨解决能力。交流反馈能力是供应商与零售企业互动能力的反映，该指标值越高，说明供应商对零售商的意见和需求越了解。顾客抱怨解决能力是供应商吸引客户、留住客户能力的反映。有些时候，解决顾客抱怨也可以由零售企业第一时间来承担，待解决顾客抱怨后再与供应商沟通协调，但该指标中的顾客抱怨解决能力是针对供应商的。

（3）产品的担保与赔偿。产品的担保与赔偿指标对于供应商选择相当重要。尽管零售企业在谈判中有很强的话语权，但为了降低采购风险，也必须规定履约保证的相应约束。

4. 供应商自身能力

在零售企业与供应商的合作中，零售企业不能只关注供应商所提供的产品价格、质量等产品自身因素，还应对供应商自身能力进行评估，包括其财务情况、生产经营能力、研发能力、营销能力、人力资源能力、仓储配送能力，以及供应商信誉。

5. 供应商合作能力

供应商合作能力包括以往合作经历、合作兼容性、信息状况、供应商发展潜力等。如有以往的合作经历，此指标主要考虑零售企业与其供应商合作的历史情况。以往的合作经历越成功，对供应商的评价越好。

> **同步思考11-7**
> 你还知道哪些供应商评价指标？

四、供应商的激励机制

为了保证物资及时供应，需要给予供应商一定的激励和控制方法。对供应商的激励与控制应当注意以下四个方面。

（一）逐步建立稳定可靠的关系

企业应当和供应商签订一个较长时间（例如1~3年）的业务合同关系。时间不宜太短，太短让供应商不放心，不可能全心全意做好企业的物资供应工作。只有合同时间长，供应商才会尽全力和企业合作，做好物资供应工作。特别是当业务量大时，供应商会把企业看作其生存和发展的依靠和希望。合同时间一般以一年比较合适，如果第一年合作愉快，第二年想继续，可于年底续签。如果第二年不想继续合作，则合同于年底终止。

（二）有意识地引入竞争机制

有意识地在供应商之间引入竞争机制，促使供应商为在产品质量、服务质量和价格水平方面不断优化而努力。例如，在几个供应量比较大的品种中，每个品种可以实行 ab 角制，或 abc 角制。所谓 ab 角制，就是一个品种设两个供应商，一个 a 角，作为主供应商，承担 50%~80% 的供应量；一个 b 角，作为副供应商，承担 20%~50% 的供应量。在运行过程中,对供应商的运作过程进行结构评分,一个季度或半年进行一次评比,如果主供应商的月平均分数比副供应商的月平均分数低10%以上,就可以把主供应商降为副供应商,把副供应商升为主供应商。abc角制原理和ab角制原理一样,也是一种激励和控制方式。

(三) 与供应商建立相互信任的关系

建立相互信任的关系,可显示出企业对供应商的高度信任。例如,对信誉高的供应商的产品进行有针对性的免检;不定期地召开有关领导的碰头会,交换意见,研究问题,协调工作;开展一些互助合作等。特别对涉及企业之间关系的共同业务、利益等问题,一定要开诚布公,把问题谈清楚、谈透彻。工作中要树立双赢的指导思想,兼顾供应商的利益,尽可能让供应商有利可图。

(四) 建立相应的监督控制措施

在建立起信任关系的基础上,也要采取比较有力的监督控制措施。一旦供应商出现问题或问题的苗头,一定要及时采取措施。根据供应商重要性和问题严重程度的不同,可以分别采取以下对策。①对于一些非常重要的供应商,或问题比较严重时,可以向供应商单位派常驻代表。常驻代表的任务是进行沟通信息、技术指导、监督检查等。常驻代表应当深入供应商生产线各个工序、各个管理环节,帮助其发现问题,提出改进办法,彻底解决问题。②对于那些不太重要的供应商,或者问题不那么严重,则视情况定期或不定期到工厂进行监督检查,或者设立监督点对关键和特殊工序进行监督检查;或者要求供应商报告生产情况、提供产品的检验记录,再由企业有关人员集体分析评议,实行监督控制。此外,还应加强进货检验,做好检验记录,退还不合格品,甚至要求赔款或罚款,督促供应商迅速改进。组织本企业管理技术人员对供应商进行辅导,提出产品技术规格要求,促使其提高产品质量和服务水平。

供应商管理

第四节 供应链环境下的采购方式

一、准时化采购

(一) 准时化采购的基本思想

准时化采购是一种先进的采购模式。它的基本思想是:在恰当的时间、恰当的地点,以恰当的数量、恰当的质量提供恰当的物品。它是在准时生产的基础上,为了消除库存和不必要的浪费而进行的改进。要进行准时生产必须有准时的供应,因此,准时化采购是准时化生产管理模式的必然要求。它和传统的采购方法在质量控制、供需关系、供应商的数目、交货期的管理等方面有许多不同,供应商的选择(数量与关系)、质量控制是其核心内容。

准时化采购包括供应商的支持与合作以及制造过程、货物运输系统等一系列内容。准时化采购不但可以减少库存，还可以加快库存周转速度、缩短提前期、提高货物的质量、获得满意交货等。

(二) 准时化采购对供应链管理的意义

准时化采购对于供应链管理思想的贯彻实施有重要的意义。供应链环境下的采购模式和传统的采购模式的不同之处在于，它采用的是订单驱动的方式。订单驱动使供应与需求双方都围绕订单运作，从而实现准时化、同步化运作。要实现同步化运作，采购方式必须是并行的，当采购部门产生一个订单时，供应商即开始着手物品的准备工作。与此同时，采购部门编制详细采购计划，制造部门进行生产的准备，当采购部门把详细的采购单提供给供应商时，供应商就能将物资在较短的时间内交给用户。当用户需求发生改变时，制造订单又驱动采购订单发生改变。如果没有准时的采购方法，供应链企业很难适应这种多变的市场需求，因此，准时化采购增加了供应链的柔性和敏捷性。

综上所述，准时化采购策略体现了供应链管理的协调性、同步性和集成性，供应链管理需要准时化采购来保证供应链的整体同步运作。

(三) 准时化采购与传统的采购模式的不同之处

准时化采购和传统的采购模式有许多不同之处，主要表现在以下几个方面。

1. 采用较少的供应商，甚至单源供应

传统的采购模式一般是多头采购，供应商的数目相对较多。从理论上讲，单供应源比多供应源好。一方面，管理供应商比较方便，也有利于降低采购成本；另一方面，有利于供需之间建立长期稳定的合作关系，质量上比较有保证。但是，采用单一的供应源也有风险，比如供应商可能因意外中断交货，以及供应商缺乏竞争意识等。

2. 对供应商的选择标准不同

在传统的采购模式中，供应商是通过价格竞争来进行选择的，供应商与用户的关系是短期的合作关系，当发现供应商不合适时，可以通过市场竞标的方式重新选择供应商。但在准时化采购模式中，由于供应商和用户是长期的合作关系，供应商的合作能力将影响企业的长期经济利益，因此企业对供应商的要求比较高。在选择供应商时，需要对供应商进行综合的评估，在评价供应商时，价格不是主要的因素，质量是最重要的标准，这种质量不单指产品的质量，还包括工作质量、交货质量、技术质量等。高质量的供应商有利于与之建立长期的合作关系。

3. 对交货准时性的要求不同

准时化采购的一个重要特点是要求交货准时，这是实施精细生产的前提条件。交货准时取决于供应商的生产与运输条件。作为供应商，要使交货准时，可从两个方面着手。一方面，不断改进企业的生产条件，提高生产的可靠性和稳定性，减少延迟交货或误点现象。作为准时化供应链管理的一部分，供应商同样应该采用准时化的生产管理模式，以提高生产过程的准时性。另一方面，为了提高交货准时性，运输问题不可忽视。在物流管理

中，运输是一个很重要的问题，它决定了是否能准时交货。特别是全球的供应链系统，运输过程长，而且可能要先后采用不同的运输工具，需要中转运输等，因此要进行有效的运输计划与管理，使运输过程准确无误。

4. 对信息交流的需求不同

准时化采购要求供应与需求双方高度共享信息，保证供应与需求信息的准确性和实时性。由于双方的战略合作关系，企业在生产计划、库存、质量等方面的信息都可以及时进行交流，以便出现问题时能够及时处理。

5. 制定采购批量的策略不同

小批量采购是准时化采购的一个基本特征。准时化采购和传统的采购模式的一个重要不同在于，准时化生产需要减少生产批量，直至实现"一个流生产"，因此采购的物资也应采用小批量采购的办法。当然，小批量采购自然会增加运输次数和成本。对于供应商来说，这是很为难的事情，特别是当供应商在国外时，实施准时化采购的难度更大。解决的办法是采用混合运输、代理运输等方式，或尽量使供应商靠近用户等。

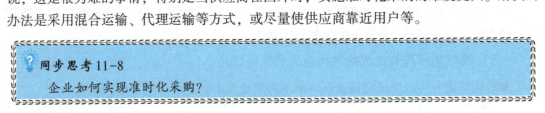

同步思考11-8

企业如何实现准时化采购？

（四）准时化采购的方法

准时化采购和传统的采购模式有显著差别。要实施准时化采购，下面的几个方法可以作为参考。

1. 创建准时化采购班组

世界一流企业的专业采购人员有三个责任：寻找货源、商定价格、发展与供应商的协作关系并不断改进。专业化、高素质的采购队伍对实施准时化采购至关重要。因此，首先应成立两个班组，一个班组专门处理供应商事务，主要任务是认定和评估供应商的信誉、能力，或与供应商谈判，签订准时化订货合同，向供应商发放免检签证等，同时负责供应商的培训与教育。另外一个班组专门消除采购过程中的浪费现象。这些班组人员对准时化采购的方法应有充分的了解和认识，必要时应对其进行培训，因为如果这些人员本身对准时化采购的认识和了解都不彻底，就不可能指望供应商的合作了。

2. 制订计划，确保准时化采购策略有计划、有步骤地实施

制定采购策略，改进当前的采购方式，减少供应商的数量，正确评价供应商，向供应商发放签证。在这个过程中，要与供应商一起商定准时化采购的目标和有关措施，保持经常性的信息沟通。

3. 精选少数供应商，建立伙伴关系

选择供应商时应从以下几个方面考虑：产品质量、供货情况、应变能力、地理位置、企业规模、财务状况、技术能力、价格、对其他供应商的可替代性等。

4. 进行试点工作

先从某种产品或某条生产线试点开始，进行零部件或原材料的准时化供应试点。在试点过程中，取得企业各个部门，特别是生产部门的支持是很重要的。通过试点总结经验，为正式实施准时化采购打下基础。

5. 做好供应商的培训，确定共同目标

准时化采购是供需双方共同的业务活动，单靠采购部门的努力是不够的，还需要供应商的配合。只有供应商也对准时化采购的策略和运作方法有所认识和理解，才能获得供应商的支持和配合，因此需要对供应商进行准时采购的相关培训。

6. 向供应商颁发产品免检合格证书

准时化采购和传统的采购模式的不同之处在于，买方不需要对采购产品进行较多的检验。要做到这一点，需要供应商提供百分之百的合格产品，当其做到这一要求时，即发给免检证书。

7. 实现配合准时化生产的交货方式

准时化采购的最终目标是实现企业的准时化生产，因此，要实现从预测的交货方式向准时化适时交货方式的转变。

8. 继续改进，扩大成果

准时化采购是一个不断完善和改进的过程，需要在实施过程中不断总结经验教训，从降低运输成本、提高交货的准确性和产品的质量、降低供应商库存等方面进行改进，不断提高准时化采购的运作绩效。

（五）准时化采购实践分析

为了对准时化采购的目的、意义和影响因素有初步的了解，美国加利福尼亚州立大学的研究生做了一项对汽车、电子、机械等企业的经营者准时化采购效果的问卷调查，共调查了 67 家美国公司。这些公司有大有小，其中包括著名的惠普公司、苹果计算机公司等。这些公司有的是制造商，有的是分销商，有的是服务商。调查的对象为公司的采购与物料管理经理。通过调查，得出以下几个结论。

（1）准时化采购成功的关键是与供应商的合作，而最困难的问题也是缺乏供应商的合作。供应链管理所倡导的战略伙伴关系为实施准时化采购提供了基础条件，因此，在供应链环境下实施准时化采购比在传统管理模式下实施准时化采购更有现实意义和可能性。

（2）很难找到好的合作伙伴是影响准时化采购的第二个重要因素。如何选择合适的供应商，就成了影响准时化采购的重要条件。在传统的采购模式下，企业之间的关系不稳定，具有风险性，影响了合作目标的实现。供应链管理模式下的企业是协作性战略伙伴，为准时化采购奠定了基础。

（3）缺乏对供应商的激励是准时化采购的另一个影响因素。要成功地实施准时化采购，必须建立一套有效的供应商激励机制，使供应商和用户一起分享准时化采购的好处。

（4）准时化采购不单是采购部门的事情，企业的各部门都应为实施准时化采购创造有

利的条件，为实施准时化采购共同努力。

二、全球化采购

（一）全球化采购的概念

全球化采购是指利用全球的资源，在全世界范围内寻找供应商，寻找质量最好、价格合理的产品。广义的全球化采购是在供应链思想的指导下，利用先进的技术和手段，提出合理的采购要求，制订恰当的采购方案，在全球范围内建立生产与运营链，采购质价比最高的产品，以保证企业生产经营活动正常开展的一项业务活动。同时，通过采购规范操作，可以有效地对采购过程中的绩效进行衡量、监督，从而在服务水平不降低的情况下，使采购总成本最低。

> **课外资料 11-1**
>
> **全球化采购的产生背景**
>
> **1. 经济全球化促进生产要素的跨国流动**
>
> 21世纪以来，经济全球化进程不断加速，国际贸易和国际企业的迅速扩张推动了全球化采购的发展。信息技术的突飞猛进，以及供应链管理思想的普及，让国际企业的采购职能发生了深刻的变革。资料表明，近几年来跨国公司在中国的年采购额已突破千亿美元，并呈逐年递增的态势。在经济全球化背景下，企业与企业之间的竞争，今后将越来越体现为全球供应链与供应链之间的竞争，全球化采购与供应管理已经成为企业的核心竞争力。从全球观点来看，许多企业可以从全球化采购领域获得利益。经济全球化和产业结构调整促进了生产要素的跨国流动。全球贸易快速发展，在各国经济发展中的作用越来越重要；跨国直接投资发展迅猛，高科技、高附加值的高端制造及研发环节转移的比例大大提高；跨国公司是国际直接投资和生产全球化的主要载体，它通过全球化生产、全球化销售、全球化采购和全球化研发活动，把世界各国经济联结为一个紧密的整体；全球经济协调机制不断强化。世界贸易组织、国际货币基金组织和世界银行在多边经济协调机制中继续发挥主要作用，新的区域经济一体化组织不断涌现，并在区域和整个世界经济发展中发挥着重要作用。
>
> **2. 世界经济知识密集度提升**
>
> 在经济全球化的推动下，生产要素特别是资本在全球范围内更加自由地流动，跨国公司通过在全球范围内建立生产和营销网络，推动了贸易投资一体化，并对国际经济贸易格局产生了深刻影响。随着高新技术的推广应用，国际分工的深化，产品性能的不断提高，产品种类、规格的不断变化，产品的生产周期大大缩短，全球商品生产和贸易的原材料密度和粗放程度大大降低，技术、知识密集度却大大提高。
>
> **3. 跨国企业的全球化经营**
>
> 在经济全球化和供应链网络形成的背景下，商品、资本、服务、劳动和信息跨国界流动成为常态，跨国企业正在以前所未有的规模和速度加快发展。竞争从单体竞争

转向了企业之间的网络竞争和供应链的竞争。竞争的范围从国内市场转向了区域市场乃至全球市场。跨国公司生产基地的全球化分布的生产网络，要求其在全球范围内寻找、购买各种原材料和半成品，以降低其采购成本。另外，多式联运的发展和国际航线的形成，使跨国公司的全球化采购战略成为可能。为了充分应对经济全球化的发展趋势和业务对象的全球化分布的发展，国际运输企业之间也开始形成一种覆盖多种航线，相互之间以资源、经营优势的互补为纽带，面向长远利益的战略联盟。这不仅使全球物流能够快速、便捷地进行，而且使全球范围内的物流设施得到了充分的利用，有效地降低了国际物流相关成本。

（资料来源：百度文库，2015-11-24）

（二）全球化采购的特点

与国内范围采购相比，供应链管理模式下全球化采购具有以下特点。

1. 在全球范围内采购

全球化采购将采购范围扩展到全球，不再局限于一个国家或某个地区，可以在世界范围内配置资源。因此，要充分和善于利用国际市场、国际资源，尤其是在物流随着经济全球化进入全球物流时代的情况下。

2. 风险性增大

全球化采购通常集中批量采购，采购项目和品种集中，采购数量和规模较大，涉及的资金比较多，而且跨越国境，手续复杂，环节较多，存在许多潜在的风险。

3. 采购价格相对较低

在全球化采购模式下，因为可以在全球配置资源，可以通过比较成本，找寻价廉物美产品。

4. 选择客户的条件严格

因为是在全球范围内进行采购，供应商来源广，所处环境复杂，因此，制定严格标准和条件去遴选和鉴别供应商尤为重要。

5. 渠道比较稳定

虽然供应商来源广，全球化采购线长、面广、环节多，但由于供应链管理理念的兴起，采购商与供应商较为稳定。

（三）全球化采购的优势

1. 可以扩大供应商比价范围，提高采购效率，降低采购成本

通过全球化采购，在全球范围内对有兴趣交易的供应商进行比较，可以以较低的价格获得更好的产品和服务。由于地理位置、自然环境及经济差异，各个国家和地区的资源优势是不同的。通过全球化采购，充分利用各国和地区的资源优势并加以合理组合，可以让企业以较低的价格获得质量较高的商品，从而大大提高企业的经济效益。

2. 实现生产企业由为库存而采购向为订单而采购转变

传统的采购模式中,采购的目的就是补充库存,采购部门并不关心企业的生产情况和市场的需求变化情况,制订的采购计划很难适应生产需求的变化。在全球电子商务模式下,采购活动是以订单驱动方式进行的。制造订单是在用户需求订单的驱动下产生的,然后,制造订单驱动采购订单,采购订单再驱动供应商,从而准时响应用户需求,降低库存成本,提高物流的速度和库存周转率。

3. 实现采购管理向外部资源管理转变

传统的采购方式由于缺乏与供应商之间的交流与合作,导致供应商缺乏柔性和对需求变化的快速反应能力。通过对外部环境进行管理,供需双方建立起一种长期的、互利的合作关系,这样,采购方可以及时把质量、服务、交易期的信息传送给对方,使供方严格按要求来提供产品与服务,并根据生产需求协调供应商计划,实现准时化采购。

4. 实现采购过程的公开化和程序化,加强采购的科学化管理

全球化采购可以实现采购业务操作程序化,有利于进一步公开采购过程,实现实时监控,使采购更透明、更规范。企业在进行全球化采购时,按软件规定流程进行,大大减少了采购过程的随意性。全球化采购还可以促进采购管理定量化、科学化,实现信息化的大容量与快速传递,为决策提供更多、更准确、更及时的信息,使决策依据更充分。

5. 全球化采购可以利用汇率变动进一步降低商品的采购成本

在签订国际快递间的商品买卖合同时,应考虑到汇率变动对购买成本的影响。因为贸易合同从签订到实施有一定的时间间隔,而国际快递汇率又是在不断变化的,因此在选择以何种货币作为支付工具时,应考虑在该时段内国际快递金融市场汇率的变动趋势,以便从中获得收益。全球化采购突破了传统采购模式的局限,从货比三家到货比百家、千家,有助于企业降低采购费用,降低采购成本,提高采购工作效率。

> **同步思考11-9**
> 企业为什么要开展全球化采购?

(四)全球化采购面临的问题

全球化采购有利于企业扩大采购范围、寻找全球供应商,但同时也会面临一些问题,主要包括以下几个方面。

1. 语言沟通问题

语言通常是国际商业关系的一个主要障碍,不同的文化、语言等都会造成沟通问题。不同国家间的文化差异客观存在,由风俗习惯而形成的人们共同遵守的行为规则在不同国家之间大不相同。特定国家进行商品交易的范围,特定人群的利益、习惯、价值观、交流方式和谈判风格等,都会受文化差异的影响。

2. 供应商的选择问题

进行全球化采购的关键问题是选择高效、负责的供应商。选择国际供应商的方法基本

上和选择国内供应商的方法相同。为了获得更多的背景资料，最好的办法就是到供应商所在地进行实地调查。但对国外的供应商进行这种评估既耗时又耗力，且采购方在异地他乡，人生地不熟，很难操作。

3. 政治问题

供应商所在国的政治问题可能导致供应中断，例如供应商所在国发生战乱或者暴动等。采购者必须对这些风险进行估计，如果风险过高，必须采取一些措施监视事态的发展，以便及时应对不利事态。

4. 隐含成本过高

全球化采购过程中可能会出现一些突发事件，使采购的成本增加，这就是全球化采购的隐含成本。影响全球化采购隐含成本的可能因素包括：以采购方所在国货币表示的价格、支付给报关行的佣金、支付方式费用及财务费用、供应商所在国征收的税金、额外存货及其储存成本、额外的劳动力和货运单据带来的费用、商务考察费用、包装和集装箱的费用、咨询费用、检验费用、保险费用、报关费用、进口税率、应对突发事件设立的风险费用等。

5. 汇率波动

采购方必须确定采用买方国家的货币还是采用供应方国家的货币。如果交款时间比较短，就不会出现汇率波动问题。但是，如果交款时间比较长，汇率就会产生比较大的变动，交货结算时的价格相对于合同签订时就会有很大的偏差。

6. 付款方式

全球化采购和国内采购在付款方式上有很大差异。资金的国际转账有一定的困难，也会产生一定的费用。某些时候，国际供应商往往要求采购方在订货时或发货前支付货款。和购买者已经建立长期合作关系的供应商可能同意提前发货，但一般不会在货款未付时发货。

7. 手续复杂

全球化采购除了包括国内采购几乎所有的手续和程序外，还涉及进出口许可证的申请、货币兑换、保险、租船订舱、商品检验、通关，以及争议处理等烦琐复杂的手续和相关事宜。国内采购一般受到的限制较少，但不同的国家由于经济发展水平、商品竞争能力存在较大差异，因而实施不同的关税和非关税保护措施。而且，随着经济状况和国际收支状况的变化，其保护措施还会动态调整。因此，在进行全球化采购时，必须了解本国对所采购商品的进口管制和供应商所在国对商品的出口管制，以便采取相应的对策。

8. 法律问题

当进行全球化采购时，要确定出口国、进口国的法庭以及第三方的法庭在发生争执时有没有法律权限。全球化采购引起的起诉不但费用昂贵而且浪费时间，越来越多的合同纠纷双方倾向于由国际仲裁机构来解决。

三、电子采购

（一）电子采购的概念

电子采购是由采购方发起的一种采购行为，是一种不见面的网上交易，如网上招标、网上竞标、网上谈判等。电子采购比一般的电子商务和一般性的采购在本质上有更多的延伸，它不仅仅完成采购行为，还有效地整合了企业资源，帮助供求双方降低了成本，提高了企业的核心竞争力。

> **同步思考11-10**
> 作为个体消费者，网购流程包括哪些？

（二）电子采购的发展

电子采购最初兴起于美国，它的最初形式是一对一的电子数据交换系统，即 EDI，该电子商务系统大幅度地提高了采购效率，但价格昂贵，且仅能为一家买家服务，令中小供应商和买家望而却步。为此，联合国制订了商业 EDI 标准，但在具体实施过程中，关于标准问题在行业内及行业间的协调工作举步维艰，因此，真正商业伙伴间的 EDI 并未广泛开展。

电子采购是一种在互联网上创建专业供应商网络的基于 Web（页面）的采购方式。它能够使企业通过网络寻找合格的供货商和物品，随时了解市场行情和库存情况，编制销售计划，在线采购所需的物品，并对采购订单和采购的物品进行在途管理、台账管理和库存管理，实现采购的自动统计分析。实施电子采购，不仅方便、快捷，而且交易成本低，信息公开程度透明。

（三）电子采购与传统采购的主要区别

电子采购采取现代计算机网络技术，特别是以互联网的应用为工具，把采购项目的信息公告、发标、投标、报价、定标等过程放在计算机网络上来进行，使采购相关的数据和信息实现了电子化。电子采购相对于传统采购具有明显的比较优势，如价格透明、效率高、竞争性强、节约成本等。

在传统的采购中，整个采购业务流程没有自动化，数据不断被重复输入、确认，难免会出现差错，且需要复杂冗长的批准过程，延长了采购周期，也大大增加了业务成本。总的来说，传统采购业务流程的效率不高，导致业务成本提高，采购周期延长，对采购的控制不强，无法形成采购中的规模经济效益。

（四）电子采购的优势

电子采购不仅完成采购行为，而且利用信息和网络技术对采购全程的各个环节进行管理，有效地整合了企业的资源，帮助供求双方降低了成本，提高了企业的核心竞争力。

1. 提高采购效率

采购方如通过电子采购交易平台进行竞价采购，可以根据自身要求自由设定交易时间和交易方式，大大缩短了采购周期。自采购方竞价采购项目正式开始至竞价结束，一般需要 1~2 周，较传统招标采购节约 30%~60% 的采购时间。

2. 节约大量的采购成本

使用电子采购系统可以为采购方节省大量成本。采用传统方式生成一份订单所需要的平均费用约为使用电子采购方案所需费用的 5 倍。企业通过竞价，使采购商品的价格平均降幅为 10% 左右，最高时可达到 40%。

3. 优化采购流程

采购流程的电子化不是用计算机和网络技术简单替换原有的方式方法，而是要依据更科学的方法重新设计采购流程。在这个过程中，摒弃了传统采购模式中不适应社会生产发展的落后因素。

4. 减少过量安全库存

世界著名的家电行业跨国企业海尔集团在实施电子采购后，采购成本大幅降低，仓储面积减少一半，库存资金降低约 7 亿元，库存资金周转天数从 30 天降到了 12 天以下。

5. 信息共享

不同企业，包括各个供应商都可以共享信息，不但可以了解当时采购、竞标的详细信息，还可以查询以往交易活动的记录。这些记录包括中标、交货、履约等情况，帮助买方全面了解供应商，帮助卖方更清楚地把握市场需求及企业本身在交易活动中的成败得失，积累经验，使供求双方之间的信息更加透明。

6. 改善客户满意度，让供应商获益

对于供应商，电子采购可以更及时地掌握市场需求，降低销售成本，增进与采购商之间的关系，获得更多的贸易机会。电子采购在降低成本、提高商业效率方面，比在线零售、企业资源计划（ERP）更具潜力。

采购方式

本章测试

一、简答题
1. 简述传统采购的局限性。
2. 简述供应商评价指标。
3. 简述采购需求分析方法。
4. 简述供应商的激励机制。

二、案例分析题

缺了一只纸箱

公司新开发了一个供应商，产品质量可以，但在准时交货上有所欠缺，理由千奇百怪，不是原材料没了，就是误了航班。这次的理由更有趣：纸箱子用完了，没法发货。每次的纠正措施都很简单：这下买了很多料，以后再也不用担心短料了；安排了专人负责发

送，以后再也不用担心误了班机。

这些问题看上去是没做到，其实是没想到，这些是典型的计划问题，是管理粗放的供应商的常见问题。例如纸箱用完了，根本原因是纸箱没有纳入物料清单，没法系统地通过MRP来生成需求，驱动采购。为什么？因为人们往往认为这么便宜、简单的纸箱，用不着浪费物料清单上的一个位子。不纳入物料清单，并不意味着这个纸箱就不需要计划，只不过计划是按照非正式的方式进行的，装在某个发货员的头脑里，凭经验采购。而这位发货员忘了下订单，纸箱就断货了。

进一步看，这个供应商的业务非常分散，客户包括航空制造、建筑等行业的科研机构、企业等。他们一边给飞机制造商生产屏蔽静电的大盒子，一边给劳伦斯实验室定制屏蔽磁场的保护壳，一边给零售商场加工漂亮的雕塑。各种业务大多是一次性的，每样都建物料清单比较困难，物料清单的准确性就更难保障。于是，整个物料计划就成了无本之木。没有系统的物料计划，缺这短那就是家常便饭。要改进，很简单：多备料。于是库存就成了问题。这个供应商也就成为"非精益"的典型：生产车间里，原材料、半成品堆积如山。

（资料来源：刘宝红. 采购与供应链管理：一个实践者的角度 [M]. 3版. 北京：机械工业出版社，2019.）

问题：对供应商的管理包括哪些工作？如何做好供应商管理？

第十二章 供应链的构建与绩效评价

章前概述

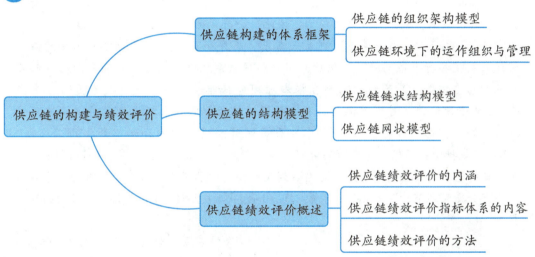

学习目标

通过本章的学习，了解供应链的组织架构模型、供应链环境下的运作组织与管理、供应链绩效评价的内涵；理解供应链链状结构模型、供应链网状模型；掌握供应链绩效评价指标体系的内容、供应链绩效评价的方法。

素养目标

培养学生对供应链结构模型的分析及设计能力，培养学生的责任感和团队意识。

本章导读

为了更好地满足客户需求，应对整个供应链进行综合管理。本章主要介绍供应链构建的体系框架、供应链结构模型、供应链绩效评价，其中包括供应链组织结构模型、供应链环境下的运作与组织管理，供应链链状结构模型、供应链网状结构模型，供应链绩效评价的内涵、供应链绩效评价指标体系的内容、供应链绩效评价的方法。

> **开篇案例**
>
> **DaimlerChrysler 公司的传说**
>
>   DaimlerChrysler 公司的 Mopar 零件集团在美国和加拿大地区经营汽车零配件的分销。Mopar 有一个极为复杂的供应链,有 3 000 个供应商、30 个分销中心和每天来自 4 400 个北美经销商的 225 000 个订单。然而,售后零配件销售极难预测,因为它不是直接为生产所驱使,相反,是由如天气、车辆地点、车辆磨损和破坏,以及顾客对经销商促销的反应等不可预测因素决定的。顾客不愿意为替换零件而花费等待的时间,因此零售商不得不寻求可替代的零配件资源以避免顾客不满和失去市场份额。为了保证经销商不使用非 OEM 零件,汽车公司一般因订货管理、库存平衡、供应奖励收费等导致高昂的补货成本。Mopar 零件公司也面对同样的困境。
>
>   DaimlerChrysler 公司意识到,它们未来的竞争力在于甄别、理解、采取解决行动并防止昂贵的服务供应链费用的能力。因此,公司开始投入 SCPM 系统的实施之中。
>
>   Mopar 的 SCPM 系统通过监测未来需求、库存和与预先确定的目标相关的供应链绩效关键指标来甄别绩效。然后,用户利用该系统探究问题,找到个别的或相互关联的可选方案。导致问题的潜在根本原因包括非季节性天气(或者更好或者更坏)、竞争性促销、对预测模型的不准备假设。理解问题和可选方案后,系统用户就采取解决问题的行动了。Mopar 零件公司通过削减安全库存和不必要的"过期"(不可能被接受)运输,每年节约数百万美元的成本。仅仅在第一年,DaimlerChrysler 公司就将它们的决策周期从几个月缩短到几天,减少了超额运输成本,将补货率增加一个百分点,还节约了 1 500 万存货。DaimlerChrysler 从 SCPM 中获得了竞争力的巨大提升。
>
> (资料来源:寿光培训网,2017-9-14)
>
> **问题**:怎样开始构建并管理供应链绩效?

第一节 供应链构建的体系框架

一、供应链的组织架构模型

(一)供应链的成员

1. 基本成员与支持成员

在供应链结构中,识别谁是供应链成员是非常必要的,但对成员进行全盘考虑很可能导致整个供应链的复杂化。因此,必须分类并确定哪些成员对供应链的成功起决定性作用,以便对它们给予关注和合理分配资源。供应链成员是由与核心企业相连的组织构成的,这些组织直接或间接地与它们的供应商或顾客相连。为了使复杂的供应链网络更易管理,有必要将基本成员与支持成员分开。

基本成员是指在专门为顾客或市场提供专项输出的业务流程中,所有能进行价值增值活动的自治公司或战略企业单元。支持成员则是指那些简单地提供资源、知识及设施的供应链成员。尽管基本成员与支持成员之间的区别并不明显,但这些微小的差异却可以简化管理并确定供应链的核心成员。

供应链基本成员和支持成员的定义有助于理解供应链中起始点和消费点的定义。供应链的起始点和消费点出现在没有基本成员的位置,所有作为起始点的供应商仅是支持成员,而消费点不仅不会进一步产生附加值,还要消耗产品和服务。

2. 核心企业

核心企业最终被定位在供应源附近、终端顾客附近或供应链终端节点间的某个位置。核心企业除了能创造特殊价值,长期控制比竞争对手更擅长的关键性业务工作以外,还要协调好整个供应链中从供应商、制造商、分销商直到最终客户之间的关系,控制好整个价值链的运行。为了管理好整个供应链,核心企业必然要成为整个供应链的信息集成中心、管理控制中心和物流中心。核心企业要将供应链作为一个不可分割的整体,打破存在于采购、生产和销售之间的障碍,做到供应链的统一和协调。因此,供应链的组织结构应当围绕核心企业来构建。

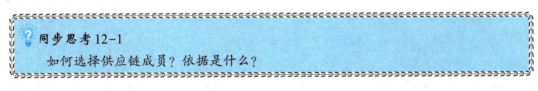

同步思考12-1
如何选择供应链成员?依据是什么?

(二)供应链组织结构的种类

依据供应链内部各个成员对流程的管理方式、各成员间的信息的沟通形式及各自决策方式的不同,可以将供应链组织结构分为完全一体化结构、独立决策结构、部分合作结构。完全一体化结构和独立决策结构是两种极端的组织结构,部分合作结构则处于这两种结构之间。

1. 完全一体化结构

完全一体化为战略层次上的合作,即核心企业完全控制整个供应链内部活动的决策,通过合并、兼并、控股等方式实现组织结构纵向一体化。这样的供应链是一个简单意义上的企业,是供应链组织结构的一种极端形式。完全一体化的供应链消除了成员之间的组织壁垒和利益分歧,有利于完善供应链内部的信息流通和决策制定,实现中心集中控制,达到各种信息的完全共享。从理论上讲,完全一体化的供应链似乎应该是最有效的供应链组织结构,但是事实并非如此。完全一体化之后,由于企业之间存在文化差异、管理差异,协调各成员之间的利益、均衡各部门之间的分配都是难题,都会降低供应链内部效率。供应链无法有效地利用原来存在于内部的竞争机制来提高各个成员之间的效益，内部效率不高。另外，完全一体化加强了组织结构的稳定性，减少了灵活性，降低了对市场变化的应变能力，一旦发现企业内部的某一部门效率很低，就需要支付大量的交易成本和管理成本才能剥离和获得其他成员。总之，供应链完全一体化的组织结构在某些情况下是适用的，而在某些情况下则不适用，这取决于成本的大小，即交易成本和管理成本的比较。同时，由于供应链上各成员的实力不同，这种一体化的形式也不易达成。

2. 独立决策结构

独立决策结构的供应链内部的各实体之间不存在合作，是完全竞争的市场交易的关系。供应链中的企业根据各自预测，以各自利益最大化为目的安排生产和订货，没有信息共享，在组织结构上表现为供应链内部由大量分散的成员企业相互竞争、相互依赖而形成，不存在组织结构纵向一体化的现象。独立决策结构的供应链内部存在大量目标不一、复杂程度和规模不同的企业，它们之间是完全的市场竞争关系。这增加了供应链成员之间的协调难度。独立决策结构相互之间的交易成本较高，组织结构相对不太稳定。但是，组织结构的不稳定又使更替供应链上的成员变得容易，有利于及时获得外界的资源优势，结构具有灵活性。从信息角度来看，独立决策结构内部没有激励机制来激励成员之间相互共享信息，也没有任何制度和保障机制来保证成员之间的信息共享。因此，每个成员之间的充分沟通和交流变得困难，获得的信息是不完善、不对称的。从决策的角度来看，这种组织结构多发生在实力和权威分布比较均衡的情况下。由于供应链内部存在大量的分散企业，所以在一般情况下，权威是分散的和不集中的，企业之间的权威比也趋于平衡，没有哪个企业占绝对优势（垄断地位）。因此，这种结构下的决策是相互影响的。但是，由于不能保证决策是优化的，供应链内部的效率会很低。

3. 部分合作结构

采取部分合作结构的供应链，其内部成员之间在某些层次上进行合作。顶层为供应链的企业层。一个企业不仅仅是一个供应链上的成员，还可能是几个供应链共同拥有的成员。中间一层表示企业是由增值链上的一个或更多流程所构成的。第三层表明流程是由操作层的活动组成的。部分合作结构是企业之间活动层的合作，是在跨企业之间的某些流程中进行的，例如，消费者关系管理流程、消费者服务管理流程、需求管理流程、完成订单管理流程、采购流程、产品开发与沟通流程等。部分合作结构兼有完全一体化结构和独立决策结构两种组织结构的特点，既有一定程度的纵向一体化，又具有相当程度的企业之间的竞争，其组织灵活性和组织关系中的控制、相互依赖性等特点也介于完全一体化结构和独立决策结构之间。部分合作的供应链内部包含了相互合作和相互竞争的企业，它们有一定程度的合作，同时由于结构内存在一定的一体化现象，因此容易具有共同的组织目标。组织之间的结构具有相对稳定性，能够维持较长时间的合作关系，同时也具有一定的灵活性。

企业之间的合作是对关键流程的合作，应对不同的流程进行分类，管理核心流程。这种部分合作的供应链内部核心成员数目一定不会太多。一方面，企业数量少会进一步降低灵活性；另一方面，供应链的效率只与少数企业的效率有关，容易提高和改进供应链的效率。从信息的角度来看，部分合作结构的供应链内部企业数目较少，易于相互的信息沟通，加之合作的需要，企业之间能够达成一定层次、一定范围的信息共享。电子商务的应用在某种程度上就是这种方式发展的必然产物，它借助信息技术达到供应链上企业之间的部分合作和信息共享。同样，由于核心企业数目少，决策会相互影响，信息的部分共享使决策结构趋于优化。因此，这种形式的供应链效率比较高，易于被企业接受。现实表明，部分合作结构在实际企业运作中应用最多。这种合作有的发生在权威倾斜、实力分布不均的供应链中，有的发生在权威均衡、实力相当的供应链中，以股权互换、一定程度的控股、企业联盟及长期、短期契约的形式表现出来。

总之，供应链中实体之间的组织关系并非静态的简单合作，也非静态的完全独立，而是一种基于各自利益与整体利益产生矛盾和不断协调的动态过程。为了达到供应链的整体利益最大化，必须协调好参与实体之间的关系，但这可能是一个博弈问题。除非有激励和其他机制的参与，否则，没有人愿意牺牲短期利益去获得可能没有保证的长期利益。因此，建立合适的契约有利于实体在面临长期利益与短期利益的矛盾时，牺牲短期利益，以获得长期的整个供应链的利益，也有利于合作的进行。

在部分合作的供应链结构下，根据核心企业在供应链的不同位置建立的组织结构有以下几种。

（1）核心企业作为客户企业的组织结构。作为客户企业的核心企业，本身拥有强大的销售网络和产品设计等优势，销售、客户服务等功能可以由核心企业自己的销售网络来完成。因此，供应链组织结构的构建主要集中在供应商这一部分。供应链管理的重心转移到供应商的选择、信息网络的设计、生产计划的制订、跟踪控制、库存管理以及供应商与采购管理等方面。

（2）核心企业作为产品和服务供应者的组织结构。这类核心企业本身享有供应和生产的特权，或者具有在制造、供应方面不可替代的优势，但在分销、客户服务等方面则不具备竞争优势。因此，在这一结构中，供应链管理主要集中在经销商和客户的选择、信息网络的设计、需求预测的计划与管理、分销渠道的管理、客户的管理与服务等方面。

（3）核心企业同时作为产品和服务的供应者与客户。这类核心企业主要具有产品设计、管理等方面的优势，但是在原材料的供应、产品的销售及各市场客户的服务方面缺乏足够的力量。因此，它必须通过寻求合适的供应商、制造商、分销商和客户，构建起整个供应链。供应链管理主要是协调好采购、生产和销售的关系，如信息网络的设计、计划控制和支持管理、物流管理、信息流管理等。

（4）核心企业作为连接组织。这类核心企业往往具有良好的商誉和较大的规模，并且掌握着本行业大量的信息资源。它主要通过在众多中小经销企业和大的供应商之间建立联系，代表中小经销企业的利益，取得与大的供应商平等的地位，从而建立起彼此合作的战略伙伴关系。因此，在这一结构中，供应链管理主要集中在中小经销企业与大的供应商之间的协调、信息交换以及中小经销企业的控制等方面。

> **同步思考 12-2**
> 试结合自己所了解的企业实际情况，举例说明供应链组织结构。

二、供应链环境下的运作组织与管理

（一）供应链管理对企业流程的影响

在供应链管理环境下，制造商与供应商、制造商与分销商、供应商与供应商之间一般要借助互联网或 EDI 进行业务联系。由于实施了电子化商务交易，许多过去必须通过人工处理的业务环节，在信息技术的支持下变得更加简洁了，有的环节甚至不必要了，从而引起了业务流程的变化。例如，过去供应商企业总是在接到制造商的订货要求后，再进行生产准备等工作，等到零部件生产出来，已消耗了很多时间。这样一环一环地传递下去，会导致产品生产周期过长。而在供应链管理环境下，合作企业之间可以通过互联网方便地获得需求方生产进度的实时信息，从而主动做好供应或出货工作。

1. 企业内部业务流程的变化

供应链管理要求以强大的信息技术作支撑，这也提高了企业管理信息计算机化的程度。从国外的成功经验看，实施供应链管理的企业，不论规模大小，一般都有良好的计算机辅助管理基础。借助先进的信息技术和供应链管理思想，企业内部的业务流程也发生了很大的变化。以生产部门和采购部门的业务流程关系为例，过去在人工处理条件下，生产管理人员制订出生产计划后，再由物资供应部门编制采购计划，还要经过层层审核，才能向供应商发出订货单。这是顺序工作方式的典型代表。由于流程较长、流经的部门较多，不免出现脱节、停顿、反复等现象，导致一项业务要花费较长的时间才能完成。在供应链管理环境下，有一定的信息技术作为支持平台，数据可以实现共享，并且可以实现并发处理，因而使原有的顺序工作的方式发生变化。举例来说，生产部门制订完生产计划后，采购供应部门可以通过数据库读取计划内容，计算需要消耗的原材料、配套件的数量，迅速制订出采购计划。然后通过查询数据库的供应商档案，获得供应商信息，就可以迅速向有关厂家发出要货订单。更进一步地，可以通过互联网或 EDI 将采购信息发布出去，直接由供应商接收处理。

2. 支持业务流程的技术手段的变化

在供应链管理环境下，企业内部业务流程和外部业务流程的变化并不是偶然出现的，至少有两方面的原因：一是"横向一体化"管理思想改变了管理人员的思维方式，扩展了企业的资源概念，更倾向于与企业外部的资源建立配置联系，因此加强了对企业间业务流程的紧密性；二是供应链管理促进了信息技术在企业管理中的应用，使并行工作成为可能。在信息技术比较落后的情况下，企业之间或企业内部各部门之间的信息传递要借助纸质媒介，制约了并行处理的工作方式。即使能够复制多份文件发给不同部门，一旦文件内容发生了变化，很难做到同步更新，也难以保证信息的一致性。在这种落后的信息处理情况下，顺序处理就成了最可靠的工作方式。现在，为了更好地发挥供应链管理的潜力，人们开发了很多管理软件，借助强大的数据库和网络系统，供应链企业可以快速交换各类信息。共享支持企业不同业务及其并行处理的相关数据库信息，为实现同步运作提供了可能。因此，实施了供应链管理的企业，其对内和对外的信息处理技术都发生了巨大变化，这些变化直接促使企业的业务流程也不同程度地产生了变化。

（二）几种供应链运作模式

1. 内部供应链一体化

内部供应链一体化是指要实现企业直接控制的领域的一体化，实现企业内部供应链与外部供应链中供应商和用户管理部分的一体化。一体化的输出是一体化的计划和控制系统。为了支持企业内部一体化供应链的管理，主要采用供应链计划（Supply Chain Planning，SCP）和 ERP 系统来实施一体化计划和控制。这两种信息技术都是基于客户/服务（Client/Server）体系在企业内部一体化中的应用。有效的 SCP 集成了企业所有的主要计划和决策业务，包括需求预测、库存计划、资源配置、设备管理、优化路径、基于能力约束的生产计划和作业计划、物料和能力计划、采购计划等。ERP 系统集成了企业业务流程中主要的执行职能，包括订单管理、财务管理、库存管理、生产制造管理、采购等职能。SCP 和 ERP 通过基于事件的一体化技术连接在一起。内部供应链一体化的核心是管理的效率问题，主要考虑在优化资源、能力的基础上，以最低的成本和最快的速度生产最好的产品，快速满足用户的需求，以提高企业反应能力和效率。这对于生产多品种产品或提供多种服务的企业来说意义更大。在内部供应链一体化阶段的供应链管理的特征有：①强调战术问题而非战略问题；②制订中期计划，实施一体化的计划和控制体系；③强调效率而非有效性，即保证要做的事情尽可能好、尽可能快地完成；④从采购到分销的完整系统具有可见性；⑤广泛运用 EDI（电子数据交换技术）和互联网等信息技术支持与供应商及用户的联系，获得快速的反应能力，使企业快速获得信息，更好地为用户提供优质服务；⑥与用户建立良好的关系，而不是单纯地管理用户。

2. 外部供应链一体化

实现一体化供应链管理的关键在于将企业内部供应链与外部的供应商和用户集成起来，形成一个一体化供应网链。而与主要供应商和用户建立良好的合作伙伴关系，即所谓的供应链合作关系是一体化供应链管理的关键。在外部供应链一体化阶段，企业要特别注重战略伙伴关系管理。管理的焦点要以面向供应商和用户取代面向产品，增加与主要供应商和用户的联系，增进相互之间的了解（产品、工艺、组织、企业文化等），相互之间保持一定的一致性，实现信息共享等。企业通过为用户提供与竞争者不同的产品、服务或增值的信息而获利。供应商管理库存（VMI）和共同计划预测与库存补充的应用就是企业转向改善、建立良好的合作伙伴关系的典型例子。通过建立良好的合作伙伴关系，企业可以很好地与用户、供应商和服务提供商实现集成与合作，共同在预测、产品设计、生产、运输计划和竞争策略等方面设计和控制整个供应链的运作。对于主要用户，企业一般建立以用户为核心的小组。这样的小组具有不同职能领域的功能，能够更好地为主要用户提供有针对性的服务。处于外部供应链一体化阶段的企业，生产系统必须具备更高的柔性，以增强对用户需求的反应能力、提高反应速度。企业必须根据不同用户的需求，既能按订单生产，按订单组装、包装，又能按备货方式生产。为了达到与外部供应链的一体化，企业必须采用适当的信息技术为企业内部的信息系统提供与外部供应链节点企业的很好的接口，达到信息共享和信息交互，以及相互操作的一致性。

3. 一体化供应链动态联盟

在完成内部供应链与外部供应链的集成以后，已经构成了一个网链化的企业结构，称为供应链共同体。它的战略核心及发展目标是占据市场的领导地位。为了达到这一目标，随着市场竞争的加剧，供应链共同体必将成为一个动态的网链结构，以适应市场变化、柔性、速度、革新、知识等的需要。不能适应供应链需求的企业将被淘汰。供应链从而成为一个能快速重构的动态组织结构，即一体化供应链动态联盟。

一体化供应链动态联盟是基于一定的市场需求，根据共同的目标组成的，通过实时信息的共享来实现集成的组织。其主要应用的信息技术是 Internet/Intranet 的集成，主要工具是同步化的、扩展的供应链计划和控制系统，用互联网的电子商务取代传统的商务手段。

第二节 供应链的结构模型

一、供应链链状结构模型

链状结构是最简单的供应链结构，即每一个节点成员与一个上游成员和一个下游成员相连接。结合供应链的定义和结构模型，不难得出这样一个简单的供应链模型，如图 12-1 所示，我们称其为链状模型Ⅰ。链状模型Ⅰ清楚地表明产品的最初来源是自然界，如矿山、油田、橡胶园等，最终去向是用户。产品因用户需求而生产，最终被用户所消费。产品从自然界到用户经历了供应商、制造商和分销商三级传递，并在传递过程中完成产品加工、产品装配形成等转换过程。被用户消费掉的最终产品仍回到自然界，完成物质循环，如图 12-1 中的虚线所示。很显然，链状模型Ⅰ只是一个简单的静态模型，表明供应链的基本组成和轮廓概貌，可以进一步将其简化成链状模型Ⅱ，如图 12-2 所示。链状模型Ⅱ是对链状模型Ⅰ的进一步抽象，它把商家抽象成一个个的点，称为节点，并用字母或数字表示。节点以一定的方式和顺序联结成一串，构成一条力学上的供应链。在链状模型Ⅱ中，若定义 C 为制造商，可以相应地认为 B 为一级供应商，A 为二级供应商，并递推为三级供应商、四级供应商。D 为一级分销商，E 为二级分销商，并递推地定义三级分销商、四级分销商。同样地，若定义 B 为制造商，则相应地认为 A 为供应商、C 为分销商。在链状模型Ⅱ中，产品的最初来源（自然界）、最终去向（用户）以及产品的物质循环过程都被抽象掉了，因为从供应链研究便利的角度来讲，把自然界和用户放在模型中没有太大的作用。链状模型Ⅱ着力于供应链中间过程的研究。

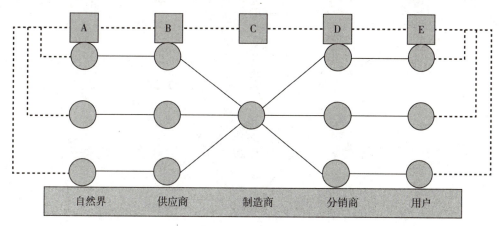

图 12-1　链状模型 Ⅰ

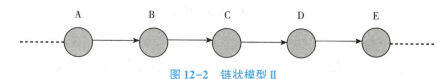

图 12-2　链状模型 Ⅱ

二、供应链网状模型

在链状模型 Ⅱ 中，C 的供应商可能不止一家，而是有 B_1、B_2、…、B_n 等 n 家，分销商也可能有 D_1、D_2、…、D_m 等 m 家。动态地考虑，C 也可能有 C_1、C_2、…、C_k 等 k 家，这样，链状模型 Ⅱ 就转变为一个网状模型，即网状模型 Ⅲ，如图 12-3 所示。网状模型更能说明现实世界中产品的复杂供应关系。在理论上，网状模型可以涵盖世界上所有厂家，把所有厂家都看作其上的一个节点，并认为这些节点存在联系。

在网状模型中，物流做有向流动，从一个节点流向另一个节点。这些物流从某些节点补充流入，从某些节点分流流出。我们把这些物流进入的节点称为入点，把物流流出的节点称为出点。入点相当于矿山、油田、橡胶园等原始材料的提供商，出点相当于用户。对于有的厂家既为入点又为出点的情况，出于对网链表达的简化，将代表这个厂家的节点一分为二，变成两个节点：一个为入点，一个为出点，并用实线将其框起来。在图 12-4 中，A_1 为入点，A_2 为出点。

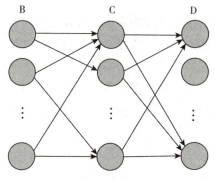

图 12-3　网状模型 Ⅲ

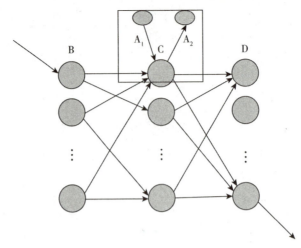

图 12-4　入点和出点

子网有些厂家规模非常大，内部结构也非常复杂，与其他厂家相联系的只是其中一部门，而且内部也存在着产品供应关系，用一个节点来表示这些复杂关系显然不行，这就需要将表示这个厂家的节点分解成很多相互联系的小节点，这些小节点构成一个网，称为子网，如图 12-5 所示。在引入"子网"概念后，研究图 12-6 中 C 与 D 的联系时，只需考虑 C_1 与 D 的联系，而不需要考虑 C_2、C_3、C_4 与 D 的联系，这样就简化了无谓的研究。子网模型对企业集团有很好的描述作用。

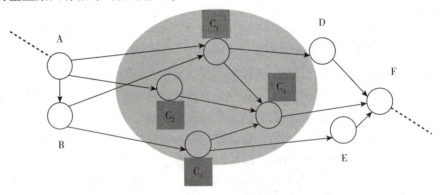

图 12-5　子网模型

虚拟企业借助以上对子网模型过程的描述，可以把供应链网上为了完成共同目标、通力合作并实现各自利益的厂家形象地看成是一个厂家如图 12-6 所示。虚拟企业的节点用虚线框起来。虚拟企业是在经济交往中，一些独立企业为了共同的利益和目标在一定时间内结成的相互协作的利益共同体。虚拟企业组建和存在的目的就是获取相互协作而产生的效益，一旦这个目的完成或利益不存在，虚拟企业即不复存在。

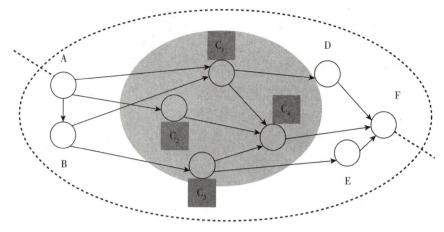

图 12-6　虚拟企业的网状模型

第三节　供应链绩效评价概述

> **案例导入**
>
> **弗莱克斯特罗尼克斯公司成功的供应链绩效管理**
>
> 弗莱克斯特罗尼克斯使用了供应链绩效管理的方法,使公司能确认邮政汇票的异常情况,了解根本原因和潜在的选择,采取行动更换供应商、缩减过度成本。绩效管理的方法包括实施基于 Web 的软件系统加速供应链绩效管理的周期。弗莱克斯特罗尼克斯在 8 个月的"实施存活期"中节约了几百亿美元,最终在第一年产生了巨大的投资回报。供应链绩效管理周期使弗莱克斯特罗尼克斯获得了这样的结果。
>
> 弗莱克斯特罗尼克斯系统根据邮政汇票信息连续比较合同条款和被认可的卖主名单,识别异常绩效。如果卖主不适合战略性的合作,或者订单价格在合同价格之上,系统就提醒买方。另外,如果邮政汇票价格在合同价格之下,系统就提醒货物管理人员可能的成本解决机会。向接近 300 个使用者传递的邮件通告包含详细绩效信息的 Web 链接和异常情况的总结。
>
> 弗莱克斯特罗尼克斯管理人员随后使用系统了解问题和选择方案。他们评价异常情况并且决定是否重新谈判价格,考虑备选资源或者调整基于业务需求的不一致。同样,采购经理分析市场状况、计算费用,然后根据商品和卖主区分成本解决的优先次序。在供应链绩效管理周期开始之前或者周期进行中,弗莱克斯特罗尼克斯确认数据、流程和行动的有效性。当实施它们的绩效系统时,弗莱克斯特罗尼克斯建立指标和界限,并且保证数据的质量和合时性。使用绩效管理系统,弗莱克斯特罗尼克斯已经能通过资本化各种机会节约成本并获得竞争优势。
>
> (资料来源:百度文库,2020-6-18)

一、供应链绩效评价的内涵

（一）供应链绩效评价的含义

供应链绩效评价是指围绕供应链管理的目标，对供应链整体、各个环节的运作状况和各环节之间的协作关系等进行的事前、事中与事后的分析与评价。

（二）供应链绩效评价的特点

1. 供应链绩效评价侧重于供应链的整体绩效评估

供应链绩效评价是根据供应链管理运作机制的基本特征和目标，反映供应链整体运营状况和上下节点企业之间的运营关系，而不是孤立地评价某一节点的运营情况；不仅要评价该节点企业的运营绩效，还要考虑该节点企业的运营绩效对其上下节点企业或整个供应链的影响。

2. 基于业务流程的绩效评价

单个企业的绩效评价一般是基于职能的绩效评价，供应链绩效评价一般是基于业务流程的绩效评价，其目的不仅是获得企业或供应链的运作状况，更重要的是找出优化企业或供应链的流程。

3. 供应链绩效评价难度较大

建立一套有效的供应链绩效评价体系对供应链的发展非常重要，但目前有关实施供应链绩效评价的体系并不成熟，供应链绩效评价尚需在理论和实践上进一步探讨和完善。

4. 非财务指标和财务指标并重

供应链绩效评价关注供应链的长期发展和短期利润的有效组合，实现财务目标与非财务目标之间的有效传递。

二、供应链绩效评价指标体系的内容

整个供应链是指从最初供应商至最终用户的整条供应链。考虑到供应链绩效评价指标的客观性、可操作性，主要介绍以下几个评价指标。

（一）产销率

产销率是指在一定时间内已销售出去的产品与已生产的产品数量的比值。产销率指标又可以分为以下两个具体的指标。

1. 供应链节点企业产销率

供应链节点企业产销率反映供应链节点企业在一定时间内的经营状况。供应链节点企业的产销率＝一定时间内节点企业已销售产品数量/一定时间内节点企业已生产的产品数量。

2. 供应链核心企业产销率

供应链核心企业产销率反映供应链核心企业在一定时间内的产销经营状况。供应链核心企业的产销率＝一定时间内核心企业已销售产品数量/一定时间内核心企业已生产的产品数量。

（二）新产品开发率

新产品开发率反映供应链的产品创新能力。该指标数值越大，说明供应链整体产品创新能力和快速响应市场能力越强，越具有旺盛和持久的生命力。

（三）专利技术拥有比例

专利技术拥有比例反映供应链的核心竞争能力。该指标数值越大，说明供应链整体技术水准越高，核心竞争能力越强，其产品越不会轻易被竞争对手模仿。

（四）供应链产品产出循环期

当供应链节点企业生产的产品为单一品种时，供应链产品产出循环期是指产品的产出节拍；当供应链节点企业生产的产品品种较多时，供应链产品产出循环期是指混流生产线上同一种产品的产出间隔。由于供应链管理是在市场需求多样化经营环境中产生的一种新管理模式，其节点企业（包括核心企业）生产的产品品种较多，因此，供应链产品产出循环期一般是指节点企业混流生产线上同一种产品的产出间隔期。

（五）供应链总运营成本

供应链总运营成本主要包括供应链通信成本、供应链总库存成本和各节点企业外部运输总费用，它反映了供应链运营的效率。

（1）供应链通信成本。它包括各节点企业之间的通信费用，如电子数据交换、互联网的建设和使用费用，以及供应链信息系统开发和维护费等。

（2）供应链总库存费用。它包括各节点企业的在制品库存和成品库存费用、各节点之间的在途库存费用。

（3）各节点企业外部运输总费用。它等于供应链所有节点企业之间运输费用的总和。

（六）供应链核心企业产品成本

供应链核心企业产品成本是供应链管理水平的综合体现。根据核心企业产品在市场上的价格确定出该产品的目标成本，再向上游追溯到各供应商，确定出相应的原材料和配套件的目标成本。只有当目标成本小于市场价格时，各个企业才能获得利润，供应链才能得到发展。

（七）供应链产品质量

供应链产品质量是指供应链各节点企业（包括核心企业）生产的产品或零部件的质量，主要依据合格率、废品率、退货率、破损率、破损物价值等指标来判定。

三、供应链绩效评价的方法

关于供应链评价方法已经有很多研究成果，比较有代表性的包括层次分析法、模糊综合评价法、ROF法、供应链运作参考模型法、平衡记分卡法和作业成本法等，这里主要介绍其中比较典型的几种方法。

（一）层次分析法

层次分析法是美国运筹学家萨蒂于20世纪70年代中期提出的。其基本思路是：评价者首先将复杂问题分解为若干组成要素，并将这些要素按支配关系形成有序的递阶层次结构；然后通过两两比较，确定层次中诸要素的相对重要性；最后综合各层次要素的重要程度，得到各要素的综合评价值，并据此进行决策。层次分析法后来被引入供应链管理领域，成为绩效评价的一种新方法。层次分析法是一种实用的多准则决策分析方法，将定性分析与定量分析相结合，并将决策者的经验判断予以量化，具有实用性、系统性和简洁性的特点。

（二）ROF法

比蒙于1999年提出了一种供应链绩效的新方法——ROF法。他使用三个方面的绩效评价指标来反映供应链的战略目标——资源（Resources）、产出（Output）和柔性（Flexibility），这三个指标都具有各自不同的目标。资源评价指标反映了高效生产的关键；产出评价指标必须达到很高的水平以保持供应链的增值性；柔性评价指标则要符合供应链快速响应环境变化的要求。三个评价指标的内容是：

（1）资源评价：包括对库存水平、人力资源、设备利用、能源使用和成本等方面的评价；

（2）产出评价：主要包括客户响应、质量和最终产出产品数量等方面的评价；

（3）柔性评价：主要包括范围柔性和响应柔性两种评价。

（三）供应链运作参考模型法

供应链运作参考模型（Supply-Chain Operations Reference Model，简称SCOR模型）是美国供应链协会于1996年提出的供应链管理模型。SCOR模型以应用于所有工业企业为目的，帮助企业诊断供应链中存在的问题，进行绩效评估，确立绩效改进目标，并促进供应链管理的相关软件开发。SCOR模型涵盖了供应链中的所有性能指标，为企业规范供应链、达到最佳实施效果以及相关的科技改进进行指导。SCOR模型描述所有阶段用于满足客户需求的行业行为情况。

SCOR模型结构基本划分为五个大的流程模块：计划（Plan）、采购（Source）、生产（Make）、发运（Deliver）和退货（Return）。通过分别描述和界定这些供应链流程模块，SCOR可以用最通用的标准把一个实际上非常简单或极其复杂的供应链流程完整地描述出来。因此，应用SCOR模型的规范化标准，就可以完整地描述出一个在全球范围内或某一特定地域发生的供应链项目并对其进行改进和完善。对SCOR模型的应用开发包括三个基本层次和一个附加的执行层次。SCOR模型中各等级的描述具体如下。

1. 顶级

顶级主要是从企业的战略决策角度定义供应链的范围和内容，SCOR模型分析企业需要达到何种绩效目标和发展战略方向。体现企业供应链绩效表现的主要性能指标包括：

①交付能力,即按时或提前完成订单/计划的比率、发运速度;②完成订单能力,即订单完成提前期、全部订单完成率、供应链响应时间;③生产的柔性,即供应链管理总成本;④增值生产率,即保修返修成本比;⑤资金周转时间,即存货供应天数、资金周转次数。

2. 配置级

SCOR 模型在这个层次描述供应链流程的基本布局结构。在这个层次确认企业的基本流程,并将每一个流程按照 SCOR 模型的基本流程的分类规则进行定位,从而直观地体现企业采购—制造—发运的具体过程。每一个流程定义都包括一系列具体的操作步骤。

3. 流程要素级

将配置级所定义的流程进一步分解为连续的流程单元。在这个层次定义企业在其所选择的市场中成功竞争的能力,包括流程要素定义、流程要素信息输入与输出、标杆应用、最好实施方案和支持实施方案的系统能力。在这一级中,企业可以微调运作战略。

4. 实施级

实施级主要是流程要素分解,定义取得竞争优势和适应企业条件变化的方案。

SCOR 模型覆盖了从订单到付款、发货等的所有客户的交互环节,以及从供应商到客户的所有物流活动。SCOR 模型集成了业务流程重组、绩效基准和最优业务分析的内涵,提供了涵盖整个供应链的绩效评价指标:物流绩效、柔性与响应度、物流成本、资产管理。近年来,国外企业应用 SCOR 模型极大地改进了它们的供应链效率。

(四) 平衡记分卡模型

平衡记分卡(Balanced Score Card,BSC)模型于 1992 年由哈佛教授罗伯特·卡普兰与大卫·诺顿共同提出。平衡记分卡是以综合、平衡为原则建立的一个网络式的绩效评价系统,包括四个方面的绩效测评指标。

1. 顾客角度

顾客角度的首要目标是要解决"顾客如何看待我们"这一类的问题。公司的经营活动如何以顾客为导向是管理者必须考虑的问题,平衡记分卡要求管理者把为顾客服务的宗旨转化为具体的测评指标。这些指标能够反映真正与顾客相关的因素,主要包括时间、质量、性能、服务和成本。组织应该明确在这些方面应该达到的目标,继而将目标转化为指标。常见的客户指标有送货准时率、客户满意度、产品退货率、投诉数量等。客户指标体现了企业对外界变化的反应。

2. 内部业务角度

内部业务角度的目标是解决"我们必须擅长什么"这一类的问题。以顾客为基础的指标固然重要,但是优异的顾客绩效来自组织运作中的流程、决策和行为。平衡记分卡要求管理者关注可能满足顾客需要的关键的内部经营活动。这方面的指标应该来自顾客满意度有较大影响的业务流程,包括影响周期、质量、员工技能和生产率等。常见的内部业务指标有生产率、成本、合格品率、新产品开发率等。内部业务是企业改善绩效的重要环节。

3. 创新与学习方面

创新与学习方面的目标是解决"我们能否持续提高并创造价值"这一类的问题。以顾客和内部业务流程为基础的测评指标，确定了公司认为在竞争中获胜的最重要参数，但是组织只有通过持续不断地开发新产品、为顾客提供更多价值以及提高经营效率，才能获得持续性的发展壮大。而这一切无疑取决于组织创新与学习的能力。这方面的测评指标引导组织将注意力投向企业未来成功的基础，涉及人员、信息系统和市场创新等问题。

4. 财务方面

财务方面的目标是解决"我们怎样满足股东要求"这一类的问题，告诉企业管理者他们的努力是否对企业的经济效益产生了积极的影响。因此，财务指标是其他三个方面的出发点和归宿，表示了组织的战略及其执行是否有助于利润的增长。常见的财务指标包括销售额、利润率、资产利用率等。

供应链的构建与绩效评价

本章测试

一、简答题

1. 简述供应链结构模型。
2. 简述供应链评价体系的内容。
3. 简述供应链绩效评价方法。

二、案例分析题

供应链：我们离集成管理还有多远

供应链管理是对从供应商到客户的产品流、信息流和资金流（简称"三流"）的集成管理。咨询公司、IT 解决方案提供者等还不时加上"无缝"两个字，就是对"三流"的无缝集成管理，就好像一切都已安排妥当，只要按一下电钮，从设计到采购到生产到销售，就会一气呵成，一蹴而就。但现实是，我们离集成还很远，不管是那些世界五百强企业还是街头的小卖部，供应链大都是千疮百孔的，"无缝"二字更多的是咨询公司招揽生意的噱头。

举个生产商的例子。办事处的客户服务人员在支持客户，要知道总部的货什么时候才能到本地，否则交货迟到，挨批是小事，如果导致客户流水线暂停，麻烦就大了。总部在向供应商催货，供应商的交货期取决于下一级供应商的交货期，而且也受别的零部件影响，因为他们不只给这家生产商生产一种零件。即使是按期交货，产品也可能被别的更大、更重要的客户抢走。结果，整个公司，上至总部，下至当地客户服务中心，没法给客户确切的交货时间。货好不容易上了路，用的是加急发送，24 小时送达，结果运输环节出了差错，在路上花了3天才到。这期间，分部与总部、运输公司的电子邮件发了几十个，电话一通接一通，上下一团乱。

这例子看上去很熟悉,是吗?因为它在我们的生活中一次又一次地上演,无非时间、地点、行业等不同罢了。问题不是理论有多难,不管是库存、生产还是运输,单个问题都好解决。问题是这么多环节掺杂在一起,就很难准确地知道外购件什么时候到、产品什么时候出、出多少、合格还是次品、发给哪个分销中心、发多少、什么时候发。反映到供应链上,就是产品流、信息流缺乏透明度,需要系统、流程来帮助做出决策、沟通信息。

这还没完。整个供应链上,从供应商到生产商,从总部到办事处到客户,以及同一个公司的不同部门,大家都有不同的利益诉求。不同的利益诉求会驱动局部优化的行为,而局部优化往往是以牺牲全局优化为代价的,最后又影响到局部优化。比如,作为客户,你自然希望供应商备货越多越好(客户的局部优化);但备货太多,增加了供应商的成本,从而增加了整条供应链的成本(牺牲全局优化);供应商成本过高,要么降低质量、服务,要么转嫁给客户,最后还是客户受影响(影响客户的局部优化)。

所谓供应链集成,就是从供应链的角度着眼看这些问题,优化供应链的产品流、信息流和资金流,让供应链的总成本更低、速度更快、服务水平更高,从而提高供应链的竞争水平,在链与链的竞争中胜出。

(资料来源:刘宝红. 采购与供应链管理:一个实践者的角度 [M]. 2 版. 北京:机械工业出版社,2015.)

思考:供应链集成的关键是什么?如何评价供应链绩效?

第十三章 物流与供应链管理的发展趋势

章前概述

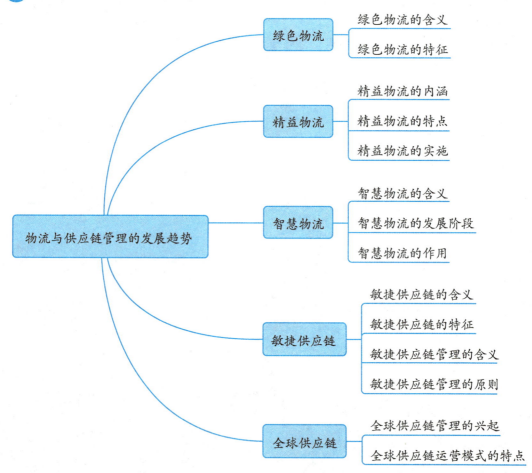

第十三章　物流与供应链管理的发展趋势

学习目标

通过本章的学习，了解物流与供应链管理的发展趋势；掌握绿色物流的发展策略，了解绿色物流的实施；了解精益物流的内涵，掌握精益物流的目标及特点；了解智慧物流、敏捷供应链与敏捷供应链管理；了解全球供应链的兴起及其运营模式的特点。

素养目标

激发学生对物流与供应链管理前沿动态的兴趣，体验和感受物流在经济社会中的作用。

本章导读

物流与供应链管理的发展趋势是物流管理的重要内容，本章对物流与供应链管理的发展趋势分别进行介绍，主要包括绿色物流的含义、特征；精益物流的内涵、特点与实施；智慧物流的含义、发展阶段与作用；敏捷供应链含义、特征以及敏捷供应链管理的含义、原则；全球供应链管理的兴起、全球供应链运营模式的特点。

开篇案例

阿里巴巴正在制定"绿色物流"标准，或成行业标杆？

随着网购发展日益繁荣，快递垃圾的回收处理问题逐渐成为一个社会性难题。按2015年我国快递业务量206亿件核算，仅2014年一年就消耗编织袋29.6亿条、塑料袋82.6亿个、包装箱99亿个、胶带169.5亿米、缓冲物29.7亿个，而这些包材几乎没有回收，塑料快递袋也无法降解，造成了大量浪费和污染。环保人士不禁呼吁，希望从快递物流源头解决这一问题。

近日，这一问题的解决终于有了一些眉目。阿里巴巴负责人表示，目前阿里巴巴正在制定"绿色物流"标准，同时表示"我们正在尝试推出可重复使用的安全塑料材质的环保箱，逐步替代快递纸箱。买家签收取货后，快递员把箱子收回，按链路流程回到发货仓库"。

与此同时，从阿里巴巴旗下物流平台菜鸟网络了解到，"绿色物流"具体包括环保快递箱、环保快递袋、环保快递车等产品。目前，菜鸟网络平台运行着23万辆快递合作伙伴的运输车。环保快递车项目是用新能源车逐步取代传统货车，降低运输环节的碳排放量。

菜鸟网络相关负责人表示，环保箱2016年4月先在上海试用，计划2016年年底推广到菜鸟联盟"当日达"覆盖的20个城市。

阿里巴巴负责人已在企业内部多次提及加快推进"绿色物流"，期待菜鸟联盟推动几大快递公司合作，解决包装业"绿色化"问题。

不少人士还指出，目前网购包装的成本大多是由商家自己承担，环保包装的实行是否会促使成本上升？对此，菜鸟网络负责人表示"包装材料的环保化会导致成本上升，我们希望得到卖家和物流合作伙伴的支持，菜鸟网络也会有专门的投入。光凭菜鸟网络不能完全做好'绿色物流'，我们会说服商家与合作伙伴一起来做"。

据悉，因塑料环保箱可重复使用，成本上升不是特别明显，推行中最可能遭遇成本障碍的将是环保快递袋。对此，菜鸟网络也做出回应，表示"我们正在和政府部门、行业协会、企业研究生产可降解的环保袋，它会在一段时间内在土壤中自然分解，避免污染。但这种环保袋的成本是现在塑料快递袋的数倍"。

（资料来源：中国物流与采购网，2016-5-10）

问题：你认为物流在运作时如何做到更环保？

21世纪，除了从经济发展和消费生活发展的角度推动物流的深化外，还必须站在环境共生的立场来不断推进物流管理的全方位发展。绿色物流是保障可持续发展的重要途径。再生资源物流和废弃物物流都属于绿色物流。

第一节 绿色物流

一、绿色物流的含义

绿色物流是指以降低对环境的污染、减少资源消耗为目标，利用先进物流技术规划和实施运输、仓储、装卸搬运、流通加工、配送、包装等物流活动。绿色物流是近年来才被提出的新课题，对这一问题进行探讨具有重要的理论意义和实践意义。

绿色物流是现代物流可持续发展的必然。物流业作为现代新兴产业，有赖于社会化大生产的专业分工和经济的高速发展。而物流要发展，一定要与绿色生产、绿色营销、绿色消费等绿色经济活动紧密衔接。人类的经济活动不能因物流而过分地消耗资源、破坏环境，以致造成重复污染。此外，绿色物流还是企业最大限度降低经营成本的必由之路。一般认为，产品从投产到销出，制造加工时间仅占10%，而几乎90%的时间处于仓储、运输、装卸搬运、流通加工、信息处理等物流过程中。因此，物流专业化无疑为降低成本奠定了基础。但当前我国的物流基本上还是高投入、大物流的运作模式，而绿色物流强调的是低投入、大物流的方式。绿色物流不仅是一般物流所追求的降低成本，更重要的是物流的绿色化、节能高效、少污染，由此可以带来物流经营成本的大幅度下降。

> **同步思考13-1**
> 为什么要倡导绿色物流？

二、绿色物流的特征

1. 环境共生性

绿色物流注重从环境保护与可持续发展的角度出发，求得环境与经济发展共存。绿色物流改变原来经济发展与物流之间的单向作用关系，抑制物流对环境造成的危害，形成促进经济和消费生活健康发展的现代物流系统。

2. 资源节约性

绿色物流不仅注重物流过程对环境的影响，而且强调对资源的节约。例如，在运输环节，不合理运输（如空车现象）带来了货运车辆、人力和石油等资源的极大浪费，同时会产生大量能耗和废气污染；在仓储环节，保管不当会造成货品损坏浪费，同时会对周边环境产生污染；在包装配送环节，易产生过分包装、废弃物难处理等问题。这些都是绿色物流要改变的。

3. 循环性

循环包括原材料、副产品再循环，包装再循环，废品回收，资源垃圾的收集和再资源化等。目前，企业物流只重视如何提升正向物流的运作效率，而忽视废旧物品、再生资源（如包装）的回收利用所形成的逆向物流。逆向物流是以实现回收和适当处理为目的，通过资源循环利用、能源转化，实现资源的循环利用的物流活动。

同步思考13-2

绿色物流的目标与传统物流活动的目标有什么不同？

课外资料13-1

新能源公交"绿色交通" 助环保攻坚战

节能环保、彻底告别"冒黑烟"的纯电动公交；实施甩挂、信息化等绿色运输组织方式的物流业；遍布充电终端、服务公车和社会车辆的场站；应用LED、太阳能照明的绿色公路……绿色，已成为临沂交通运输发展的"主打色"。

目前，临沂市公交车辆已达到2 315台，新能源和清洁能源公交车总数占比在96%以上，处于全国领先位置。临沂市交通局相关部门负责人说，经测算，临沂市去年以来购置的1 170台电动公交车，年可替代柴油量约6 000吨，年均减少二氧化碳排放1.5万吨，减少烟尘排放11吨。以城市为节点，临沂市还把电动公交向农村延伸，目前已在6个县区试点开通了19条镇村公交线路、109台公交车，全部为节能环保的纯电动公交车，惠及农村群众120余万人。在"物流之都"临沂，物流企业聚集在物流园区内，依托园区整合物流资源，在提高物流效率争取更大利润的同时，也推动着临沂节能减排的步伐。

即将投入运行的鲁南国际物流园物流信息平台让这个园区使上了"信息化"的巧

劲儿。"发货需求及车辆等信息都发布到我们线上的信息交易平台进行共享。司机可以在网上找到发货信息,业户也可以直接联系合适的司机或者物流公司配发货,直接提高了配货效率。"鲁南国际物流园副总经理解释道,"举个最具体的例子,以前信息不畅、供求信息不对称,存在半车货的单不好接、车辆经常回程空跑等问题。现在通过平台,你有半车货我有半车货,都是发东北的,那我们两家凑一车走,经济及生态效益双赢。"

(资料来源:中国山东网,2016-10-10)

第二节 精益物流

一、精益物流的内涵

精益物流是起源于日本丰田汽车公司的一种物流管理思想,其核心理念是追求消灭包括库存在内的一切浪费,并围绕此目标发展的一系列具体方法。它是从精益生产的管理理念中蜕变而来的,是精益思想在物流管理中的应用。作为准时化管理的发展,精益物流是通过消除生产和供应过程中的非增值的浪费,减少备货时间,提高客户满意度。精益物流来源于精益思想,是精益思想在物流领域的具体应用,所以具有精益思想所特有的基本思想。同时,精益物流又是物流活动的一种新方式,符合物流发展的一般规律。精益物流是指以客户需求为中心,从供应链整体的角度出发,对供应链物流过程中的每一个环节进行分析,找出不能提供增值的浪费环节,根据不间断、不绕流、不等待、不做无用功等原则,制订物流解决方案,以减少整个供应提前期和供应链中的各级库存,适时提供仅由供应链需求驱动的高效率、低成本的物流服务,并努力追求完美。其目标可以概括为:在为客户提供满意的物流服务的同时,把浪费降到最低限度。

> **同步思考13-3**
> 精益思想的核心和原则是什么?

二、精益物流的特点

从对精益物流内容和目标的理解可以发现,精益物流具有以下明显特点。

1. 以客户需求为中心

在精益物流系统中,系统的生产是通过顾客需求拉动的,顾客需求是驱动生产的原动力,是价值流的出发点。价值的流动要靠下游顾客来拉动,而不是依靠上游的推动,当顾客没有发出需求指令时,上游的任何部分不提供服务;而当顾客需求指令发出后,则快速提供服务。

2. 准时与准确

在精益物流系统中,电子化的信息流保证了信息流动的迅速、准确无误,还可有效减少冗余信息传递、减少作业环节、消除操作延迟,这使物流服务必然准时、准确、快速,具备高质量的特性。物品在流通中能够顺畅、有节奏地流动是物流系统的目标,而准时是保证货品顺畅流动的关键。准时,即物品在流动中的交货、运输、中转、分拣、配送等各个环节按计划按时完成。物流服务的准时与快速同样重要,是保证物品在流动中的各个环节以最低成本完成的必要条件,也是满足客户要求的重要方面,还是保证物流系统整体优化方案得以实现的必要条件。

准确包括准确的信息传递、准确的库存、准确的客户需求预测、准确的送货数量等。准确是保证物流精益化的重要条件之一。

3. 快速

精益物流系统的快速包括两方面含义:第一是物流系统对客户需求的反应速度快,第二是货品在流通过程中的速度快。物流系统对客户个性需求的反应速度取决于系统的功能和流程。当客户提出需求时,系统要对客户的需求进行快速识别、分类,并制订与客户需求相适应的物流方案。客户历史信息的统计、积累能帮助制订快速的物流服务方案。物品在物流链中的快速包括:货物停留的节点最少、流通所经路径最短、仓储时间最合理并达到整体物流的快速。速度是影响产品和服务的成本与价值的重要因素,特别是市场竞争日趋激烈的今天,速度也是竞争的强有力手段。快速的物流系统是物品在流通中增值的重要保证。

4. 降低成本

精益物流系统通过合理配置基本资源,以需定产,充分合理地运用优势和实力,必然能够降低成本、提高效率;通过电子化的信息流,进行快速反应、准时化生产,从而解决诸如设施设备空耗、人员冗余、操作延迟和资源浪费等问题,保证物流服务的低成本。

5. 系统集成

精益系统是由资源、信息流和能够使企业实现精益效益的决策规则组成的系统。精益物流系统则是由提供物流服务的基本资源、电子化信息和使物流系统实现精益效益的决策规则所组成的系统。建立精益物流系统的基本前提是具有能够提供物流服务的基本资源。在此基础上,需要对这些资源进行最佳配置与系统集成,即实现设施设备共享、信息共享、利益共享等,充分调动各企业的优势和实力,合理有效利用资源,消除浪费,最经济合理地提供满足客户需求的优质服务。

6. 信息化

高质量的物流服务有赖于信息的电子化。物流服务是一个复杂的系统工程,涉及大量繁杂的信息。电子化的信息能保证信息流动迅速、准确无误,以及物流服务的准时和高效;且电子化信息便于存储和统计,可以有效减少冗余信息传递,减少作业环节,降低人力浪费。

三、精益物流的实施

企业如发展精益物流，应当先实现企业系统的精益化，在此基础上提供精益化的服务。

（一）企业系统的精益化

企业系统的精益化包括组织结构、系统资源、信息网络、业务系统、服务内容及对象的精益化、不断完善与鼓励创新。要实现企业系统的精益化，就要利用精细化思想改变制约企业变革的组织结构，实现扁平化管理。在组织结构简化的基础上进行资源的整合与重组，以便把自己的劣势变为优势，与其他大型物流企业进行竞争。通过精益化的信息网络系统建设带动精益物流的发展，对当前企业的业务流程进行重组与改造，删除不合理的因素，使之适应精益物流的要求。在进行精益物流服务时，选择适合本企业体系及设施的对象及商品，才能使企业产生核心竞争力。不断完善就是不断发现问题，寻找原因，提出改进措施，改变工作方法，使工作质量不断提高。建立一种鼓励创新的机制，形成一种鼓励创新的氛围，在不断完善的基础上有跨越式的发展。在物流的实现过程中，人的因素发挥着决定性的作用，任何先进的物流设施、物流系统都要由人来完成。并且物流形式的差别、客户个性化的趋势和对物流期望越来越高的要求，也必然需要物流各具体岗位的人员具有不断创新的精神。

（二）精益物流服务的提供

精益物流服务的提供要以客户需求为中心，提供准时化服务、快速服务、低成本高效率服务以及使顾客增值的服务。

总之，精益物流作为一种全新的管理思想，势必会对我国的物流企业产生深远的影响，它的出现将改变企业粗放式的管理观念，使企业尽快适应经济全球化的影响，保持企业的核心竞争力。

第三节　智慧物流

一、智慧物流的含义

"物联网"这一概念早在1999年就已出现。2009年，国务院总理温家宝在无锡提出"感知中国"的理念，表示中国要抓住机遇，大力发展物联网技术。2009年8月，物联网正式被列为国家五大新兴战略性产业之一，被写入政府工作报告。考虑到物流业是最早接触物联网的行业，也是最早应用物联网技术，实现物流作业智能化、网络化和自动化的行业，2009年，中国物流技术协会信息中心、华夏物联网、《物流技术与应用》编辑部率先在行业提出"智慧物流"概念。

目前,每年的快递包裹数量都在成倍上升,对物流系统的智慧决策提出了更高的要求,因此,智慧物流的发展也具备较大的市场发展空间。

智慧物流是指以互联网为依托,广泛运用物联网、传感网、大数据、人工智能和云计算等信息技术,通过精细、动态、科学的管理,实现物流的自动化、可视化、可控化、智能化、网络化,使物流系统能模仿人的智能,具有思维、感知、学习、推理判断和自行解决物流中某些问题的能力。

课外资料13-2

未来,中国物流行业的四大发展趋势!

2016年政府工作报告提到,要着力化解过剩产能,其中就包括"采取综合措施,降低企业交易、物流、财务、用能等成本"。在2016—2019年的政府工作报告中,也多次提及物流业,足见政府对物流业的高度重视。关于未来物流行业的走向,据行业内专业人士分析,中国物流行业未来发展将呈现四大趋势。

趋势一:物流行业将迎来政策的春天

若物流运行更有效率,则成本有足够的下降空间,因此,物流业能推动产业结构升级和促进经济提质增效。这使政府更加重视物流业的发展,物流业也受到了有史以来最大的关注:从宏观层面看,国家陆续提出了跨区域长江经济带、京津冀协同发展、丝绸之路经济带等一系列区域经济规划,有利于跨区域物流的发展。2016年10月,交通运输部正式启动道路货运无车承运人试点工作。2017年3月,交通运输部公布了283家试点企业名单;同年5月,交通运输部正式开始无车承运人试点企业运行监测。从鼓励到支持,从"放养"到"试点","无车承运"模式可谓风生水起,而试点工作的启动,也推动了货运物流新业态、新模式的创新发展。从政策层面看,自2013年3月至今,多个政府部门已发布多项文件,其中有综合性的指导意见,也有专项性的园区规划、信息互联、绩效考核、税收改革等,凸显政府决心。在2019年的政府工作报告中,回顾2018年的工作时指出,全面推进"互联网+",运用新技术、新模式改造传统产业,深入推进简政减税减费。同时,在2019政府工作任务中也明确指出,要加大城际交通、物流、市政、灾害防治、民用和通用航空等基础设施投资力度,加强新一代信息基础设施建设。

趋势二:规模化、科技化、专业化将是趋势

物流行业既有的粗放增长和简单服务不可持续,也无法在产业结构调整和改变发展方式中发挥基础性作用。因此,我国出台文件积极鼓励物流企业通过参股控股、兼并重组、协作联盟等方式做大做强,也明确了要完善法规制度和规范市场秩序,物流行业或将进入一个兼并收购期,有利于我国物流市场结构逐步从分散走向集中,形成"零而不乱、散而有序"的新业态。一是生产企业。效率较高的内部物流逐渐独立,演变为专注于某个产业的第三方物流公司;而效率不高的内部物流逐渐被淘汰,外包给第三方物流。二是物流企业。不规范或经营不佳的公司被淘汰,此外还能承接部分生产企业的外包业务,网络型、高效率的物流公司将获得兼并收购和承接市场份额的发展机会。而专业化体现为子行业运输的专业性。因此,为鼓励无车承运物流创新发展,加快完善与新经济形态相适应的体制机制,提升服务能力,促进物流业降本增效,交通运输部在全国开展道路货运无车承运人试点工作。推进无车承运人试点,有利于去掉运输的中间环节,提升物流行业效率,降低空驶率,减少运输成本。

趋势三:第三方物流普及,供应链应运而生

第三方物流是指生产经营企业为集中精力搞好主业,同时通过信息系统与物流服务企业保持密切联系,以达到对物流全程的管理和控制的一种物流运作与管理方式。因此,第三方物流又叫合同制物流。第三方物流公司,在过去几年发展迅速,原因在于:一是规模效应明显,成本低;二是在选址、库存管理、精益生产等方面为企业提供更多的灵活性;三是使公司能够集中于它的核心竞争力。随着下游行业竞争日益激烈、社会分工不断细化,第三方物流公司开始参与客户更多的业务环节,服务范围逐渐扩展,从合同物流向虚拟生产、物流金融等拓展,升级为第四方物流,即供应链物流。

供应链物流发展优势有两个。一是发展空间巨大。中国物流现状落后,但经济的转型升级倒逼物流行业快速发展,从第三方物流的渗透率可看出,我国物流业发展空间巨大。二是盈利点有望增加。目前,部分物流公司开始涉足物流规划和信息服务,但仅仅处于探索阶段,并未给公司带来高额回报。展望未来,信息和规划有望成为供应链公司的两大新增盈利点。

趋势四:大数据的应用,智慧物流是发展方向

大数据作为国家战略,在"十三五"期间将受到政策重点扶持,此前,《国务院办公厅关于运用大数据加强对市场主体服务和监管的若干意见》发布,要求在政府层面推动大数据应用。在物流行业等需求的推动下,大数据产业迎来年均逾100%的增长率,市场规模将达百亿级别,基于物联网大数据的智慧物流将是现代物流的发展方向。随着移动互联网技术的成熟,在国家政策支持下,顺应"互联网+物流"趋势崛起的新兴服务平台已经能够实现车货智能匹配、货物状态实时跟踪、精准货物推荐等服务功能,注册用户、交易数量等业务指标也随着大数据产业发展呈翻倍增长态势,向生态化、智能化产业链的目标发展。同时,对大数据技术的充分应用,物流路线、选址及仓储等,都有望得到进一步优化,从而达到即时服务的终极目标。而通过无车承运人全局政策加强推动,税务政策将更加明朗。目前,无车承运人的相关法规和标准仍在讨论和完善中,一旦出台,意味着无车承运人在中国的法律地位得以明确,制度全面放开,不再设限,企业只要符合相关准入条件,就可以申请成为无车承运人。无车承运人试点工作开启了中国物流业黄金期。未来,无车承运人的规模化发展,人工智能、大数据等先进技术在行业的应用将会更加普遍,满足复杂多样的供应链物流需求,符合更多的物流运输模式,具有创新发展的无车承运人平台更有竞争力。

(资料来源:搜狐网,"物流金融"搜狐号,2019-8-13)

二、智慧物流的发展阶段

总体来看,智慧物流经历了以下几个发展阶段。

(一) 物流信息化

在物流信息化阶段,企业通过建立运输管理系统、仓储管理系统、配送管理系统和物流管理系统,对运输、仓储、配送等相关物流信息进行收集、加工、传输、存储和利用,使物流信息从分散到集中,从无序到有序,从产生、传播到利用,同时对涉及物流信息活动的各个要素,包括人员、技术、工具等进行管理,实现资源的合理配置。例如,企业通过自动识别技术(如物流条码技术、RFID 技术)实现货物信息的有效采集并与物流信息系统对接;通过自动化立体技术对库内的物资进行调动,实现库内作业的准确性和仓储管理的效率。在物流信息化阶段,主要是运用各种先进技术获取关于运输、仓储、包装、装卸搬运、流通加工、配送、信息服务等各个环节的大量信息,实现实时数据收集,使各方能准确掌握货物、车辆和仓库等信息,初步实现感知智慧。

(二) 物流智能化

物流智能化的特征就是自动化,体现了自动执行,其执行任务可能来自上一个机构或者自动控制的程序设定,还不具备"智慧"的功能。以电商物流为例,当收到消费者的网购订单后,订单需要在仓配中心进行分拣,仓配中心会给智能化分拣系统下达分拣命令,智能化分拣系统通过智能分析来执行命令,机器化决策分拣的次序和流程。在物流智能化阶段,物流的局部流程运转是自动化的,例如,物流机器人、物流无人机和自动化输送分拣连接物流的下单、收发、包装、运输、仓储、装卸搬运、分拣、配送等环节,提升了物流局部流程的运作效率。但是,物流智能化只体现在物流作业的局部流程,且本身缺乏大数据的处理能力和运算能力,其功能主要是自动执行命令。

(三) 物流智慧化

所谓物流智慧化,就是使物流具备类似人的思考能力和决策思维。大数据时代,物流智慧化的"智慧"可以利用大数据、机器学习等技术预测需求,甚至是特定产品在特定区域的需求,协助商家及物流公司进行智能分仓,实现提前分仓备货,并能结合特定需求,如物流成本、响应时间、服务、碳排放和其他标准,评估基于概率的风险,进行预测分析,协同制定决策,提出合理有效的物流解决方案。智慧物流的特征有:大数据驱动、自动化以及供应链整合。所谓供应链整合,就是智慧物流需要具有连接生产和消费的功能,通过大数据需求预测来引导企业的物流以及生产制造和采购运营的一体化。

> **同步思考13-4**
> 智慧物流如何提升网购体验?

三、智慧物流的作用

智慧物流的作用主要体现在以下几个方面。

1. 加速物流产业的融合发展，推动物流行业"降本增效"

智慧物流通过互联网、大数据和人工智能等技术，让货与车、车与仓库、仓库与仓库、仓库与消费者的连接更加有序化，优化配送社会物流资源，如货运车辆、仓库、人力等资源，发挥整体优势和规模优势，加速物流产业的融合发展，推动物流行业"降本增效"。

2. 降低企业物流运营成本，提高企业经营利润

在智慧物流的推动下，企业可以选择将物流外包出去，实现比自身物流运作更高的效率。一方面，物流效率的提升带来消费的增长；另一方面，可有效降低物流运营成本，提高企业经营利润。

3. 推动企业产、供、销等环节的融合，提升企业经营的智慧化

随着RFID、传感器及物联网的发展，物与物之间进一步互联互通，给企业的物流系统、生产系统、采购系统与销售系统的智能融合打下基础，必将产生智慧生产与智慧供应链的融合，企业物流完全智慧地融入企业经营之中，打破工序、流程界限，推动企业产、供、销等环节的融合，提升企业经营的智慧化。

4. 提供商品源头查询和跟踪服务，促进消费

智慧物流通过提供货物源头自助查询和跟踪等多种服务，尤其是对食品类货物的源头查询，能够让消费者买得放心、吃得放心，增加消费者的购买信心，促进消费，最终对整体市场产生良性影响。

> **课外资料13-3**
>
> **运营商布局智慧物流：5G开启无人物流新时代**
>
> 2020年开始，以无人物流为代表的智慧物流得到大量应用，5G无人仓、无人机竞相亮相。运营商也纷纷切入智能物流。苏宁物流联合江苏移动计划南京落地5G智慧物流联合创新实验室，中国电信与京东物流签署战略合作协议共推5G技术落地应用。5G不仅让物流环节更智能化和高效化，还让物流产业的数字化变得更简单。通过大数据和物联网技术，企业将建立更加高效、智能的物流系统，5G带来的物流变革已势不可挡。
>
> **5G无人仓、无人机竞相亮相**
>
> 5G应用风生水起，成为巨头创新应用的试验场，特别是2020年以来，在新型冠状病毒肺炎疫情防控催化下，以无人物流为代表的智慧物流得到大量应用。2020年8月11日，苏宁物流南京雨花基地5G无人仓首次对外开放。该无人仓整合了无人叉车、AGV搬运机器人、机械臂等众多"黑科技"，实现了整件商品从收货上架到包装、贴标、分拣的全流程无人化操作。5G无人机载货服务兴起，近日，由韵达发布的专为5G+末端物流场景设计的韵达X470无人机在浙江桐庐县村庄完成首次载货飞行。阿里巴巴于2019年宣布，未来5年将投入1 000亿建设全球物流网络。京东物流

2019年11月也率先建成了国内首个5G智能物流示范园区。专家表示，随着新基建的推进，由5G、大数据和AI等技术支撑的智能物流系统功能将更强大，各类智能物流设施和设备将进入更多应用场景。

运营商助推智慧物流布局加码

5G行业应用驶入纵深，物流行业成了5G落地的优选行业，运营商也纷纷切入智能物流。中国电信2019年与京东物流签署战略合作协议共推5G技术落地应用。中国电信将为京东物流提供智慧仓储、自动化物流运输、增强现实物流应用、智能交通等5G解决方案，共同开展以5G和物联网等技术为核心的智能园区建设，打造全国领先、基于中国电信5G网络的智能物流示范园区。据悉，中国电信在2018年就成立了"中国电信智慧物流应用能力中心"，该中心搭建"天翼物流云应用平台"，围绕物流云、智慧园区、智慧物流、智能物联应用、5G创新应用五大业务方向，连接电信和合作伙伴，基于天翼云为客户高效输出优质物流解决方案。中国移动也加快5G智慧物流建设。浙江移动与菜鸟物流签署5G智慧物流战略合作协议，致力于通过5G技术，催熟菜鸟物流无人车应用，提升用户体验。中国联通则联手中国邮政，双方将探索物联网、大数据、云网一体、5G等新技术，推进智慧物流平台建设、视频监控云存储管理和服务。

运营商发力，智慧物流大有可为

4G改变生活，5G改变社会。5G的应用让物流的各个环节更加智能高效。运营商携手合作伙伴共同探索5G+智能物流新模式成为潮流。一方面，运营商5G赋予了智慧物流新内涵。智慧物流的落地，离不开基础设施建设、规划与维护，离不开运营商提供的5G建设。随着智慧物流对柔性的需求越来越高，运营商5G通过密集组网可以实现仓库全网络信号的覆盖，解决了4G速率有限、WiFi网络不稳定等问题，让机器人等"黑科技"在物流行业得以大量应用，使仓储、分拨中心的运营更为稳定和高效。中国电信政企部副总经理指出，5G的真正价值不在于消费侧，而是为产业带来的颠覆性变革。借助5G，在智慧物流场景中，人车货场的智能管理、仓配运的全面智能化以及无人仓储、无人驾驶都会成为现实。另一方面，运营商新兴技术的综合应用可大大激发智慧物流潜力。在5G、大数据等新技术的驱动下，物流业正全面进入数字化时代。顺应云网融合时代潮流，运营商可以发挥云服务、物联网、通信网络等资源优势，做好能力引接和平台支撑。目前，中国电信通过构建智能连接、智慧家庭、互联网金融、新兴DICT和物联网五个生态圈，推动业务生态发展的同时，为企业提供智能化时代的综合信息服务。专家表示，新基建对智慧物流建设起到重要的加速催化作用，智慧物流加持新基建和交通强国，正成为投资新风口。新基建下，运营商发力，智慧物流具有广阔的发展前景。

（资料来源：中国产业经济信息网，2020-9-6）

第四节　敏捷供应链

传统的刚性供应链无法在大规模定制环境下快速和低成本响应客户多样化与个性化的需求，面向大规模定制的供应链不仅应该是精良的，而且更应该是敏捷的。

一、敏捷供应链的含义

敏捷供应链（Agile Supply Chain，ASC）可以认为是在竞争、合作、动态的市场环境中，由若干供方、需方等实体（自主、半自主或从属）构成的快速响应环境变化的动态供需网络。实体是指参与供应链的企业、企业内部业务相对独立的部门或个人。具有自主决策权的实体称为自主实体；具有部分决策权的实体称为半自主实体；没有自主决策权的实体称为从属实体。供方与需方可以是各类供应商、制造商、分销商和最终用户。"动态"反映为适应市场变化而进行的供需关系的重构过程。"敏捷"则强调供应链对市场变化及用户需求的快速响应能力。

> **同步思考13-5**
> 敏捷供应链有哪些竞争优势？

> **课外资料13-4**
>
> **SAP 推出多项创新，打造敏捷韧性的供应链**
>
> 突如其来的新冠肺炎疫情对供应链带来极大冲击，使企业对供应链的重视达到了前所未有的高度。日前，记者从 SAP 全球蓝宝石大会（SAPPHIRE NOW）中国峰会上获悉，SAP 正通过不断创新，帮助客户打造敏捷而韧性的供应链。
>
> SAP 一位执行董事会成员介绍说，SAP 通过升级的"工业 4.0 进行时"战略，为整个供应链（从设计到运维）带来了重大创新，从而提供更高的智能化、自动化和响应能力。这一创新可以帮助企业在设计和制造智能产品和资产时，捕获和分析整个供应链中来自传感器的大量信息。
>
> 同时，借助"工业 4.0 进行时"，SAP 将帮助企业打造一条真正的数字主线，贯穿智能产品和资产的整个生命周期，从设计到运维，并将获得的信息及时反馈到业务流程里。借助嵌入式分析和预测功能，这一智能将帮助人们做出更佳的业务决策，推动新的业务模式和收入。
>
> 此外，SAP 发布统一商业网络战略。通过构建"智慧企业网络"，SAP 专注于多企业业务流程数字化，从而提高整个供应链生态系统的可视性和协同性。该计划横跨整个 SAP，利用实时 ERP、先进的分析和成功的网络解决方案，通过开放和互联的商

业网络，交付整合信息。

SAP全球执行副总裁、SAP大中华区总裁在接受记者采访时表示，此次疫情再次向所有的企业充分展示，数字化的转型是每一个企业必须完成的工作，数字化转型可以帮助企业具有更高的韧性、更高的盈利能力和可持续发展能力。他说："全球的供应链当中，中国扮演着非常重要的角色，中国已经建立起庞大、精良、高效的供应链。我们现在也看到，中国企业也在通过自身努力，不断追求更高的目标——更高的灵活性和韧性。这是一个正在发生的变化。在此过程当中，SAP会帮助我们的客户，实现供应链的高效和韧性之间的平衡。"

(资料来源：人民网，2020-6-17)

二、敏捷供应链的特征

供应链要想达到真正的敏捷，必须具有以下特征。

1. 市场灵敏性

敏捷供应链要具有市场灵敏性。市场灵敏性是指供应链具有了解和响应市场真实需求的能力。目前，大部分企业是预测驱动型而不是需求驱动型。由于不能直接获取市场上客户的需求信息，便只能根据以往的销售情况预测生产计划，最后的预测产品再存入库房，从而造成大量库存积压或缺货。而目前，信息技术的应用可以使企业直接获得销售点和客户的需求信息，从而提高了企业的市场响应力，即已经具有使供应链达到敏捷性的条件。

2. 虚拟性

应用信息技术在需方和供方之间共享信息，使供应链实质上成为虚拟供应链。虚拟供应链是基于信息的，而不是基于库存的。以信息代替库存，可以大大降低库存水平。

3. 过程集成

供应链合作伙伴之间的信息共享只能通过过程集成来进行平衡。过程集成就是指需方与供方之间协同工作、联合进行产品开发、共用系统及共享信息。随着企业越来越注重自己的核心竞争力，而把其他活动业务外包给合作企业，在供应链合作伙伴之间进行合作变得越来越普遍。在这种新的环境下，合作伙伴的可靠性就变得很重要，因此需要一种新型的关系。通过运用过程集成，又产生了联合战略决策、需方-供方团队、信息透明甚至账簿的公开等，这些都是实现供应链敏捷性的新型有效策略。

4. 基于网络

敏捷供应链使供应链合作伙伴形成一种网络联盟，提高了完成任务的敏捷性。现在的企业越来越意识到，作为单独的个体已不具有竞争力，应该加入供应链。现在已进入网络化竞争时期，只有与网络联盟中的合作伙伴协调运作，才能获得更多的利益；只有合理地综合运用网络伙伴的能力，才能增强响应市场需求的敏捷性。

三、敏捷供应链管理的含义

敏捷供应链管理是对敏捷供应链中的物流、信息流、资金流进行合理的计划、协调、调度与控制，实现在正确的时间、正确的地点将正确的产品或服务按照正确的数量交给正确的交易对象的目标。

> **同步思考13-6**
> 建立敏捷供应链管理系统的关键技术有哪些？

四、敏捷供应链管理的原则

为了克服传统的刚性供应链的局限性，实现供应链的敏捷性，敏捷供应链管理要遵循以下五条基本原则。

1. 系统性原则

敏捷供应链作为一种新的管理思想与方法，对参与供应链中的相关实体之间的物流、信息流和资金流进行计划、协调、调度与控制，提高供应链中所有相关过程的运作效率和所有环节的确定性，在整体效益最大化的前提下，实现各实体或局部效益的最大化。因此，必须坚持系统性原则，将供应链看成一个有机联系的整体，运用系统工程的理论、技术与方法，管理与优化供应链中的物流、信息流、资金流，达到整体效率及效益提高、成本降低、资源配置合理的目标。

2. 信息共享性原则

在敏捷供应链管理中，对物流及资金流进行有效的管理与控制依赖于准确、及时的相关信息。只有基于准确、及时的信息，才能预见并降低供应链中各环节的不确定性，提高各环节的运作效率，发挥信息在物流、资金流中的缓冲作用，用信息的有效利用换取物料、资金等物理资源的低耗，提高供应链系统对客户及市场变化的敏捷性。信息的产生、传递、加工处理及利用散布于供应链的各个环节，必须对必要的信息进行适当范围内的交换与共享，才能使正确的信息在正确的时间被正确的对象所利用。坚持信息共享性原则是实现敏捷供应链管理目标的基础。

3. 敏捷性原则

敏捷供应链处于竞争、合作、动态的市场环境之中，不可预测性是当今市场的主要特征之一，快速响应市场的变化，既是敏捷供应链管理的目标之一，也是企业或企业联盟赢得市场竞争的目标之一。因此，必须坚持敏捷性原则，从供应链的结构、管理与运作方式、相关过程的运作、组织机制等方面提高供应链的敏捷性。

4. 利益协调性原则

企业或企业联盟的各种行为都是围绕企业或企业联盟价值最大化这一最终目标展开的。敏捷供应链管理的内在机制在于各成员利益的协调一致，如果没有共赢的利益协调机制，就会使参与实体的目标背离整个供应链目标。因此，必须坚持利益协调性原则，根据相关实体的产品特征、资源状况、信誉等级、核心竞争力等因素，在实体间建立适当的供需协作关系，明确各自的责任、义务与权利，使供应链中的相关实体在共赢的利益基础上,平等合作,取长补短,互惠互利。

5. 组织虚拟性原则

由于市场的变化和不可预测性,敏捷供应链的重要特征之一就是供需过程不断重构的动态性。为了对敏捷供应链实施有效的管理,客观上要求支撑敏捷供应链有效运作的企业组织机构具有灵活的动态性。另外,先进的制造技术、流通领域新型的经营管理模式及信息技术的发展赋予了企业组织机构虚拟化的趋势,因此,必须坚持组织虚拟性原则,根据市场的需要,及时对企业组织机构进行适应敏捷供应链管理需求的调整或重组。

第五节 全球供应链

一、全球供应链管理的兴起

供应链是在20世纪80年代经济全球化背景下,为克服传统企业管理模式弊端而形成的新的管理模式,体现了现代市场经济中企业之间既竞争又合作的复杂关系。供应链管理思想告诉人们,竞争优势的取得,不完全取决于单个企业是否拔尖、内部管理和资源配置是否最优,而取决于整体供应链的构建是否科学、配置是否得当,从而形成的整体力量是否强大。因此,市场竞争应加入供应链与供应链之间的竞争。供应链上的企业是彼此合作的关系。

随着供应链管理思想的提出,特别是经济全球化日益加深,利用通信和信息技术革命带来的便利条件,全球供应链的设计和实施越来越受到重视。这包括两个层面,一个是企业层面全球供应链的设计和实施,另一个是国家和产业层面全球供应链的规划和实施。

全球供应链是实现一系列分散在全球各地的相互关联的商业活动,包括采购原材料和零件、处理并得到最终产品,产品增值,对零售商和消费者的配送,在各个商业主体之间交换信息的统筹,其主要目的是降低成本、扩大收益。全球供应链是指在全球范围内构建供应链,它要求以全球化的视野,将供应链系统扩展至世界范围,根据企业的需要在世界各地选取最有竞争力的合作伙伴。

在全球供应链体系中,供应链的成员遍及全球,生产资料的获得、产品的生产组织、货物的流动与销售信息的获取都是在全球范围内进行和实现的。企业的形态和边界将发生根本性变化,甚至国与国之间的边界概念也将产生巨大变化。随着全球经济一体化的发展,全球供应链之间的竞争将成为未来竞争的主流,全球供应链管理会影响竞争优势。

> **同步思考13-7**
> 全球供应链管理存在哪些风险?

 **课外资料 13-4**

为稳定全球供应链贡献中国力量

上海急企业之所急，摸清"问题清单"、提出"解决清单"，推动外资行业复工率达到 99.9%；广东工信部门梳理出 102 家制造业重点企业名单，建立复工复产"一对一"跟踪服务机制；江西打通进出口梗阻，推动赣欧班列恢复开行、南昌至比利时列日往返全货机航班复航……随着疫情防控形势持续向好，各地区多措并举，有序推动全产业链加快复工复产。这既为企业化解了燃眉之急，也为维护全球产业链、供应链的稳定安全提供了有力支撑。

疫情会对中国产业链产生怎样的影响？会不会影响中国在全球供应链中的地位？新冠肺炎疫情发生以后，国际社会普遍看好中国产业链、供应链的抗压韧性，但也有人担忧，疫情正在全球蔓延，会对中国的产业链、供应链产生冲击。我们该如何理性地看待这一问题？

短期来看，疫情对中国经济的影响不可避免，一些行业和企业也会受到一定冲击。尤其是全球供应链深度融合，你中有我、我中有你，国外的疫情防控形势反过来也会对国内产生影响，部分外贸企业可能会遇到接单难、履约难、国际物流不畅、贸易壁垒增多等问题。

一方面，中国拥有全球规模最大、门类最全、配套最完备的制造业体系，在全球产业链、供应链中占据着重要地位。疫情发生以后，格力电器、美的集团等家电企业纷纷上马口罩生产线，上汽通用五菱仅用 76 小时就自主生产出全自动化口罩机，中国石化 12 天建起一座制造口罩原料熔喷布的生产厂……一个个跨界"战疫"的案例，折射的正是中国完备的制造业体系和上下游配套能力。在生产率和基础设施等因素愈加重要的全球价值链体系里，中国拥有无可替代的比较优势。可以说，短期的疫情不可能也不会撼动中国在全球产业链、供应链中的地位。

另一方面，中国的疫情防控形势持续向好，生产生活秩序加快恢复，包括外资企业在内的重点行业、龙头企业陆续复工复产。这既展现了中国产业链、供应链的强大韧性，更维护了全球供应链的安全。不仅如此，中国已经采取一系列政策措施对冲疫情影响，还将出台有针对性的举措。正因如此，不但没有出现产业链、供应链因疫情影响从中国向外部大规模转移的现象，反而让中国对全球产业的吸引力更强。

如果把眼光放长，更会发现，中国不仅是全球供应链的重要一环，也是举足轻重的"世界市场"；不仅有帮扶企业的短期举措，更有优化营商环境的长效机制。有规模巨大的市场、有快速兴起的新产业、有持续优化的营商环境，中国在全球产业链、供应链的综合优势不会减弱，只会增强。

事实是最好的答案。中国在稳定全球供应链上展现出的责任和担当，赢得越来越多有远见的国际企业的青睐。丹麦乐高集团 2020 年计划在中国继续开设 80 家零售门店；特斯拉在复工复产后计划扩大上海超级工厂产能……中国在扩大对外开放中推动复工复产的举措，既为维护全球供应链稳定贡献着中国力量，也为国际企业分享发展红利提供着中国机遇。

"中国经济是一片大海，而不是一个小池塘"。随着企业复工复产进度加快，生产生活秩序有序恢复，外贸产业链、供应链运转畅通，相信每一个人都会对这句话有更加深刻的理解。

（资料来源：《人民日报》，2020-3-18）

二、全球供应链运营模式的特点

全球供应链运营模式有以下几个特点。

1. 跨国公司的核心主导

发达国家的跨国公司凭借技术优势、品牌优势与规模优势，成为所在产业链的集成者和操控者。

2. 价值链条的全球布局

在全球供应链运营模式中，产品设计、零部件采购、产品生产组装及销售等增值环节不再局限于某一个国家，而是涉及多个国家。

3. 业务流程的协同合作

全球供应链运营模式讲求制造商和供应商、经销商、零售商的协同作业。

4. 流程外包的动态优化

企业注重发展自身核心业务，同时将非核心业务外包给合作伙伴。

5. 信息系统的快速反应

信息系统能够实现企业内部及供应链伙伴之间的信息共享，信息系统的快速反应能够使客户获得实时信息，减少企业库存占用的资金，带给供应链各成员最大的效益。

6. 物流体系的有效管理

供应链运营商同时也是物流服务提供者，为客户提供完整的物流服务解决方案，让产品以较低的成本准时到达客户手中。

从国家和产业层面来看，全球供应链的规划和实施主要是通过双边和多边贸易、谈判与协商达成协议，包括建立国际经济组织等，尽可能消除各种贸易及非贸易壁垒。甚至一些国家可能利用国家力量对全球重要地区（港口）、重要运输线路等采用经济和非经济的手段进行布局和控制，以保证国家供应链的有效运转。

当然，全球供应链管理的兴起使越来越多的企业卷入全球经济体系，在获得更高经济效率和更多经济利益的同时，也可能使涉入企业和国家的经济风险增加，这是全球供应链管理中必须加以考虑且不能忽视的问题。

物流与供应链发展趋势

> 💡 同步思考13-8
> 全球供应链与国际物流有什么关系？

本章测试

一、名词解释题

1. 绿色物流
2. 精益物流
3. 智慧物流
4. 敏捷供应链
5. 全球供应链

二、简答题

1. 简述绿色物流的特征。
2. 简述精益物流的特点。
3. 简述智慧物流的发展阶段。
4. 简述智慧物流的作用。
5. 简述敏捷供应链的特征。
6. 简述敏捷供应链管理的原则。
7. 简述全球供应链的含义。
8. 简述全球供应链运营模式的特点。

三、案例分析题

国际快递巨头世博诠释绿色物流

德国邮政敦豪（DHL）在上海世博会上展示了其在可持续发展和绿色环保解决方案领域的创新。DHL已经成为城市地球馆的合作伙伴，在这一核心的中国主题馆诠释上海世博会的主题"城市，让生活更美好"。

DHL在"解决之道"展区展示了10个有关提高碳能效理念、产品和服务的案例。例如，DHL智能卡车可以计算出效率最高的派送路线，堵塞、修路或临时的接货任务都能轻松应对，减少了城市车流和碳排放。此外，根据不同车辆在城市运送包裹的概念，DHL与多所大学合作开发了很多种回避城市内交通的替代方案。例如，通过在城市中穿梭的普通人群传递包裹。使用手机作为信息和文档工具，让社会网络成为真正的运输网络。又如，环保型建筑是朝节约资源、减少碳排放迈出的重要一步。DHL在建设新设施时遵循最新的标准，使用太阳能电池板或者雨水处理器。这些措施都有助于保护环境，同时最大限度降地低运营成本。

"解决之道"展区关注可再生能源和降低碳排放的措施、智能回收原材料以及整合城市自然环境。DHL借此机会邀请客户参观世博会，近距离感受德国邮政敦豪的"绿色"活动，并组织研讨会和分组讨论。

（资料来源：行知部落网站）

问题：

（1）DHL的"解决之道"的内涵是什么？

（2）DHL的低碳理念以及可持续发展战略是什么？

参考文献

[1] 夏春玉. 物流与供应链管理 [M]. 6版. 大连：东北财经大学出版社，2020.
[2] 朱传波. 物流与供应链管理：新商业、新链接、新物流 [M]. 北京：机械工业出版社，2018.
[3] 范碧霞，饶欣. 物流与供应链管理 [M]. 上海：上海财经大学出版社，2016.
[4] 孙国华. 物流与供应链管理 [M]. 2版. 北京：清华大学出版社，2018.
[5] 谭利其，何敏瑜. 配送与加工作业实务 [M]. 北京：科学出版社，2011.
[6] 罗春燕，曹红梅，赵博. 物流与供应链管理 [M]. 北京：清华大学出版社，2020.
[7] 伍京华. 物流与供应链管理 [M]. 北京：高等教育出版社，2018.
[8] 孙宏英. 仓储与配送管理：理论、实务、案例、实训 [M]. 2版. 大连：东北财经大学出版社，2017.
[9] 李严峰，解琨. 物流管理概论 [M]. 北京：科学出版社，2017.
[10] 董千里. 高级物流学 [M]. 3版. 北京：人民交通出版社，2015.
[11] 刘宝红. 采购与供应链管理：一个实践者的角度 [M]. 2版. 北京：机械工业出版社，2019.
[12] 金婕. 物流学概论 [M]. 2版. 大连：东北财经大学出版社，2019.
[13] 霍红，牟维哲. 物流学概论 [M]. 北京：中国人民大学出版社，2017.
[14] 贾春玉，双海军，钟耀广. 仓储与配送管理 [M]. 北京：机械工业出版社，2019.
[15] 季敏，浦玲玲，杨双林，等. 仓储与配送管理实务 [M]. 北京：清华大学出版社，2018.
[16] 刘宝红，赵玲. 供应链的三道防线 [M]. 北京：机械工业出版社，2018.
[17] 马士华，林勇. 供应链管理 [M]. 5版. 北京：机械工业出版社，2016.
[18] 霍红. 采购管理 [M]. 北京：科学出版社，2018.
[19] 李佑珍. 运输管理实务 [M]. 2版. 北京：高等教育出版社，2020.
[20] 孙茂竹. 成本管理学 [M]. 3版. 北京：中国人民大学出版社，2019.
[21] 刘刚. 物流管理 [M]. 4版. 北京：中国人民大学出版社，2018.
[22] 张余华. 现代物流管理 [M]. 3版. 北京：清华大学出版社，2017.
[23] 胡春森，袁荃. 物流与供应链管理 [M]. 武汉：华中科技大学出版社，2012.